SOCIAL WELFARE POLICY

사회복지정책론

사회복지정책론

SOCIAL WELFARE POLICY

이평화 · 노영애 · 양준의 · 임현수 · 노수희 · 김홍록

동문사

머리말

정책이라는 어의에서 오는 난해함은 학습자 모두가 공감할 것이다. 더구나 저복지국가의 사회복지정책을 다뤄야 하는 입장에서는 더욱 그러하다. 혹자는 80년 신군부의 영국병에 관한 망령을 아직도 신봉하여 복지는 마치 퍼주는 것이라는 인식을 떨쳐버리지 못하고 있다. 심지어 복지를 생산적 복지라는 용어로 변명에 급급했던 정권도 있었고, 사회안전망이라고 정의하던 시절도 있었다.

복지는 한 시대의 유행도 아니고, 특정 정권의 전유물은 더욱 아니다. 이제 복지는 일상생활에 젖어 든 하나의 제도이다. 복지는 피할 수 없는 분야이고, 이를 학습해야 함은 오늘을 사는 이에게 부여된 숙명과도 같다. 그만큼 복지는 주변화 되었고, 이를 실천해야 하는 사회복지정책의 중요성은 날로 커지고 있는 실정이다.

사회복지정책의 가장 핵심 주제는 대상, 급여, 그리고 전달체계이다. 즉, 사회복지정책은 수급자(who)를 선정하여 어떻게(how) 급여(what)를 전달할 것인가에 초점을 맞춘다. 따라서, 사회복지정책의 입안자는 대상 선정과정, 급여의 예산과 실행, 효과적인 전달체계에 관해 항상 고민해야 한다.

이 책은 사회복지정책을 수립하고, 집행하고, 실천하는 전 과정을 담고 있다. 그 주요 내용은 다음과 같다.

〈개요〉

사회복지정책 형성과 집행, 분석과 평가를 위한 기본적인 지식과 기술을 습득하고, 사회복지정책에 내재되어 있는 기본적인 가치와 관점에 대한 개념적 이해를 통해, 사회복지정책의 내용과 발전방안을 분석하고 조망할 수 있는 분석적 · 개입적 역량과 비판적 · 관계적 역량을 배양한다.

〈학습목표〉

1. 사회복지정책의 개념과 원칙, 유형과 원리 이해
2. 사회복지정책의 주요 가치, 철학, 이념, 사상, 역사 학습
3. 사회복지정책 형성과정, 분석틀, 평가방법 학습
4. 사회복지정책의 입안과정, 실천 및 전달체계에 대한 토의
5. 사회복지정책의 현황과 과제 분석 및 대안 탐색

이 책은 학습자들을 위해 독이성(readability)과 이해력(comprehension)을 기본으로 집필하였으며, 특히 과목 특성상 자칫 지루하기 쉬운 점을 감안하고, 본문의 이해를 돕고 원활한 학습진행을 위해 사진을 비롯하여 표와 그림을 많이 삽입하였다. 공저자들은 좋은 책으로 거듭날 수 있도록 노력할 것임을 말씀드리며, 많은 질책과 조언을 부탁드린다. 끝으로 이 책의 완성을 위해 수고를 아끼지 않으신 동문사 대표님과 관련 임직원 여러분께 심심한 감사의 말씀을 드린다.

2025년 2월

대표저자 **이평화** 박사

차례

Part Ⅲ 사회복지정책의 구성체계

Part Ⅳ 사회복지정책의 실천체계

PART I

사회복지정책의 총론

CHAPTER 01

사회복지정책의 이해

개요

사회복지는 사람들이 인간다운 생활을 할 수 있도록 기본적인 욕구를 사회적으로 지원하는 모든 사회적 노력의 총화라고 정의할 수 있다. 사회복지정책은 이러한 노력, 즉 사회복지에 대한 정책적 활동이다. 사회복지정책 개념은 변화하는 개념으로 생각해야 하고 접근해야 한다. 여기에서는 사회복지정책의 서론적 측면을 학습하고자 한다.

학습목표

1. 사회복지정책의 기초 이론 습득
2. 사회복지정책의 포괄적 이해
3. 사회복지정책의 고려사항

학습내용

1. 사회복지정책의 개념
2. 각국 사회복지정책의 개념
3. 사회복지정책의 가치
4. 인구 고령화
5. 사회보장제도

1. 사회복지정책의 개념

사회복지정책 대한 개념 정의는 결론이 쉽지 않다. 이는 학자들마다, 각 나라마다 정치적 · 사회적 · 경제적인 여건과 시대적인 상황을 반영하는 역사적 결과물이기 때문이다. 따라서, 사회복지정책의 개념은 변화하는 개념으로 생각하면서 접근해야 한다. 최근에는 사회복지정책을 사회복지와 정책의 혼합 개념으로 보려는 경향이 대부분이다(이인순 외, 2023: 12). 사회복지정책의 개념은 다음과 같다.

1) 어의적 접근

정책(policy)의 의미는 'police'라는 그리스어에서 파생된 것이다. police의 원래 의미는 도시국가를 뜻한다. 이후 라틴어와 만나면서 '*politia*'라는 의미로 변화되었으며, 중세에 이르러 '공공문제의 처리' 또는 정부의 행정관리를 뜻하는 'police'라는 의미로 변화되었다(박경일, 2023: 19). 따라서, 어원적으로 정책의 의미에는 도시국가(Police), 경찰(police), 정치(politics)와 같은 의미가 내포되어 있다. 이것은 곧 정책이 정치의 영역에 속하는 것임을 말해 주고 있다. 정치가 국가 또는 정부의 활동이라는 점에서 정책 역시 국가나 정부의 활동에 속한다. 그러나 정책의 개념은 정책의 종류, 정책의 기능, 정책연구자의 관점이나 연구목적에 따라 다양하게 해석될 수 있다.

『사회복지정책론』
(김보기 외, 2022a)

어의적으로 사회복지정책은 '사회복지'와 '정책'의 합성어이다. 사회복지는 다시 '사회'와 '복지'의 합성어이다. 우선, 사회복지는 사람들이 인간다운 생활을 할 수 있도록 기본적인 욕구를 사회적으로 지원하는 모든 사회적 노력의 총화라고 정의할 수 있다. 사회복지정책은 이러한 노력, 즉 사회복지에 대한 정책적 활동이다(김보기 외, 2022a: 4).

사회복지정책은 사회적(social) , 복지(welfare), 정책(policy)이라는 세 단어를 종합한 것이므로, 이들 하나하나의 의미를 분석함으로써 사회복지정책의 개념을 파악하려는 시도이다(문병기 외, 2024: 4-5).

첫째, '사회적'이란 사회 안에서의 삶과 관련된 것, 즉 사회 내적 관계를 의미하므로 개인의 정신세계 및 국제관계는 제외한 개념이다. 개인의 정신세계는 굳이 사회라는 인간집합체를 상정하지 않아도 되고, 국제관계의 기본 단위는 국가이기 때문이다. 따라서, 사회적이란 궁극적으로는 비이기적인 상호관계, 인간끼리 폐쇄적이지 않은 역동적이며 열린 대인관계를 갖고, 물질적 · 영리적 요소보다는 비물질적 · 비영리적인 이타적 속성, 더불어 사는 공동체적 삶의 요소에 관심을 기울이는 광의의 개념이다.

둘째, '복지'에는 안녕의 의미가 들어 있다. 'welfare'의 사전적 정의는 만족스러운 상태, 건강, 번영, 안녕, 더할 나위 없이 좋고 만족스러운 삶, 건강 · 행복의 조건들이 만족스러운 안녕의 상태 등이다. 그리고 복지에는 공적인 구제, 즉 공공구제(public relief)라는 의미가 있으며, 현대에 와서는 그 의미가 포괄적으로 바뀌기는 했으나, 전통적인 시각에서의 복지, 즉 가난한 사람들을 위한 일이라는 뜻도 포함한다. 나아가 복지는 사회정책과 대인 사회서비스(personal social services) 양자의 궁극적 목표를 의미한다. '복지국가'에서의 복지도 수단이 아닌 사회정책과 대인 사회서비스에서 궁극적으로 성취되어야 할 목표를 뜻한다. 또한 복지는 종교 · 교육 · 정치 · 가족과 같은 넓은 사회적 카테고리 또는 주요 사회제도 가운데 하나로서의 개념으로도 사용된다.

셋째, '정책'이란 정부가 사회의 각 분야에서 문화, 가치, 규범, 행태, 물리적 환경 등의 사회적 상태나 조건들을 유지 또는 변경할 목적으로 사용하는 개입 · 간여로 정의된다. 즉, 정부가 어떠한 사회를 어떻게 만들겠다고 결정하고 선택해 놓은 수단, 사회적 가치를 배분하는 권위 있는 일련의 상호 관련된 의사결정과 행동의 집합, 궁극적으로 바람직한 사회상태를 이룩하려는 공동의 목표와 이를 달성하는 데 필요한 수단에 대해 권위 있는 정부기관이 공식적으로 결정한 기본 방침을 의미한다.

2) 광의와 협의의 개념

사회복지정책은 광의의 의미에서는 사회적 약자뿐만 아니라, 모든 사람들의 삶의 질에 영향을 미치는 조세제도, 그리고 노동정책까지 포함하는 포괄적 개념으로 볼 수 있고, 협의의 의미에서는 가난한 사람, 노인, 병자들과 같은 사회적 약자들에게 소득이나 서비스를 제공하는 것으로 볼 수 있다.

사회복지정책은 광의와 협의로 나누어 개념을 살펴보면 다음과 같다(홍봉수 외, 2023: 18-19).

광의의 사회복지정책을 살펴보면 다음과 같다.

첫째, 조세정책으로 조세의 징수규모와 징수방식을 조절하여 재원확보와 경제의 안정 및 성장을 목적으로 하며, 사회복지정책으로서의 조세정책으로는 부의 소득세가 있다.

둘째, 노동정책으로 노동능력이 있는 사람들을 대상으로 하여 노동시장과 관련된 불이익을 해소하고, 자신의 힘으로 생계를 유지할 수 있도록 국가가 지원하는 정책으로 고용정책, 노사정책, 임금정책, 사회보장, 산업복지 등이 있다. 일반적으로 노동시장에서 밀려나서 일자리를 잃은 실업자를 대상으로 소득을 보장해 주는 정책을 소극적 노동시장정책이라 하고, 다시 일자리를 얻어서 노동시장에 진입할 수 있도록 돕는 취업알선, 교육, 훈련 등을 적극적 노동시장정책이라고 한다.

셋째, 환경정책으로 환경문제의 해결과 청정환경을 유지 및 개선하고자 하는 제도이다. 환경정책은 초기에 공해문제의 해결에 집중하였으나, 그 후에는 인간다운 생활을 할 수 있는 쾌적하고 지속 가능한 환경을 조성하기 위한 정책으로 추진되고 있다.

협의의 사회복지정책을 살펴보면 다음과 같다.

첫째, 소득보장정책에서 소득보장은 국민이 노령·사망·장애·실업·질병과 사고·저임금의 위험 등에 의하여 일시적으로 소득원이 상실되었을 경우, 최소한의 생활을 유지하기 위한 소득을 국가가 일부 또는 전부를 보장해 주는 것으로, 사회보험, 공공부조와 각종 수당제도 등이 있다.

둘째, 건강보장정책이란 국민이 겪을 수 있는 사회적 위험으로서의 질병을 대상으로 치료와 예방의 포괄적 의료서비스를 국가책임하에 실시하여 국민의 건강한 삶의 유지를 돕는 것이다. 건강보장정책에는 국민건강보험, 노인장기요양보험, 의료 보호 및 부조, 보건의료서비스 등이 있다.

셋째, 주택보장정책으로 주택문제의 가장 큰 피해자는 저소득층이 주 대상이며, 공적인 개입이 불가피하다. 주거권은 인간다운 기본적 생활을 위한 인간의 필수 권리로 철거정비 및 재개발, 주택구입을 지원하는 주택담보대출제도, 공공임대주택, 국민주택, 보금자리주택 제공, 주거환경 개선사업 등이 있다.

넷째, 대인적 사회서비스로 사회적 약자인 아동, 청소년, 노인, 여성, 장애인, 다문화가족 등을 대상으로 한 사회복지정책 등이 있다.

다섯째, 교육정책으로 국민의 인적자원으로서의 잠재력과 역량을 개발하기 위해 적절한 교육환경을 제공하고 교육받을 기회, 과정, 결과 등을 보장함으로써 교육의 불평등을 해소하여 국민 삶의 질을 향상시키고 사회통합을 이루고자 한다. 교육정책으로는 교육 접근 기회의 확대, 교육환경의 개선, 정부의 교육재정 확대, 특수교육과 사회교육의 활성화, 영·유아보육, 저소득 학생의 학비지원, 사회적 배려자 지원 전형, 학교급식, 산업체 부설학교 지원 및 각종 장학제도 등이 있다.

사회복지정책의 개념 구분은 〈표 1-1〉과 같다.

〈표 1-1〉 사회복지정책의 개념 구분

구분	복지대상	복지내용	복지방법
협의	특정한 국민(사회부적응자, 저소득자 등 사회적 약자)	기본적 의식주 및 기타 생활 수요의 최저한 또는 평균선 유지	구체적 서비스(복지 정책, 제도, 사업계획, 봉사활동 등)
광의	전체 국민	모든 생활영역의 수준향상	모든 공공 정책 및 활동

자료: 문병기 외(2024: 7).

2. 각국 사회복지정책의 개념

1) 영국

영국에서는 사회복지정책의 개념보다는 ‘사회정책(social policy)’이란 용어를 선호한다. 우리나라에서 사용되는 사회정책의 개념은 미국적인 전통을 다분히 이어받은 것으로서, 영국과는 다른 개념을 사용하고 있다. 이는 영국의 사회정책이 오랜 구빈행정의 역사적 발전과 연결되어 있으며, 1950년대 말부터 시작된 사회행정(social administration) 연구가 1980년대로 오면서 점진적으로 사회정책으로 확대, 변화되고 있는 데서 그 배경을 짐작할 수 있다.

영국 사회정책의 또 다른 특징은 학제적 성격에 있다. 영국의 사회정책을 독립된 학문분야로 보기보다는 다른 학문분야와 상호 의존하는 관계로 본다. 따라서, 영국의 사회정책 연구에는 사회철학, 사회학, 정치학, 경제학 등의 연구자들이 참여한다. 타운젠트(Townsend, 1979)에 따르면, 사회정책은 공공행정과 관련된 정책이고, 이것은 일반적으로 인정된 특수한 사회문제를 해결하거나, 사회목적을 추구하기 위한 국가와 지방당국의 건강, 교육, 복지 및 사회보장서비스와 같은 서비스 개발과 관리에 관련된 정책이다.

2) 미국

미국 사회복지정책의 개념은 자유주의·자본주의 정신이 강한 국가임을 반영하듯, 매우 소극적인 개념을 사용하는 경향이 있다. 미국은 건국 배경에서 볼 수 있듯이, 프런티어 정신이 강하게 남아 있고, 경제사회적으로도 개인의 노력으로 자립할 수 있는 기회가 다른 나라에 비하여 많은 국가이다. 따라서, 미국은 '사회사업(social work)'이 잘 발달된 국가이다. 이러한 맥락에서 사회복지정책의 개념은 좁은 의미의 개념, 즉 스스로 사회적 적응이 어려운 사람들을 대상으로 하여 제한적으로 사회적 급여를 제공하는 정책을 선호하는 것이 주류를 이루고 있다.

『사회정책풀이』
(1992)

『사회정책』
(1994)

미국의 사회복지정책은 공공부문뿐만 아니라, 민간부문과 사회복지활동까지 포함하는 개념으로 사용되기도 한다. 길(David G. Gil)은 1992년 그의 저서 『사회정책풀이(*Unravelling Social Policy: Theory, Analysis, and Political Action towards Social Equality*)』에서, 길은 사회복지정책이라는 용어보다는 사회정책이라는 용어를 더 선호하는데, 사회복지정책은 빈곤, 아동학대, 주택 등과 같은 특수한 욕구나 문제에 대한 사회적 대응과 관계되는 것으로, 사회정책을 사회에서 전반적인 삶의 질, 사회구성원의 삶의 상태, 인간과 인간과의 관계, 인간과 전체 사회와의 관계를 형성하는 노력과 관계되는 것으로 보고 있다.

얀손(Bruce S. Jansson)의 저서 『사회정책: 이론에서 실제까지(*Social Policy: From Theory to Practice*, 1994)』에 따르면, 사회정책은 사회문제를 해결하기 위한 집단적 전략이다. 그는 사회정책이 해결해야 할 사회문제를 일곱 가지로 유형화하였다. 그것은 ① 물질적 자원의 박탈, ② 정신적 또한 정서적 박탈, ③ 인지적 박탈, ④ 대인관계의 박탈, ⑤ 기회의 박탈, ⑥ 개인적 권리의 박탈 및 ⑦ 신체적 박탈 등이다.

길버트와 테렐(Gilbert & Terrell, 2014)에 따르면, 사회복지정책의 개념은 매우 유연하고 확장적인 개념을 내포하고 있다. 여섯 가지 사회제도(가족, 종교, 직업, 시장, 상호부조 및 정부) 모두에게서 사회복지의 기능이 있고, 따라서 사회복지정책의 존재 역시 각각 가능한 것으로 이해된다.

3) 독일

독일 사회복지정책은 '사회정책(sozial politik)'이라는 용어를 사용한다. 독일 사회정책은 독일제국 통일 이후 사회경제적 변화와 문제에 대처하는 대안으로 발전되었다. 1871년 국가를 통일한 독일은 급속한 산업화와 경제성장을 이루었으며, 그러한 과정에서 노동자들의 도시집중과 아울러 심각한 물가인상, 열악한 노동조건, 주택난 등 생활난이 겹치면서 사회민주당과 노동조합을 중심으로 강력한 사회주의운동이 발전하게 되었다.

오토 폰 비스마르크

여기에 마르크스주의가 새로운 사상적 조류로 등장하였다. 이러한 사회적 혼란을 잠재우기 위하여 소위 철혈재상이라고 불리는 비스마르크(Otto Eduard Leopold von Bismarck, 1815~1898)는 1878년 「사회주의자 탄압법」을 제정하였다. 비스마르크의 사회정책은 종종 '채찍과 당근' 또는 '채찍과 사탕' 정책으로 비유된다. 비스마르크의 「사회주의자 탄압법」은 채찍정책으로 그 자체는 사회주의운동 가담자들을 엄하게 진압하기 위한 법이기에 사회복지와 관련된 내용을 직접 포함하지는 않았지만, 한편으로 비스마르크가 사회주의운동에 가담하지 않은 노동자를 회유하기 위한 정책으로서 사회보장 입법을 실행하는 계기가 되었다.

1881년 황제칙서에서 비스마르크는 "사회적 상처의 회복은 사회민주적인 폭동의 억압뿐만 아니라, 노동자들의 복지를 적극적으로 장려하는 데서 찾아야 할 것"이라고 밝히고, 회유정책의 일환으로 「질병보험법」의 초안과 「재해보상보험법」의 수정안을 제출하였다. 나아가 「폐질 및 노령보험법」을 제정해 노령과 폐질로 노동 불능이 된 사람에게 국가구조를 요구할 권리가 주어져야 한다고 주장하였다(이기원 외, 2024: 18).

독일의 사회정책은 1883년부터 세계 최초의 사회보험을 도입한 이후, 사회보험 중심의 비스마르크형 복지국가를 추구해 오면서, 다양한 사회복지정책을 발전시켜 왔다. 그러한 이유로, 독일의 사회복지정책은 여전히 노동과 복지의 연관성이 강하고, 사회보험 중심의 정책이 되는 특징을 가지고 있다(홍봉수 외, 2023: 17).

독일의 사회정책은 크게 노사협조론과 노사비협조론으로 구분된다. 노사협조론자인 바그너(A. Wagner)에 따르면, 사회정책은 분배과정에서 나타나는 여러 사회적 폐해를 입법 및 행정수단으로서 해결하려는 윤리적 조치이자 계급 간 대립을 완화하기 위한 국가의 정책이다(Wagner, 1891).

베르너 좀바르트

계급투쟁론에 입각하여 자본주의를 부정하고 극복하려는 노사비협조론자 좀바르트(Werner Sombart, 1863~1941)에 따르면, 사회정책은 경제적 생산력을 대변하는 사회계층의 이익을 적극적으로 지지하는 계급정책이다. 따라서, 노동계급이 사회정책의 주체가 되어야 한다.

하이만(Eduard Heimann, 1889~1957)에 따르면, 사회정책은 계급 간 협조가 아니라, 자본주의에 대항하는 이념 및 운동이다. 사회정책은 보수적인 측면에서 자본주의 경제질서를 유지하기 위한 산업정책이며, 혁명적인 측면에서 대자본에 의해 매몰된 피억압자의 자유를 위한 저항운동으로 사회운동을 제도적으로 여과한 것이다.

4) 일본

일본에서는 오래전부터 휼구규칙 등을 통한 빈민구제정책이 존재하였고, 구호법의 제정 등으로 근대적인 공공부조정책이 형성되기 시작하였다. 제2차 세계대전 이전 일본의 사회복지정책은 독일에서 행해지던 사회개량주의를 포함한 분배정책적 사회정책과 노동력 보전과 배양을 위주로 하는 노동정책 중심의 사회정책 등을 의미하였다. 전후에는 승전국인 미국이 일본을 점령한 이후 미국식 제도가 이식되기 시작하였으며, 미국식 사회복지정책 개념이 사용되고 있다. 전후 일본의 사회복지제도는 경제성장과 함께 커다란 발전과 변화를 이루었다.

이러한 사회복지제도의 기초적인 틀이 이루어진 시기는 1945년부터 1952년까지의 미군정시대라고 할 수 있다. 일본이 제2차 세계대전 후에 미국사회보장조사단들의 권고를 받아 사회보장제도심의회를 구성하고, 이 심의회가 정부에 대하여 권고하는 형식으로 새로운 사회보장제도의 요강을 마련하면서 제정되기 시작하였다. 1950년대 이후에는 한국전쟁을 계기로 크게 성장한 경제력을 바탕으로 사회보장정책을 체계화해 왔다.

5) 한국

한국에서 사용하는 사회복지정책의 개념은 영미계통의 개념과 유사하다. 그러나 학문적 개념과 관련 실정법 및 제도상의 개념은 다소 차이를 보인다. 학문적 사회복지정책의 개념은 소득, 의료, 주택, 교육, 고용 및 개인적 서비스를 포함하는 광의의 사회복지 개념과 연관되어 있다. 즉, 이들에 대한 일련의 행동지침이나 이들을 통하여 인간다운 생활을 유지할 수 있도록 하는 모든 서비스 및 급여의 배분원칙이나 목표달성을 위한 행동지침으로 이해할 수 있다. 그러나 실정법상이나 제도상으로는 협의의 사회복지정책 개념이 사용되는 경향이 있는데, 이것은 공공부조와 사회복지서비스와 관련된 정책을 말하는 것으로, 이들의 배분과 급여를 통하여 일정한 목적을 달성하려는 일련의 행동지침으로 볼 수 있다.

3. 사회복지정책의 가치

1) 가치의 정의

가치(value)라는 말은 라틴어 '*valere*'인데, 이는 '강함, 승리, 또는 그럴 만함'을 의미한다. 가치의 정의에 대한 설명으로는 ① 선(good)이나 바람직한(desirable) 것이며, 정서를 가진 질적인 판단, ② 사람에 관하여 그리고 사람을 다루는 적절한 방법에 대하여 전문직이 가진 신념, ③ 믿음과 같은 것으로 좋고 바람직한 것에 대한 지침이며, 적절한 행동의 선택에 대한 지침, ④ 어떤 선택을 하도록 영향을 미치는 이념 등이다(김보기 외, 2022b: 61).

가치(values)는 문화, 집단 또는 개인이 바람직하다고 생각하는 관습, 행동규범과 원칙들을 말한다. 즉, 가치란 인간 행동에 영향을 주는 어떠한 바람직한 것, 또는 인간의 지적·감정적·의지적인 욕구를 만족시킬 수 있는 대상이나 그 대상의 성질을 의미한다. 가치라는 것이 경험할 수 있는 사물로부터 유래된 것인가, 또는 개인의 감정이 사물에 가치를 부여하는 것인가 하는 문제는 객관적 가치인가 주관적 가치인가를 논하는 가치론의 중요한 쟁점이다. 이는 윤리와 구분되는 것으로 가치가 믿음이라면 윤리는 판단이다. 가치가 좋은 것에 대한 개인의 선호에 기초한 것이라면, 윤리는 옳고 그른 것에 대한 사회적 판단에 기초한 것이다. 따라서, 사회복지사는 가치 중심 전문직이다(Levy, 1976).

사회복지정책의 현장에서는 이러한 전문직 가치 외에도 개인적 가치와 사회적 가치가 함께 존재하며, 각 형태의 가치기준에 따라 사회복지사들은 가치 갈등을 경험하게 된다. 전문직 가치가 사회적 가치에 근원을 두고 있으나 항상 동일하지는 않으며, 개인적 가치도 전문직 가치에 늘 동의하는 것은 아니기 때문이다. 이에 사회복지사들은 실천가치의 지침과 실천윤리의 강령을 준비하여 최소한의 갈등 속에서 그 해결책을 찾을 수 있도록 조처하고 있다.

2) 가치의 범위

사회복지정책의 가치는 다른 가치에 우선하여 선행적으로 수용해야 할 가치가 존재한다. 또한 이에 대한 위계적 단계가 있다.

(1) 선행 가치

레비(Charles S. Levy)는 1973년 그의 논문 「사회복지의 윤리적 기초(The Value Base of Social Work)」에서, 사회복지정책에서 우선적으로 수용해야 할 가치에 대해 다음과 같이 설명하고 있다.

첫째, 사람 우선 가치이다. 이는 전문직 수행의 대상인 사람 자체에 대해 전문직이 갖춰야 할 기본적 가치관이다. 개인의 가치와 존엄성, 개인의 건설적 변화에 대한 능력과 욕구, 상호 책임성, 소속의 욕구, 인간의 공통적 욕구 그리고 개개인의 독특성에 대한 가치 등이 거론된다. 클라이언트를 하나의 개별화된 인간으로 보고 능력을 인정하며, 그에 따라 권한을 인정해 주는 가치관이다. 이는 사회복지실천의 기본 철학과 같은 것이다.

둘째, 결과 우선 가치이다. 사람에게 서비스를 제공했을 때 초래하는 결과에 대한 가치관이다. 이는 사회가 개인의 발전을 위해 사회참여에 대한 기회를 동등하게 제공해야 한다는 사회적 책임에 대한 믿음이다. 그뿐만 아니라, 빈곤, 질병, 차별대우, 부적절한 주거환경 및 불공평한 교육기회 등의 문제를 해결하거나 미연에 방지해야 할 사회적 책임에 대한 가치이며, 동시에 이와 같은 욕구를 충족시킬 수 있는 자원을 제공해야 하는 사회적 책임에 대한 믿음이다.

셋째, 수단 우선 가치이다. 서비스를 수행하는 방법 및 수단과 도구에 대한 가치관이다. 즉, 사람은 존경과 존엄으로 다뤄져야 하며, 자기결정의 권리를 가져야 하고, 사회변화에 참여하도록 북돋워져야 하며, 하나의 독특한 개인으로 인정되어야 한다는 믿음과 같은 것이다. 인간의 자율성으로 요약될 수 있는 수단 우선 가치는 아마도 사회복지실천과정에서 매우 중요하게 실천되어야 할 가치체계일 것이다. 사회복지사에게 아무리 바람직해 보이는 결정도 클라이언트의 자율적 결정이 아닌 강요받은 결정이라면 이는 기본 가치관에 어긋나는 것이다. 모든 결정과정에서 클라이언트의 자율성이 보장되어야 한다.

(2) 가치의 단계

가치의 범위는 위계적 단계로도 설명된다. 즉, 다양한 가치를 종적으로 분류하여 도구적 가치, 근사적 가치 그리고 궁극적 가치의 세 단계로 나눌 수 있다. 그 내용은 다음과 같다(장미리 외, 2024: 43-44).

도구적 가치(instrumental values)는 바람직한 목적에 맞는 바람직한 수단을 구체화한 것으로서, 매우 구체적인 가치들로 구성된다. 예를 들어, 진실(truth)은 어떤 경우에라도 추구되어야 할 중요 가치이며(Levy, 1973), 비밀보장, 자기결정, 고지된 동의 등도 좋은 예이다.

근사적 가치(proximate values)는 중간 수준의 가치들로서, 단기목표를 위한 지침을 제시한다. 예를 들어, 특정 치료를 거부할 수 있는 환자의 거부권리, 치료접근권리, 주택마련권리 등이 있다.

궁극적 가치(ultimate values)는 최고 수준의 가치를 포함하며, 장기목표에 대한 일반적 지침을 제공한다. 인권존중, 평등, 비차별 등이 여기에 속한다. 이 궁극적 가치들은 사회복지의 궁극적 목표와 정체성 확립에 기반이 되는 매우 중요한 가치에 해당된다.

(3) 사회복지정책과 가치 갈등

『사회복지실천론』
(김영철 외, 2024b)

사회복지사의 정책활동은 개인적 가치, 전문적 가치, 클라이언트와 클라이언트 집단의 가치, 사회의 가치에 의해 영향을 받으며, 이러한 가치 갈등으로 윤리적 딜레마에 빠지기도 한다. 사회복지사가 겪게 되는 다양한 가치 갈등의 유형을 살펴보면 다음과 같다(김영철 외, 2024b: 63-64).

① 가치 상충

가치 상충은 윤리적 갈등이 가장 빈번히 야기될 수 있는 상황으로, 사회복지사가 두 개 또는 그 이상의 대립적 가치 또는 경쟁적 가치에 직면했을 때, 어떤 가치를 우선적으로 선택해야 할지 결정하지 못하는 경우 겪게 되는 윤리적 갈등을 말한다. 윤리적 문제에서 상충되는 가치뿐만 아니라, 전문가의 가치와 개인적 가치 사이의 상충, 클라이언트의 가치 상충 등이 있을 수 있다. 가치 상충으로 인한 윤리적 갈등은 가장 빈번하게 발생하는 상황이다.

② 의무 상충

사회복지사가 자신이 속한 기관에 대한 의무와 클라이언트에 대한 의무 사이에서 갈등하게 되는 경우에 겪게 되는 윤리적 갈등을 말한다. 사회복지사는 자신이 속한 기관의 정책을 지켜야 할 의무뿐 아니라, 클라이언트를 위해 행동해야 할 의무도 있는데, 이 두 가지 의무가 상충되면서 윤리적 갈등을 겪을 수 있다.

③ 클라이언트체계의 다중성

클라이언트가 여러 명일 경우에 누가 클라이언트이고, 누구의 이익을 최우선적으로 고려하여 개입해야 하는지를 판단하기 어려워 겪게 되는 윤리적 갈등을 말한다. 누구의 이익을 우선시할 것인가의 문제는 개입의 우선순위와 내용에 중요한 영향을 미친다. 또한 특정 클라이언트를 위한 선택이 다른 클라이언트에게 부정적 결과를 가져올 경우에도 윤리적 갈등이 발생한다.

④ 결과의 모호성

사회복지사가 내릴 결정의 결과가 불투명할 때, 사회복지사는 어떤 결정을 내려야 할지에 대한 윤리적 갈등을 말한다. 특히, 사회복지사는 클라이언트가 아동일 때 어떻게 결정하는 것이 아이를 위한 최선인지, 앞으로 5~10년 후에도 최선일 수 있는지, 무슨 권리로 아동에 대한 결정을 해야 하며, 바른 윤리적 결정이 무엇인지 모호한 상황에 종종 부딪히게 된다.

⑤ 힘 또는 권력의 불균형

사회복지사와 클라이언트의 관계가 권력적으로 평등하지 않기 때문에 생기는 윤리적 갈등을 말한다. 클라이언트는 도움을 받는 입장이고, 사회복지사는 전문가로서 도움을 제공하기 때문에 클라이언트가 전문가에게 의존하는 관계가 되기 쉬운데, 이러한 상황에서 발생하는 갈등이다.

4. 인구 고령화

고령화(aging)라는 말에는 일반적으로 전체 인구 중에서 노인인구가 차지하는 비중이 높아지는 것으로, '젊다'는 측면보다는 '나이 들다'라는 이미지가 강하게 표현되어 있다. 사전적으로 고령화는 "한 사회에서 노인의 인구비율이 높은 상태로 진행 또는 나아감"으로 정의된다. 이러한 사전적 정의를 넘어, 고령화가 가진 개념을 사회복지학적 의미로 이해하기 위해서는 두 가지 측면을 구분해 살펴볼 필요가 있다(장미야, 2024: 19).

첫째, 노인의 개인적 측면으로서 개인 고령화로 의미된다. 개인 고령화는 한 개인이 출생하여 죽을 때까지 생존해 있는 기간, 즉 평균수명이 늘어난다는 뜻이다.

둘째, 사회적 측면으로서 인구 고령화로 의미된다. 인구 고령화는 한 사회에서 개인 고령화된 집단이 차지하는 비율이 늘어난다는 뜻이다.

고령이란 용어에 대한 정의는 보편적으로 일정한 것은 아니다. 「고령자고용촉진법」 시행령 제2조에서는 55세 이상을 고령자, 50~54세를 준고령자로 규정하고 있다. 인구 고령화 요인은 출생률의 저하와 사망률의 저하에 있다. 평균수명이 긴 나라가 선진국이고 평화롭고 안정된 사회를 상징하는 의미에서 장수는 인간의 소망이기도 하지만, 고령에 따르는 질병·빈곤·고독·무직업 등에 대응하는 사회경제적 대책이 고령화사회의 당면과제이다.

UN의 기준에 따르면, 65세 이상 인구가 총인구를 차지하는 비율이 7% 이상을 '고령화사회(Aging Society)', 65세 이상 인구가 총인구를 차지하는 비율이 14% 이상을 '고령사회(Aged Society)'라고 하고, 65세 이상 인구가 총인구를 차지하는 비율이 20% 이상을 '초고령사회(Super-Aged Society)' 또는 '후기고령사회(Post-Aged Society)'라고 한다. 국내 65세 이상 고령인구 구성비는 2022년 17.8%에서 증가하여 2025년 20%를 넘어서고 2042년 36.9% 수준으로 증가할 전망이다(통계청, 2024a: 10). 그러나 이러한 예측은 빗나가, 2024년 12월 23일 현재 20%를 넘어서 초고령사회로 진입하였다(행정안전부 홈페이지, 2025).

고령인구(65세 이상) 및 비중은 [그림 1-1]과 같다.

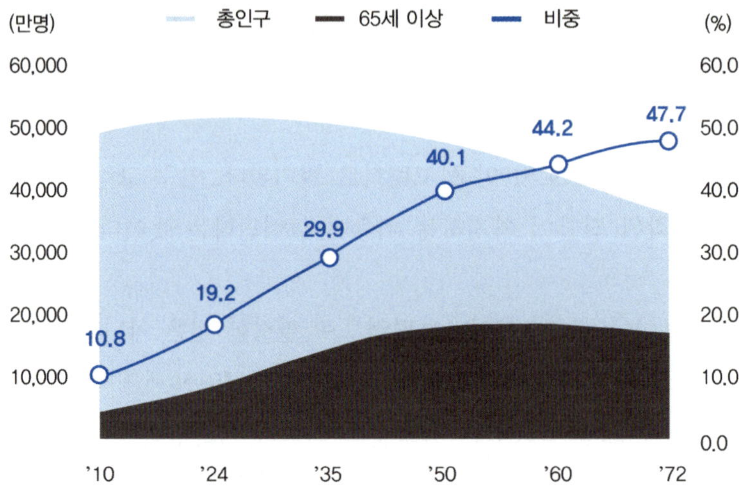

자료: 통계청(2024b: 22).

[그림 1-1] 고령인구(65세 이상) 및 비중

인구 추이는 〈표 1-2〉와 같다.

〈표 1-2〉 인구 추이

(단위: 천 명, %)

연도	총인구	65세 이상	
			비중
2010	49,554	5,366	10.8
2020	51,836	8,152	15.7
2024	51,751	9,938	19.2
2025	51,685	10,514	20.3
2030	51,306	12,980	25.3
2035	50,825	15,208	29.9
2040	50,059	17,151	34.3
2050	47,107	18,908	40.1
2060	42,302	18,682	44.2
2072	36,222	17,271	47.7

자료: 통계청(2024b: 22).

이처럼 고령화 현상은 노인 한 개인의 평균수명이 늘어나면서 개인 고령화가 이루어지고, 그러한 개인들이 모여서 사회 전체적으로 인구 고령화되는 것이다. 일반적으로 고령화라고 지칭하는 말에는 개인의 고령화를 포함해 어떤 사회가 전체적으로 인구가 고령화된다는 의미를 줄여서 사용하는 것이다. 그럼에도 불구하고, 개인 고령화와 인구 고령화는 엄밀히 구분되어야 할 필요가 있다. 왜냐하면, 개인 고령화가 가속화되거나, 이미 상당수의 국민들이 개인 고령화가 된 어떤 국가에서는 인구 고령화가 이루어지거나 이루어졌을 수도 있지만, 반드시 그렇지 않은 국가도 있기 때문이다. 전자에 해당하는 국가는 그 국가 내에서 출산율에 변동이 없거나 오히려 줄어드는 경우, 또는 다른 국가로부터 이주해 오는 이민자의 수가 거의 없거나 유출보다 유입이 더 많은 경우이면서 개인 고령화가 나타나는 경우에 해당한다. 반면, 후자에 해당하는 국가는 개인 고령화에도 불구하고 저출산보다는 다산(多産)으로 노인인구보다 영유아인구가 늘어나는 경우가 있고, 유출되는 것보다 다른 국가로부터 유입해 들어오는 이주민의 인구가 상대적으로 더 많은 경우에 해당한다. 결국 개인 고령화는 유아 사망 감소, 의학 및 의료 기술 발달, 보건위생 개선, 생활수준 향상 등이 주요 원인이라면, 인구 고령화는 개인 고령화도 한 원인이기도 하지만, 출산율의 저하, 이민율의 감소 등도 주요한 원인이 된다(장미야, 2024: 17).

그러므로 이러한 원인의 차이 때문에 사실상 정부나 사회가 관심을 두는 것은 국가의 정책이나 제도적 개입을 통해 그 국가의 국민 비율이 나이 들지 않게 하거나, 사실상 고령화의 속도를 지연되도록 하는 후자에 있는 반면, 노인이나 그 가족들이 관심을 갖는 것은 사적 또는 공적 (사회)복지서비스 등을 통해 고령에 들어선 노인이 편안하고 행복한 삶을 살게 하는 후자에 있다.

고령화는 전 세계적 인구 변화의 추세로, 이미 많은 국가에서 고령화에 적응하고 있다. 우리나라 역시 급속한 고령화 속도를 보이며, 노인인구 역시 양적으로 급증하는 것으로 나타났다. 이 같은 노인층의 규모 확대는 노인집단 특성의 변화를 야기하고 있다. 65세 이상 노인집단 내에서도 출생 시점별, 인구사회학적 배경에 따라 다양성을 가져올 것으로 예측된다. 이에 65세 전·후반 노인과 80대 후반, 나아가 90대 이상의 연령별, 그리고 교육수준과 건강상태 등에 따라 집단의 다양성은 점차 커질 것으로 예상한다. 이와 같은 노인인구의 양적 증가와 특성의 다양화는 관련 복지서비스에 대한 욕구로 연결될 것으로 전망되며, 이에 최근 급속히 증가한 요양서비스를 비롯하여 여가복지서비스, 고용복지서비스 및 주거 관련 서비스 등이 계속해서 증가할 것으로 예상된다. 따라서, 인구 고령화는 단지 노인복지에 국한하지 않고 저출산과 더불어 사회복지정책의 수립과 집행에 커다란 영향을 미치는 요인이 된다(이은희 외, 2024: 16-17).

5. 사회보장제도

1) 사회보장제도의 개념

(1) 사회보장의 정의

사회보장(social security)은 국민이 안정적인 삶을 영위하는 데 위험이 되는 요소(빈곤이나 질병, 생활불안 등)에 대해 국가부담 또는 보험방법에 의하여 행하는 사회안전망을 가리킨다. 다시 말해서 사회보장은 국민이 안정적인 삶을 영위하는 데 위험이 되는 요소, 이른바 빈곤이나 질병, 생활불안 등에 대해 국가부담 또는 보험방법에 의하여 행하는 사회안전망을 말한다. 사회보장은 자본주의가 필연적으로 야기할 수밖에 없는 빈곤 등의 문제에 대해 국가가 이를 보증함으로써 자본주의 국가를 유지하고 안정을 도모하기 위한 것이다.

미국은 1935년 「사회보장법(the Social Security Act)」을 제정하였다. 「사회보장법」은 1929년 대공황으로 궁핍해진 미국인의 삶을 회복하기 위한 종합적이고도 포괄적인 사회보장을 규정한 법률이다. 이 법은 '사회보장'이라는 용어를 세계 최초로 사용한 법률이다. 이 법의 전문에는 사회보장의 목적과 사회보장을 구성하는 제도를 규정하고 있다. 물론 미국의 사회보장이 세계 최초의 사회보장제도는 아니다. 독일은 이미 1880년대 사회입법을 통해 사회보험(건강보험, 연금, 산재보험)을 시행했고, 영국도 1911년에 국민보험(건강보험과 실업보험)을 도입하였다.

미국의 「사회보장법」은 전반적인 복지(general welfare)의 증진을 위해, 연방정부가 관장하는 노령급여제도와 주정부가 관장하는 노인, 시각장애인, 요보호아동, 장애아동을 위한 복지, 모자복지, 공중보건 및 실업보상법의 관리운영을 지원하며, 사회보장청의 신설과 재정조달 및 기타 목적을 추진하기 위한 법이다. 이 법의 전문은 사회보장의 목적이 전반적인 복지의 증진에 있다는 것을 밝히고 있다. 전반적인 복지는 사회복지와 같은 의미이다. 따라서, 사회보장의 목적은 사회복지의 증진이고, 사회보장은 연방정부가 관장하는 사회보장연금(노령급여)과 주정부가 관장하는 실업보험, 공공부조, 사회복지서비스(노인복지, 아동복지, 장애인복지, 모자복지 등) 및 공중보건 등으로 구성된다. 사회보장연금과 실업보험이 사회보험이라는 점을 감안하면, 미국의 사회보장은 사회보험, 공공부조, 사회복지서비스, 공중보건으로 구성되어 있는데, 공중보건을 제외하면 우리나라 사회보장의 구성과 같다.

미국 사회보장제도의 주무부처인 사회보장청(the Social Security Administration, SSA)에 따르면, 사회보장은 생계능력의 중단 또는 상실에 처한 사람과 결혼, 출생, 사망과 같은 특별한 지출이 필요한 사람의 소득을 보장하는 법정 프로그램이다. 사회보장은 이외에도 가족수당과 보건의료를 포함한다. 여기서 말하는 생계능력의 중단 또는 감소는 노령, 장애, 사망, 질병, 출산, 산업재해, 실업 등과 같은 사회적 위험으로 인한 소득의 중단 또는 감소를 말한다. 소득의 중단은 소득이 일시적 또는 영구적으로 없어지는 상태를, 소득의 감소는 질병치료나 출산 및 기타의 이유로 추가적인 지출이 늘어 실질적으로 소득이 줄어드는 것을 뜻한다. 그리고 사회보장청은 사회보장을 소득유지 프로그램(income maintenance programs)과 직접서비스(direct services)로 구분했다. 소득유지 프로그램은 소득상실의 일정 부분을 보전하는 현금급여이고, 직접서비스는 진료서비스나 재활서비스와 같은 현물급여다.

국제노동기구(ILO)에 따르면, 사회보장은 사회가 고령, 실업, 질병, 장애, 재해, 출산, 생계수단의 상실을 당한 개인과 가구에게 보건의료를 제공하고 소득을 보장해 주는 것이다. 사회보장은 인간의 기본적인 권리이다. 사회보장은 건강보험, 연금, 실업급여, 조세로 재정을 조달하는 사회급여를 포함한다(ILO, 2001b). ILO의 사회보장의 정의는 사회보장의 대상이 고령, 실업, 질병, 장애, 재해, 출산, 생계수단의 상실을 당한 개인과 가구라는 것과 사회보장이 인간의 기본권이라는 사실을 강조한다. 사회보장을 건강보험, 연금, 실업급여, 조세로 재정을 조달하는 사회급여(공공부조)로 한정시킨 것은 사회보장의 포괄범위를 좁게 본 것이다.

「사회보장기본법」 제3조 제1항은 "사회보장이란 출산, 양육, 실업, 노령, 장애, 질병, 빈곤 및 사망 등의 사회적 위험으로부터 모든 국민을 보호하고 국민 삶의 질을 향상시키는 데 필요한 소득·서비스를 보장하는 사회보험, 공공부조, 사회서비스를 말한다."라고 정의하고 있다. 또 '사회보장의 아버지'로 불리는 「베버리지의 보고서」에 따르면, 사회보장은 실업·질병 또는 재해에 의하여 수입이 중단된 경우의 대처, 노령에 의한 퇴직이나 본인 이외의 사망에 의한 부양상실의 대비, 출생·사망·결혼 등과 관련된 특별한 지출을 감당하기 위한 소득보장을 의미한다. 베버리지는 사회보장을 빈곤과 결부시켜 '궁핍의 퇴치'라고 말했는데, 이는 국민소득의 재분배로 실현할 수 있으며, 이를 통한 일정 소득의 보장은 결국 국민생활의 최저보장을 의미하는 것이다(정영숙 외, 2024: 229).

(2) 사회보장의 중요성

산업화 이전의 사회에서도 인간은 질병 · 노령 · 장애 · 빈곤 등과 같은 문제를 겪어 왔다. 그러나 이 시기의 위험은 사회구조적인 차원의 문제라기보다는 개인적인 문제로 여겨졌다. 이에 따라, 문제해결 역시 사회구조적인 대안보다는 개인이나 가족의 책임 아래에서 이루어졌다. 그러나 산업사회로 넘어오면서 환경오염, 산업재해, 실직 등과 같이 개인의 힘만으로는 해결하기 어려운 각종 사회적 위험이 부각되었고, 부양공동체 역할을 수행해 오던 대가족제도가 해체됨에 따라, 개인 차원에서 다루어지던 다양한 문제들에 대해 국가개입의 필요성이 요구되는 사회적 문제로 대두되기 시작했다.

이러한 다양한 사회적 위험으로부터 모든 국민을 보호하여 빈곤을 해소하고 국민생활의 질을 향상시키기 위해 국가는 제도적 장치를 마련하였는데, 이것이 바로 사회보장제도이다. 우리나라에서 시행되고 있는 대표적인 사회보장제도는 국민연금, 건강보험, 산재보험, 고용보험, 노인장기요양보험 등과 같은 사회보험제도, 기초생활보장과 의료보장을 주목적으로 하는 국민기초생활보장제도와 같은 공공부조, 그리고 노인 · 부녀자 · 아동 · 장애인 등을 대상으로 제공되는 다양한 사회복지서비스 등이 있다. 우리나라의 사회보장제도는 1970년대까지만 해도 구호사업과 구빈정책 위주였으나, 1970년대 후반에 도입된 의료보험과 1988년 실시된 국민연금제도를 통해 그 외연을 확장할 수 있었다(국민연금공단 홈페이지, 2025).

최근 들어 사회보장이나 이와 관련된 용어를 사용하는 경우가 잦아지고 있다. 오늘날 대부분의 국가는 어떤 형태이든 사회보장제도를 갖추고 있다. 또한 많은 국가에서 사회보장은 헌법에 보장된 권리에 속하고 있다. 그리고 사회보장은 거의 모든 국가에서 중요한 논쟁거리가 되고 있다. 왜냐하면 사회보장은 개인과 가족과 국가에게 더욱더 중요한 역할을 하고 있기 때문이다. 사실 복지국가에서 핵심적인 프로그램은 사회보장 프로그램인 경우가 많다. 이러한 이유로 사회보장은 중요하다(노병일, 2020: 13-14).

『사회안전이해』
(2018)

밀러(Jane Millar) 등이 2004년 편집한 『사회안전이해: 정책과 실천 논쟁(*Understanding Social Security: Issues for Policy and Practice*)』에서 제시한 사회보장이 중요한 이유는 다음과 같다.

첫째, 사회보장은 국민 전체에서 중요한 부분을 차지하고 있기 때문이다. 무엇보다도 사회보장은 규모가 크다. 예를 들어, 미국에서 사회보장은 중요한데, 그 이유들 중의 하나는 사회보장의 규모가 매우 크기 때문이다.

둘째, 사회보장은 정부지출에서 규모가 가장 큰 영역이기 때문이다. 또한 사회보장은 정부가 경제적 목적과 사회적 목적을 추구하기 위한 수단이 되기 때문이다.

셋째, 생계를 유지하기 위해 사회보장에 의존하는 사람의 수가 많기 때문이다. 실제로 자기 소득의 전부 또는 일부를 사회보장에서 얻고 있는 사람이 매우 많다. 사실상 사회보장제도에서는 모든 나이에 속하는 사람들에게 급여를 제공하고 있다. 따라서, 개인의 경제적 측면과 관련해서 사회보장은 매우 중요하다.

넷째, 사회보장은 소득을 재분배하기 위한 가장 중요한 도구 중 하나이다.

다섯째, 사회보장에서 제공하는 급여는 사람들이 생활하는 방식에 영향을 미칠 수 있기 때문이다. 실제로 사회보장 급여는 일자리, 저축, 퇴직, 가족의 구성과 관련해 사람들이 내리는 결정에 영향을 미칠 수 있다.

그러므로 사회보장제도가 발달한 것은, 20세기에 사회정책 영역에서 가장 중요하게 이룬 업적에 속하고 있다. 그리고 사회보장은 앞으로도 계속해서 중요한 위치를 차지할 것으로 보인다. 특히, 앞으로 전체 인구층에서 노인이 차지하는 비율이 높아지고 고용이 더 불안정해짐에 따라 현대사회에서 사회보장은 더욱더 중요해질 것으로 보인다.

(3) 사회보장의 목적

사회보장이 추구하는 목적은 시대와 국가와 대상자에 따라 차이가 나는 경우가 많다. 또한 사회보장의 목적이 분명하게 겉으로 드러나지 않는 경우도 많다. 그리고 때에 따라서는, 사회보장이 추구하는 하위 목적들 서로 모순되는 경우도 있다(Ditch, 1999). 특히, 학자나 기관에 따라 사회보장의 목적으로 강조하는 측면에서 차이가 난다. 그러나 대부분의 학자나 기관이 사회보장과 관련해 공통적으로 제시하는 목적은, 사회적 위험에 대해 미리 대비함으로써 사회구성원이 최저생활을 유지하고 결과적으로 사회구성원이 안정된 생활을 하게 하는 것이다(김진구, 2023: 39).

사회보장의 목적과 관련해서 인식할 필요가 있는 점은 다음과 같다(Walker, 2004).

첫째, 잘 발달된 사회보장제도에서는 다양한 목적을 추구하고 있다.

둘째, 특정한 한 가지 목적을 추구하기 위해 취한 방안은 다른 목적에도 영향을 미칠 수 있다.

사회보장의 정의와 이에 따른 사회보장의 범위가 변하는 것과 마찬가지로, 사회보장의 목적도 끊임없이 변할 것으로 보인다. 어느 때에는 사회보장의 목적이 서서히 변해서 거의 인식하지 못할 수 있다. 이것은 사회보장정책을 자연스럽게 서서히 실시할 경우에 그렇다. 그러나 어느 때에는 사회보장의 목적이 매우 크게 변할 수 있다. 이것은 사회보장의 급여체계를 전체적으로 다시 검토할 경우나, 또는 새로운 정부가 들어섰을 경우에 특히 그렇다. 향후 사회보장의 목적은 여러 측면을 고려하는 방향으로 나아갈 것으로 보인다.

2) 사회보장제도의 도입 배경

(1) 역사적 배경

사회보장이 성립하려면, 빈곤을 자본주의 사회의 사회적 · 필연적 산물로 받아들인 다음 국가의 책임으로 빈곤에 대한 대책을 강구하는 것이 전제가 되어야 한다. 자본주의 사회의 성립기(15세기 말~1760년대)와 확립기(1760~1870년대)에는 빈곤이란 개인적 노력 부족과 태만이 몰고 온 것이자 '자연의 형벌'이라고 여겨 왔으므로, 빈곤은 개인의 책임이라고 인식되었다. 따라서, 이런 인식하에서는 빈곤에 대한 국가적 대책이 실시될 가능성이 없었다. 그러나 서양의 선진 자본주의 국가들은 1873년 경제공황으로 20여 년 동안 만성불황에 시달리며, 수많은 실업자들이 발생하였다. 이러한 상황에서 실업을 면했던 노동자들도 실업에 대한 두려움 때문에 저임금과 열악한 노동조건에 놓이게 되었다. 이러한 상황에서 빈곤자들이 계속 증가하면서 실업은 '사회의 질병'으로 여겨지게 되었다. 이에 빈곤은 점차 사회의 책임이라고 인식하는 경향이 대두되기 시작했으며, 국가는 빈곤에 관한 책임을 추궁 당하게 되었다. 즉, 빈곤대책은 국가의 책임으로 부상했으며, 이는 사회보장이 출발하는 시작점이 되었다.

1880년대 독일을 시작으로 '사회보험'제도가 생겨났고, 1891년 최초의 '공공부조'가 덴마크에서 탄생하였으며, 1926년에는 '가족수당'이 뉴질랜드에서 지급되기 시작하였다. 이러한 제도들은 노동자들에 대한 대책인 사회보험과 가족수당, 빈곤자 대책인 공공부조, 그리고 사회사업 등으로 나뉘어 진행되었다. 그러다 1929년에 발생한 세계 대공황부터 제2차 세계대전 전후로 국민 모두의 생활을 균등하게 지키는 사회보장 쪽으로 발전하게 되었다. '사회보장'이란 용어는 1935년 미국의 뉴딜정책이 「사회보장법(Social Security Act)」을 채택하면서 처음으로 사용되었다(김진구, 2022: 14-15).

(2) 우리나라의 사회보장제도

우리나라는 1960년 제4차 개정 헌법에서 처음으로 '국가의 사회보장에 관한 노력'을 규정하였고, 1962년 제3공화국 헌법이 "모든 국민은 인간으로서의 존엄과 가치를 가지며, 이를 위하여 국가는 국민의 기본적 인권을 최대한으로 보장할 의무를 진다."라고 규정함에 따라 1963년 11월 법률 제1437호로 전문 7개조의 「사회보장에 관한 법률」을 제정하였다. 그러나 이는 지나치게 추상적인 원칙만을 규정한다는 비판에 따라 폐지되었고, 1995년 「사회보장기본법」이 제정되었다. 이 법률은 사회보장에 관한 국가 · 지방자치단체 · 가정 및 개인의 책무를 규정하고, 모든 국민이 사회보장급여를 받을 수 있음을 선언하며, 사회보장 전달체계의 구축 및 전문인력의 양성에 관하여 규정하였다.

사회보험은 1964년에 시행된 산업재해보상보험(산재보험)을 비롯하여 건강보험(구 의료보험, 1977), 국민연금(1988), 고용보험(1995), 노인장기요양보험(2008) 등 5대 사회보험이 실시되고 있으며, 이외에도 공무원연금(1960)과 국방부군인연금(1963), 사립학교교직원연금(1974) 등이 추가로 실시되고 있다.

공공부조에 있어서는 1961년 「생활보호법」을 제정하여 생활보호제도를 실시해 오다가 이를 대체한 '국민기초생활보장제도'가 2000년 10월부터 실시되고 있다. 국민기초생활보장제도는 빈곤계층에 대해 국가가 생계 · 주거 · 교육 · 의료 등 기본적인 생활을 보장하는 것으로, 최저생계비에 소득이 미달하는 대상자에게 그 미달 금액을 국가가 지원해 주는 것이다(김보기 외, 2022a: 314).

(3) 사회보장의 형태

사회보장은 어떤 형태나 형식으로 사회적 위험을 해결하려고 하는가? 다시 말해서 사회보장은 어떻게 구성되어 있는가? 사회보장의 형태 역시 역사적으로 진전 · 변화되어 왔다. 처음에는 사회적 위험을 해소하기 위하여 국가 사회적으로 제공할 수 있는 급여형태는 주로 현금 중심이었고, 가능한 한 현금으로 환원할 수 있는 급여로 제공되었다. 그다음으로는 보건의료의 중요성을 인정하면서부터 보건의료급여가 중요한 급여로 부가되었다. 현금과 보건의료로 해결할 수 없는 심리사회적 문제나 위험이 발생함으로써 또는 존재함으로써 다시금 사회복지서비스 또는 사회서비스가 새롭게 사회보장의 급여체계에 첨가되었다.

다른 측면에서는 사회적 위험에 처한 인구집단을 위한 사회보장 대응방식 역시 각국의 정치적·경제적 상황과 여건에 따라 다르게 진행되었다. 한 국가에서는 공공부조 방식으로, 다른 국가는 사회보험 방식으로 시작되어 일정한 역사적 시점에서는 이 두 가지 제도가 수렴되고 혼합되는 모습을 띠어 갔다.

일반적으로 사회보험은 연금보험, 산재보험, 건강보험, 실업보험(고용보험) 등이 주류이며, 농민보험, (노인)장기요양보험, 선원보험 등 다양한 사회보험이 있다.

① 공공부조

공공부조는 스스로가 생활유지 능력이 없거나, 어려운 사람들을 대상으로 국가가 인간다운 생활을 영위하도록 돕는 제도이다. 공공부조의 대상은 주로 자본주의 사회에서 근로능력이 없고 자산을 갖지 못한 사회적 취약계층이며, 이들은 국가에서 설정해 놓은 인간다운 생활을 영위하기 위해 필요한 최소한의 생활수준(최저생계비 등) 이하의 저소득 또는 절대 빈곤층이 그 핵심을 이룬다.

공공부조는 국가에서 국민에게 받는 세금을 재원으로 운영되며, 현금급여에서부터 건강, 사회복지 및 사회서비스급여 등이 포함된다. 공공부조는 국가에서 설정해 놓은 일정 수준 이하의 소득과 자산을 가진 경우에 자산조사를 거쳐 급여대상자로 선정한다.

② 사회수당

사회수당은 사회보험과 공공부조를 통해 특정한 사회적 사고에 대응하기 어려운 경우에 일정한 조건을 기반으로 현금급여를 제공하는 사회보장의 한 형태이다. 사회수당은 급여대상자로부터 보험료를 받지 않고 국가예산을 통해 현금급여를 제공하는 점에서 공공부조의 성격을 지니고 있으나, 자산조사도 없기 때문에 사회보험적 특성도 지닌다. 하지만 사회수당 급여대상자는 공공부조 대상자와 같이 빈곤대상자가 아니라 하더라도 일정 부분 제한적인 자산조사는 고려되며, 경우에 따라서는 특별한 사회적 가치에 따라 제공되는 사회통합적 의미를 가지는 급여이기도 하다. 아동수당, 노령수당, 장애인수당, 가족수당과 같은 수당 등 다양한 사회수당이 존재한다.

③ 사회복지서비스

사회보장의 한 형태로서 사회복지서비스는 현금이나 현금으로 환원할 수 있는 경제적 급여 이외에 제공되는 급여이다. 주로 인적(human)인 대인(interpersonal) 활동이나 노력을 통해서 제공되는 급여로서의 특성을 지닌다. 사회구성원들이 생활상 직면하게 되는 심리사회적인 문제나 가족 및 인간관계로 말미암은 사회적 사고문제에 대응하는 급여인데, 이는 특별히 서비스급여라고 표현되는 급여이다.

사회복지서비스는 통상 사회복지(social welfare) 또는 사회사업(social work)이라는 전문적인(professional) 노력을 통하여 제공되는 급여를 말한다. 따라서, 사회복지서비스급여 역시 대상자로부터 서비스급여 접수(intake) 후 상담과 조사를 거쳐 급여가 제공되는 특징이 있어서 일종의 선별적 급여인 동시에, 국가예산을 통하여 제공되는 사회보장제도의 일종이다.

④ 사회서비스

사회서비스는 사회복지서비스를 포함한 더 넓은 범위의 서비스급여를 의미한다. 주로 보건의료 교육, 고용, 주거, 문화, 환경 등의 분야에서 사회구성원으로 하여금 인간다운 생활을 보장하고, 상담, 재활, 돌봄, 정보의 제공, 관련 시설의 이용, 역량 개발, 사회참여 지원 등을 통하여 삶의 질이 향상되도록 지원하는 사회보장제도를 말한다.

복잡하고 다원화된 현대사회에서 일상생활상 겪게 되는 다양한 사회적 위험에 대응하여 사회보험, 공공부조, 사회복지서비스를 넘어 한층 복잡한 전문서비스급여를 사회구성원들이 필요로 하는 것이 전제되어 있다. 따라서, 사회서비스급여 역시 사회복지서비스와 같은 특징을 지니고 있으며, 급여이용이 보다 다양하다.

유형별 소득보장제도는 〈표 1-3〉과 같다.

〈표 1-3〉 유형별 소득보장제도

유형	관련 제도 및 급여	급여대상
빈곤	국민기초생활보장제도	전 국민
노령	국민연금제도(노령연금)	전 국민
	공무원 · 사립학교 교원 · 군인 연금의 퇴직연금	공무원, 사립학교 교원, 군인
장애(장해)	국민연금(장해연금)	전 국민
	공무원 · 사립학교 교원 · 군인 연금의 장해연금	공무원, 사립학교 교원, 군인
	산재보험의 장해보상연금	근로자
사망	국민연금(유족연금)	전 국민
	공무원 · 사립학교 교원 · 군인 연금의 유족연금(보상금)	공무원, 사립학교 교원, 군인
	산재보험의 유족보상연금	근로자
질병 · 사고	산재보험의 휴업급여	근로자
실업	고용보험(구직급여)	근로자
노령 + 빈곤	기초연금	기초생활보장수급 노인, 차상위 저소득층 노인, 65세 이상(전체 노인의 70%)
장해 + 빈곤	장애인 생계보조수당	기초생활보장 대상, 중증 · 중복 장애인

자료: 정연모 외(2022: 131).

3) 사회보장의 주체와 객체(대상)

(1) 사회보장의 주체

우리나라 헌법 제34조 제2항에 "국가는 사회보장 · 사회복지의 증진에 노력할 의무를 진다."라고 규정되어 있고, 「사회보장기본법」에는 사회보장에 대한 국가 및 지방자치단체의 책임에 대해 규정하고 있어서 사회보장의 주체는 국가와 지방자치단체가 된다.

(2) 사회보장의 객체(대상)

사회보장의 발달사적으로 볼 때, 처음 사회보험제도가 도입되었을 때에는 그 대상이 근로자와 그 가족이었다. 그 후 점차적으로 대상범위를 넓혀 오늘날 사회보장의 대상은 모든 국민이 된다. 우리나라의 헌법 제34조 제1항에는 "모든 국민은 인간다운 생활을 할 권리를 가진다."라고 규정되어 있어 사회보장의 대상이 전체 국민임을 명확하게 명시하고 있다. 그리고 국내에 거주하는 외국인에게 사회보장제도를 적용할 때에는 「사회보장기본법」 제8조에 따라 상호주의의 원칙에 따른다.

한편, 모든 국민은 사회보장의 대상이 되어 사회보장 관계 법령에서 정하는 바에 따라 사회보장급여를 받을 권리를 가질 수 있으나, 그에 따른 책임도 또한 준수해야 한다.

연습문제

1. 사회복지정책과 경제정책의 관계에 관한 설명으로 옳은 것을 모두 고른 것은?

ⓐ 경제정책은 사회복지정책에 영향을 준다.
ⓑ 사회복지정책은 경제에 영향을 준다.
ⓒ 경제정책과 사회복지정책은 서로 상생적인 역할을 할 수 있다.
ⓓ 자본주의 경제 유지를 위하여 사회복지정책이 필요하다고 설명하기도 한다.

① ⓐ　② ⓐ, ⓒ　③ ⓑ, ⓓ
④ ⓑ, ⓒ, ⓓ　⑤ ⓐ, ⓑ, ⓒ, ⓓ

2. 사회복지정책 평가가 갖는 특징으로 옳지 않은 것은?

① 정치적이다.　② 실용적이다.
③ 종합학문적이다.　④ 기술적이다.
⑤ 가치중립적이다.

3. 다음 중 사회복지정책이 필요한 이유를 모두 고른 것은?

ⓐ 국민의 생존권 보장　ⓑ 사회통합의 증진
ⓒ 개인의 자립성 증진　ⓓ 능력에 따른 분배

① ⓐ　② ⓐ, ⓒ　③ ⓑ, ⓓ
④ ⓐ, ⓑ, ⓒ　⑤ ⓐ, ⓑ, ⓒ, ⓓ

4. 사회복지정책의 특성에 관한 설명으로 옳지 않은 것은?

① 가치판단적 특성을 가진다.
② 국민의 최저생활을 보장한다.
③ 개인의 자립성을 증진시킨다.
④ 능력에 비례한 배분을 원칙으로 한다.
⑤ 경제의 자동안정장치(built-in-stabilizer) 기능을 수행한다.

5. **사회복지정책의 기능으로 옳지 않은 것은?**

① 사회통합　　② 최저생활 유지
③ 능력에 따른 배분　　④ 개인의 잠재능력 향상
⑤ 소득재분배

6. **웹(Webb)의 소득재분배 효과에 대한 설명으로 옳은 것은?**

① 웹은 소득재분배의 효과를 수직적 재분배, 수평적 재분배, 우발적 재분배, 장기적 재분배, 단기적 재분배로 구분하였다.
② 수평적 재분배는 특정한 우발적 사고로 고통받는 자로의 소득이전을 말한다.
③ 우발적 재분배는 유사한 총소득을 가진 가족 간의 소득이전이다.
④ 장기적 재분배는 생애에 걸쳐 발생하는 재분배를 말한다.
⑤ 수직적 재분배는 부자로부터 빈민으로의 소득이전을 말한다.

7. **다음 중 사회복지정책과 사회복지실천이 관련된 것이 아닌 것은?**

① 사회복지정책은 사회복지실천의 전반적인 틀 제공
② 사회복지정책은 사회복지 법률, 행정지침 등으로 사회복지실천의 기본적 바탕
③ 사회복지정책은 사회복지실천의 방향, 방법 및 기준이 되어 영향력이 지대
④ 사회복지정책은 변화하는 사회와 그 욕구에 반응하여 실천현장에 직접적으로 연결
⑤ 민간사회복지실천기관은 공공행정기관과의 충돌이 거의 발생하지 않음.

정답 1. ⑤ 2. ⑤ 3. ④ 4. ④ 5. ③ 6. ⑤ 7. ⑤

CHAPTER 02

사회복지정책의 역사

개요

사회복지정책의 역사는 복지국가의 역사이다. 즉, 사회복지정책은 가치 지향적이어서 국가나, 정부, 사회가 가진 사상에 따라 변천을 거듭하면서 발전해 왔다. 여기에서는 사회복지정책의 역사를 학습하고자 한다.

학습목표

1. 각국의 역사 숙지
2. 각국의 사회복지정책의 특징
3. 한국과의 비교 토론

학습내용

1. 영국 사회복지정책의 역사
2. 미국 사회복지정책의 역사
3. 한국 사회복지정책의 역사

사회복지정책의 역사는 시대순으로 나열하여 살펴보기보다는 역사적 사실의 사회문화적 맥락까지 함께 분석되어야 할 필요가 있다. 특정한 사회문제를 해결하기 위한 국가의 대안적인 조처가 국민들의 생활에 어떠한 영향을 미쳤는가, 불평등을 조금이라도 해소하는 방향으로 나아갔는가, 아니면 보다 편재시키는 방향으로 역기능적인 작용을 하였는가 등 복합적이고 다원적인 시각과 분석이 요구된다(김영화 외, 2023: 41).

사회복지정책은 논리적으로 따져 등장하기보다는 역사적 상황 때문에 등장한 경우가 많다. 즉, 사회복지정책은 어느 날 갑자기 등장한 것이 아니라, 과거부터 계속되어 온 정치적 환경과 사회적 환경과 경제적 환경이 서로 얽혀서 현재의 모습으로 나타난 경우가 많다. 따라서, 현재의 사회복지정책을 제대로 이해하기 위해서는 사회복지정책이 역사적으로 어떻게 등장하였고, 그 후에 어떻게 전개되었는지를 연구해 볼 필요가 있다(노병일, 2021: 132).

여기에서는 다음 세 가지에 주목하여 사회복지정책의 전개과정을 서술하고자 한다. 첫째, 사회복지가 가장 먼저 발전하여 세계적으로 영향을 미친 영국 사회복지의 발달과정, 둘째, 처음에는 영국의 사회복지제도를 적용하였으나, 산업화로 인한 급격한 사회변화에서 발생하는 사회문제에 대처하기 위하여 새롭게 발전시킨 미국사회복지제도의 전개과정의 역사, 셋째, 오랜 구빈제도의 역사를 갖고 있으나, 최근에 사회복지제도가 체계적으로 발전하기 시작한 한국의 사회복지정책 역사를 살펴보고자 한다.

1. 영국 사회복지정책의 역사

1) 중세 사회복지정책

고대부터 중세에 이르기까지 국가가 국민의 생활에 개입하여 개개인의 문제

해결을 위해 노력한 일은 극히 드물었고, 대부분 혈연·지역공동체 중심으로 상부상조의 형태를 띠었다. 중세 말 이래, 빈곤문제는 교회의 자선사업, 또는 봉건 영주가 어려움에 처한 사람들을 지원하는 정책에서 그 해결방법을 찾고 있는 모습이었다(김영화 외, 2023: 42).

중세 초기는 로마제국의 붕괴(476)로 시작된 대략 6세기에서 10세기에 걸치는 기간을 말한다. 영국의 각 지방은 장원제도에 따라 영주와 기사·평민·농노 등의 신분을 가지고 있었으며, 가장 하층계급인 농노들의 생활은 극도로 열악하였다. 농노들은 영주의 토지와 함께 매매되어 그들의 생활은 영주의 관리하에 놓여 있었다. 따라서, 농노들의 삶의 환경은 전적으로 자신이 소속된 영주의 지배형태에 따라 좌우되었다.

중세 영국의 공식적인 사회서비스 활동은 대부분 교구를 중심으로 이루어졌다. 각 교구마다 지역 내 가난한 사람들에게 구제활동을 실시하였다. 또한 중세 상인들의 길드(Guild)제도는 상호부조의 기능을 수행하였고, 민간자선단체에 의하여 구빈원 등 임시보호시설들이 설치되어 가난한 이주자들에게 무료숙식을 제공하거나, 응급구호 서비스 등을 실시하였다. 15세기 노동자들의 실제 임금은 영국 역사에 있어 가장 높은 수준이었으나, 14세기부터 15세기에 걸친 백년전쟁(Hundred Years' War, 1337~1453)과 장미전쟁(Wars of the Roses, 1455~1485)에 참전했던 많은 군인들에게 적절한 지원이 이루어지지 않아 이들은 부랑인과 빈민으로 전락할 수밖에 없었다(정민기 외, 2023a: 60).

이러한 현실로 인하여 국민들의 자유와 노동력을 통제하기 위하여 관련 제도들이 출현하게 되었는데, 노동능력이 있는 사람들에게 노동을 강요하는 내용들로 이루어졌다. 노동능력이 없는 노인이나 빈민의 구호신청을 조사하고 걸인을 등록하도록 하여 구걸허가증을 발급하기에 이르렀다. 이와 같이 구걸과 자선은 노동능력이 없는 사람들에게만 허용되었다(최원규 외, 2021: 80-84).

중세 영국의 복지역사는 교회를 중심으로 자선과 구호로 시작하였으나, 흑사병 등과 같은 일련의 현상으로 인해 점차 국가가 개입하여야 하는 대상으로 바뀌는 전환점에 이르게 된다. 물론 당시 국가 개입 또는 책임의 의미는 오늘날 국민의 권리와 국가 의무라는 측면에서 해석될 수 있는 특징과는 거리가 멀다. 그럼에도 불구하고, 빈민에 대한 접근이 국가를 통해 이루어져야 할 필요성이 등장했다는 점은 후일 등장하게 되는 본격적인 구빈제도의 견인차가 되었다는 점에서 중요한 의미가 있다(박태정, 2020: 51).

세계 최초의 사회복지시설은 〈표 2-1〉과 같다.

〈표 2-1〉 세계 최초의 사회복지시설

계급	신분 또는 직업
지배층	• 귀족 : 공작, 백작, 휴작, 자작, 남작 • 젠트리 : 대지주, 기사, 치안판사 • 성직자 : 평민도 가능
중간층	• 요먼(yeoman, 독립 자영농민) • 도시상인, 법률가
피지배층	• 농민 : 농노, 오막살이농, 노예 • 장인 : 대장장이, 목수, 방아꾼, 옹기장이, 석공, 기와공, 제철공, 제염공

자료: 원석조(2023a: 38) 재구성.

2) 엘리자베스 빈민법

엘리자베스 Ⅰ

영국에서는 일찍이 「엘리자베스 빈민법」 이전에 빈민법이라는 일련의 제도들이 만들어졌다. 엘리자베스(Elizabeth I, 1553~1603) 여왕은 그동안 제정되고 실시되어 온 구빈 관련 법들을 집대성한 「엘리자베스 빈민법(The Elizabeth Act for Relief of the Poor, 1601)」(구빈법)을 제정하게 되었다. 이 법에서는 구빈사업을 교구 단위의 자선행위로부터 국가가 구빈세에 의한 재정과 행정지원으로 시행하게 되는 계기를 만들었다. 당시 부랑자 수가 꾸준히 늘어났기 때문에 국가가 이에 대한 가시적인 조치를 취할 수밖에 없었다. 「빈민법」은 문자 그대로 빈곤한 사람의 구제를 목적으로 만들어졌다. 이 법은 정치적·경제적·종교적인 변화의 시기에서 빈곤에 대한 정부의 조치에 일반국민의 여론을 수렴한 법이라고 할 수 있다. 이 법은 주로 농촌사회에 초점을 맞춘 것으로, 가족이나 친족으로부터 부양받지 못하는 빈곤한 사람들의 생활유지는 그 지방의 공동체인 교구가 책임진다는 것을 확인하였다(장갑수 외, 2019: 101).

이 법은 모든 교구에 무급의 구빈감독관을 임명·배치하여 치안판사의 동의를 얻어 교구 내의 부자에게 적당한 금액의 구빈세를 부과하여 징수할 수 있도록 하였다. 또한 교구 내에 있는 빈민들을 위해 구제를 제공할 만한 재정이 부족한 경우, 다른 교구에 지원을 요청할 수 있도록 제도화하였다(박태정, 2020: 53).

이 법의 가장 중요한 원칙은 무능력자에 관한 사항이다. 무능력자들은 최저임금노동자 이하의 능력이라는 조건하에서만 도움을 받을 수 있다. 이 원칙은, 구빈원(workhouse)에 들어오기 어렵게 만들어져 있다. 구빈원에서는 공통의 기준을 두도록 시도하고 있지만, 매우 가혹한 곳도 있다.

「엘리자베스 빈민법」은 시행과정에서 여러 가지 부작용을 낳았다. 교구들은 교구 내 결혼을 가능한 한 억제했다. 새로 결혼한 부부 사이에 태어난 아이의 경우, 교구가 보살펴야만 하는 부랑자가 될 가능성이 컸기 때문이다. 이에 따라, 다수의 사생아가 출생했다. 또한 빈곤아동들은 토지노동, 가사노동 및 숙련노동의 고역을 도맡아야만 했고, 거의 노예에 가까운 비참한 대우를 받았다. 모든 형태의 빈민을 구제할 능력을 가진 교구는 극소수였다. 무보수 구빈감독관은 자신의 일에 성실하지 않았고 부패하기까지 하였다(원석조, 2023a: 49).

「빈민법」은 20세기 초 사회적 서비스망의 설립을 통하여 허물어지기 시작하였다. 이러한 발전을 위한 많은 공적은 웹 부처(Webbs, Sidney Webb & Beatrice Webb)와 같은 사회개혁가의 힘에 기인한다. 이들은 영국법률위원회(Royal Commission on the Poor Laws, 1905~1909)에 의해 취해진 「빈민법」 운영의 재검토를 위해 중요한 역할을 하였다.

본래 이 법은 빈민통제에 목적을 두었기 때문에 대상자 선정의 엄격성을 견지하였고, 원외구호를 일정 수준 인정하면서도 본연의 방식은 원내구호를 기본 원칙으로 유지해 강제노동과 처벌 등 빈민억압정책을 주로 적용하였다. 특히, 빈민에 대한 가족 및 친족의 우선 책임을 명시하고, 대상자 선정에서도 엄격한 자산조사를 하였다는 점에서 공공부조제도의 시초라 할 수 있다. 그럼에도 불구하고, 빈민구제에 대한 국가(지방정부)의 책임을 최초로 규정하고 행정체계를 마련한 것은, 빈민에 대한 공적 개입과 지방정부 중심의 행정체계 구축의 시도라고 할 수 있는데, 이는 향후 근대적인 사회복지제도를 도입할 때 행정적 기반이 되었다고 평가되기도 한다(심상용 외, 2021: 59).

3) 정주법

「빈민법」에 따른 빈민구제의 책임은 전적으로 교구 중심의 지방정부에 있었다. 따라서, 만일 구제해야 할 빈민이 많을 경우에는 그만큼 교구민으로부터 더 많은 구빈세를 거둬야 하였다. 1660년대부터 농촌인구, 특히 빈민들이 대규모로 도시로 유입되면서 빈민을 구제해야 할 책임이 있던 교구 입장에서는 자신의 교구에 빈민들이 유입되어 구빈세가 증가하는 것을 달갑지 않게 여겼다. 그중에서도 재정 형편이 어려운 교구에서는 빈민의 수를 줄이거나, 구빈의 수준을 낮추려고 하였다. 그 결과, 빈민에 대한 처우는 매우 열악해질 수밖에 없었다. 이 같은 열악한 처우는 빈민이 보다 나은 생활환경 또는 일자리 형편과 재정 형편이 좋은 교구를 찾아다니게 만드는 문제를 불러왔다. 반면, 귀족계급은 자신의 농지에 유입해 온 농촌 빈민에게 더는 관대하지 않았다. 이에 「빈민법」이 제정된 지 약 60년의 시간이 흘러 구빈세를 부담하는 귀족과 교구에서는 빈민들의 거주이전을 보다 엄격히 제한하는 법률의 필요성을 제기하기 시작하였다(심상용 외, 2021: 64).

찰스 II

1662년 찰스 2세(Charles II, 1630~1685) 제위 시 제정된 「정주법(Settlement Act, 1834)」은 영국에서 성립된 부랑자 금지법을 말한다. 「정주법」은 빈번한 인구이동을 금지시키고, 빈민들을 농촌에 정착시키며, 빈민세(poor rate) 증가를 억제시킬 목적으로 제정하였다. 「정주법」은 「빈민법」의 거주에 관한 규정을 독립법으로 분리·강화한 것으로, 교구로 하여금 구빈의 관할지역에 새로운 빈민들이 들어올 경우, 특별한 사유가 없는 한 이전의 거주지로 송환할 수 있도록 한 법이었다.

그러나 「정주법」은 빈민에게는 거주이전의 자유를 통제하는 것이 되었고, 임금노동자를 필요로 하는 상공업 신흥자본가들에게 노동력의 확보를 어렵게 하였으며, 일할 수 있는 노동자들에게는 실업의 원인이 되는 결과를 낳았다. 이 법령은 빈민의 자유로운 이동을 금지하여 선의의 빈민의 거주선택의 자유와 정의에 대한 뚜렷한 침해라는 비판을 받았다.

하지만 「정주법」도 산업화의 불가피한 현상인 대도시로의 노동력 유입을 막을 수는 없었다. 경제가 확대되는 사회에서 많은 노동력이 필요했기 때문에 「정주법」이 실제에서는 엄격하게 적용되지는 않았지만, 지방정부의 책임을 강조하고 복지혜택을 받기 위해서는 거주조건을 충족해야 한다는 원칙은 오늘날에도 지속되고 있다. 지방주의의 극단을 보인 「정주법」은 1795년 폐지되었다(정민기, 2023a: 63).

4) 길버트법

「길버트법(Gilbert's Act)」은 「빈민법」 개혁조치의 하나로, 일종의 작업장 개선운동이다. 이 법은 1782년 길버트(Thomas Gilbert)가 제안하여 통과된 법으로, 작업장의 비인도적이고 비위생적인 환경, 빈민의 비참한 생활과 착취를 개선하고자 실시된 인도주의적 구빈제도이다.

「길버트법」은 구빈행정의 합리화와 빈민처우의 개선을 목적으로 작업장보다는 원외구호를 실시하는 등 노동능력이 있는 빈민에 대한 시설 외 구호의 적용과 노동자의 저임금을 보충해 주는 임금보조제도의 법적 기초가 되었다.

「길버트법」의 시행으로 모든 교구는 작업장을 세울 수 있게 되었으나, 영세한 교구들은 제대로 된 작업장을 세워 운영할 능력이 없었기 때문에 교구연합을 결성하여 빈민구제 비용을 분담하였다. 교구연합은 최초로 오늘날의 사회복지사인 유급 사무원을 채용하여 원외구호업무를 담당하도록 하였다.

「길버트법」은 빈민문제를 해결하는 데 구빈행정 단위를 보다 확대하여 운영의 효율성을 높이고자 한 점과, 일할 능력과 의사가 있는 빈민들에게 일자리가 주어질 때까지 그들의 생계를 보호하며, 원외구호를 허용하였다는 중요한 점으로 거택구호제도의 효시가 되었다(홍봉수 외, 2023: 43).

그러나 「길버트법」은 강제성보다는 임의성이 강했지만, 인도주의적 처우에 따라 교구민의 구빈세 부담이 가중되어 일부의 불만을 일으켰다(이인순 외, 2023: 49).

5) 스핀햄랜드법

1795년 런던 서부 근교 버커셔(Berkshire) 주 스핀햄랜드 지역의 치안판사회의에서 제정된 「스핀햄랜드법(Speenhamland Act)」은 최저생활을 보장하기 위한 세계 최초의 가족수당제도이다. 식량위기에 직면하여 최저생계수준 이하의 생활을 하는 노동자의 임금을 보충하는 수당을 지급하도록 인도적인 차원에서 시행되었다.

이 법은 전국적으로 실시되었으며, 당시 가족의 규모와 빵값의 변화에 따라 임금을 보충받는 요금과 물가 연동의 사회적 보호를 받도록 하였다. 그러나 「스핀햄랜드법」은 고용주가 저임금을 지급하더라도 구빈세로부터 보조금이 지급되어 결과적으로 노동자를 위한 임금보조금이 아니라, 고용주의 저임금 지불을 합법화함으로써 고용주를 보호하는 결과를 가져왔다. 또한 노동자는 수입이 적어도 교구로부터 구제를 받을 수 있다고 생각하여 생업에 열중하지 않았으며, 저임금 노동의 이익을 얻지도 못하면서 무거운 구빈세를 부담해야 했던 소규모 소작농과 영세토지보유자에게 큰 부담을 주었다. 결국 임금보조금만 늘어 그 비용을 부담해야 하는 교구는 곤란을 겪게 되었고, 오히려 빈곤정책을 회귀하게 하는 빌미를 제공하였다(홍봉수 외, 2023: 44).

「스핀햄랜드법」은 인간의 노동을 중시한 중상주의적 구빈정책이었다. 그러나 부단한 인클로저로 빈민이 지속적으로 발생하고, 「정주법」으로 인해 빈민이 농촌에 강제적으로 체류하면서 빈곤문제가 점차 심각해졌다. 중상주의적 구빈정책은 농민의 이동을 막아 자유로운 노동시장의 형성을 저해했다. 따라서, 자본가들은 이의 해체를 요구하게 되었다(원석조, 2023: 54).

6) 신빈민법

1832년에 「빈민법」의 조사를 위한 왕실위원회(royal commission)가 발족하게 되었다. 왕실위원회의 보고에 따라 1834년 「빈민법」이 전면적으로 수정됨으로써, 이 수정된 법을 1601년 「엘리자베스 빈민법」과 비교하여 「신빈민법(New Poor Law)」, 「신구빈법」 또는 「구빈수정법」으로 일컫는다. 「빈민법」이 교구를 단위로 하고 지방행정을 지주로 하고 있는 데 반하여, 「신빈민법」 국가 통제로 빈민처우의 전국적 통일화와 구빈행정의 중앙집권화를 위하여 3명의 정부위원 밑에 각 지방의 선거에 의한 구빈위원회를 설치하였다. 조직의 특색은 중앙에 3명의 위원, 지방에는 구빈위원을 두어 교구연합을 통괄했고, 중앙위원은 국왕에 의해 절대권을 가졌다(김영화 외, 2023: 45).

19세기 초 영국의 사회복지제도는 높은 구빈세 부담으로 자본가들의 기존 제도에 대한 불만이 커졌다. 또한 나폴레옹전쟁의 패배에 따른 실업자의 증가와 식료품을 비롯한 생활용품비의 폭락으로 인해 많은 영세농들이 몰락함으로써 기아가 급증하고 구제를 요구하는 사람들의 수는 폭발적으로 늘어났다. 「신빈민법」의 목적은 구빈비용을 최소화하는 데 있었으며, 균일처우의 원칙, 열등처우의 원칙, 작업장 활용의 원칙 등 3대 원칙이 강조되었다(원석조, 2023a: 65-67).

「원외구제법」을 폐지하고, 원내의 구빈 기준도 낮추고 「정주법」도 완화하여 노동능력이 있는 자에게 노동을 강제하는 것을 목표로 하였다. 즉, 공적구빈제도는 빈곤을 해결하지 못한다는 주장으로 빈곤의 자주 해결을 요구하고 원외구호를 최소화 내지 폐지, 재원은 구빈세로 하나, 종전의 지방자치단체에서는 관리하지 못하고 중앙정부에 의한 전국 획일적인 구제를 기도하였다. 그러나 자본주의의 모순이 심화되고 사회문제의 심각화로 파탄되어 1948년 「국민부조법」이 공포됨에 따라 폐지되었다.

그러므로 「신빈민법」은 영국 사회정책 역사에서 하나의 분수령이 되었다. 「신빈민법」 이후 빈민에 대한 어정쩡한 자비심이 완전한 억제로, 빈곤은 재발되는 문제가 아니라, 가차 없이 제거되어야 할 문제로 인식이 바뀐 것이다.

신빈민법의 3대 원칙은 〈표 2-2〉와 같다.

〈표 2-2〉 신빈민법의 원칙

원칙	구체적 내용
열등처우의 원칙	구제받는 빈민의 상태는 최하층의 노동자보다 낮은 수준이어야 한다는 것. 형평의 원리에 부합
작업장 활용(원내구제)의 원칙	노동능력이 있는 빈민에 대한 재가구호를 폐지하고, 작업장 내에서의 구제로 제한. 작업장 입소자격을 조사하여 구호를 억제
전국적 통일의 원칙 (균일처우의 원칙)	각 교구에 따라 상이하게 시행되고 있는 구빈행정을 전국적으로 통일. 중앙정부의 감독하에 들어감.

자료: 이인순 외(2023: 54).

엘리자베스 빈민법과 그 이후 제정된 정주법, 빈민공장, 작업장법, 길버트법, 스핀햄랜드법의 주요 내용을 정리하면 〈표 2-3〉과 같다.

〈표 2-3〉 엘리자베스 빈민법과 이후의 빈민법

연도	종류	내용
1601	엘리자베스 빈민법	• 1536년 헨리 8세 빈민법과 1572년 교구구빈세의 경험에 입각해 제정 • 이후 200년간 빈민법의 전범 • 지방정부 차원의 빈민구제 행정 유지 • 지방 자체 빈민을 위한 구빈세 • 빈민의 분류와 처우 : 노동능력이 없는 빈민은 구빈원, 노동능력이 있는 빈민은 교정원, 아동은 도제
1662	정주법	• 세계 최초로 원조 자격취득을 위해 정주 요건 요구 • 지방당국은 빈민의 정주자격 판단 권한 보유 • 정주자격이 있는 빈민만 구제, 정주자격이 없는 빈민은 타지로 추방
1696	빈민공장	• 교구연합 작업장, 브리스톨 빈민공장이 최초 • 곧 영국 전역과 유럽 일부 국가로 확산 • 작업장 입소를 거부하는 사람은 구제 거부 • 작업장 운영은 지방정부와 계약을 맺는 민간기업이 담당 • 입소자(아동, 장애인, 노인 포함)에게 최소한의 케어만 제공 • 입소자 노동력 활용, 노예 같은 장기간 중노동
1723	작업장법	• 구제를 원하는 빈민은 의무적으로 작업장에 입소하여 노동 • 모든 교구에게 작업장 설립 허용 • 작업장을 부랑 억제와 이윤 획득을 동시에 추구할 수 있는 시설로 만들려 한 것이 목적 • 제대로 된 작업장을 설립하고 운영할 수 있는 능력을 갖춘 교구는 소수, 대부분의 교구는 영세
1782	길버트법	• 작업장 입소자 착취 억제가 목적 • 많은 작업장 폐쇄, 원외구호(거택보호) 제공 • 6세 이하 유아는 가족과 생활 의무화 • 작업장 운영자를 민간기업에서 지방정부 고용 운영자로 대체
1795	스핀햄랜드법	• 일정 소득 이하의 빈민에게 스핀햄랜드수당(보조금) 지급 • 빵 가격과 부양자 수에 기초해 수당 산정 • 스핀햄랜드수당은 빈곤선의 원조

자료: 홍봉수 외(2023: 54-55).

7) 자선조직협회와 인보관운동

(1) 자선조직협회

민간자선기관과 단체 간의 연락·조정·협력의 조직화와 구제의 적정화를 시도하기 위하여 1869년에 자선조직협회(Charity Organization Society, COS)가 설립되었다. 자선조직협회는 자원봉사자인 우애방문원(friendly visitor)을 통해 빈민의 생활상태를 조사하기 위하여 가정방문과 면접을 실시하고, 구호신청자들에게 협회에 등록하게 하여 구호의 중복을 방지하고자 하였다. 이러한 자선조직협회의 활동은 이후 사회사업방법론인 개별사회사업과 지역사회조직론의 발전에 기초를 마련하게 되었다. 또한 우애방문원의 구성원은 대부분 여성으로 되어 있었는데, 단기간의 공식적인 교육과 훈련을 통하여 사회사업가의 자질을 확보하여 전문사회사업가의 양성이 이루어지게 되었다.

자선조직협회의 활동과 함께 당시 민간자원봉사운동이 발생하게 되는데, 도시빈민을 위한 조직적인 자선사업의 하나로서 옥스퍼드대학교와 케임브리지대학교의 학생들을 중심으로 시작된 인보관운동을 들 수 있다. 이들은 도시빈곤지역에서 빈민들과 함께 거주하면서 도시빈곤지역의 문제를 실제로 조사하여 도시빈민의 생활실태를 자세히 파악하고, 교육과 계몽 그리고 집단활동을 통하여 지역사회의 환경을 개선하고 빈민들의 자활능력을 향상시켜 빈곤의 문제를 해결하려 하였다.

(2) 인보관운동

경제적 상류층에 의하여 주도된 것이 자선조직화운동이라면, 급진적이고 개혁을 지향하는 대학생과 지식인들을 중심으로 이루어진 것이 인보관운동(Settlement Movement)이다. 인보관운동은 대학생을 중심으로 지식인들이 빈민지역에서 빈민들과 함께 공동생활하면서 빈민들에게 교육과 문화수준 향상을 목적으로 하는 사회개량운동으로, 집단사회사업, 사회행동, 지역사회조직의 사회

토인비 홀
(1902년경)

사업 기술발전에 기여하였다(박태정, 2020: 93).

영국의 유명한 인보관(사회복지관)으로 토인비 홀(Toynbee Hall, 1884)이 있다. 경제사학자인 토인비(Arnold Toynbee, 1852~1883)가 옥스퍼드대학교를 졸업하고 인보관운동에 헌신하다가 폐병으로 사망하자, 감명 받은 교수들이 기금을 모아 이 운동을 주도하던 바네트(Samuel Barnett) 목사에게 기증하였다. 그들은 토인비의 이름을 기리기 위해 런던 동부에 '토인비 홀'이라는 최초의 인보관을 세웠다.

인보관운동과 동시에 이루어진 것은 빈곤에 대한 사회조사활동이었다. 자선조직협회에서 활동하던 우애방문원들이 빈곤의 원인을 개인에게서 찾았던 것과는 대조적으로, 인보관운동에 참여한 사람들은 주거환경과 사회제도의 결함에 관심을 두었다(이평화 외, 2024: 65).

도시노동자들의 빈곤문제에 관심이 있었던 찰스 부스(Charles Booth, 1840~1916)를 비롯한 사람들이 런던시민 생활실태에 관한 조사를 통하여 직업, 생활 및 노동조건, 작업시간 및 임금, 실업상태 등을 조사하였다. 그 결과, 런던 인구의 30%가 빈곤선(poverty threshold, 빈곤소득선) 이하의 생활을 하고 있음을 발견하였고, 빈곤의 원인이 개인의 책임보다는 불충분한 임금, 부적절한 주택, 불결한 위생시설 등이라고 지적하였다.

이러한 조사결과들은 빈곤의 원인이 개인에게 있기보다는 사회구조적 결함에 의해 발생하는 것이기 때문에 사회문제에 대하여 범사회적인 대책이 필요함을 입증한 것이다. 이러한 사회조사활동들은 합리적인 조사를 통한 사회복지의 과학화에 기여하였다.

자선조직협회와 인보관운동의 비교는 〈표 2-4〉와 같다.

〈표 2-4〉 자선조직협회와 인보관운동의 비교

구분	자선조직협회	인보관운동
사회문제의 원인	개인적 속성	환경적 요소
이데올로기	사회진화론	자유주의와 급진주의
참여주도층	상류층	중류층과 대학생
활동의 초점	빈민 개조와 역기능의 수정	빈민과의 거주와 사회질서의 비판
사회문제 해결방법	자선기관의 서비스 조정	서비스의 직접 제공
활동의 내용	우애방문원의 가정방문	각종 서비스와 사회개혁 활동
의의	지역사회조직 실천방법의 출발	민간사회복지관 활동의 출발

자료: 이평화 외(2024: 74).

8) 베버리지 보고서와 그 영향

윈스턴 처칠

처칠(Winston Leonard Spencer Churchill, 1874~1965) 정부는 제2차 세계대전 이후 붕괴된 사회복구에 필요한 조치를 강구하게 되었다. 경제학자인 베버리지(William Henry Beveridge, 1879~1963)를 위원장으로 하는 '사회보험과 관련 서비스에 관한 정부부처 간 조사위원회'를 설치하고, 1942년 「사회보험 및 관련 서비스(Social Insurance and Allied Services)에 관한 보고서(The Beveridge Report)」를 작성하여 국회에 제출하였다(원석조, 2023a: 229).

「베버리지 보고서(Beveridge Report)」의 주요 내용은 국민생활의 불안요인이 되고 있는 5대 사회악으로 결핍(want) · 질병(disease) · 불결(squalor) · 무지(ignorance) · 태만(idleness)을 규정하였다. 이 가운데 사회보장의 궁극적 목표로 '빈곤'을 최

윌리엄 베버리지

우선적으로 제거해야 할 사회악으로 간주하고, '빈곤'한 국민들을 경제적 빈곤에서 벗어날 수 있도록 소득을 보장하는 사회보장제도의 기준을 제시하였다. 핵심적인 내용으로는 사회보험제도로서, 사회보험제도의 원칙을 체계적으로 확대하여 적용하면 모든 국민의 빈곤문제를 해결할 수 있다고 주장하고 있다. 사회보험제도는 소득이 중단되거나 부수적인 비용지출이 생기는 경우, 사망 · 질병 · 재해 · 노령 · 결혼 · 출산 · 실업 등에 대비하여 일정 소득액을 보장하는 것을 내용으로 하고 있다(김영화 외, 2023: 55).

베버리지는 사회보험이 성공하기 위해서 세 가지 기본 전제조건이 필요하다고 주장하였다. 즉, 가족수당(family allowances), 포괄적인 보건서비스(comprehensive health service), 완전고용(full employment)이 그것이다. 가족수당은 가족의 크기와 소득을 고려하여 결정되어야 하고, 보건서비스는 치료적일 뿐만 아니라, 예방적이어야 한다. 실업은 실업수당의 비용과 그에 따른 임금 손실을 감안하면 가장 낭비적인 문제이므로 완전고용은 매우 긴요한 전제조건이다. 베버리지 제안에 혁명적인 것은 없었다. 베버리지는 기존의 사회복지제도들을 폐기하고 완전히 다른 시스템으로 대체한 것이 아니라, 기존의 분산된 사회복지제도들을 정비 · 개선하여 재탄생시켰다(원석조, 2023a: 240).

9) 대처리즘과 제3의 길

(1) 대처리즘

1960년대까지 영국은 세계적인 경제적 호황에 힘입어 「베버리지 보고서」에서 제시한 복지국가를 안정적으로 발전시켜 나갔다. 그러나 1970년대 이후 불어닥친 세계석유파동에 따른 경기침체로 영국은 경제적 위기를 맞게 되었고, 1970년대 후반에는 소위 '복지국가 위기론'이 등장하게 되었다. 따라서, 「베버리지 보고서」가 제시한 전 국민을 대상으로 한 복지서비스를 국가의 책임으로 하였던 보편주의 원칙을 포기하고, 욕구대상자를 중심으로 한 선별주의적 사회복지정책으로 선회함으로써 제도적 서비스에서 보충적 서비스로 전환하게 되었다.

마가렛 대처

신자유주의의 이념을 국정목표로 삼았던 대처(Margaret Hilda Thatcher, 1925~2013) 총리의 보수당 정부(1979~1990)는 사회복지의 공공재정 지출을 축소하고, 사회보장과 사회서비스 전달체계를 변화시켰으며, 대인적 사회서비스 영역에서는 지역 내의 사회보호서비스를 강조하였다. 그리고 지방정부 사회서비스의 조직과 운영을 개혁하여 서비스 전달체계에서 정부 및 공공부문 중심의 역할을 축소하고, 민간부문의 역할을 강조하는 정책을 단행하게 되었다(박태정, 2020: 162).

프리드리히 폰 하이에크

대처 총리는 오스트리아 출신 신자유주의 경제학자 하이에크(Friedrich August von Hayek, 1899~1992)의 이론인 경쟁을 강조하는 자유시장경제체제 이론을 바탕으로 사회복지를 공격하면서 「신빈민법」이 번창했던 "빅토리아 시대로 돌아가자."라는 슬로건을 세우고, 복지에 대한 국가책임 대신 자조(self-help)와 개인주의의 원칙을 강조하였다. 대처 정부에서 복지수급자가 되기 위해서는 자산조사를 거쳐야 했는데, 지나친 엄격함으로 인해 복지수급자에게 엄청난 수치심을 갖게 했다. 특히, 실업자들에게 유례없는 가혹한 조치들을 취했는데, 이들을 '일할 능력이 있음에도 불구하고, 일하지 않는 자, 국가복지에 기생하려는 복지 의존자들'이라고 공격하면서 집권기간 내내 실업급여를 삭감하고 통제하는 정책으로 일관했다. 또한 노동유인을 강화하기 위해 실업급여를 받기 위한 근속기간 규정을 강화하는 한편, 남용을 방지한다는 명분 아래 자격규정을 까다롭게 함으로써 사실상 자격 있는 실업자 역시 굴욕감으로 수급을 포기하도록 유도했다.

대처 총리는 1983년과 연이어 1987년 총선에서도 승리하였고, 1990년 사임하기까지 11년 반 동안 영국 총리로 재임하면서 성공한 정치가였다. 그러나 복지국가시대에 구축되었던 복지에 대한 합의를 파괴하고, 강력한 복지감축정책을 실시하였으며, 시민권으로 주어지는 국가복지 대신, 능력에 따른 시장에의 의존을 고무함으로써 '작지만 강한 정부'를 달성하고자 하였다. 대처 총리는 자조원칙을 외치면서, "스스로 돕고 싶지만 여러 가지 장애로 스스로 도울 수 없는 사람들이 많다."는 사실을 애써 외면했다. 이런 점에서 대처 집권기는 사회복지의 암흑기였다(정민기 외, 2023a: 70).

결국 대처 정부의 등장은 영국의 사회보장 및 사회복지 역사에 있어서 전환점을 이루는 대사건이다. 즉, 전후시대를 지배했던 베버리지적 복지원칙은 자유주의적·빅토리아적 복지원칙으로 대체되었다. 이는 국가에 의한 국민적 최소생활의 유지와 연대적 공동체의 형성이라는 제2차 세계대전 이래의 복지국가 대원칙을 무너뜨리고, 그 대신에 자유경쟁과 적자생존의 논리를 채워 넣은 복지국가의 새로운 단계를 의미하는 것이다(박진화, 2020b: 216). 그러나 대처의 신자유주의 이념의 복지정책은 이후 보수당 정권에서뿐만 아니라, 노동당 정권에서도 답습되었다.

(2) 제3의 길

노동당은 1995년 4월 29일 그동안 사회주의를 지향하는 노동당이 사회주의의 금과옥조로 삼았던 '생산–분배–교환 수단의 공유'를 포기하였다. 이것은 노동당에게 이념적인 대전환이 필요했기 때문에 이루어진 것이며, 이에 대해 정계에서는 '패배가 아니라 승리를 위한 큰 걸음'으로까지 평가하였다. 이러한 대전환의 주역은 바로 40대 초반의 노동당 당수인 블레어(Tony Blair, Anthony Charies Lynton Blair, 1953~)인데, 그는 영국 내에서뿐만 아니라, 세계적으로도 주목받는 지도자로 일약 떠올랐다. 그러나 그는 노동당보다는 보수당에 가까운 이력을 가진 인물로 평가되었다.

토니 블레어

앤서니 기든스

1997년 정권을 창출한 노동당의 블레어 총리는 과거 보수당 정부에서 추진하였던 복지축소정책을 고수할 것인지에 대해 딜레마에 빠지게 되었다. 복지개혁을 추진함에 있어 이전 보수당 정부의 선별주의 복지정책을 추진하느냐, 아니면 노동당의 전통인 보편주의 복지정책을 추진하느냐 하는 딜레마 속에서 블레어는 사회학자인 기든스(Anthony Giddens)가 주장하는 '제3의 길(the third way)'이라는 새로운 복지정책노선을 채택하게 되었다. 즉, 고복지–고부담–저효율로 요약되는 사회민주주의 복지국가 노선(제1의 길)과 고효율–저부담–불평등으로 정리되는 신자유주의적 시장경제 노선(제2의 길)을 지양하고 새로운 정책노선으로서, 시민의 사회경제생활을 보장하는 동시에, 시장의 활력을 높이자는 신노동당 프로젝트, 즉 구식 사회민주주의와 신자유주의로부터의 차별화 전략이었다(원석조, 2023a: 329-332). 그러나 '제3의 길'은 진보와 보수의 양 진

『제3의 길』
(Giddens, 2013)

영으로부터 의심과 비판을 받게 되었다.

블레어 정부는 대처 정부에서 추진했던 복지축소정책의 틀에서 교육과 노동을 통합한 복지, 그리고 개인의 저축을 강조하는 방법론을 선택하고, 적극적인 서비스, 소비자 중심 서비스, 전산 서비스를 통한 투명적 서비스 전달체계, 사회서비스 남용을 근절하기 위한 통합복지 시스템 구축, 서비스조직 간의 협력과 서비스전달의 효율을 강조하는 효율적 서비스를 구축하는 정책을 시행하였다.

키어 스타머

2024년 7월 4일 총선에서 노동당은 과반 의석을 차지하는 압승을 거뒀다. 14년 만의 정권 교체와 함께 스타머(Keir Starmer) 노동당 대표가 차기 총리로 취임하였다. 노동당이 대승을 거둔 것은 보수당 집권 기간 악화한 경제상황 때문이었다. 브렉시트(Brexit, 유럽연합 탈퇴) 이후 해외투자가 감소하고, 유럽연합(EU)과의 교역은 급감했으며, 2022년 2월 24일 러시아·우크라이나 전쟁으로 물가는 급등했다. 악화된 재정으로 공공의료가 붕괴 수준에 이르는 등 공공서비스의 질도 나빠졌다. 노동당이 제대로 된 친시장정책을 펼치지 않는 이상, 영국 경제를 되살리기는 쉽지 않을 것이란 전망이 나온다.

2. 미국 사회복지정책의 역사

1) 초기 사회복지정책

19세기 초 미국은 주로 영국에서 이주해 온 식민지 개척자들이 대부분 사회의 각 분야에서 중추적인 활동을 하였는데, 그들은 영국의 법제나 관습을 그대로 가져와 미국의 정책에 적용시키려고 하였다. 청교도 윤리(puritanism)가 지배적이었기 때문에 노동을 미덕으로 여기고 나태는 죄로 여겼는데, 빈곤의 책임은 개인의 책임이라는 생각을 뒷받침하였다. 따라서, 이 시기의 빈민에 대한 구호활동도 이러한 빈곤관에 입각하여 시행되었다. 또한 활동의 주요 범위는 최소한의 범위로 이루어졌고, 대상도 고아, 과부, 병자, 장애인 등 노동능력이 없는 자와 일시적으로 노동능력이 상실되어 구제를 필요로 하는 자로 제한하여 시행되었다. 1886년 뉴욕에 근린조합이 설립되었으며, 이것은 미국 최초의 인보관이었다. 그 후 시카고에서 아담스(Jane Adams, 1860~1935)에 의해 시카고 헐하우스(Chicago's Hull House)가 세워졌다. 이곳에는 오늘날의 지역사회복지관이 제공하는 서비스가 존재하였고, 노동조합의 활동공간이자 각종 사회문제를 토론하는 공간이기도 하였다(이평화 외, 2024: 73).

헐 하우스

제1차 세계대전에 이어 1929년 시작된 '경제대공황(the Great Depression)'은 10월 주식시장의 붕괴로 이어지면서 상품가격은 떨어지고, 실업자 급증을 초래하여 약 1,200만 명에서 1,500만 명에 이르는 노동자들이 직장을 잃게 되었다. 이로 인해 1920년대에는 실업과 빈곤이 급증하고, 노동자, 소작인, 흑인 및 미망인 등의 불평등이 표출되었다.

대량의 빈민과 실업자들을 구제하기 위한 민간단체나 주정부의 자원과 재정이 고갈되어, 이러한 사회문제를 해결하기 어려운 상황에 봉착하게 되었다. 이에 루스벨트(Franklin Delano Roosevelt, 1882~1945) 대통령(제26대)은 뉴딜(New Deal)정책을 발표하여 실업자를 구제하기에 이르렀다. 뉴딜정책의 목적은 정부의 개입과 규제력에 의해 자본과 노동을 조직화하고, 이것을 통하여 산업에서는 일정한 이윤을 보증하게 함과 동시에, 실업이나 저임금이 더 이상 확대되지 않도록

프랭클린 루스벨트

하자는 데 있다(김영화 외, 2023: 54).

루스벨트 대통령은 1933년 「연방긴급구호법」을 제정하고, 연방긴급구호청을 창설하여 연방정부의 실업대책으로 구제사업을 위한 보조금을 주정부에 교부하고, 대규모 노동력을 투입하여 공공사업을 단행하였다. 1935년 8월 14일에 제정 공포된 「사회보장법」은 강제적 사회보험과 공공부조를 양축으로 하고 세 부분으로 구성되어 있는데, 그 내용은 다음과 같다.

① 사회보험 프로그램으로 연방노령보험체계와 연방정부와 주정부가 함께하는 실업보장제도
② 공공부조 프로그램으로 노령부조, 요보호 시각장애인 부조, 요보호아동 부조 등을 포함시키는 3개 집단을 위한 연방정부지원제도
③ 사회복지서비스 프로그램으로 모자보건서비스, 아동복지서비스, 지체장애 아동서비스, 직업재활 및 공중보건서비스 등에 대한 연방정부의 보조금 지급

그 후 1943년 「직업재활법」과 1944년의 「공중보건서비스법」, 1946년에는 사회보장의 단일행정기구로서 사회보장청이 설립되었다. 미국 사회보장제도의 특징을 살펴보면 다음과 같다.

① 연방정부가 직접 운영·관리하는 노령연금제도
② 각 주정부의 실업보험, 공공부조, 사회복지서비스에 대한 지원제도

이처럼 여기에서 특기할 점은, 종전의 영국 사회보험제도는 사회보험만을 대책으로 하고 있으나, 미국에서는 공공부조, 사회복지사업을 포함한 종합적인 대책이라는 점에서 다르다.

2) 복지국가로의 진통과 발전

존 메이너드 케인스

미국 사회복지는 베트남 전쟁으로 인해 후퇴하지 않을 수 없었다. 존슨 대통령은 막대한 전쟁비용을 충당하기 위해 케인스(John Maynard Keynes, 1883~1946)의 수정자본주의를 사회복지에 적용할 수 없었다. 케인스의 복지이론은 소극적 복지에서 적극적 복지로, 작은 정부에서 정부개입으로의 전환을 의미하는데, 신자유주의 이후 재도입되었다.

미국의 경우, 1960년대와 1970년대 베트남 전쟁 후 경제적 호황과 유가파동으로 인한 불황 등 사회적 변화가 복지정책에 끼친 영향은 다음과 같다.

① 유가파동에 의한 경기침체로 실업과 빈곤대책을 강구하기 위한 많은 정책들의 수립

② 흑인과 여성의 인권운동, 반전운동, 학생운동, 복리권 시위 등 시민의 권익옹호운동으로 사회사업 분야에서도 많은 법령을 새로 제정하거나 개정하였고, 관대한 사회복지정책 시행

로널드 레이건

1980년대에는 복지국가 위기론이 대두되면서 신자유주의 성향의 정책이 시행되었다. 이로 인해 복지국가는 사회보장제도의 내용과 양적인 측면에서 모두 축소되는 경향을 보였다. 즉, 이러한 변화는 정부의 복지비용의 삭감 및 지출구성의 변화, 공공서비스를 포함한 공공부문의 민영화 및 기업에 대한 규제의 완화, 지방정부의 역할축소, 노조를 포함한 사회세력의 역할 등의 정책기조를 취하는 등 최소 정부를 지향하게 되는데, 이를 가리켜 '레이거노믹스(Reaganomics)'라고 한다. 결과적으로, 레이건 행정부(1981~1988)의 정책은 인플레이션을 감소시

키고 미국경제의 일시적인 호황을 가져왔지만, 영국의 대처리즘(Thatcherism)과 같이 불평등의 증대를 큰 한계로 남기게 되었다. 이는 사회복지 지출을 감소하고 역진적 조세를 부과한 결과로 발생한 것이며, 실질적으로 불로소득과 자본이득의 증대로 노동자계층이 소외당하고 실질임금이 감소하고 실업이 증가하는 격심한 불평등을 발생시켰다. 이렇듯 레이거노믹스는 자본의 새로운 축적구조를 형성하지 못한 채 한계를 안고 있었다(박진화, 2020b: 218). 사회복지의 세계사적 의미에서 볼 때, 동시대에 이루어진 레이거노믹스와 대처리즘으로 인해 사회복지는 신자유주의의 엄청난 파도에 휩쓸리게 되어 후퇴의 길을 겪게 되었다.

빌 클린턴

1992년 민주당 클린턴(Bill Clinton)이 대통령에 당선되면서 보편주의에 입각한 사회복지 프로그램을 제안하였으나, 여소야대의 의회에서 거부되었다. 그리고 과거 빈곤층에 대한 일률적인 복지정책이 빈곤층의 고착화를 야기하였다는 야당인 공화당의 빈곤정책 재검토의 요구에 의하여 빈곤층에 대한 대책으로 일자리 창출에 '근로자 연계형 복지(welfare to work)'제도를 도입하여, 생활보호대상자가 일을 할 경우, 일정 금액을 정부가 지원해 주는 방식으로 관련법을 전면 개정하였다(정민기 외, 2023a: 74).

1990년대 미국 의회는 상원과 하원 모두 보수성향이 높은 공화당이 다수를 확보함으로써 사회복지정책은 단계적으로 축소되었다. 그 결과, 부양아동이 있는 빈곤가족에 대한 보조제도인 공공부조 등의 자격요건을 강화시켰고, 생산적 복지를 강조하게 되었다.

미국 사회복지는 신자유주의 시장경제 이념에 기초한 정책을 지속적으로 유지하고 있다. 미국은 개인주의와 지방분권주의를 중시하는 자조를 강조하는데, 이런 차원에서 공공부조의 의존도를 낮추고 자조능력을 갖춘 자에 대한 빈곤대책을 활발히 전개하고 있다. 그리고 지방분권주의에 입각한 제도의 운영이 기본적으로 각 주의 자치에 맡겨진 결과, 주정부마다 급부조건에 큰 차이가 있다는 특징을 지니고 있다.

| 미국과 영국의 비교 |

미국과 영국의 사회복지를 역사적인 관점에서 비교해 볼 때, 서로 상반되는 면을 볼 수 있다. 영국은 사회제도정책을 발전시켜 왔으나, 오늘날은 이에 못지않게 직접적 대인서비스와 사회복지방법론적 접근에도 역점을 두고 있다. 반면에, 미국은 역사적인 특수성이나 개인존중이라는 신자유주의의 특징으로 대인적 서비스, 즉 사회방법론의 발달에 큰 성과를 거두어 왔으나, 최근 보다 바람직한 제도와 사회정책 및 계획의 과제연구가 활발히 전개되고 있다.

20세기 말 이후 영국과 미국 등 서구 복지국가들은 조정단계에 있다. 전후 복지국가들의 사회복지제도들은 대부분 대량생산방식에 기반을 둔 산업사회의 구조에 맞는 제도들이었다. 그러나 세계화, 탈산업화, 정보화 등이 진행되면서 국가 간 경쟁이 심화되었고, 이러한 국가 간 경쟁은 과거 국가 단위 사회복지 체제에 변화를 요구하게 되었다.

일찍 세계화와 정보화에 성공한 영국과 미국 등 영미계 국가들은 1990년대 이후 동서냉전이 끝나고 정치적 이데올로기가 무너져 가고 있던 상황에서, 새로운 무역 · 금융 질서와 경제체제(WTO, FTA)로 세계질서를 재편해 나가기 시작하였다. 즉, 정치적 이데올로기에 의하여 유지되었던 균형이 시장을 중심으로 한 신자유주의적 경제질서로 대체되었던 것이다. 그리고 이러한 변화에서 상대적으로 뒤떨어진 독일, 프랑스, 스웨덴 등 전통적인 유럽의 복지국가들은 국가경쟁력이 상대적으로 약화되면서, 사회민주주의적 이데올로기를 지닌 국가중심의 사회복지체제에서 벗어나 국가경쟁력을 확보하고자 하는 노력들이 나타나고 있다.

3. 한국 사회복지정책의 역사

한국 사회복지는 정부수립 전까지 큰 성과를 내지 못하고 있었다. 과거 봉건 국가체제에서는 시혜적 성격이 있었다고 한다면, 일제강점기에는 식민지통치의 성격이 강했다고 할 수 있다. 미군정 역시 일시적이고 과도기적인 형태에 불과했다. 따라서, 정부수립 전까지는 국가적 차원의 사회복지라고 하기에는 미흡한 점이 많았다. 이런 면에서 한국의 사회복지 시행은 정부수립 이후로 보는 것이 타당하다. 그 내용은 다음과 같다.

1) 제1공화국(이승만 대통령)

이승만

1948년 8월 15일 대한민국 제1공화국 이승만 정부(1948.8~1960.6.)가 수립되어 보건후생부 및 노동부가 사회부로 통합됨에 따라 보건, 후생, 노동 및 부녀 등에 관한 행정을 관장하였다. 그 후 1949년 3월에 보건부가 창설되어 사회부에서 관장하던 보건행정을 분할하여 주관하였으나, 1955년 2월에 보건 및 사회 양부는 다시 보건사회부로 통합되었다.

정부수립 당시 제정된 헌법 제19조에는 "노령, 질병, 기타 근로능력이 없는 자는 법률이 정하는 바에 의하여 국가의 보호를 받는다."라고 하여 국민의 생존권을 명문으로 규정하였다. 그러나 이 헌법이 규정한 국민의 생존권을 보장하는 관계 법률이 제정되기도 전인 1950년에 한국전쟁이 발발하여, 신생 대한민국 정부로서는 도저히 물적으로나 인적으로나 감당하기 곤란한 일대 궁지에 빠지게 되었다. 즉, 요구호자는 일시에 엄청난 수로 급격히 증가한 반면, 소요 물자와 자금은 극히 제한되어 있어서, 전쟁 중에는 주로 요구호자들에게 최소한의 생명유지를 위한 응급구호에 치중

할 수밖에 없었다.

한국전쟁의 결과, 전·사상자는 물론 수많은 피란민이 발생했다. 그중에서도 요보호아동의 구호와 보호문제는 당시의 여러 가지 사회문제와 더불어 긴급히 해결해야 할 문제로 제기되었다. 정부는 재정 부족 때문에 요구호자 구호를 위해 외국 원조단체들의 협조를 받게 되었다. 미군정 때부터 한국을 원조하고 있던 국제원조처, 경제협력처, 전시 긴급원조 한국민간구호단체, 유엔한국재건단(UNKRA) 등의 외국 원조단체는 중앙구호위원회를 조직하여 긴급구호를 실시하였다. 지방에서도 각급 구호위원회를 조직하여 중앙구호위원회의 지휘감독 아래, 부산지역에 우선 피난민수용소를 설치하여 수용·보호하는 한편, 거제도와 제주도에는 집단수용소를 설치하여 피란민 응급구호를 하였다(손병덕, 2020: 85-86).

이 시기에는 한국전쟁 발발로 수많은 전쟁이재민, 고아와 미망인, 부상자 등이 발생하여 미국을 중심으로 한 외국 민간원조단체가 주축이 된 공공부조적인 구호활동이 주로 이루어졌다. 당시 정부는 사회복지를 추진할 적극적 의사는 물론 능력도 없었다. 따라서, 사회복지에 대한 법률로는 「근로기준법」과 「공무원연금법」 제정 외에는 특별한 입법이 없었다. 그리고 이러한 사회복지 입법은 사회복지 관련법의 개념적 정의를 내리지 못한 상태에서 실시되었다. 즉, 사회복지에 관한 입법이 법률적·입법적 근거에 의해 시행된 것이 아니라, 정부 관계 부처의 행정명령에 의해 시행되었던 것이다. 물론 제헌 헌법에 생존권을 명문화하였으나, 하위 조항이 없어서 실제로 생존권은 보장되지 못하였다(박진화, 2020b: 261).

이와 같이 정부수립 이후 1950년대의 사회복지는 임시응급구호와 전후 복구에 급급하였으며, 근대적인 사회복지제도가 제대로 자리 잡지 못하였다.

2) 제3 · 4공화국(박정희 대통령)

박정희

박정희 정부는 제3 · 4공화국(1961.5~1981.3.)을 이끌었다. 1960년 4 · 19혁명에 의해 새로이 탄생한 제2공화국 민주당 정부(1960.6~1961.5.)는 나름대로 자주적이고 민주적인 발전의 길을 모색하였다. 그러나 반목과 대립 속에서 정치적 · 사회적 혼란이 그칠 줄 몰랐고, 그 와중에 무정부적 혼란을 청산한다는 명분으로 1961년 5월 16일 군부가 쿠데타를 일으켰다. 군사정부는 절대 빈곤을 해소한다는 공약의 실천을 위해 1962년부터 제1차 경제개발 5개년 계획을 추진하였고, 1963년에는 박정희 대통령을 중심으로 한 제3공화국이 출범하였다. 사회복지제도가 그나마 형식을 갖추게 된 것은 이때부터이다(박태정, 2020: 218).

1962년부터 시작한 경제개발로 도시화 및 산업화 현상이 나타나고, 도시 빈곤층, 가출 및 비행, 미혼모, 주택부족 등 과거와는 다른 여러 가지 사회문제들이 드러나기 시작하였다. 그러나 당시 군사정부는 한정된 재원을 경제개발에 집중하기 위해 사회복지에 대해서 소극적이었다. 한편, 노동자계층의 미성숙으로 노조의 조직력이 미약했고, 그들의 권익을 추구하기 위한 이익 표출은 거의 없었으며, 일반 국민의 경우도 사회복지에 대한 이해나 주장이 거의 없었다(홍숙자 외, 2023: 265).

군사정부는 국민의 지지를 얻기 위해 여러 가지 사회복지 관련법들이 제정 · 공포되었다. 사회보험 부문에서 「공무원연금법」(1960), 「선원보험법」(1962), 「군인연금법」(1963), 「산업재해보상보험법」(1963), 「의료보험법」(1963) 등이 제정되었고, 공공부조 부문에서 「생활보호법」(1961), 「군사원호보상법」(1961), 「재해구호법」(1962), 「국가유공자 및 월남 귀순자 특별보호법」(1962) 그리고 사회복지서비스 부문에서 「아동복리법」(1961), 「윤락행위 등 방지법」(1961), 「자활지도에 관한 임시조치법」(1968) 등이 제정되었다. 그 밖에 1963년에는 「사회보장법」이

제정되었다.

이와 같이 1960년대는 전례 없이 사회보험 및 생활보호를 중심으로 한 근대적인 사회복지법제를 마련하였다. 이와 같은 사회복지법제는 그 내용상으로는 비교적 장기적인 안목과 효율적인 합리성을 가지고 있었지만, 형식적인 사회복지법제의 도입이라는 의견이 많았다. 이는 사회복지제도가 구빈적·단편적 성격으로부터 벗어나 국가 중심의 체계적인 사회복지제도로 자리 잡는 계기는 되었으나, 그 시행은 성공적이지 못하였다.

1960년대 사회복지의 특징 중 하나는 공무원, 군인 등 사회적 지배계층을 위한 사회보장제도가 우선적으로 제정되었다는 것이다. 이는 후진적 사회복지 발달의 한 형태로서, 사회보장제도의 확충이 복지적인 측면보다는 정치적 지배의 편의성을 위해 이루어졌다. 1972년 박정희 대통령이 유신헌법을 만들어 대통령의 권한을 대폭 강화하고 유신체제를 유지하자, 이에 대한 체제 도전이 끊임없이 일어났다. 따라서, 체제의 정통성 확립을 위해 무언가 최소한 국민들의 지지를 받을 수 있는 유인을 제공하지 않으면 안 되는 정치적 상황이었다.

당시 사회경제적 상황을 보면, 1960년대 제1차 및 제2차 경제개발 5개년 계획이 성공적으로 수행됨으로써 산업화·도시화 현상이 나타나기 시작했고, 절대 빈곤에서 탈피하여 고도의 경제성장을 이룩하게 되었지만, 산업화·도시화 현상은 필연적으로 각종 사회문제를 가져왔다. 특히, 빈부격차가 심해져 상대적 박탈감 및 위화감이 사회에 팽배하여 사회적 불안이 조성되었다. 이런 상황에서 1972년부터 시작된 제3차 경제개발 5개년 계획부터는 본격적으로 사회개발정책을 수행하게 되었다.

1970년대의 사회복지 관련법들을 보면, 사회보험 부문에서는 「사립학교 교원연금법」(1973), 「국민복지연금법」(1973), 「개정 의료보험법」(1976), 「공무원 및 사립학교 교직원 의료보험법」(1977), 「월남귀순자 특별보상법」(1978)이 제정되었으며, 사회복지서비스 부문에서는 「사회복지사업법」(1970)이 제정되었다. 이 가운데 「사립학교 교원연금법」과 「공무원 및 사립학교 교직원 의료보험법」은 국가 건설과 유지에 필수적인 공무원과 교직원에 대한 특별한 배려로 이는 통치 수단의 일환이다. 「국민복지연금법」은 법만 제정해 놓고 실시하지 못하였는데, 그 이유는 제도의 수립목적이 중화학공업을 위한 내자조달의 수단으로 국민들이 인식하게 됨으로써 국민의 지지와 호응을 받지 못했기 때문이다(김보기 외, 2022a: 53).

박정희 정부는 허약한 정권의 정통성 확보를 위해 사회 기간 세력이라고 할 수 있는 군인, 공무원 등에 대한 복지계획 수립이 우선이었다. 또한 예산지출면에서도 경제건설에 우선하다 보니 복지예산은 고려할 수 없었다. 결국 박정희 정부는 오랜 집권기간에도 불구하고, 정권유지를 위한 복지의 활용에 급급했기 때문에 일반국민들의 사회복지 혜택은 기대하기 어려웠다.

3) 제5공화국(전두환 대통령)

전두환

1979년 10 · 26사건으로 박정희 대통령의 유신체제가 종말을 고하고, 1980년 5 · 17군사쿠데타의 성공으로 전두환 정부(1981.3~1988.2.)의 제5공화국이 출범하였다. 전두환 정부는 민주주의의 토착화, 정의사회 구현, 교육혁신 및 문화창달과 더불어 복지사회의 건설을 국정지표로 내세웠으며, 1982년부터 시작된 '제5차 5개년 개발계획'에서도 경제와 사회의 균형적인 발전을 기본 목표로 삼았다.

전두환 정부는 부족한 체제 정통성을 확보하기 위하여 일단의 사회복지 입법을 단행하였다. 사회복지서비스 부문에서는 「사회복지사업기금법」(1980), 「심신장애자복지법」(1981), 「노인복지법」(1981)을 제정하였고, 「아동복리법」을 「아동복지법」(1981)으로 개정하였으며, 「사회복지사업법」(1983)을 전면 개정하여 사회복지종사자를 사회복지사로 그 명칭을 변경하고, 사회복지사 자격을 1급, 2급, 3급으로 구분하였다. 그리고 공공부조 부문에서는 「생활보호법」(1983)을 개정하여 생활보호 유형에 자활보호와 교육보호를 추가하였고, 「최저임금법」(1986)을 제정하였다.

전두환 정부 후반부터는 ‘한국형 복지모형’이 논의되기 시작하였다. 한국형 복지모형이 등장하게 된 배경은 1970년 중반 이후 선진복지국가에서 복지국가 위기론이 대두되고 있었기 때문에, 한국에서도 자칫 잘못하면 복지병을 유발할 수 있다는 정책 관련자들의 우려 때문이었다. 이는 엄밀한 의미에서 당시 영국 등의 사회주의 복지정책에 대한 반감과 복지재원 마련의 곤란을 이유로 한 복지 후퇴의 성격이 짙다고 할 수 있다(홍숙자 외, 2023: 266).

이러한 한국형 복지모형은 제6차 경제사회발전 5개년 계획(1987~1991)과 맥락을 같이하고 있다. 제6차 계획의 기본 방향은 ① 우리 경제 · 사회 발전수준에 맞는 복지시책이어야 하고, ② 가족과 지역사회의 복지기능을 최대한 조장하며, ③ 자립정신에 입각한 복지시책을 전개하고, ④ 민간의 복지자원을 최대한 동원한다는 것 등이다. 그리하여 1980년대 후반부터는 시설수용 위주의 복지사업으로부터 탈피하여 지역복지와 재가복지가 강조되기 시작하였다.

전두환 정부는 각종 사회복지 관련법들을 제정해 놓고도 이를 실행하지 않음은 물론, 국민들의 복지욕구를 영국 대처 총리의 주장대로 ‘영국병’으로 치부하여 사회복지 욕구를 철저하게 무시하고 배격하였다. 그 결과는 우리 사회를 고복지국가인 양 오도하는 결과를 초래하게 하였다. 이러한 정책적 기조는 급기야 신자유주의의 물결을 이루게 하였고, 우리 사회는 사회복지의 도입은 커녕 오히려 사회복지를 등한시하고 적대시하게 만들어 향후 보수정권이 답습하게 만드는 결과를 초래하였다(이평화 외, 2024: 81-83).

4) 제6공화국(노태우 대통령)

노태우

1988년 출범한 노태우 정부(1988.2~1993.2.)는 제5공화국의 사회보험제도를 대부분 확대 시행하여, 국민연금제도(1988), 전국민의료보험제도(1989), 최저임금제도(1988)를 시행하였다. 제6공화국 정부에서 제정 또는 개정된 사회복지 관련법은 「모자복지법」(1989) 제정, 「심신장애자복지법」을 「장애인복지법」(1989)으로 개정, 「노인복지법」(1989) 개정, 「장애인 고용촉진 등에 관한 법률」(1990) 제정, 「의료보호법」(1991) 개정, 「영유아보육법」(1991) 제정, 「고령자고용촉진법」(1992) 제정, 「사회복지사업법」(1992) 개정 등이었다.

노태우 정부의 사회복지제도 발전의 특징은 다음과 같다.

첫째, 국민연금제도, 최저임금제도, 전국민의료보험제도 실시 등 소득 및 의료보장의 확대가 이루어지기 시작하였다.

둘째, '88서울장애자올림픽' 이후 장애인 종합대책을 수립하였으며, 이어서 「장애인 고용촉진 등에 관한 법률」을 제정하여 장애인복지에 대한 변화를 시도하였다.

셋째, 지역복지의 중추적인 서비스 전달체계인 사회복지관을 전국적으로 확대 실시하였다.

넷째, 「아동복지법」과는 별도로 「영유아보육법」이 제정되면서 영유아 보육사업이 크게 부각되었다.

다섯째, 재가복지를 중시하여 재가복지봉사센터가 급격하게 증가, 1987년부터는 사회복지 전문요원을 영세민 밀집지역의 동사무소에 배치하기 시작하였다.

5) 문민정부(김영삼 대통령)

김영삼

김영삼 대통령의 '문민정부(1993.2~1998.2.)'가 등장한 1990년대는 세계화라는 흐름이 새로운 국제질서로 자리 잡아 가고 있었다. '우루과이라운드(UR)' 협상 타결에 이은 세계무역기구(WTO)체제가 세계 경제를 규정하는 요소로 등장하면서 국가경쟁력이 중요한 국가적 과제로 떠올랐다. 이와 함께 독일의 통일, 동구 공산권의 몰락, 복지국가 위기론 이후 신자유주의 이데올로기의 확산 등 세계는 빠른 속도로 변화하고 있었다. 공산권이 몰락하면서 제2차 세계대전 이후 유지되어 오던 동서대립의 양극체제가 무너진 공간을 미국은 유일한 강대국으로서 세계화와 정보화라는 새로운 기준으로 세계를 재편해 나갔다.

김영삼 정부는 1993년 신경제 5개년계획의 사회복지 부문에서 '제7차 경제사회발전 5개년 계획'에서 복지정책의 기본 방향을 국가발전 수준에 부응하는 사회복지제도의 내실화에 두고, 국민복지를 증진시킬 것을 제시하였다. 또한 1995년에는 성장 위주의 정책에서 벗어나 삶의 질과 생산적인 국민복지에 적극적인 관심을 기울여야 할 것이라고 강조하였다(최원규 외, 2021: 419). 그러나 실질적인 성과는 미미하였다(홍숙자 외, 2023: 269).

김영삼 정부에서 제정 또는 개정된 사회복지 관련법들을 보면, 사회보험 부문에서는 「고용보험법」(1993) 제정, 사회복지서비스 부문에서는 「정신보건법」(1993) 제정, 「사회복지공동모금법」(1997)을 제정하였다. 또한 「사회보장에 관한 법률」을 폐지하고, 「사회보장기본법」(1995)을 제정하였다. 김영삼 정부의 사회복지제도에서 가장 큰 변화는 사회보험 부문으로, 전 국민 대상 국민연금제도의 확대 실시와 더불어 전 사업장에 대한 고용보험제도의 적용, 전 국민 의료보험의 실시 등으로 기존의 산재보험제도를 포함한 4대 보험체계를 완성하였다.

6) 국민의 정부(김대중 대통령)

김대중

1997년의 이른바 'IMF 외환위기'하에서 출범한 김대중 대통령의 '국민의 정부(1998.2~2003.2.)'에서는 대량실업사태로 인해 사회안전망이 취약하다는 분석과 함께, 사회복지제도의 발전에 중요한 전기가 마련되었다. 주목할 만한 조치와 입법으로는 노사정위원회 출범(1998), 고용보험의 모든 사업장으로 확대(1998), 「사회복지공동모금회법」 제정(1998), 「국민건강보험법」 제정(의료보험 전체 통합, 1999), 전 국민 연금 실시(1999), 「국민기초생활보장법」(1999) 제정 등 사회안전망 구축에 힘을 쏟았다. 특히, 이른바 '생산적 복지'의 근간이 되는 국민기초생활보장제도는 지난 40년간의 시혜적 단순보호차원의 생활보호제도로부터 국가책임을 강화하는 현대식 복지제도로 대전환했다는 점에서 한국에서 복지국가의 출범을 가져다준 획기적인 것으로 평가되고 있다(박진화, 2020a: 282).

국민의 정부에 의한 적극적 사회복지정책에 힘입어 한국은 비록 OECD국가들의 복지수준에는 뒤지지만, GNP 대비 10% 이상을 사회복지에 투자하는 이른바 '후진복지국가'의 대열에 진입하게 된 것이다.

노무현

7) 참여정부(노무현 대통령)

국민의 정부를 승계한 노무현 대통령의 이른바 '참여정부(2003.2~2008.2.)'에서는 '참여복지'가 주창되었다. 참여복지의 핵심은 '선성장 후분배'의 기조를 유지해 왔던 역대 정부들과는 달리, 경제성장과 분배정의 간의 균형발전을 모색하는 것이었다. 참여복지의 이념은 복지에 대한 국가의 책임 강화, 복지정책의 수립 · 집행 · 평가과정에서의 국민참여를 무엇보다 강조하였다. 그리고 참여복지의 시각에서는 복지와 경제, 분배와 성장의 선순환관계를 강조하였다. 즉, 복지증진을 통해 경제가 성장하고, 경제성장을 통해 복지증진을 꾀할 수 있다(박태정, 2020: 228).

참여정부의 참여복지 이념을 실현하기 위한 '참여복지 5개년 계획'은 「사회보장기본법」에 의거하여 2004년부터 2008년까지 추진될 '사회보장장기발전계획'이었다. 이는 보건복지부 주관 아래, 민간 전문가와 5개 관계부처(문화관광부, 정보통신부, 노동부, 여성부, 건설교통부)가 공동으로 참여하여 수립된 범정부 차원의 장기복지종합정책이었다. 이 계획은 제1차 사회보장장기발전계획(1999~2003)에 의해 그 기본 틀이 갖추어진 사회안전망의 내실화를 목표로 하였다. 그리고 저출산 · 고령화 등 사회경제적 변화에 대응한 복지인프라 구축 및 복지서비스의 확대를 도모하였다. 나아가 전 국민에 대한 보편적 복지서비스 제공, 상대빈곤의 완화 등을 통해 풍요로운 삶의 질이 구현되는 참여복지공동체 구축을 목표로 하였다(홍숙자 외, 2023: 273).

이러한 목표에 따라 참여정부는 기초생활수급자와 의료급여수급자를 확대하는 등 기초보장의 확대를 추진하며, 장애수당 대상자를 확대하거나, 노인일자리를 확대하고, 빈곤아동에 대한 지원을 확대하는 등 사회서비스의 개선에도 노력하였다.

저출산대책으로 대통령이 위원장을 맡는 '저출산고령사회위원회'를 출범시켜(2005년 9월) '5개년 기본 계획'을 마련하였다(박진화, 2020a: 284). 그러나 이후 각 정부가 막대한 예산지출에도 불구하고, OECD 국가 중 가장 출산율이 저조한 국가로 국가존폐위기에 몰리게 되었다.

저출산고령사회위원회 CI

참여정부가 실시한 새로운 사회복지제도는 2007년 노인장기요양보험과 2008년 기초노령연금(2014년 기초연금으로 변경)이다. 노인장기요양보험은 노인케어비용을 사회보험화한 고령화 대비책이었다. 우리나라 고령화 수준에 비해 다소 이른 감이 있었지만, 세계 최고속도로 진행 중인 고령화에 선제적으로 대응한다는 의미가 있었다. 기초노령연금은 국민연금에서 배제된 노인을 위한 소득보장제도라는 점에서 의미를 부여할 수 있다(정민기 외, 2023a: 55).

8) 이명박 정부

이명박

이명박 정부(2008.2~2013.2.)는 사회복지의 기조를 '능동적 복지'로 정했는데, 능동적 복지는 일할 능력이 있는 사람에게 일자리를 주고, 도움이 필요한 사람에게 국가가 따뜻한 손길을 제공하는 것이다. 정부는 이를 달성하기 위하여 평생복지 기반 마련, 예방·맞춤·통합형 복지, 시장기능을 활용한 서민생활안정, 사회적 위험으로부터 안전한 사회를 위한 성장과 분배 등 네 가지를 전략으로 내세운 사회복지정책을 추진하였다.

이 시기에 사회복지 관련 법률에는 「다문화가족지원법」(2008)을 제정하고, 기존 「고령자고용촉진법」을 폐지하고 「고용상 연령차별금지 및 고령자고용촉진에 관한 법률」 및 「실종아동 등의 보호 및 지원에 관한 법률」(2008)의 개정, 2005년 제정 당시는 한시법이었던 「긴급복지지원법」을 영속법으로 개정(2009), 기존 「청소년의 성보호에 관한 법률」을 폐지하고 「아동·청소년의 성보호에 관한 법률」(2009) 개정, 「장애인연금법」(2010)을 제정하였다. 1994년에 제정된 「성폭력 범죄의 처벌 및 피해자 보호 등에 관한 법률」이 '성폭력 범죄의 처벌 등에 특례'와 '성폭력 범죄의 피해자 보호 등에 관한 사항'을 함께 규정하고 있어서, 이에 대한 효율적 대처에 한계가 있음을 인식하고, 2010년 4월 15일

「성폭력범죄의 처벌 등에 관한 특례법」과 「성폭력방지 및 피해자보호 등에 관한 법률」로 분리하여 제정하였다. 그리고 「장애인활동지원에 관한 법률」(2011) 제정과 사회복지사의 처우향상을 위하여 「사회복지사 등의 처우 및 지위향상을 위한 법률」(2011)을 제정하였고, 「노숙인 등의 복지 및 자립지원에 관한 법률」(2011)과 「장애아동복지지원법」(2011)을 제정하였고, 「사회보장기본법」(2012)의 전면 개정과 인화학교 아동 성폭력문제로 「사회복지사업법」(2012)이 대폭 개정되었다. 또한 「가족친화 사회환경의 조성촉진에 관한 법률」(2012)과 「장애인 · 고령자 등 주거약자 지원에 관한 법률」(2012)을 제정 · 시행함으로써 사회복지를 한 단계 더 성숙시켰다.

복지국가 실현 퍼포먼스 (참여연대, 2011.7.20.)

이명박 정부가 추진했던 '사회안전망'정책은 세 가지로 분류할 수 있다.

첫째, 보편적 복지정책으로 빈곤층뿐만 아니라, 중산층 이하의 일반국민 대다수를 국가복지정책의 직접적 수혜대상으로 확대한 것이다.

둘째, 예방적 복지정책으로 실직이나 교육사각지대에 놓인 사람들이 적시에 도움을 받을 수 있도록 하는 정책을 표방하였다.

셋째, 맞춤형 복지정책으로 각각의 취약계층에게 맞춤형 복지혜택의 지속적인 제공이 가능하도록 사회복지 전달체계를 획기적으로 개선한 정책이다.

9) 박근혜 정부

박근혜 정부(2013.2~2017.3.)는 2013년 1월부터 시행된 「사회보장기본법」의 전면 개정에 맞추어 '사회보장기본계획(2014)'을 수립하였다. 이는 사회보장의 비전을 '더 나은 내일, 국민 모두가 행복한 사회'로 하였으며, 생애주기별 맞춤형 사회안전망 구축, 일을 통한 자립지원, 지속 가능한

박근혜

사회보장 기반 구축의 3대 정책방향을 제시하였다. 이는 이전에 수립되었던 사회보장 장기발전방향과는 달리, 개별 계획보다 우선한다고 명시함으로써 기본계획으로서 구속력을 강화하였으며, 소요재원 및 조달방안을 포함하여 구체성을 강화하였다.

"7월, 기초연금 시작합니다."
(2014.6.13.)

박근혜 정부에서 사회복지 관련 법률로는, 기존의 「기초노령연금법」(2007)을 폐지하고, 「기초연금법」(2014)을 제정하였다. 이는 노인세대를 위한 안정적인 공적연금제도를 마련하여 소득과 재산을 환산한 소득인정액이 보건복지부장관이 정하여 고시한 금액 이하인 65세 이상의 노인 중 소득 기반이 취약한 70%의 노인에게 기초연금을 지급함으로써, 노인 빈곤문제를 해소하고 노인의 생활안정과 복지증진에 기여하게 되었다.

2014년에는 「국민기초생활보장법」을 개정하여 탈수급의 경우, 지원이 전무한 상황에서 사각지대가 발생하고 있으므로 맞춤형 빈곤정책으로 전환하여 지원대상을 확대하고, 개별 맞춤형 급여체계를 마련함으로써 탈수급 유인을 촉진하고 빈곤예방기능을 강화하였다. 따라서, 절대적 빈곤선인 최저생계비 기준을 폐지하고, 상대적 빈곤선의 기준인 중위소득에 의한 보장대상자 선정기준에 따라 급여종류별로 다층화한 맞춤형 급여체계를 도입하였다. 또한 「사회보장급여의 이용·제공 및 수급권자 발굴에 관한 법률」(2014)을 제정하여 「사회보장기본법」에 따른 사회보장급여의 이용 및 제공에 관한 기준과 절차 등 기본적 사항을 규정하고, 지원을 받지 못하는 지원대상자를 발굴하여 지원함으로써 사회보장급여를 필요로 하는 사람의 인간다운 생활을 할 권리를 최대한 보장하고, 사회보장급여가 공정하고 효과적으로 제공되도록 하며, 사회보장제도가 지역사회에서 통합적으로 시행될 수 있도록 그 기반을 구축하는 것을 목적으로 하였다. 특히, 공적전달체계를 확립하였다.

박근혜 정부의 중요한 복지정책은 다음과 같다.

첫째, '국가책임보육'의 명제 아래 소득수준에 관계없이 보편적으로 0-5세 무상보육과 양육수당정책의 도입이다.

둘째, 2014년 7월 1일부터 기초노령연금을 기초연금으로 확대 개편하여 65세 이상 노인에게 상향된 연금을 지급하는 정책이다.

셋째, 4대 중증질환에 대한 건강보험지원율에 대해 일부 급여항목을 대상으로 국가부담을 확대한 정책이다.

박근혜 정부 출범 시 사회복지정책은 과거의 지속적인 노력에도 불구하고, 여전히 해결해야 할 많은 문제점을 내재하고 있었다. 즉, 양극화 문제와 저출산·고령화 문제해결이 시대적 요청이었다. 박근혜 정부의 복지정책은 보수정권임에도 진일보하여 잔여적 복지모델에서 벗어나 보편적 복지정책의 시도가 많았다는 평가이다. 그럼에도 불구하고, 대선공약으로 기초연금을 65세 이상 노인 전부에게 지급하겠다는 보편주의 도입은 집권 후 전체 노인인구의 70%만을 수급대상으로 국한시킴으로써 신자유주의적 발상에서 벗어나지 못했다는 평가가 있다. 특히, 노인복지를 빙자한 정권재창출이라는 불명예를 얻기도 하였다.

그러던 중 2017년 3월 10일 박근혜 대통령은 탄핵으로 인해 헌법재판소에서 파면이 결정되었다. 이는 한국 헌정사상 초유의 사태로, 이 과정에서 사회는 혼란을 가져오게 되었고, 사회복지정책에서도 새로운 정책이 요구되었다.

10) 문재인 정부

박근혜 대통령의 탄핵으로 2017년 5월 10일에 문재인 대통령의 진보정권이 출범함에 따라 보편적 사회복지정책의 추구로 사회복지정책에 있어서 근본적인 변화가 일어나게 되었다. 즉, 신자유주의에서 사회민주주의의 요소를 추가

문재인

하는 방향으로 정책기조가 변경됨으로써, 사회복지 각 분야에서 획기적인 전환이 이루어지게 되었다. 문재인 정부는 경제성장률 이상으로 정부지출을 더 늘리는 '확장적 재정정책'을 천명하고, 일자리 창출과 복지서비스 수혜범위의 대폭 확대를 강조하였다. 2017년 8월 29일에 발표된 '2018년 예산안'과 '2017~2021년 국가재정운용계획'에 따르면, 2018년 복지예산은 2017년보다 12.9% 증가한 146조 2천억 원으로, 전체 지출 429조 원의 34%에 해당하는 사상 초유의 규모이다. 대통령 임기 중 연평균 9.8%씩 늘릴 계획이며, 2021년 전체 예산 중 38%까지 올릴 것으로 계획·발표하였다. 그러나 2019년 12월 중국 우한(武漢)에서 처음 발생한 후, 전 세계로 확산된 새로운 유형의 코로나19(COVID-19, corona virus disease 19)로 인한 막대한 재정지출은 문재인 정부의 보편적 복지정책에 대해 선택제로의 정책 선회를 요구받기에 이르렀다.

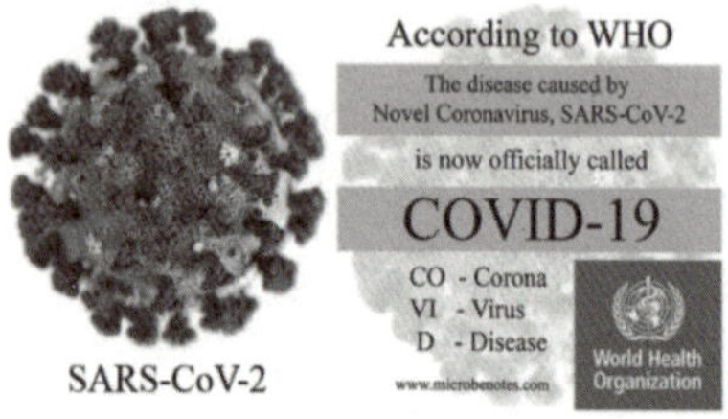

코로나19

문재인 정부의 사회복지정책 중 주목할 만한 것은, "치매로부터 자유로운 나라를 만들겠다."는 대선 공약을 이행하고, 이전 정부와의 차별화를 시도하기 위해 새 정부 출범 6월도 안 된 2017년 9월에 발표한 '치매국가책임제 추진계획'이다. 전문가들은 치매국가책임제를 통해 이뤄진 성과 중 대표적인 것으로 그동안 부족했던 지역 단위 보건소 내의 치매상담센터 인프라 확충을 통해 전국 보건소에 252개 치매안심센터를 설치하고 통합치매관리서비스를 시작하였다(조선일보, 2017년 9월 18일자). 이 제도는 치매환자와 가족이 사회에서 편안하고 안전하게 살아갈 수 있는 사회구현을 비전으로 제시하였다는 데에 의의가 있다.

문재인 정부의 사회복지정책은 '포용적 사회복지체계의 구축'에 있다. 문재인 정부는 이를 통해 국민의 삶의 질 수준을 2040년까지 세계 10위 수준으로 높이겠다는 목표를 제시했다.

문재인 정부의 의욕적인 정책목표는 정부 초기 여소야대의 국회에서 번번이 묵살되었으며, 제21대 총선에서 승리하여 국민의 기대를 모았으나 정권 차원의 불안정으로 무기력한 모습을 연출하였다. 즉, 연금개혁은 겨우 시작에 불과했으며, 의료인 양성을 위한 의대생 증원방안은 의사들의 요구에 굴복하여 추진하지 못하였다. 노동개혁 역시 지지기반의 이탈을 우려하여 지지부진한 모습을 보였다. 더구나 보편제로의 개혁 역시 코로나19로 인한 과도한 예산편성으로 인한 국가채무의 폭증과 야당의 거센 반대에 부딪히게 되었다.

문재인 정부의 사회복지정책의 성과는 두 가지로 요약된다. 즉, 의료비 부담 완화와 장기요양서비스의 확대로 치매환자와 보호자의 부담을 실질적으로 경감시켰다. 그러나 문재인 정부는 집권 초기의 의욕과는 달리, 코로나19로 인한 예산 폭증으로 정책집행이 실종되면서 정권 불안정까지 겹쳐 사회복지정책의 진보를 가져올 수 없었다.

11) 윤석열 정부

윤석열

문재인 정부의 말기는 차기 대통령이 된 윤석열 당시 검찰총장과의 알력으로 인해 국정 자체가 제대로 운용되지 못하였다. 2022년 5월 10일 등장한 윤석열 정부는 등장 전부터 청와대 이전 등으로 국민적 분노를 유발시켰다. 특히, 윤석열 정부는 신자유주의로 정책 전환함에 따라 문재인 정부의 보편적 복지정책은 무시되었다. 윤석열 정부는 선택제를 채택함에 따라 국민건강보험을 비롯한 사회 각 분야에서 이해당사자와 충돌을 피할 수 없게 되었다. 더구나 소위 여소야대의 국회 상황에서 윤석열 정부의 사회복지정책은 야당에 의해 거부됨으로써 집권기간 사회복지정책의 혼돈은 불가피한 상황이었다.

응급실 대란에 대한 여론조사는 [그림 2-1]과 같다.

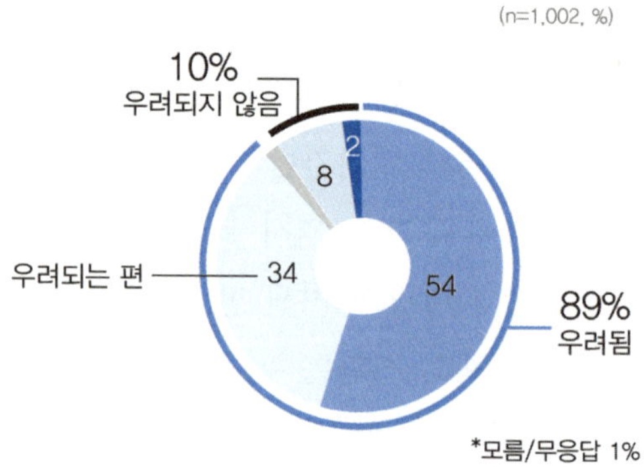

[그림 2-1] 응급실 대란 여부에 대한 여론 조사
자료: MBC(2024년 9월 14일자).

윤석열 정부는 보수정권답게 노동개혁을 비롯하여 연금·의료·교육 개혁 등 4대 개혁을 천명했으나, 낮은 지지율과 국회의 반대로 개혁정책을 제대로 추진할 수 없었다. 노동개혁은 일부 노조의 극한 투쟁을 유발시켰고, 연금개혁은 제21대 국회 말기에 야당에서 정부측 안을 수용했음에도 이를 무시하여 연금개혁에 대한 의지를 의심하게 했으며, 의료개혁은 의료계와의 마찰을 심화시켜 병원과 환자들이 불이익을 받는 등 사회 전반에 혼란을 가중시켰다.

이를 타개하고자 윤석열 정부는 대통령 주재로 2024년 6월 19일 "2024년 저출산고령사회위원회 회의"를 개최하여 '저출생 추세 반전을 위한 대책'을 발표했다. 여기에서 정부는 '인구 국가비상사태'를 선언하고, 저출산 총력 대응체계 가동을 천명하였다. 그 내용은 저출생의 직접적 원인이 되고 있는 일·가정 양립, 양육, 주거 등 3대 핵심분야 지원에 역량을 집중하고, 좋은 일자리 창출, 과도한 경쟁완화를 위한 공교육 내실화, 지방균형발전 등 구조적 요인에 대해서도 지속적으로 대응해 나갈 계획이라고 밝혔다(저출산고령사회위원회, 2024). 그러나 이러한 윤석열 정부의 의욕뿐인 개혁정책은 예산확보 등 재정지원에 대한 모호성과 정책추진 열의에 대한 회의적 시각과 더불어, 여소야대의 상황을 고려하지 않은 구호성 정책이라는 비판적 견해들이 존재하고 있는 실정이다(한겨레신문, 2024년 6월 19일자). 이러한 정치적 난제를 극복하기 위하여 윤석열 대통령은 2024년 12월 3일 비상계엄을 선포하였으나 국민적 저항에 부딪혔고, 결국 12월 14일 국회에서 탄핵되기에 이르렀다.

결국 윤석열 정부의 사회복지정책은 재원이 뒷받침되지 않는 선심성 정책과 구체적 실천방안의 미비, 야당과의 협치 실종, 경기침체, 낮은 대통령 국정지지율 등으로 전 정부에 비해 한걸음 후퇴하는 양상을 보이고 있다.

한국 사회복지정책의 전개과정을 살펴보면, 빈곤, 질병, 전쟁, 국가의 경제적 위기 등과 같은 상황에서 국민복지의 책임을 강조하고 대처해 왔음을 발견할 수 있다. 대처방안으로서 사회복지 관련법을 제정함은 물론, 변화되고 다양한 국민의 복지욕구에 따른 법령의 제 · 개정을 통해 한국 실정에 맞는 사회복지정책을 수립하고, 사회복지서비스를 통해 사회통합을 추구함으로써 국가위기를 극복해 왔음은 매우 고무적인 현상이라고 할 수 있다. 그러나 막대한 재정적 부담에도 불구하고, 아직도 저복지국가임은 한국사회가 사회복지에 대한 인식 제고가 필요한 것으로 보이며, 사회복지 지출로 인한 국민부담에 직면하여 보편제와 선택제의 논쟁은 앞으로 한국사회가 해결해야 할 과제로 남게 되었다.

연습문제

1. 영국 구빈제도의 역사에 관한 설명으로 옳지 않은 것은?

① 1601년 엘리자베스 빈민법은 빈민을 노동능력 있는 빈민, 노동능력 없는 빈민, 빈곤 아동으로 분류하였다.
② 1662년 정주법은 부랑자들의 자유로운 이동을 금지하였다.
③ 1782년 길버트법은 원외구제를 허용하였다.
④ 1795년 스핀햄랜드법은 열등처우의 원칙을 명문화하였다.
⑤ 1834년 신빈민법은 노동능력이 있는 빈민에 대한 원외구제를 폐지하였다.

2. 다음 중 개정 빈민법(1834)의 제정 배경이 아닌 것은?

① 열등처우의 원칙
② 자유방임주의의 영향
③ 과도한 산업화
④ 구빈 비율의 부담
⑤ 빈곤의 원인을 사회적인 문제로 인식

3. 1942년 베버리지 보고서에서 구상한 복지국가 모형의 특징이 아닌 것은?

① 빈곤계층을 대상으로 하는 선별적 복지를 강조한다.
② 정액부담과 정액급여의 원리를 바탕으로 한다.
③ 베버리지는 결핍(궁핍), 질병, 무지, 불결, 나태를 5대 악으로 규정한다.
④ 정액부담의 원칙은 보험료의 징수와 관련한 행정비용을 절감할 수 있는 효과가 있다.
⑤ 노령, 장애, 실업, 질병 등과 같은 사회적 위험들을 하나의 국민보험에서 통합적으로 운영한다.

4. 영국 신빈민법(1834)과 우리나라의 현재 국민기초생활보장제도에서 원칙은?

① 비례급여의 원칙
② 원외구제의 원칙
③ 임금보조의 원칙
④ 열등처우의 원칙
⑤ 비부양의무의 원칙

5. 영국의 복지국가 발달과정에 관한 설명으로 옳지 않은 것은?

① 1930년대 경제공황으로 경제문제에 대한 국가개입의 필요성이 증대되었다.
② 베버리지는 강제적인 사회보험을 국민최저선 달성을 위해 가장 중요한 제도로 보았다.
③ 1950년대와 1960년대는 복지국가의 황금기에 해당된다.
④ 베버리지는 결핍(궁핍), 질병, 무지, 불결, 나태를 5대 악으로 규정하였다.
⑤ 영국의 빈민법이 공식적으로 폐지된 것은 1차 대전 이전의 일이다.

6. 독일 비스마르크의 사회입법에 관한 설명으로 옳은 것은?

① 1883년 제정된 질병(건강)보험은 세계 최초의 사회보험이다.
② 1884년 산재보험의 재원은 노사가 반씩 부담하였다.
③ 1889년 노령폐질연금이 전 국민을 대상으로 시행되었다.
④ 사회민주당이 사회보험 입법을 주도하였다.
⑤ 질병(건강)보험은 전국적으로 일원화된 통합적 조직에 의하여 운영되었다.

7. 한국 사회복지정책의 역사에서 가장 나중에 나타난 일은?

① 일반적 공공부조제도의 실시
② 산재보험의 전 사업장 확대
③ 통합주의 건강보험 실시
④ 기초노령연금 실시
⑤ 생산적 복지 추진

8. 사회복지 역사에 관한 내용 중 연결이 옳은 것은?

① 엘리자베스 구빈법(1601) – 열등처우의 원칙
② 길버트법(1782) – 원외구제 허용
③ 비스마르크 3대 사회보험 – 질병보험, 실업보험, 노령폐질보험
④ 미국 사회보장법(1935) – 보편적 의료보험제도 도입
⑤ 베버리지 보고서(1942) – 소득비례방식의 사회보험 도입

정답 1. ④ 2. ⑤ 3. ① 4. ④ 5. ⑤ 6. ① 7. ④ 8. ②

CHAPTER 03

사회복지정책과 복지국가

개요

복지국가란 개인의 일상적 생활보장과 사회적 위험 및 사회적 문제를 해결하고 자유와 평등을 포함한 인간의 행복을 추구하기 위한 권리를 정부와 민간조직이 보장하기 위해 적극 노력하는 국가, 즉 소득의 상실로부터 가족의 최저생활수준을 보호하기 위해 고안된 사회서비스를 제공하는 나라를 말한다. 여기에서는 복지국가의 출현과 발달을 학습하고자 한다.

학습목표

1. 복지국가의 발달과정 숙지
2. 복지국가의 위기와 재편과정의 문제점
3. 복지국가의 유형에 대한 현실적 논의

학습내용

1. 복지국가의 개념
2. 복지국가의 위기
3. 복지국가의 위기극복 해결방안
4. 복지국가의 유형

1. 복지국가의 개념

‘복지(welfare)’와 ‘국가(state)’라는 두 단어에 담긴 사전적 의미로 볼 때, ‘복지국가(welfare state)’는 기본적으로 일정한 영토 내에 거주하는 국민의 행복을 위해 국가에게 주어진 독점적 권한을 행사하는 국가라고 할 수 있다(정진화, 2020: 14-15). ‘복지국가(welfare state)’라는 용어는 처음부터 매우 부정확하게 사회체제에 적용되어 왔다. 예컨대, 독일은 사회이익(social benefit)을 위한 치밀한 제도를 갖추고 있다는 점에서 복지국가라고 명명되어 왔다. 이러한 용어는 나치정권의 기초가 복지국가정책이라는 사실은 의심할 여지가 없다. 사실 많은 이론가들은 오늘날 독일 밖의 여러 나라에 존재하는 복지제도의 연원을 비스마르크가 행한 개혁에서 찾기도 한다. 또한 18세기 프로이센에까지 소급, 적용되고 있다(Furniss & Tilton, 1979: 25).

일반적으로 용인되는 영어 ‘welfare state’는 최초로 영국 캔터베리 대주교인 템플(William Temple, 1881~1944)이 1941년에 간행한 『시민과 성직자(Citizen and Churchman)』라는 팸플릿에서 사용하였다. 즉, 템플이 독일 나치시대의 ‘전쟁국가(warfare state)’ 또는 ‘무력국가(power state)’에 대비하여 영국을 복지국가로 대조시켜 규정한 데서 비롯되었다. ‘복지국가’는 1945년 집권한 영국 노동당 정부가 「베버리지 보고서(1942)」를 근간으로 1948년 ‘요람에서 무덤까지(from the cradle to the grave)’의 사회보장제도를 실시함으로써 일반적으로 사용되기 시작했는데, 1948년을 복지국가의 원년이라고 부른다(김보기 외, 2022b: 4-5). 하지만 복지국가라는 말이 더욱 널리 세계적으로 사용된 것은 「베버리지 보고서」가 국제적으로 주목받은 이후이다.

『복지국가론』
(김보기 외, 2022b)

복지국가라는 의미는 1950, 60년대에는 무슨 뜻인지도

『시민정신과 사회계급』
(2021)

『복지국가개론』
(2016)

모르고 사용되었고, 낯선 것이었다. 사회개혁가이자 관리자로서 복지국가 영국의 아버지로 존경받는 베버리지는 복지국가란 의미가 '공짜로 얻기(something for nothing)', '산타클로즈 국가(Santa Claus State)' 등을 암시하고 있다는 것을 마땅치 않게 여겼다. 복지국가 이론가 마셜(Thomas Humphrey Marshall, 1893~1981)은 그의 유명한 강의 『시민정신과 사회계급(*Citizenship and Social Class*, 1950)』에서 복지국가란 용어를 사용하지 않았으며, 유명한 페이비언 티트머스(Richard Morris Titmuss, 1907~1973) 역시 '복지국가'란 용어는 사회복지정책의 친구가 아니라, 적대적인 용어로 보았다(Garland, 2016).

갈랜드(David Garland)는 2016년 그의 저서 『복지국가개론(*The Welfare State: A Very Short Introduction*)』에서, 이 분야의 전문가들은 일반적으로 복지국가의 세 가지 아주 다른 개념들 가운데 하나를 주장한다고 말한다. 그 내용은 다음과 같다.

첫째 개념은 복지국가를 빈곤층을 위한 복지를 구현하기 위해서 노력하는 국가로 규정한다.

둘째 접근방법은 사회보험, 사회적 권리와 사회서비스 등에 초점을 둔다.

셋째 개념은 경제적 관리와 모든 복지국가에서 이루어지고 있는 경제통제를 강조한다.

복지국가는 전형적으로 모든 시민들에게 권리 성격의 급여제공, 경제에 대한 정부의 통제, 그리고 완전고용이라는 세 가지 서시적 원칙을 가지고 있다. 또한 복지국가는 이념적으로 사회민주주의, 정치적으로 의회민주주의, 경제적으로 혼합경제, 그리고 사회적으로 완전고용과 사회보장제도가 실현된 국가를 지칭한다. 따라서, 복지국가는 보호가 필요한 사람들뿐만 아니라, 모든 시민들에게 소득을 보장해 주고, 건강보호서비스와 교육서비스도 제공한다(박병현, 2011: 11).

그러므로 복지국가란 개인의 일상적 생활보장과 사회적 위험 및 사회적 문제를 해결하고 자유와 평등을 포함한 인간의 행복을 추구하기 위한 권리를 정부와 민간조직이 보장하기 위해 적극 노력하는 국가, 즉 소득의 상실로부터 가족의 최저생활수준을 보호하기 위해 고안된 사회서비스를 제공하는 국가를 말한다.

복지국가의 특징은 다음과 같다(노기남 외, 2021: 94).

첫째, 사회복지정책의 형성과 집행에서 국가의 역할이 중요하다.

둘째, 정치적 제도로서 민주주의를 복지국가 성립의 수반조건으로 한다.

셋째, 사회복지정책의 일차적 목표를 모든 국민의 최소한의 생활보장에 둔다.

넷째, 복지국가는 궁극적으로 '결과의 평등'을 추구한다. 기회의 평등을 추구하는 것은 아니다.

2. 복지국가의 위기

1) 위기의 배경

오일쇼크 당시 주유소에 줄지어 선 시민들

1973년의 유가폭등을 불러온 오일쇼크(oil shock)는 제2차 세계대전 이후 30년간 지속되어 온 복지국가의 안정체제를 뒤흔드는 결정적인 계기가 되었다. 오일쇼크 이후 경제성장률은 떨어지고, 물가는 빠르게 상승했으며, 실업률도 상승하였다. 이러한 경제혼란은 국가–자본–노동 간의 화해적 정치구조에 치명적인 균열을 가져왔다. 이러한 균열의 결과, 영국에서는 1979년 노동당 정부가 실각하고 대처의 보수당 정부가 들어섰으며, 미국은 1981년 민주당 정부가 실각하고 레이건의 공화당 정부가 수립되었다.

복지국가 팽창기 동안 진보적 정당들은 제2의 정당으로 물러나고, 1977년 제2차 오일쇼크 이후 오늘날까지 복지국가는 재편기에 접어든다. 이러한 보수회귀의 흐름은 하나의 사회운동이며, 정치세력인 신우파의 신보수주의가 등장하게 된다. 그들은 국가의 경제개입과 복지개입을 모두 비판하고, 복지국가의 해체를 통해 자유시장체제를 확고히 하려는 이데올로기적 공세를 전개했다. 보수세력이 새로운 정권을 잡은 구미 각국은 대대적으로 복지예산을 삭감하고, 복지국가의 구조를 축소하기 시작하였다. 그러나 보수정권에 의한 복지축소정책은 복지비 지출의 증가율을 둔화시켰을 뿐, 복지비의 절대액을 감축시키지는 못했다. 그 결과, 1970년대 오일쇼크와 보수정권에 의한 복지축소가 있었지만, 복지비의 증가율은 경제성장률보다 크게 앞섰다(박경일, 2023: 106).

2) 위기의 내용

복지국가의 위기는 각 방면에서 발생하였다(김승훈 외, 2024: 168-173 ; 박주현, 2021: 332-334).

(1) 정부의 위기

복지국가의 황금기에 대규모로 팽창한 정부 부문은 그 자체가 거대한 관료기구가 됨으로써 유연성과 효율성을 상실하고 말았다. 또한 복지서비스에 대한 정부의 독점성은 경쟁원리의 부재로 말미암아 합리성과 효율성을 추구할 수 있는 내·외부의 자극이 부재한 상태에서 계속 관료조직을 비대하게 만들었다. 이러한 비효율성과 경직성은 적재적소에 적당량의 재원을 투입하는 것을 어렵게 만들었고, 서비스 영역에 따라 과잉과 과소 문제를 일으켰으며, 정부지출과 비교하여 효과는 상대적으로 미흡한 문제점을 노출했다. 또한 복지국가의 팽창은 경제와 정부의 과부담으로 나타났다. 경제가 호황일 때는 이것이 은폐될 수 있는 문제였지만, 경제가 침체하고 스태그플레이션(stagflation)이 나타나자 복지국가를 위한 재정의 팽창과 정부의 다양한 개입활동은 경제와 국가시스템 전반에 걸쳐 큰 부담으로 작용했다.

(2) 재정의 위기

프랑스를 제외한 복지국가 대부분은 심각할 정도의 부채를 안고 있었고, 대표적인 복지국가로 불리던 영국은 정부 재무잔고가 특히 심각한 상황에 있었다. 주목할 점은, 대부분 복지국가에서 이러한 재정적자 누적의 원인으로 국방비와 함께 과잉 팽창한 사회복지비를 제시하였다는 점이다. 하지만 복지국가의 정치구조는 정부의 복지지출 삭감을 통한 재정의 적자해소를 어렵게 했다. 정치적으로 복지혜택 감소에 대한 국민의 저항이 있었으며, 선거민주주의는 이러한 상황에서 취약성을 드러내곤 했다. 또한 경제적으로 침체국면에 들었기 때문에 조세수입 증대를 통한 균형재정도 어려운 처지였다. 결국 여러 국가는 사회복지예산 마련을 위해 적자재정을 편성할 수밖에 없었으며, 이는 재정위기의 악순환 고리를 만들었다.

(3) 정당성의 위기

정당성의 위기는 재정의 위기와 함께 지적되는 복지국가의 대표적 위기이다. 이 정당성의 위기는 복지국가가 의회주의와 복지정책을 통해 자본주의의 폐해를 없애고, 사회적 정의를 달성할 수 있다는 믿음의 상실을 의미한다. 이러한 정당성의 위기는 복지국가에 대한 여론의 악화, 사민당과 노동당 등 좌파 정당에 대한 지지 감소, 그리고 조세에 대한 저항으로 나타났다. 물론 여론의 악화는 경기침체, 복지 프로그램의 오용과 남용, 경제적 풍요과정에서의 사회적 결속력의 약화 등 다양한 요인에서 비롯된 것으로 볼 수 있다. 하지만 여론의 상당부분은 정부의 사회복지 지출확대에 대한 비판에 집중되었다. 여론의 악화는 좌파 정당에 대한 지지의 하락으로 나타났다. 1975년에서 1982년 사이 영국, 미국, 서독에서 우파 정당이 집권하게 되고, 사회민주주의 정당이 오랫동안 강력한 영향력을 행사해 왔던 덴마크, 노르웨이, 스웨덴에서도 좌파 정당이 선거에서 패배하였다. 그리고 여론의 악화는 세금 증가에 대한 저항으로 나타났다. 즉, 경기침체기에 조세부담에 대한 저항으로 나타난 것이다.

(4) 사회적 · 문화적 위기

사회적 · 문화적 위기로서 사회통합의 이완현상이 시작되었다. 이는 복지국가의 중요한 전제인 사회적 연대가 파괴되는 것을 의미한다. 사회통합의 이완현상은 크게 아노미(anomie, 혼동상태)와 에고이즘(egoism, 이기주의)이 확대되는 것, 즉 규범적 불안정과 사회적 유대의 약화가 증가하는 것으로 설명된다. 대표적 예로서, 이혼율과 자살률의 증가를 들 수 있다. 물론 이혼율과 자살률 증가 등의 현상이 반드시 위기인 것은 아니며, 하나의 사회적 · 문화적 변화로서 이해할 수도 있으나, 여기서는 복지국가의 여러 프로그램이 이러한 현상을 조장한다는 측면에서, 그리고 새로운 변화에 적절히 대응하지 못한다는 측면에서 문제가 제기되었다.

3. 복지국가의 위기극복 해결방안

1970년대에 들어와 경험한 석유파동(oil shock)은 자본주의의 안성적 체계를 붕괴시키는 결정적 요인이 되었다. 따라서, 케인스-베버리지에 근거한 복지국가의 정책은 위기를 맞게 되었고, 나아가 이러한 위기극복을 위한 돌파구를 찾아 복지국가들은 각각 나름대로의 해결책을 모색하게 되었다. 이들 복지국가들이 추구하는 해결방안은 대개 다음의 세 가지 경향으로 분류할 수 있다(김영화 외, 2023: 61-63).

헬무트 콜

첫째, 자유주의로 복귀를 주장하는 신보수주의적 정부의 형태로서, 미국의 레이건 정부와 영국의 보수당 정권을 들 수 있다. 독일 콜(Helmut Josef Michael Kohl, 1982~2017) 총리가 보수당으로서 정권을 잡은 1982년도 이와 같은 맥락 속에서 이해된다. 이들에 따르면, 사회민주주의가 지향했던 혼합경제의 한계를 지적하고, 시장경제 내에서 국가간섭을 배제하는 것이다. 경제침체를 막기 위해서는 시장의 자율조정 기능에 경제가 맡겨져야 하며, 기업 간의 경쟁을 더욱 강화시키고, 시장경제 내에서의 정치적 간섭을 배제하며, 시장의 자율적 기능에 의해 경제활성화를 꾀하여야 한다. 이러한 신보수주의는 복지국가의 지출을 억제하고 축소하며, 자본주의 시장경제로 다시 복귀하였다. 시장법칙을 최대한 허용하고, 사회복지 지출을 억제하는 이런 방법으로 어느 정도 인플레이션의 억제에는 성공할 수 있었으나, 실업률의 증가는 피할 수 없었다는 비판을 받는다.

둘째, 좌파의 입장이다. 자본주의가 가지는 필연적인 모순들로 인하여 복지국가체제가 아무리 자본주의의 한계를 시정하고 보완하여도, 자본주의 제도가 국가의 경제적 기반이 되는 한, 사회불평등의 문제는 해소하기 어렵다는 견해이다. 경제적 위기상황이 발생할 때 그 위기를 극복할 수 없는 자본주의적 한계상황에서는 계급의 대립이 더욱 첨예화될 뿐이다. 따라서, 자본주의가 안고 있는 문제점과 체제 자체의 한계점을 극복하는 길은, 자본주의 자체를 극복하는 수밖에 없다고 생각하는 것이다. 다시 말해서 자본주의 체제의 틀 속에서는 지속적 자본주의의 발전이 불가피하므로 자본축적이 선행될 수밖에 없고, 자본축적을 위한 정부세입의 구조와 사회복지 지출을 위한 정부지출 구조 간에는 구조적 모순과 갭(gab)이 생길 수밖에 없다고 보는 것이다. 자본주의를 운영하기 위한 국가의 자본축적과 복지국가를 운영하기 위한 정부지출은 모순에 부딪히게 된다. 즉, 국가의 경제적 기능과 사회복지 기능 간에는 갈등이 내재되어 있다는 사실이다.

셋째, 민주사회적인 복지국가의 기본 이념과 혼합경제체제를 그대로 고수하면서 위기상황을 극복하기 위한 조합주의적 해결방안이다. 조합주의에 의한 복지정책이란 경제정책과 사회정책을 분리하여 시행하는 것이 아니라, 상호 통합하고 조화시켜 경제와 사회복지 간의 기능적 통합(functional integration)을 시도한다. 개인의 자유와 기회균등, 경쟁과 안정, 경제성장과 사회보장 등 상충되는 두 가지의 사회적 목표를 잘 조화시켜 개인의 자유를 침해하지 않으면서도 사회적 평등을 추구한다는 목표를 가지고 있다. 조합주의를 지향하고 있는 유럽의 여러 나라들은 불황을 극복하기 위해서 사회구성원들과 공동협의와 사회적 합의를 바탕으로 공동체 의식을 다졌으며, 노사정 공동결정의 원칙을 세워 경제사회정책에 대한 국민적 합의를 통하여 대립구조와 갈등구조를 극복해 나가려고 노력하였다.

위와 같은 세 가지 갈래의 위기극복의 방법 중에서도 서구의 복지국가는 미국, 영국을 중심으로 한 신보수주의와 유럽을 중심으로 한 사회조합주의적인 방법을 택하고 있다. 1980년대의 신자유주의가 주도권을 잡게 되었을 때에도 이러한 각국의 고유한 맥락은 각각의 나라가 처한 상황을 타개하려는 해결책 모색에 영향을 미치게 되었다.

4. 복지국가의 유형

복지국가의 유형은 다음과 같다.

1) 윌렌스키와 르보

윌렌스키와 르보(Harold L. Wilensky & Charles N. Lebeaux)는 1958년 그들의 저서 『산업사회와 사회복지(*Industrial Society and Social Welfare*)』에서, 그들은 복지국가의 모형을 잔여적 관점과 제도적 관점으로 유형화하고 있다. 그 내용은 다음과 같다(Wilensky & Lebeaux, 1965: 138-139).

『산업사회와 사회복지』
(1965)

(1) 잔여적 관점

잔여적 관점(residual view, 보완적 모형)은 사회복지가 일차적으로 가족과 시장기구에 의해서 공급되는 것을 원칙으로 한다. 보완적 관점이라고도 한다. 사회복지제도는 가족과 시장기구에 의해 움직여지고, 그러한 기구를 통해 개인의 욕구가 충족될 수 있다. 그런데 가족 또는 시장기구가 정상적으로 제 기능을 발휘하지 못할 때 사회복지제도로서의 보완적 모형이 작동된다. 이 모형은 가정생활이 파괴되거나 시장기구나 제대로 움직일 수 없어 정상적인 경로로는 사회복지가 공급될 수 없을 때, 나타난다. 그것은 가족과 시장기구가 작동하지 못할 때, 출현하는 일시적이고 긴급한 기능이며, 보조적인 성격을 띤다. 예컨대, 자선사업과 의연금이 그러한 유형의 사회복지활동이며, 가족과 시장기구가 다시 제 기능을 회복할 때 보완적 사회복지활동은 작동이 중지된다.

(2) 제도적 관점

제도적 관점(institutional view)은 누구나 일정한 조건, 즉 법적·제도적 조건만 갖추게 되면 사회복지 혜택을 받을 수 있는 경우를 말한다. 즉, 복지사회를 건설하기 위해 사회복지 혜택을 받을 수 있는 경우를 말한다. 그들은 "사회복지는 각 개인이나 집단이 만족할 만한 수준의 삶과 건강을 누릴 수 있도록 도와

주기 위해 만들어진, 사회적 서비스와 제도의 조직화된 체계(the organized system of social services and institutions)이다."(Wilensky & Lebeaux, 1965: 139)라고 주장한다. 윌렌스키와 르보는 산업화가 진행될수록 잔여적(보완적) 모형보다 제도적 모형이 더욱 강조될 것이라고 보고 있다.

이 두 가지의 관점은 상반되는 것으로 나타나지만, 실제에 있어서 미국의 사회복지는 이 둘을 결합하려고 시도해 왔으며, 사회복지에 있어서 현재의 경향도 중간노선을 걷고 있다. 구질서가 무너지는 것을 비통해하는 사람들은 제도적 관점의 이데올로기가 개인적인 특성과 국가의 사회구조를 모르는 사이에 해치고 있다고 주장한다. 한편, 오늘날 우리가 유토피아에 도달하지 못한 것을 슬퍼하는 사람들은 잔여적 개념에 대해 우리들이 '모든 사람을 위해서 행복한 생활'을 달성하기 전에 제거되어야만 할 장애물이라고 반박하고 있다. 윌렌스키와 르보(Wilensky & Lebeaux, 1965: 139)에 따르면, 두 가지의 이데올로기가 모두 진공상태에 존재하는 것이 아니라, 더 넓은 사회문화적 상황의 반영이며, 산업화가 더욱 진전됨에 따라 제도적 개념이 더 우세하게 될 것 같다고 본다.

윌렌스키(Wilensky, 1975: 30-31)는 22개국을 복지국가로 규정하고, 그들 국가 중 9개국을 선진복지국가, 8개국을 중진복지국가, 그리고 나머지 5개국을 후진복지국가로 분류하였다. 세 가지 유형의 복지국가로 구분할 때 그가 사용하였던 기준은 극히 단순하게 1966년 당시 사회보장비가 국민총생산에서 차지하는 비율이었다. 비율이 15% 이상이면 선진복지국가로 분류되었는데, 여기에는 오스트리아, 서독, 벨기에, 네덜란드, 프랑스, 스웨덴, 이태리 등 9개국이 속해 있었고, 비율이 10~15%이면 중진복지국가로 규정되었으며, 영국, 덴마크, 핀란드, 노르웨이, 뉴질랜드, 아일랜드, 캐나다 등 8개국이 여기에 소속되었다. 나머지 5개국, 예컨대, 스위스, 호주, 이스라엘, 미국 등은 비율이 10% 미만이기 때문에 후진복지국가로 분류되었다.

윌렌스키와 르보가 주장하는 복지국가의 모형은 〈표 3-1〉과 같다.

〈표 3-1〉 윌렌스키와 르보의 복지국가의 모형

구분	잔여적 복지국가	제도적 복지국가
사회복지 등장	가족이나 시장과 같이 사회의 정상적인 주요 제도들이 복지욕구를 충족하지 못할 때, 즉 가족이나 시장이 실패할 때	사회의 정상적인 최일선(first line)의 기능을 함.
사회복지 욕구해결의 주된 역할	가족이나 시장	국가
국가의 복지기능	최소화	극대화
가족이나 시장의 복지기능	자연적이고 정상적인 주된 기능	극소화
사회복지 급여수준	낮음	높음
수급절차	까다롭고 낙인감을 주는 자산조사를 실시한 후 급여제공	사회권으로서 보편적으로 급여제공
강조하는 이념	개인주의, 개인책임, 경쟁	집합적 사회결속
사회복지서비스 제공근거	수급자격 유무에 근거-(도움을 받을)자격 있는 빈민과 (도움을 받을) 자격 없는 빈민으로 구분	욕구에 근거-사회구성원 대부분이 수혜자 : 복지수혜자와 비수혜자의 구분이 무의미
대표적 국가	미국, 일본 등	스웨덴, 노르웨이 등 스칸디나비아 국가

자료: 정민기(2023a: 122) 재인용.

2) 퍼니스와 틸톤

『복지국가사례』
(1977)

퍼니스와 틸톤(Norman Furniss & Timothy Alan Tilton)은 1977년 그들의 저서 『복지국가사례(*Case for the Welfare State: From Social Security to Social Equality*)』에서, 그들은 사회복지 욕구에 대한 정부개입의 형태에 따라 복지국가의 모형을 적극적 국가, 사회보장국가, 사회복지국가로 분류하고 있다(Furniss & Tilton, 1979).

(1) 적극적 국가

적극적 국가(positive state)의 일차적 목표는 시장의 불안정과 재분배 요구로부터 자본가를 보호하는 데 있다. 이에 정책방향은 경제성장을 위한 정부와 기업의 협조를 강조하며, 국가시장경제에 개입하여 독점을 규제하고, 지나친 사회적 불평등을 예방해야 한다. 또한 적극적 국가에서는 경제성장을 저해하는 사회복지정책은 가급적 피하며, 완전고용정책의 극소화를 비롯하여 노동조합의 지나친 임금인상 요구나 집단행동을 규제한다.

이런 점에서 볼 때, 적극적 국가는 중산층 이상만 보호를 받을 수 있어서 이러한 국가를 복지국가라 할 수 없으며, 그리고 미국이 그 대표적인 나라로 꼽힌다.

(2) 사회보장국가

사회보장국가(social security state)는 국민들에게 최저수준의 복지를 보장하는 국가를 말한다. 이에 사회보험제도 외에도 공공부조와 각종 사회복지 분야 서비스제도를 확대 실시한다. 특히, 사회보장국가는 완전한 평등을 추구하기보다는 최저수준의 생활을 보장하는 데 그친다. 이것은 개인 자신이 자발적으로 복지향상에 기여할 수 있게 하기 위한 조치이다. 대표적인 나라가 영국이다.

(3) 사회복지국가

사회복지국가(social welfare state)는 광범위한 사회복지서비스를 비롯하여 평등과 정치활동 참여 등으로 모든 국민의 안녕을 보장하는 나라를 말한다. 특히, 이러한 국가에서의 정부는 노동조합과 긴밀한 협조하에 고용정책이나 임금정책을 실시하여 최하층의 요구를 우선적으로 수용하는 정책을 펴게 된다. 따라서, 사회복지국가에서는 경제정책보다는 사회정책이 우선시 되며, 국민들의 삶의 질을 저해하는 도시계획이나 재개발은 금지된다. 스웨덴이 그 대표적인 나라이다.

퍼니스와 틸톤이 주장하는 복지국가의 모형은 〈표 3-2〉와 같다.

〈표 3-2〉 퍼니스와 틸톤의 복지국가 모형

국가유형	사회복지국가	사회보장국가	적극적 국가
국가정책 목적	평등 및 화합	전체 국민의 생활안정	시장의 불안정으로부터 자본가를 보호
국가정책 방향	• 정부와 노조 간의 협력 • 완전고용정책 • 최하위 계층의 욕구를 우선적으로 고려함.	• 완전고용정책의 극대화 • 기회균등 실현 협력	• 경제성장을 위한 정부와 기업의 협력 • 완전고용정책의 극소화
사회정책 방향	• 최저수준 이상 보장 • 정부지원에 따라 사회보장 및 공공부조 프로그램의 극대화 • 권력분산 및 국민참여 확대	• 최저수준 보장 • 기본생존수준 이하의 빈곤퇴치 • 국민생활수준 향상 및 개선 • 사회보장제도 외에 무상서비스 필요함.	• 경제적 효율성에 기여할 수 있는 복지서비스만 실시 • 수평적 재분배 및 수익자부담의 사회보험제도 운영 • 잔여적 복지 • 사회통제수단으로 복지정책을 채택
해당 국가	스웨덴	영국	미국

자료: 정민기 외(2023a: 124) 재인용.

3) 미쉬라

『복지국가 위기』
(1984)

미쉬라(Ramesh Mishra)는 1984년 그의 저서 『복지국가 위기(*The Welfare State in Crisis: Social Thought and Social Change*)』에서, 복지에 대한 국가책임의 사상과 현실적 제도와의 관련에 따라 복지국가의 모형을 분화적 복지국가와 통합적 복지국가로 분류하고 있다. 그에 따르면, 조합주의에 입각한 새로운 형태의 통합적 복지국가(integrated welfare state)는 복지국가의 발전적인 방향의 모색이며, 혼합경제와 복지국가의 근본정신에 위배되지 않으면서 복지국가의 위기를 타개할 수 있는 진정한 대안이 될 수 있다고 주장한다(Mishra, 1984: 101-102).

(1) 분화적 복지국가

분화적 복지국가(differentiated welfare state)에 이론적 배경을 제시하고 있는 학자는 베버리지와 케인스이다. 분화적 복지국가는 다음과 같다.

첫째, 경제 분야에서 공급측면보다 수요측면에서 경제를 조절하고 있으며, 재정정책 및 금융정책을 통해 수요의 창조나 억제를 위한 정부 경제활동의 활성화 조치를 취하고 있다.

둘째, 사회복지 분야는 경제와 구별되는 상대적 자율성을 유지하고 있으며, 국가는 경제와 관련하여 뚜렷한 연계를 거의 갖지 않는 사회적 서비스를 제공하고 있다.

셋째, 정치 분야의 경우 분화적 복지국가는 다원주의 이론에 근거하여 움직이고 있다. 정치형태 및 사회의 의사결정과정에서 자유경쟁 또는 시장모델을 적용하고 있으며, 의회주의적 정부형태를 선호하고 있고, 완전한 시민적 자유와 정치적 자유를 보장하고 있다. 더욱이 산업분야에서 자유로운 집단협상 방식을 선택하고 있다. 예컨대, 대표적인 분화적 복지국가는 미국과 영국을 들 수 있다.

(2) 통합적 복지국가

통합적 복지국가(integrated welfare state)는 조합주의를 기반으로 성립하기 때문에 분화적 복지국가와는 두 가지 점에서 다르다.

첫째, 조합주의를 토대로 성립하고 있는 통합적 복지국가는 경제정책과 사회정책이 상호 밀접하게 관련되어 있어서 양자의 통합 필요성을 제기하고 있다(Mishra, 1984: 104).

둘째, 조합주의적인 접근방법은 복지국가의 제도 속에 함축되어 있는 체계통합(system integration)과 사회통합(social integration)은 상호 관련된 것으로 본다(Mishra, 1984: 104-105).

조합주의라는 용어는 여러 가지 측면에서 조직화된 경제적 이해관계 및 현대국가의 의사결정구조와 과정을 연계한 것으로 보고 있다. 그는 이런 상황에서 조합주의에 기반을 둔 통합적 복지국가의 유형을 제시하고 있으며, 그것과 유사한 구조를 가진 다원주의 또는 분화적 복지국가를 대조시키고 있다. 이러한 대조는 복지국가에 접근하고 있는 조합주의의 분명한 특징을 나타내고 있다(Mishra, 1984: 102).

미쉬라의 분화적 복지국가와 통합적 복지국가의 특징은 다음과 같이 정리할 수 있다. 즉, 미쉬라의 복지국가모형은 퍼니스와 틸톤의 모형보다 진일보했다는 것을 알 수 있다. 퍼니스와 틸톤 역시 복지국가의 특성을 설명했지만, 그것을 실현시킬 수 있는 구체적인 방안이나 수단에 관한 언급은 없었다. 반면, 미쉬라는 분화적 복지국가에서 통합적 복지국가로 이행하기 위한 전제조건, 즉 실천적 방안으로서 조합주의를 제시했다는 점은 높이 평가받을 만하다. 그렇지만 미쉬라의 복지국가 모형은 선진 자본주의 국가의 복지모델에 관해서만 언급하고, 후발 자본주의 국가의 복지모델에 대해서 언급이 없다는 점이 아쉬움으로 남고 있다.

미쉬라가 주장하는 복지국가의 모형은 〈표 3-3〉과 같다.

〈표 3-3〉 미쉬라의 복지국가 모형

국가형태	분화적 복지국가	통합적 복지국가
주창자들	케인스, 베버리지	후기 케인스주의자들
경제분야	• 수요측면에서의 경제조절 • 수요의 창조나 억제를 위한 정부의 경제활동 활성화 조치(재정정책 및 금융정책)	• 수요측면과 공급측면(이윤, 투자, 임금수준, 인플레이션, 노동시장의 조건 등)에서의 경제조절 • 광범위한 경제문제의 조절 및 합의형성(법적 기구를 통하든 아니든 간에)
사회복지분야	• 경제와 구별되는 상대적인 자율성 유지 • 경제와 관련하여 뚜렷한 연계를 거의 갖지 않는 국가의 사회적 서비스 제공	• 경제 및 경제정책으로부터 자율적인 영역으로 간주하지 않음. • 사회와 경제 간의 상호의존성과 상호관련성이 제도화됨. • 사회와 경제 간의 기능적 관계 및 상층관계는 정책결정에 정보를 제공함.
정치분야	• 이익집단 다원주의적 성격 • 정치형태 및 사회의 의사결정과정에서 자유경쟁 또는 시장모델 적용 • 산업분야에서의 자유로운 집단협상 방식을 선택 • 조직화된 집단, 정당 및 의회를 통한 분파적 이익의 추구 • 사회적 책임이 결여된 경제력 행사 • 의회주의적 정부형태 • 완전한 시민적 및 정치적 자유	• 중앙집권적 다원주의 성격 • 광범위한 경제 및 사회정책에 걸쳐 주요 이해집단의 대표와 최고 조합들 간의 협상 • 경제집단의 상호의존성이 인식되어 계급협력과 사회적 합의의 형태로 제도화됨. • 주요 경제집단에 사회적 책임 존재 • 의회주의적 정부형태 • 완전한 시민적 및 정치적 자유
사례	미국, 영국	오스트리아, 스웨덴, 서독, 네덜란드

자료: Mishra(1984, 102-103).

4) 조지와 윌딩의 4·6분류

(1) 4분류

조지와 윌딩(Victor George & Paul Wilding)은 1976년 그의 저서 『이데올로기와 사회복지(*Ideology and Social Welfare*)』에서, 그들은 복지국가를 정치이념의 차이에 따라 반집합주의, 소극적 집합주의, 페이비언주의, 마르크스주의 등으로 4분류하고 있다. 그 내용은 다음과 같다(George & Wilding, 2013).

『이데올로기와 사회복지』(2013)

① 반집합주의

반집합주의(anti-collectivism)에서는 자유, 개인주의 및 불평등이 기본 가치이다(George & Wilding, 2013: 19-43). 이는 하이에크(Friedrich August von Hayek)와 프리드먼(Milton Friedman) 등과 같은 극우 자유주의 경제학자들이 주장하는 유형으로, 빈곤의 완화는 국가개입보다 자선과 잔여적 방식으로 해결되어야 한다고 보며, 중앙의 계획은 권위주의적 사회주의 국가로 귀결될 수 있다고 보면서 반대한다. 반집합주의는 19세기 영국을 지배했던 이데올로기였다. 그러나 반집합주의 이데올로기는 19세기 말경에 이르면서 점차 도전받기 시작했으며, 20세기에는 학문적으로나 정치적으로 매우 희미한 존재로 전락하고 말았다. 그렇지만 석유파동 이후 또다시 반집합주의는 이제 왕성하게 활동하고 있으며, 학문적으로나 정치적으로 커다란 영향력을 발휘하고 있다.

② 소극적 집합주의

소극적 집합주의(reluctant collectivism)는 자본주의와 시장기능의 약점을 보완하기 위한 최소한의 정부개입을 주장한다(George & Wilding, 2013: 44-68). 따라서, 국민최저수준의 보장 개념과 이에 대한 국가의 책임을 인정한다. 소극적 집합주의자들은 제대로 규정되어 있지는 않지만, 명확한 집단을 형성하고 있다. 그들은 규제되지 않은 자유시장체제(unregulated free market system)에 대한 신뢰가 아주 강하지 않다는 점에서 반집합주의자들과 구별된다. 즉, 그들은 반집합주의자들과 달리, 정부에 의해 관리되는 경제가 필요하며, 또 그것이 좋은 결과를 가져올 수 있다고 믿는 것이다. 한편, 소극적 집합주의자들은 사적인 기업활동을 열성적으로 옹호한다는 정부의 행위를 마지못해 소극적으로(reluctantly) 인정한다는 점, 그리고 적극적인 평화주의적 정책은 받아들이지 않는다는 점에서 페이비언주의자들과 구별된다.

③ 페이비언주의

페이비언주의(fabianism) 또는 페이비언 사회주의(fabian socialism)는 빈곤이나 불평등의 해결을 위하여 자유시장체제에서의 점진적 변화를 선호한다(George & Wilding, 2013: 69-94). 따라서, 페이비언주의의 사회주의적 이데올로기를 실현하기 위한 방식은 점진적 개량주의이다. 페이비언 사회주의는 소극적 집합주의와 마르크스주의 사이의 다소 모호한 중간영역에 위치한다. 페이비언 사회주의와 다른 이데올로기를 구분할 수 있는 경계는 때로 분명하지 않으며, 그 경계가 무너지는 경우도 흔히 있다. 페이비언 사회주의는 사회주의에 대한 일련의 정치적·이론적 가정들을 가지고 있다. 페이비언 사회주의의 이 가정들이 어떤 사람들에게는 발전된 사회민주주의(developed social democracy)로 보일 수도 있고, 또 다른 어떤 사람들에게는 마르크스주의적 사회주의(marxist socialism)로부터 단지 몇 발자국만 벗어난 것으로 보일 수도 있다. 이처럼 차이에도 불구하고, 페이비언주의를 하나로 보이게 할 수 있는 연결고리가 있는데, 그 두 가지는 첫째, 민주주의적 과정에 대한 전적인 옹호이고(total commitment to the democratic process), 둘째는 사회복지서비스에 대한 분명한 지지이다(unequivocal support for social welfare services).

④ 마르크스주의

마르크스주의(marxism)는 자본주의체제에서의 계급갈등을 가장 큰 문제로 본다(George & Wilding, 2013: 95-119). 마르크스주의자들에게 자본주의는 체제 자체의 결함에 따르는 복지국가에 대한 대안으로서 급진적 정치변동을 제시하고 있다. 마르크스주의자들은 사회적 가치(social values), 국가의 본질(the nature of the state), 정부의 역할과 복지국가의 바람직성(the role of government and the desirability of the welfare state) 등과 같은 쟁점들에 대해 반집합주의자들과 완전히 반대되는 견해를 가지고 있지만, 마르크스주의와 반집합주의는 위의 쟁점들에 있어서 두 가지 공통적인 특징을 가지고 있다.

첫째, 마르크스주의자들과 반집합주의자들은 위의 쟁점들을 발전된 이론적 틀 내에서 소극적 집합주의자들이나 페이비언주의자들보다 더 광범위하게 고찰하고 있다.

둘째, 마르크스주의자들과 반집합주의자들은 복지국가를 개혁하기 위한 방안을 제시함에 있어서, 실용적인 점증주의(pragmatic incrementalism)보다는 기본적인 원칙에 근거하고 있다.

조지와 윌딩의 복지국가 모형 4분류는 **〈표 3-4〉**와 같다.

〈표 3-4〉 조지와 윌딩의 4분류

이데올로기	중심가치	국가역할 / 빈곤 · 복지개입			대표인물
		사회 · 국가관	정부개입	빈곤개입	
반집합주의	소극적 자유 개인주의	불평등 인정 경쟁 강조 이윤추구 인정	반대	반대	하이에크 프리드먼
소극적 집합주의	소극적 자유 개인주의 실용주의 인본주의 합리주의	자본주의는 비효율적 요소 소유	찬성	찬성	베버리지 케인스
페이비언주의	평등 적극적 자유 동포애	수정자본주의 옹호	매우 찬성	매우 찬성	웹부부 티트머스
마르크스주의	적극적 자유 평등 우애	자본주의는 생산수단이 일부 계층에 집중	매우 반대	매우 반대	마르크스 엥겔스

자료: 김보기 외(2022a: 185).

(2) 6분류

『복지와 이데올로기』
(1994)

조지와 윌딩(Victor George & Paul Wilding)은 1993년 그의 저서 『복지와 이데올로기(*Welfare and Ideology*)』에서, 사회복지의 이데올로기 관점에 따라 여섯 가지로 분류하고 있다. 앞서 4분법과 대조할 수 있는 부분은, 6분법에서는 사상사를 반영하여 우파 · 좌파, 새로운 사조로 3분한 다음 이를 다시 구체화한 것이라고 볼 수 있다. 또한 4분법에서 다루었던 페이비언주의를 그 진화과정에 맞춰 사회민주주의 틀 안에 삽입하고 있다. 그들은 특히 정치사상에서 원용하여 극우파, 중도노선, 중도좌파, 극좌파의 분류를 도입하였다. 따라서, 우파의 분류는 신우파와 중도노선이 있다. 즉, 조지와 윌딩은 4분법을 보다 세분화하여 6분법으로 분류하였다. 그 내용은 다음과 같다.

① 신우파

신우파(the new right)에 대해 피츠패트릭(Tony Fitzpatrick, 2011: 130-133)과 프리덴(Michael Freeden, 2003: 87-90)은 '보수주의(conservatism)'로, 이근식(2009: 25)은 '신자유주의(new liberalism 또는 neo liberalism)'라고 칭한다.

조지와 윌딩(George & Wilding, 1994: 15-45)에 따르면, 신우파는 국가 역할의 강화를 통한 사회복지정책 확대에 대해 가장 강한 적대감을 보인다. 신우파는 1970년대에 지적 · 정치적 세력으로 부상하면서, 1970년대와 1980년대에는 많은 나라에서 영향력 있는 위치를 확보했다. 어떤 의미에서 이런 움직임은 1973년 이후 세계 경제를 휩쓴 경제위기의 산물이었다. 그러나 1960년대 공공복지 지출의 급격한 확대와 공공정책의 성공 여부 및 그 영향에 대한 불확실성의 확산에 대한 반동이기도 했다. 신우파의 행적은 기본적으로 국가활동(state action)에 관한 고전적 자유주의(classical liberal)의 비판을 확대 · 발전시킴으로써 경제 및 사회정책상의 중요한 현안문제에 신자유주의(the new right)적인 비판을 적용한 것이었다. 그것은 확고한 이데올로기적 토대(ideological base)에 근거한 강력한 비판이었다. 또한 전통적 지식에 대한 명백한 이데올로기적 도전이었으며, 복지국가의 역할에 관한 분석에서 중요하지만, 간과했던 일련의 문제들을 논의 중심으로 끌어들였다.

신우파는 복지에서 국가의 역할을 총체적으로 거부하지는 않지만, 복지국가의 이념에 대한 그들의 일반적인 태도는 모호하고 불확실하며 이해하기 어렵다.

신우파에 대한 평가에 대해 조지와 윌딩(George & Wilding, 1994: 35)은 공적인 면에 있어서, 경제적으로 쟁점이 되고 있는 효율성 및 효과성에 대한 논의와 목표·산출·비용에 대한 예리한 문제 제기라고 주장한다. 이 신우파는 다원주의 제도 속에서 근본적으로 국가복지가 제공될 수 있는 방식을 모색하면서, 민간부문 및 사적 복지 공급의 중요성을 주장했다는 점을 중요한 공헌으로 들 수 있다. 그러나 조지와 윌딩(George & Wilding, 1994: 45)은 신우파가 복지국가의 역할과 복지국가정책에 대해 수많은 핵심적인 문제를 제기하였으나, 궁극적으로 신우파의 기여는 비판 이상의 것은 아니라고 주장한다. 신우파가 복지국가정책의 대안으로 제시한 것은, 20세기 후기 사회의 복잡한 문제와 욕구에 대한 해결책이 되지 못한다고 볼 수 있다. 만일 그 대안이 효과가 있다면, 신우파가 제시하는 이상사회(ideal society)에 대한 전망은 대다수 사회구성원에게 자유와 기회를 강화하기보다는 축소하는 결과를 낳을 것이라고 조지와 윌딩은 분석하고 있다.

② 사회민주주의

사회민주주의(democratic socialism)는 사회복지정책이 정치적 권리와 시장의 힘만을 강조하는 자유시장의 한계를 극복할 수 있으며, 불평등을 완화하고 평등한 사회를 구축하면서 사회복지정책 확대를 적극적으로 지지한다(George & Wilding, 1994: 74-101). 조지와 윌딩(George & Wilding, 1994: 89)에 따르면, 사회민주주의자들이 동경하는 사회주의의 일관된 핵심 특징은 점진주의와 민주주의(gradualist and democratic nature)이다. 사회민주주의자들은 이슈에서 의견을 일치시키지는 못하지만, 그들의 이상사회인 사회민주주의는 자본주의(capitalism)보다 우월한 체제라는 기본적인 신념에는 공감하고 있다. 사회민주주의자들에게 복지국가는 자유방임적(laissez-faire) 자본주의에서 사회주의(socialism)로 이행하는 중요한 중간단계이다. 그들은 복지국가의 많은 실패에 대해 때로는 비판적이었지만, 19세기와 20세기 초반의 자유방임적 지본주의로부터 인류문명의 매우 중요한 진일보를 이룩한 것이 복지국가라고 주장한다. 사회민주주의자들은 의회적 절차 이외에는 어떤 형태로의 이행이든 실용적이며 도덕적인 이유를 내

세워 지속적으로 거부함으로써 사회민주주의는 단계적이고 점진적으로 이행하는 것을 이해했다.

사회민주주의에 대한 평가와 관련하여 조지와 윌딩(George & Wilding, 1994: 99)은 사회민주주의자들이 항상 보편적 복지국가(universalist welfare state)의 가장 강력한 옹호자였다고 주장한다. 또한 조지와 윌딩(George & Wilding, 1994: 101)은 사회민주주주의자들이 논리적 모순에 빠져 있다고 진단한다. 즉, 목적달성을 위해 수단을 변화시키려고 한다는 것이다. 과거 사회민주주의는 민주주의적 염원보다는 평등을 강조했지만, 오늘날에는 민주주의적 신념을 강조한다.

③ 마르크스주의

마르크스주의(marxism)는 사회복지가 자본주의를 방어하고 정당화하는 기계에 불과하다고 보면서 사회복지정책 확대를 반대한다(George & Wilding, 2003: 102-129). 조지와 윌딩(George & Wilding, 1994: 102)에 따르면, 많은 마르크스주의자들에게 있어서 '복지국가(welfare state)'라는 용어는 자본주의를 염려하는 듯한 인상을 나타내고 있으며, 복지국가의 현실적인 기능을 사회적으로 왜곡하고 있기 때문에 속임수의 한 형태라는 것이다. 즉, 마르크스주의자들에게 있어서 복지국가는 전적으로 악의에 찬 것만도 아니며, 그렇다고 자비로운 것도 아니라는 것이다. 따라서, 고프(Ian Gough, 1979: 3)는 복지국가란 현대 자본주의를 구성하는 한 형태에 지나지 않는다고 주장한다.

복지국가에 대한 태도에 있어서, 조지와 윌딩(George & Wilding, 1994: 102)에 따르면, 마르크스주의자들은 복지국가의 발달에 관해 복지국가가 모순적 사회구성체(contradictory social formation)라고 주장한다고 분석한다.

마르크스주의에 대한 평가에 있어서 조지와 윌딩(George & Wilding, 1994: 128)은 마르크스주의가 많은 약점을 지녔음에도 불구하고, 그들이 주장하는 이데올로기에 있어서 가장 만족할 만한 유형이라고 주장한다.

그러므로 마르크스주의는 복지국가의 기능을 고려할 때, 복지국가가 전적으로 자본주의에 기여했다는 것을 지나치게 강조하고 있다. 따라서, 마르크스주의는 미래 이데올로기로 예측할 수 있는 좋은 징조를 전혀 보이지 않고 있음을 알 수 있다.

④ 중도노선

중도노선(the middle way)은 사회복지정책이 빈곤이나 불평등과 같은 자유시장체제의 모순을 해결하는 측면을 가지고 있다고 보면서 사회복지정책 확대를 제한적으로 지지한다(George & Wilding, 2013: 46-73).

⑤ 페미니즘

페미니즘(feminism)은 사회복지가 노동시장에서 여성이 평등한 지위를 보장받을 수 있도록 하는 데 필요한 서비스를 제공할 수 있다는 측면에서는 지지를 보내지만, 사회복지정책 입안자들은 주로 남성이고, 여성은 단지 정책수혜자인 남성 지배적 국가라고 비판하면서 복지국가를 제한적으로 지지한다(George & Wilding, 2013: 130-160).

⑥ 녹색주의

녹색주의(greenism)는 경제성장이 개인적 풍요나 공공서비스의 자원을 증가시킴으로써 사회복지를 강화하는 수단이며, 경제성장이 환경문제를 조장하여 결과적으로 비복지로 연결된다고 주장하면서 사회복지정책을 반대한다(George & Wilding, 2003: 161-188).

조지와 윌딩의 복지국가 모형 6분류는 〈표 3-5〉와 같다.

〈표 3-5〉 조지와 윌딩의 6분류

이데올로기	복지국가에 대한 입장	복지국가관
신우파	반대	자유시장의 걸림돌
중도노선	제한적 지지	사회안정과 질서유지
사회민주주의	열광적 지지	사회 조화, 평등한 사회실현
마르크스주의	반대	자본주의체제 강화
페미니즘	제한적 지지	여성평등지위 보장
녹색주의	반대	경제성장(환경문제) 조장

자료: 김보기 외(2022a: 193).

5) 에스핑-앤더슨

『복지자본주의의 세 가지 세계』 (1990)

에스핑-앤더슨(Gøsta Esping-Andersen)은 1990년 그의 저서 『복지자본주의의 세 가지 세계(*The Three World of Welfare Capitalism*)』에서 처음으로 '복지국가 레짐(regime)'이란 용어를 사용하여 복지국가를 탈상품화(de-commodification), 계층화(stratification), 시장·가족의 역할관계 등을 기준으로 자유주의 복지국가, 보수조합주의 복지국가, 사회민주주의 복지국가 등 세 가지의 유형으로 분류하였다. 특히, 최저 급여액의 평균 근로자임금에 대한 비율, 평균 급여액의 평균 근로자임금에 대한 비율, 급여를 받을 수 있는 자격조건(기여연수), 전체 프로그램 재원에서 수급자가 지불하는 비율, 실제 수급을 받는 사람들의 비율 등 다섯 가지 변수를 가지고 탈상품화 지수를 측정하였다. 에스핑-앤더슨의 복지국가체제모형은 다음과 같다(Esping-Anderson, 1990: 26-33).

(1) 자유주의 복지국가

자유주의 복지국가는 안전망으로서 잔여적(residual) 복지를 실시하며, 매우 부분적인 욕구만을 충족하기 위해 공공부조 위주의 복지정책을 실시하고, 사회보험이나 사회서비스는 발달하지 못한 복지체제이다.

(2) 보수조합주의 복지국가

보수적이고 강한 조합주의적 복지국가체제에서는 피보험자의 기여를 재정적 근간으로 하는 사회보험을 강조한다.

(3) 사회민주주의 복지국가

사회민주주의 복지국가체제는 복지와 노동의 결합을 중시하며, 완전고용을 강조한다.

이상과 같이 복지국가의 유형화를 논함에 있어서 가장 이상적인 복지국가의 유형화는 사회복지정책이나 제도 및 프로그램의 내용(대상, 자격, 급여수준, 재원조달방법 등)을 분석하고, 그것의 효과(재분배 효과나 빈곤감소 효과 등)를 분석하여 유형화하는 것이다. 그러나 이러한 분석에 의한 유형화는 각 국가의 제도나 프로그램 내용이 각각 달라서 일률적으로 비교·분석하기가 쉽지 않다.

에스핑-앤더슨의 복지국가체제 모형은 〈표 3-6〉과 같다.

〈표 3-6〉 에스핑-앤더슨의 복지국가체제 모형

구분	자유주의 복지국가	보수조합주의 복지국가	사회민주주의 복지국가
일반적 특징	자유주의적 노동윤리 강조, 시장원칙에 입각한 차별적 수혜	정부 · 자본 · 노동의 협조 관계	보편주의와 사회권을 통한 최대수준의 복지 추구
탈상품화	최소화	제한적	극대화
보편주의	빈곤층 대상	제한적 수혜	보편적 복지
사회권	미약	인정	강조
포괄성(종류)	최소 범위	필요시 확대	다양화
급여수준	최저생계비	능력별 차등	중간계층
본인부담	높음	공동부담	낮음
가족책임	강함	일부 인정	미약
자산조사	엄격	가족의 복지제공능력 고갈 입증	축소
소득재분배	매우 미약	미미	강함
전형적인 국가	미국, 캐나다, 영국, 호주	독일, 프랑스, 오스트리아	스웨덴, 덴마크, 노르웨이

자료: 김기원(2020: 138) 재구성.

연습문제

1. 후기 산업사회의 특징 아닌 것은?

① 노인부양비의 감소
② 인간 욕구의 다변화
③ 가족해체현상의 증가
④ 세계화에 따른 경쟁의 심화
⑤ 아동 및 노인에 대한 가정 내 돌봄여력의 감소

2. 서구 복지국가의 위기 이후 나타난 흐름과 관계없는 것은?

① 공공서비스의 시장화
② 노동시장의 유연화 정책
③ 계층 간 소득불평등 완화
④ 복지의 투자·생산적 성격 강조
⑤ 경제활성화를 위한 법인세 인하

3. 복지국가의 이론적 기초가 되는 케인스의 경제이론에 관한 설명으로 옳지 않은 것은?

① 고용이 증가하면 소득이 증가하고, 소득이 증가하면 유효수요가 증가한다.
② 유효수요가 감소하면 경기불황을 가져오고, 소득이 감소한다.
③ 저축이 증가하면 투자가 감소하고, 고용의 감소로 이어진다.
④ 유효수요가 증가하면 경기호황을 가져와 투자의 증가로 이어진다.
⑤ 소득이 증가하면 저축이 감소하고, 투자의 우감소로 이어진다.

4. 사회복지 이념에 관한 설명으로 옳지 않은 것은?

① 제3의 길 – 근로와 복지가 연계될 필요가 있다.
② 케인스주의 – 시장실패에 대해 국가가 적절히 개입해야 한다.
③ 페이비언 사회주의 – 가족 등 비공식부문의 역할이 상대적으로 중요하다.
④ 마르크스주의 – 복지국가는 자본과 노동계급 간 갈등의 결과이다.
⑤ 반집합주의 – 사회복지는 개인의 자유와 선택을 제한한다.

5. 에스핑-앤더슨의 복지국가 유형에 관한 설명으로 옳지 않은 것은?

① 탈상품화와 계층화 등을 기준으로 복지국가 유형을 분류하였다.
② 스웨덴은 사회민주주의, 미국은 자유주의, 독일은 보수주의 복지국가의 대표적인 예이다.
③ 자유주의 복지국가는 공공부조의 비중이 다른 유형의 복지국가보다 크다.
④ 사회민주주의 복지국가는 산업별로 분절된 사회보험제도를 가지고 있다.
⑤ 보수주의 복지국가는 전통적으로 가부장제가 강하여 전형적인 남성생계부양자 모형에 속한다.

6. 제3의 길이 강조한 복지국가 개혁의 방향으로 옳지 않은 것은?

① 권리와 의무의 조화
② 근로와 복지의 연계
③ 사회복지 공급주체의 다원화
④ 전통적 사회민주주의 복원
⑤ 사회투자국가

7. 복지국가와 사회복지정책의 변화 내용이 아닌 것을 고르시오.

① 신자유주의 정책의 대두, 시장만능과 규제완화
② 복지서비스의 조치제도로부터 계약제도로의 변화
③ 선별주의적 복지정책의 강화
④ 사회경제적 약자의 절대적 보호
⑤ 국가의 실패로 인한 복지혼합주의의 강화

정답 1. ① 2. ③ 3. ⑤ 4. ③ 5. ④ 6. ④ 7. ④

Ⅱ

PART

사회복지정책의 사상체계

CHAPTER 04

사회복지정책의 철학적 사고

개요

사회복지정책은 다양한 철학적 사고를 가지고 있다. 이러한 철학적 사고들은 사회복지정책을 좌우하는 이념틀이다. 철학적 사고에는 인간의 존엄성, 정의, 평등, 연대, 공공성 등 다양한 스펙트럼이 존재하고 있다. 여기에서는 사회복지정책의 철학적 사고를 학습하고자 한다.

학습목표

1. 철학적 사고의 주제어 이해
2. 각 이론의 철학적 사고 토론
3. 각 이론 간 비교 분석

학습내용

1. 인간의 존엄성
2. 정의
3. 자유
4. 평등
5. 연대
6. 공공성

1. 인간의 존엄성

인간의 존엄성은 인간이 신분이나 직업, 경제상태나 신체적 조건, 출신지역이나 민족, 피부색, 성별, 연령 등을 이유로 해서 차별하거나 차별받거나, 인간성이 부정되어서는 안 된다는 가치이다. 인간의 존엄성은 인간사회에서 절대적인 가치이자 최고의 목적적 이념이다. 인간의 몸에서 인간으로 태어난 이상, 인간은 존엄하다. 이 이념이 왜 절대적인가 하는 데에는 논란의 여지가 없다. 그것은 우리가 인간이기 때문이다. 다시 말해서 현대사회에서 인간의 존엄성은 "인간의 몸에서 태어난 모든 인간은 인간으로서 살아갈 존엄한 가치가 있으며, 권리가 있다."는 사실을 인정하는 것이다. 현대사회에서는 이러한 인간의 존엄성을 전제로 한 복지라는 이념이 중요한 가치로 추구된다. 모든 인간은 인간으로서 살아갈 존엄한 가치가 있으며 권리가 있다는 사실을 전제로 만약 누구든 기본적 욕구가 충족되지 못하거나 못할 가능성이 있는 경우, 이를 사회 또는 국가가 도와주어야 한다는 사상이 사회복지사상이다.

사회복지정책은 '인간 지향적인 정책'으로 인간의 존엄성을 기본 가치로 한다. 즉, 사회복지는 인간의 존엄성을 기본 가치로 하는 인간 지향적인 제도와 활동이라는 데 그 특징이 있다. 사회복지는 인간이면 누구나 인간으로서의 존엄성을 지켜나가면서 인간다운 삶을 보장하는 데 그 목적을 둔다(김영화 외, 2023: 150).

대부분의 현대국가는 나름대로 '국민에게 건강하고 문화적인 삶의 수준을 보장하는 것이 국가의 의무'라고 헌법에 명시하고 있다. 국가는 국민의 생존권 보장을 위해 국민최저기준(national minimum)의 확보를 위해 노력해 왔는데, 그 내용은 사회보장제도의 충실화로 대변된다. 생존권이 보장되기 위해서는 국민 최저수준의 생활을 영위하지 못하는 국민이 자신의 삶의 수준을 향상시켜 주도록 국가에 요구하는 권리, 즉 사회권으로서의 생존권이 보장되어야 하는 것이다. 그러나 사회보장제도에 의한 최저생활보장은 인간존엄성의 가치를 실현하기 위한 필요조건일 뿐 충분조건은 아니다. 이 가치는 사회문화 차원에서 노력이 병행되어야 한다. 그 노력이란 편견과 차별이 없는 사회를 만들기 위한 것이며, 그것에 의해서 인간존엄의 완전한 실현이 비로소 가능한 것이다. 정상화(normalization)의 실천과 그 문화의 보급은 그 노력으로서 평가되는 것이다.

인간의 존엄은 인간이 주체적인 존재라는 사실과 적극적인 자극과 기회제공에 의해 반드시 바람직한 변화를 가져오는 존재라고 하는 사실을 인식한다. 전자의 인식에 의해 '자기결정의 가치'가, 후자의 인식에 의해 '발달보장의 가치'가 생성되는 것이다. 인간의 존엄과 가치가 사회복지에 의해 어떻게 구현되는가는 사회의 지배적 가치체계에 의해 결정된다(오세영, 2023: 41-42).

2. 정의

1) 아리스토텔레스

아리스토텔레스

정의(justice)는 공정함을 말하는데, 아리스토텔레스(Aristoteles, B.C. 384~B.C. 322)는 평균적 정의와 배분적 정의로 나누었다. '평균적 정의'는 '같은 것을 같게'를 이르는 것으로 절대적 평균을 이른다. 예를 들어, 한 나라의 국민이라면 모든 사람에게 똑같이 선거권을 인정해 주어야 한다는 것이다. 영국이나 프랑스의 경우, 100여 년 전에는 여자와 노동자, 농민에게는 선거권을 주지 않았기 때문에 정의롭지 않은 사회였다고 할 수 있다. 배분적 정의는 '다른 것은 다르게'를 이르는 것으로, 이는 각각의 사람들에게 각자의 몫을 나누어주라는 것이며, 급여나 성적을 줄 때 다른 사람보다 더 열심히 일한 사람이나 더 열심히 공부한 사람에게는 그에 상응하는 만큼의 대가를 주는 것이다(송진영 외, 2024: 33).

2) 밀

존 스튜어트 밀

밀(John Stuart Mill, 1806~1873)은 1863년 그의 저서『공리주의(*Utilitarianism*)』에서, 도덕이론으로서 공리주의의 가치를 뒷받침하고, 광범위한 비판과 오해에 맞서 이를 옹호한다. 그에 따르면, 정의의 관념을 밝히려는 여러 시도를 통해 정의의 개념은 '권리에 대한 존중'을 포함하고 있다. 그리고 사회는 개인의 권리를 보장해 줌으로써 사회적 공리를 증가시킨다. 이러한 의미에서 밀의 정의관은 정의를 사회적 권리의 개념으로 파악하고, 전체 공리를 위해 지켜져야 할 중요한 의무로 규정한다. 정의가 지켜진다는 것은, 사회의 안전을 유지한다는 것을 의미한다. 안전이 유지되지 않으면 누구도 각자의 권리를 보장받을 수 없다. 따라서, 정의는 인간 상호 간에 해를 끼치는 것을 금지하는 도덕 규칙으로 규정된다. 각 개인의 행복은 이와 같은 정의의 규칙이 준수될 때 비로소 가능하다. 이러한 정의의 규칙은 어떤 특별한 의무와 충돌하지 않는 한 가장 중요한 의무가 된다. 그리고 정의의 의무가 다른 의무와 상충될 때 적용되는 기준은 '최대 행복의 원리'가 된다. 어디까지나 정의는 행복의 수단이지 결코 목적 그 자체가 아니다. 정의는 공리에 의존하는 것으로서 공리에 대한 요구와 분리된 정의는 있을 수 없다는 결론에 도달한다.

『공리주의』
(2017)

밀은 "공리주의는 정의를 설명할 수 없다."는 비판에 대응하기 위하여 공리주의적 입장에서 정의를 분석한 결과, 정의는 공리에 의존하는 것으로서 공리에 대한 요구와 분리된 정의는 있을 수 없다는 결론에 도달한다. 밀이 보기에 정의란 사회 전체 차원에서 사회적 공리가 아주 높기 때문에 어떤 특별한 의무와 충돌하지 않는 한 가장 중요한 의무다. 이처럼 밀은 사회 전체의 공리성을 증진시키기 위한 수단으로서 정의의 규칙을 상정하고 이 규칙에 따라 사회 구성원의 권리를 동등하게 보장하고 있다.

3) 롤즈

존 롤즈

롤즈(John Bordley Rawls, 1921~2002)는 1971년 그의 저서 『정의론(*A Theory of Justice*)』에서 정의로운 상태에 관해 언급하였으며, 정의와 관련해 두 가지 원칙을 주장하였다. 하나는 '평등의 원칙'으로 모든 사람은 자유와 권리를 평등하게 갖는다는 것과, 다른 하나는 '차등의 원칙'이다. 즉, 사회적·경제적으로 불평등이 존재한다면, 그 사회에서 가장 혜택을 받지 못하는 사람에게 가장 큰 이익을 줄 때 정의가 실현된다. 예컨대, 저소득층에게만 문화비를 지원해 주는 '문화 바우처'가 있다면, 그 혜택을 받지 못하는 사람들은 상대적으로 불평등하다고 느낄 수도 있을 것이다. 그러나 그러한 불평등이 그 사회에서 경제적인 어려움을 겪고 있는 사람에게 이익을 주는 것이라면, 모든 사람에게 공평하지 않다고 하더라도 정의롭다고 할 수 있다. 다른 하나는 '사회정의'로 공리주의는 최대 다수의 최대행복을, 롤즈는 '무지의 베일(veil of ignorance)'에서 선택할 최소극대화 원칙을 말하고 있다. 정의로운 사회의 기준은 사회의 최소 수혜자, 즉 소외계층에 대한 사회적 역할이 중요하다는 결론을 내리게 된다. 공리주의는 사회적 약자인 소외계층에 대해서

『정의론』
(2017)

는 희생을 강요할 수 있다는 비판을 받고 있다.

롤즈의 정의론은 공리주의 대안으로 소외계층의 자유까지도 포함할 수 있는 정의의 원칙을 제시한다. 그러나 롤즈의 정의론은 그가 공리주의자임을 감안할 때, 공리주의의 원칙인 '최대 다수의 최대 행복'에서 현실에 적용할 때는 '최대 다수'보다는 '최대 행복'에 초점이 맞춰지게 된다는 한계를 지니고 있다.

롤즈의 사회정의론은 공정성으로서의 정의(justice as fairness)를 강조한다. 즉, 어떠한 불평등도 가장 불리한 입장에 있는 사람들에게 최대의 이익을 부여하는 경우에는 허용이 가능하지만, 기타의 경우에는 모든 결과가 평등해야 한다. 예컨대, 부, 권위, 사회적 기회가 모든 사람을 위해 골고루 수혜되거나, 특히 사회적으로 가장 불리한 구성원을 위해 혜택이 주어질 경우에만 정당하다.

롤즈가 주장하는 세 가지 정의는 다음과 같다(Rawls, 2017).

(1) 분배적 정의

분배적 정의는 어떤 것을 나눌 때 어떻게 하는 것이 공정한 것인가와 관련된 것을 말한다. 특히, 분배는 이익이 되는 것과 부담이 되는 것으로 나눌 수 있다. 예컨대, 이익이 되는 것은 임금이나 용돈, 성적, 선거권 같은 것이며, 부담이 되는 것은 숙제, 세금, 청소나 집안일 같은 노동, 벌 등이다.

아리스토텔레스나 롤즈에 따르면, 분배 시에 '같은 것은 같게', '다른 것은 다르게'의 원칙을 적용하면, 정의로운 분배가 될 것이다. 어떤 것을 받기 위해 노력한 정도나, 그것을 받을 만한 일을 했다거나, 꼭 그것을 받아야 할 필요가 같은 사람이 있다면 서로 같도록 분배하고, 다르다면 서로 다르게 분배하는 것을 이르는 것이다.

(2) 교정적 정의

교정적 정의란 어떤 잘못이나 피해에 대한 대응이 공정한가와 관련된 것이다. 예컨대, 수업시간에 교실에 있지 않고 운동장에 있다가 친구와 싸워서 친구를 다치게 했을 때, 수업시간에 자리를 이탈한 것과 친구와 싸운 것은 교칙을 위반한 잘못을 한 것이며, 교칙위반과 상관없이 친구를 다치게 한 것은 피해를 입힌 것이라고 할 것이다. 즉, 교정적 정의는 '잘못'에 대해 어떤 처벌을 할지, '피해'에 대해 어떤 배상을 할지를 결정하는 것이다. 이때 정의로운 해결을 하려면, 당연히 잘못은 교칙에 따라 공정하게 처벌하여야 할 것이며, 피해에 대해서는 합당한 배상을 받아야 할 것이다.

(3) 절차적 정의

절차적 정의란 어떤 것을 결정하고 판단하기 위해 필요한 정보를 모으는 방법이 공정했는지, 결정과 판단 과정의 공정 여부와 관련한 정의이다. 예컨대, 어떤 재판에서 재판 결과를 바꿀 만한 결정적인 증거를 새롭게 확보하였다고 했을 때, 새로운 증거확보 과정에서 법으로 금지된 도청이나 불법으로 개인정보를 확보한 경우는 증거의 효력이 없는 경우와 같다. 이는 과정이 정의롭지 못했기 때문이므로 절차적 정의에 위배되었다고 할 수 있다. 또 다른 예를 살펴보면, 학교시험에서 부정행위한 학생을 어떻게 처벌할지를 두고 열린 회의에서 부정행위를 했다고 의심되는 학생 당사자에게 자신의 의견을 말할 기회도 주지 않고 감독자의 견해만으로 처벌을 한다면, 이 또한 정의롭지 못하다는 것이다. 따라서, 절차적 정의는 어떤 것을 결정하거나 판단할 때의 과정이 공정한지를 판단하는 것으로, 사회복지정책에서 말하는 사회정의(social justice)는 모든 국민이 인간다운 생활을 누리도록 보장하는 윤리라고 할 수 있다.

3. 자유

사회복지정책에서 고려해야 할 중요한 가치 중의 하나가 자유(freedom)이다. 자유는 사회복지정책의 확대를 비판하는 사람이 중요하게 생각하는 가치이기도 하면서 사회복지정책의 확대를 지지하는 사람들 또한 사회복지정책을 통해 추구하는 가치라는 점에서 흥미롭다.

1) 자유의 개념

(1) 벌린

이사야 벌린

벌린(Isaiah Berlin, 1909~1997)은 그의 저서 『자유론(*Liberty Incorporating Four Essays on Liberty*, 2002)』에서, 자유(freedom)의 개념을 두 가지로 나누어 논의한다. 하나는 소극적 자유(negative freedom)이며, 다른 하나는 적극적 자유(positive freedom)이다. 여기서 소극적 자유란 다른 사람의 간섭 또한 의지(will)로부터의 자유를 말하는 반면, 적극적 자유는 자신이 원하는 것을 할 수 있는 자유를 말한다. 전자는 자유의 '기회(opportunity)'의 측면을 강조하는 반면, 후자는 자유의 '능력(capacity)'의 측면을 강조한다. 벌린은 일체의 억압으로부터의 자유라는 소극적 자유의 중요성을 강조하면서 적극적 자유를 비판적으로 검토하고 있다(Berlin, 2002). 또한 소극적 자유는 홉스(Thomas Hobbes, 1588~1679), 로크(John Locke, 1632~1704) 이래 전통적 고전적 자유의 개념으로, 외적 강제가 없는 상태를 의미하며, 언론과 사상의 자유, 종교의 자유 등 소위 국가로부터의 자유, 자유

『자유론』
(2002)

권의 내용이 이에 해당된다.

『그린의 적극적 자유』
(Wempe, 2017)

(2) 그린

이에 반해, 적극적 자유는 자주적으로 또한 타인과의 협동에 의해 인격의 성장에 노력하는 자유인데, 그린(Thomas Hill Green, 1836~1882)은 적극적 자유를 강조한다. 그린(Green, 2017)에 따르면, 인간에게 있어 목적은 인격의 성장이며, 자유는 그 목적을 달성하기 위한 수단이므로 공공의 복지를 위해서는 개인 자유의 제한이 있을 수 있다는 적극적 자유라는 새로운 관념을 확립시켰다. 그린이 자유의 의미를 변경한 것은, 정부의 적극적 기능을 정당화하기 위한 것이다(Wempe, 2017).

2) 소극적 자유와 적극적 자유의 논쟁

사회복지정책의 확대를 비판하는 사람들이 지지하는 자유의 개념은 '개인의 생각 · 행위에 대한 억압이나 통제가 없는 상태'를 의미한다. 이는 소극적 자유이다. 자유의 가치를 신봉하는 사람들은 시장에서의 '자유로운 선택'에 의한 자원분배가 가장 바람직하다고 본다. 이들은 국가가 시장에 개입하여 사람들의 자유로운 선택을 제한하는 것은 비효율적인 자원분배를 초래한다고 생각한다. 소극적 자유는 강요와 강압의 부재를 의미하기 때문에 침해당할 수 있는 경우가 간혹 존재하게 되는데, 대표적 예가 사회복지사의 가정방문을 받게 된다거나, 아동이 학교를 다니지 않으면 안 되는 경우이다.

현대 복지국가에서 사회보험은 강제적 가입을 기본 요건으로 한다. 소득이 있는 사람들은 세금과 마찬가지로 사회보험료를 납부해야 하는 것이다. 빈곤층의 기본적 생활을 보장하는 공공부조제도 역시 세금을 재원으로 한다. 이때 소극적 자유를 지지하는 사람들은 자신의 재산권을 침해하는 사회보험료, 소득세, 재산세 등을 비판한다.

그러나 사회복지정책을 통해서 자유를 이룰 수 있다고 주장하는 사람도 있다. 이때 자유의 개념은 위에서 설명한 자유의 개념과 다르다. 사회복지정책을 통해 추구하는 자유는 '사람들이 자신이 원하는 것을 적극적으로 할 수 있는 자유'를 의미한다. 자유를 누릴 여건이나 상황이 안 되는 상태에서는 소극적 자유가 주어진다 해도 실제로 누릴 수 있는 자유는 크게 줄어든다. 자신이 원하는 것을 할 수 있는 자유(적극적 자유)가 어떻게 보면 소극적 자유의 전제조건이라고 할 수 있다.

소극적 자유의 가치를 지지하는 사람들은, 사회복지정책의 확대를 위하여 세금을 늘리는 것을 반대하고, 적극적 자유를 지지하는 사람들은 사회복지의 확대를 주장한다. 어떤 자유의 개념이 더 중시되는가는 사회구성원의 가치관에 따라 달라진다.

사회복지정책의 확대를 지지하는 사람들은 소극적 자유를 침해함으로써 감소하는 효용이 다른 사람들의 적극적 자유를 신장시킴으로써 증가하는 효용보다 작다고 주장한다. 이것은 사람들이 자유를 누릴 때 발생하는 한계효용은 자유가 커질수록 줄어든다는 논리(한계효용체감의 법칙)에 근거하고 있다. 가난한 사람들을 위하여 사회복지정책을 확대하고자 부자들에게 세금을 부과할 때, 부자들의 소극적 자유가 침해되어 효용이 감소한다. 그러나 부자들은 일반적으로 많은 양의 자유를 향유할 수 있기 때문에 이러한 효용의 감소는 크지 않다고 보는 것이다. 반면에, 사회복지정책으로 급여나 서비스를 받는 가난한 사람들의 적극적 자유가 커짐으로써 나타나는 효용의 증가는, 부자가 잃게 되는 효용의 양보다는 크다는 것이다(류연규, 2021: 33-34).

자유를 이데올로기 측면에서 분류한다면, 고전적 자유주의와 사회주의로 나누어 설명할 수 있다. 그 내용은 다음과 같다(박주현, 2021: 54-55).

고전적 자유주의는 인간이 그의 이익을 추구하고, 그 행동 결과에 대한 책임을 질 수 있도록 어느 누구의 간섭도 받지 않고 자유를 누려야 한다고 보기 때문에 국가개입도 반대한다. 즉, 어떤 개인이 다른 사람이나 국가의 부당한 강제로부터 자유롭다면, 그는 그 자신과 국가의 이익을 위하여 그의 능력을 최대한 발휘하게 될 것이며, 따라서 자유는 개인주의와 밀접하게 관련되어 있다.

반면, 사회주의는 자유의 개념에 경제적 자유를 포함한다. 개인이 법적·정치적 자유를 누린다고 하여도 경제제도에 발이 묶여 있다면, 자유롭지 못하기 때문에 진정한 자유는 경제적 불평등과는 결코 함께 존재할 수 없다. 따라서, 진정한 자유를 위해 국가의 정책이 필요하다. 이러한 이유로 사회주의자들은 개인의 경제활동에 대한 국가개입이 개인의 자유를 침해한다는 자본주의자들의 주장을 받아들이지 않는다. 특히, 개인의 부, 재산, 권력 등의 축적에 대한 자유는 공적인 조치가 없을 경우, 소수의 권력집단만이 이러한 자유를 누리게 되기 때문이다. 따라서, 이 권력집단의 법적·정치적·경제적 자유를 제약하고, 자유 대다수를 보장하기 위한 국가의 행위가 필요하다.

사회복지정책은 다분히 사회주의적 자유의 개념에 입각해 있다. 국가의 조세를 통한 소득보장, 교육, 건강프로그램 등은 정부의 기능과 역할에 대한 고전적 자유주의자의 견해로부터 벗어나는 것을 의미한다. 그러나 사회복지정책에는 자유주의의 영향도 많이 남아 있다. 즉, 사회문제의 원인을 개인의 잘못으로 보고, 자산조사를 통하여 최소한의 급여나 서비스를 제공하거나, 개인의 자조를 강조하는 것 등은 고전적 자유주의의 잔재이다.

3) 사회복지정책과 자유

사회복지정책은 자유의 가치와 밀접하게 관련되어 있다. 사회보험의 경우를 살펴보자.

사회보험은 사회구성원에게 가입을 강제하여 사회적 위험에 직면한 경우에

급여를 제공하는 제도이다. 이는 개인의 소극적 자유를 제한하여 위험에 직면한 사람들의 적극적 자유를 부분적으로나마 신장시키려는 것이다. 예를 들어, 고용보험에 가입하지 않을 자유를 제한하여 모두가 의무적으로 기여금을 납부하게 하여 기금을 조성하고, 이 기금에서 실업자에게 급여를 지급하여 원하는(또는 필요한) 재화와 서비스를 구입할 수 있게 한다. 또한 국민최저선(national minimum)은 모든 국민에게 그 이하로 떨어져서는 안 되는 최저수준의 생활수준을 설정하여 이를 보장해 줌으로써 최소 수준의 적극적 자유를 국가가 모두에게 보장하려는 것이다.

근로연계복지(workfare)는 자유의 가치에서 딜레마를 가진다. 원래 사회복지급여는 어떤 이유로든지 노동활동이 어려워진 사람들에게 일정한 소득을 제공함으로써 적어도 일정 기간 노동활동을 하지 않고도 생활을 영위할 수 있도록 하려는 목적을 가진다. 그런데 근로연계복지는 노동활동에 참여할 것을 조건으로 사회복지급여를 제공하는 것이므로 전통적인 사회복지의 기능을 거꾸로 세운 것이다. 사회복지급여가 일정 기간 일을 하지 않을 자유를 줌으로써 이를 통해 적극적 자유를 보장하려는 것인데, 근로연계복지는 적극적 자유를 제공하는 대가로 노동활동에 참여하도록 강제함으로써 소극적 자유를 제한하기 때문이다.

사회복지정책은 전통적으로 소극적 자유와 적극적 자유 사이에서 긴장을 유지해 왔다. 이는 적극적 자유가 국가에 의한 재분배를 필요로 하며, 따라서 자원의 평등한 분배를 필요로 하기 때문이다. 소극적 자유를 옹호하는 사람들은 사회복지정책에 의한 재분배가 가난한 사람들을 대상으로 한 정책에 한정되어 시장의 자유로운 작동을 방해하지 않아야 한다고 주장한다. 반면, 적극적 자유를 옹호하는 사람들은 사회복지정책이 시장에 적극적으로 개입하여 재분배를 통해 시장의 작동을 수정해야 한다고 주장한다. 이 문제는 자유와 평등 간의 관계와 관련되어 있다(문병기 외, 2024: 29-30).

4. 평등

평등(equality)에는 태어날 때부터 평등하다는 관념과, 실제적으로 평등한 대우를 받아야 한다는 규범적인 측면이 포함되어 있다. 이 이념은 인간의 존엄성과 관련시켜 논의할 수 있다. 인간의 존엄성과 평등의 개념을 연관시켜 볼 때, 평등의 이념에 기본적으로 내재되어 있는 것이 인간의 존엄성이다. 곧 사람의 능력, 그리고 사람이 처해 있는 환경 역시 각각 다르지만, 인간으로서의 가치나 존엄성은 모든 사람에게 태어날 때부터 절대적으로 평등하다. 따라서, 어떠한 사람도 사람의 몸에서 태어난 이상, 인간으로서 대우를 받을 권리가 있다. 인간으로서 대우받는다는 것은 인간이 수단이 아니라, 인격 그 자체로 대우받아야 한다는 것을 뜻하며, 이러한 대우는 누구에게든지 평등하게 보장되어야 한다.

광범위한 의미의 평등은 사회복지정책의 기반이 되는 가장 중요한 철학적 사고 중의 하나이다. 평등은 사회적 자원의 재분배를 통하여 사회구성원의 삶의 질을 골고루 향상시키고자 한다(이인순 외, 2023: 18).

평등은 일체의 차별을 부정한 균형의 상태를 의미하며, 조화라는 의미와도 상통한다. 사회복지가 생각하는 이상적인 사회의 모습 중의 하나는, 바로 인간다운 삶의 질이 보장된 조화로운 사회이다. 인간다운 삶의 가장 기본적인 조건은 차별 없는 사회이다. 어떤 사람이라도 인종이나 출신지역, 신체적·정신적 조건, 사상적 신조, 학력이나 직업, 소득수준 등에 의하여 인간성이 무시되거나 경시되는 일이 없는 사회를 일컫는다. 또한 인간다운 삶이 보장되는 사회의 조건은 사회구성원들 간에 삶의 질의 격차가 심하지 않은 사회, 즉 조화로운 사회이다. 조화란 심각한 불평등이 없는 상태이다. 경제와 사회의 조화, 남녀의 조화, 지역의 조화, 연령의 조화, 장애를 가진 사람과 그렇지 않은 사람 간의 조화, 정규직 노동자와 비정규직 노동자의 조화 등이 실현된 사회가 삶의 질이 높다(오세영, 2023: 43).

1) 평등의 유형

일반적으로 평등에는 세 가지 유형이 있다. 그 내용은 다음과 같다(박경일, 2023: 59-60 ; 이인순 외, 2023: 18-19).

(1) 기회의 평등

기회의 평등(equality of opportunity)은 오늘날 자본주의 사회에서 가장 널리 퍼져 있는 평등의 범주이다. 이것은 각 개인은 자신의 소질과 능력을 자유롭게 계발할 평등한 권리와 기회를 가질 뿐 아니라, 동일한 업적에 대해서는 동일한 보상이 주어진다는 입장이다. 또한 모든 사회적 제도에 대한 접근을 모든 사람에게 균등하게 열어 놓는다는 입장을 밝히고 있다. 거기에는 혈통, 종교, 가문 등의 객관적 조건이 아니라, 개인의 주관적 능력이 결정적인 규정 요소로 등장한다. 예를 들어, 모든 사람을 - 신체장애인, 건강한 청년, 부유층의 자녀, 철거민의 아이든 가리지 않고 - 100m 출발선 위에 똑같이 세워 놓고 자유롭게 달리기 경주를 시키는 경우와 흡사하다.

가장 대표적인 경우로는, 저소득층을 대상으로 하는 자활사업, 교육 · 훈련프로그램이나 we start 사업, 드림스타트 사업 등이 있다.

드림스타트 사업

우리나라 대표적인 기회평등정책으로서는 '드림스타트(Dream Start)' 프로그램이 있다. 드림스타트 사업은 취약계층 아동에게 맞춤형 통합 서비스를 제공하여 아동의 건강한 성장과 발달을 도모하고 공평한 출발기회를 보장함으로써, 건강하고 행복한 사회구성원으로 성장할 수 있도록 지원하는 사업이다.

드림스타트 BI 디자인

이는 0세(임산부) 이상 만 12세(초등학생 이하) 아동 및 가족을 대상으로 아동 양육환경 및 발달 상태에 대한 사정을 통해 서비스 대상 아동을 선정한다. 이때 국민기초수급 및 차상위계층 가정, 법정 한부모가정(조손 가정 포함), 학대 및 성폭력피해아동 등에 대해서는 우선 지원된다.

(2) 조건의 평등

조건의 평등(equality of condition)은 기회의 평등과 연결되는 것으로, 사회적 기회를 획득하려는 자유경쟁의 출발 조건을 평등하게 정비하고자 노력한다. 따라서, 순수하게 개인의 능력에 모든 것을 맡기는 것이 아니라, 개인의 능력부족을 사회적으로 메워주는 작업이 필수적이라고 인식한다. 예컨대, 100m 달리기에서 신체장애인은 얼마쯤 앞에서 출발하도록 하는 것이다. 이러한 조건의 평등은 사회적 약자에게 호의적 조치를 취함으로써 실질적 평등을 이루려는 것으로 볼 수 있으므로 이것은 긍정적 조치, 적극적 조치 또는 차별철폐행동(affirmative action)이라고 말할 수 있다.

이러한 조건의 평등은 사회적 약자에게 호의적인 조치를 취하게 함으로써 적극적 조치, 긍정적 조치, 차별철폐운동(affirmative action) 등으로 말해진다.

(3) 결과의 평등

결과의 평등(equality of outcome)은 수량적 평등(numerical equality)을 의미하기도 하는데, 출발점이나 자연적 능력은 고려하지 않고, 법적 조치나 정치적 수단을 이용하여 마지막 결과의 평등만을 얻고자 한다. 즉, 출발단계의 불평등을 마지막 단계의 사회적 평등으로 뒤바꾸어 놓으려 한다. 따라서, 이 경우 자유로운 경쟁이나 개인적 역량의 발휘는 억제되거나 무시된다. 예를 들어, 100m 달리기에서 모든 사람을 똑같이 골인시키는 것과 같다. 사회복지에서는 완전한 수량적 평등은 아니더라도, 부분적인 수량적 평등을 가치로 삼고 있으며, 대표적 예로 공공부조를 들 수 있다.

공공부조의 경우, 소득재분배의 목표를 달성하기 위하여 국민들이 낸 세금을 재원으로 가난한 사람들에게 그들의 능력과 기여에 관계없이 사회적 자원을 할당해 줌으로써 부자들과의 소득격차를 줄이려고 하고 있음을 그 예로 들 수 있다.

평등의 유형은 〈표 4-1〉과 같다.

〈표 4-1〉 평등의 유형

구분	기회의 평등	조건의 평등	결과의 평등
정의	각 개인은 자신의 소질과 능력을 자유롭게 계발할 평등한 권리와 기회를 가질 뿐만 아니라, 동일한 업적에 대해서는 동일한 보상이 주어짐.	사회적 기회를 획득하려는 자유경쟁의 출발조건을 정비하고자 노력하는 것으로, 개인의 능력부족을 사회적으로 메워 주는 것을 필수로 인식	출발점이나 자연적 능력은 고려하지 않고 법적 조치나 정치적 수단을 이용하여 마지막 결과의 평등만을 얻고자 함.
사례	• 100m 출발선 위에 똑같이 세워 놓고 자유롭게 달리기 경주를 하는 것 • 미국의 War on Poverty • 한국의 we start 운동	• 100m 달리기에서 신체장애인에게 앞서 출발하도록 하는 것 • 긍정적 조치, 적극적 조치, 차별철폐행동	• 100m 달리기에서 모든 사람을 똑같이 골인시키는 것 • 공공부조

자료: 이인순 외(2023: 20).

2) 자유와 평등의 논쟁

자본주의 사회에서 사회복지정책은 결과의 평등을 비현실적으로 여기는 경향이 많아 기회의 평등과 조건의 평등을 더 강조한다. 자유와 평등은 일반적으로 대립되는 개념으로 인식되어 왔다. 개인의 자유를 강조하고 과다하게 인정하게 되면 평등이 약화될 수 있고, 평등을 강조하다 보면 자유가 위축될 수 있는 측면이 있다. 하지만 인간의 사회생활을 전제로 생각해 보면 자유와 평등은 조화를 이루어야 한다.

자유는 개인주의에 바탕을 두고 개성과 다원성을 인정할 수 있게 해 주며, 창의성과 효율성을 가져다줄 수 있다. 평등은 집단주의에 바탕을 두고, 사회통합과 사회정의를 통해 공동체 형성에 도움을 주며, 복지를 위한 기본 가치로서의 역할을 한다.

그러므로 자유와 평등은 개인으로서의 인간과 사회적 존재로서의 인간이라는 인간 본연의 두 모습을 드러내 주는 개념인 가치인 만큼 적절한 조화를 통해 인류복지에 기여할 수 있어야 한다.

3) 사회복지정책과 평등

사회복지정책과 평등은 밀접한 관계가 있다. 예를 들어, 국민최저선의 경우, 비록 낮은 수준이기는 하지만, 모두에게 그 이하로 떨어지지 않는 생활수준을 보장한다는 점에서 낮은 수준에서의 결과의 평등을 추구한다고 할 수 있다. 또한 사회복지정책을 정당화하는 근거 중 하나로 욕구가 주목받아 왔는데, 욕구충족은 자본주의적 분배를 보다 평등하게 하는 사회복지정책의 한 원칙으로 오랫동안 작동해 왔다.

한편, 사회보험의 현금급여에서 흔히 소득비례급여가 적용되는데, 이는 성과에 따른 보상이라고 할 수 있다.

수량적 평등과 비례적 평등 개념 사이의 갈등은 둘 중 어느 것이 사람들을 공평하게 처우하는가의 문제를 둘러싼 갈등이기도 하다. 공평성은 곧 '정의'의 개념과 연결된다(문병기 외, 2024: 34).

5. 연대

연대(solidarity)는 개인 간의 상호의존에 근거한 결합의 총칭을 의미하며, 사회연대는 사회구성원 상호 간 또는 구성원과 사회 간의 상호의존을 지탱하는 의식, 또는 같은 사회구성원으로서 공통적으로 나누어 가지는 귀속의식을 말하며, 서로에 대한 책임감을 강조한다.

사회연대 의식은 사회구성원들이 사회에 대하여 가지고 있는 소속감 및 연대감을 말한다. 자본주의 사회가 개개인의 능력이나 경쟁을 지나치게 강조한 나머지 사회적 불평등과 인간소외 현상을 가져왔다고 보고, 사회복지정책은 사회구성원 간의 따뜻한 정과 협동정신을 강조한다. 사람들은 공통의 위험에 빠지게 되면 이를 제거하기 위해 협동하는 것이 필요하고, 이러한 협동과 상호부조를 통하여 위험을 제거하거나 예방하게 된다. 오늘날 대표적인 사회적 위험이라고 할 수 있는 빈곤, 질병, 노령, 사망, 재해 등에 대해 국가적인 차원에서 마련되고 있는 사회보험제도들은 바로 이러한 사회적 위험에 대한 공동의 협동과 책임을 전제로 한 사회적 연대의식이라는 가치의 실현이다.

6. 공공성

공공성(public)은 실제로 다양한 측면에서 해석되기 때문에 하나의 간단한 명제로 표현하기는 쉽지가 않다. 사전적 정의로는 어떤 사물이나 기관이 널리 사회 전반에 이해관계나 영향을 미치는 성격이나 성질을 이르며, 사회구성원 전체에 두루 관련된 것으로 어떤 실체가 아닌 사생활이나 사적인 것과 구분되는 공동의 공개된 성질을 이른다.

사회구성원 각자의 생각과 이해관계가 다르기 때문에 내용만이 아니라, 성질을 밝히는 과정이 중요하다. 공공성은 개인과 사회가 함께 시민의 삶을 지속해 나갈 구조를 만들어 가는 과정이자 가치로써 다수의 사람과 두루 연관된 문제라면 개인에게만 맡기거나 바라만 보고 있을 것이 아니라, 다 함께 해결해야 한다는 것이 공공성의 논리이다.

신자유주의의 등장으로 자유로운 경쟁이 중요시되고 개인, 기업, 국가 차원에서 경제성장과 경쟁력 강화가 핵심이 되는 사회적 분위기가 만연해 있다. 이러한 사회가 다양성과 자유를 보장해 주는 것처럼 보일 수도 있겠으나, 실제로는 그 반대의 경우가 될 수도 있다. 이는 의견의 다양성, 기회의 균등, 사회적 약자의 보호 등은 오히려 소홀히 다루어질 수도 있음을 간과해서는 안 된다. 즉, 공공성을 내세우지만, 각 집단마다 규정하는 공공성의 의미와 대상은 매우 다르고, 다수의 집단들은 공공성의 의미를 자신들의 입장에서 남용하는 경우가 있기 때문이다. 공공복리는 어떻게 규정하느냐에 따라 다르다. 특히, 권력이 있는 집단에 의해 그 의미가 달라질 가능성도 있기 때문이다. 따라서, 논의과정을 공개하고 자유롭고 평등한 합의가 이루어지는 의사소통이 공공복리를 실현할 수 있는 바탕이 될 것이다. 공공성의 예는 다음과 같다.

(1) 재산권의 공공성

재산권이 보장된다고 하여도, 재산권은 이미 근대 초기에 생각하고 있었던 바와 같은 신성불가침의 권리는 아니다. 20세기에 들어오면서 자본주의의 발달로 인한 사회적 모순과 여러 폐해가 발생함에 따라, 재산권의 신성불가침사상에 대한 반성과 수정이 불가피하게 되었다. 1919년 독일의 바이마르 헌법은 제153조에서 "…소유권은 의무를 수반한다. 그 행사는 공공복리를 위하여야 한다."라고 규정하여 소유권의 의무성(사회성)을 선언하게 되자, 모든 현대 헌법이 이를 본받아 재산권의 의무성을 규정하게 되었다. 우리나라 헌법도 재산권의 내용과 한계를 법률로 정하며, 그 행사는 공공복리에 적합하도록 하여야 한다고 선언하고 있다(제23조 제2항).

(2) 방송의 공공성

방송의 공공성은 방송전파의 소유권과 방송활동의 주권이 수용자에게 있다는 전제에서 나온다. 방송의 공공성은 어떤 행위주체도 반박할 수 없는 절대성을 지닌 개념이다. 일반적으로 방송의 공공성은 방송자원의 소유적 근거, 전파자원의 제한성 근거, 국가이익적 근거, 사회문화적 근거로 발생한 개념이다. 그 내용은 다음과 같다.

첫째, 방송자원의 소유적 근거는 방송국이 국민이 소유하고 있는 재산의 일부인 전파를 대여하여 사용함으로써 공공성이 의무화된다는 것이다.

둘째, 전파자원의 제한성 근거는 방송이 제한되어 있는 전파자원을 이용함으로써 운용되기 때문에 강력한 공공성을 발휘하도록 규제되어야 한다는 것이다.

셋째, 정부에게서 방송을 국가이익을 위해 이용할 수 있는 근거가 주어져 있다는 것이다.

넷째, 국민의 이익적 근거로, 이는 방송을 성립하게 해 주는 재정적 부담이 궁극적으로 국민에 의존한다는 사실 때문에 방송은 국민의 이익을 적극적으로 모색하여 충족시켜 줄 의무가 있다는 것이다.

다섯째, 사회문화적 근거로, 이는 방송에 접하는 시간이 생활의 일부가 되어가고 있으며, 방송의 내용은 필연적으로 공공성에 부합해야 한다는 것을 의미한다.

연습문제

1. 개인의 기여, 능력, 욕구에 따라 사회적 자원을 다르게 분배하는 것은?

① 수량적 평등 ② 기회의 평등
③ 비례적 평등 ④ 결과의 평등
⑤ 조건의 평등

2. 사회복지정책이 추구하는 목표와 추진 방법을 연결한 것으로 옳지 않은 것은?

① 형평 - 실업급여 ② 적절성 – 최저임금
③ 기회의 평등 – 여성고용할당 ④ 적극적 자유 – 최저생활 보장
⑤ 결과의 평등 – 드림스타트(dream start)

3. 사회적 연대(social solidarity)에 관한 설명으로 옳지 않은 것은?

① 개인과 사회 간 이해의 대립현상이 발생할 경우 개인은 전체를 위하여 희생하여야 한다.
② 사회문제의 해결과정에서 조직구성원 간 이타적 정신을 필요로 한다.
③ 특정한 사회적 위험으로 피해를 입은 소수를 위하여 다수가 그 비용을 공동으로 부담한다.
④ 사회문제에 대한 집단적 대처수단으로서 상부상조의 정신을 바탕으로 한다.
⑤ 공동체에 대한 개인의 연대 참여는 당사자의 자유의지에 달려 있다.

4. 사회복지정책의 가치에 관한 설명으로 옳은 것은?

① 비례적 평등은 개인의 능력, 업적, 공헌에 따라 사회적 자원을 분배하는 것을 의미한다.
② 적극적 자유는 타인의 간섭 또한 의지로부터의 자유를 의미한다.
③ 결과의 평등을 달성하기 위해 부자들의 소득을 재분배하더라도 소극적 자유를 침해하지 않는다.
④ 결과가 평등하다면 과정의 불평등은 상관없다는 것이 기회의 평등이다.
⑤ 기회의 평등은 적극적인 평등의 개념이다.

5. 소극적 자유에 대한 설명으로 틀린 것은?

① 국가권력의 간섭을 받지 않을 자유를 의미한다.
② 개인의 기본 인권 및 정치적 자유를 의미한다. 즉, 시민적 자유를 말한다.
③ 신체의 자유, 양심의 자유, 언론과 사상의 자유, 신앙의 자유 등이다.
④ 소극적 자유와 권리를 보장해 줄 수 있는 제도로는 법원이다.
⑤ 사회적·경제적 자유를 의미하기도 한다.

6. 사회복지정책의 가치에 관한 설명으로 옳은 것은?

① 결과의 평등정책보다 기회의 평등정책은 빈자들의 적극적 자유를 증진하는 데 유리하다.
② 적극적 자유는 타인의 간섭이나 구속으로부터의 자유를 의미한다.
③ 결과의 평등정책은 부자들의 소극적 자유는 침해하지 않는다.
④ 열등처우의 원칙은 형평의 가치를 반영한 것이다.
⑤ 긍정적 차별(positive discrimination)은 형평의 가치를 저해한다.

7. 사회복지정책 관련 원칙과 가치를 연결한 것으로 옳지 않은 것은?

① 보충성 원칙 – 자력구제 우선
② 열등처우 원칙 – 비례적 평등
③ 보험수리 원칙 – 개인적 형평성
④ 소득재분배 원칙 – 능력에 따른 부담
⑤ 최소극대화(maximin) 원칙 – 개인적 자유

8. 사회적 적절성에 관한 설명으로 옳은 것은?

① 사회적 적절성은 '원하는 것(want)을 얼마나 얻을 수 있게 할 것인가'에 관한 것이다.
② 사회적 적절성에 기초하여 자원을 배분하는 데에는 시장이 국가보다 효율적이다.
③ 사회적 적절성과 형평성은 상충하는 개념이다.
④ 기여의 크기에 따라 보상의 수준도 비례하여 커지는 것은 사회적 적절성의 개념에 따른 것이다.
⑤ 사회적 적절성은 욕구의 객관성보다 주관성을 중시한다.

정답 1. ③ 2. ⑤ 3. ① 4. ① 5. ⑤ 6. ④ 7. ⑤ 8. ③

CHAPTER 05

사회복지정책의 발달이론

개요

사회복지정책 이론의 역사적 변천과정을 분석하는 것은, 사회복지정책의 역동적인 변천과정을 명확히 이해하는 데 도움이 된다. 사회복지정책이 형성되고 집행되며 평가되는 과정에는 직간접적으로 이해관계가 있는 사회집단들이 자신들에게 유리한 정책이 수립되고 집행될 수 있도록 하기 위해 온갖 노력을 기울인다. 여기에서는 사회복지정책의 발달이론들을 학습하고자 한다.

학습목표

1. 발달이론에 대한 이해
2. 각 발달이론의 시대적 배경
3. 발달이론 간 비교 분석

학습내용

1. 산업화이론
2. 독점자본이론
3. 사회민주주의이론
4. 이익집단이론
5. 국가중심이론
6. 확산이론
7. 시민권론
8. 사회양심론
9. 음모이론
10. 엘리트이론

사회복지정책이론의 역사적 변천과정을 분석하는 것은, 사회복지정책의 역동적인 변천과정을 명확히 이해하는 데 도움이 된다. 사회복지정책이 형성되고 집행되며 평가되는 과정에는 직간접적으로 이해관계가 있는 사회집단들이 자신들에게 유리한 정책이 수립되고 집행될 수 있도록 하기 위해 온갖 노력을 기울인다. 한편으로는, 시민사회단체나 종교집단들도 일반대중이나 소외집단의 이익을 대변하기 위해 다양한 노력을 전개한다. 이러한 집단들의 노력과정을 통해서 그 시대의 사회적 욕구와 사회문제는 어젠다의 지위에 오르게 되고, 적절한 정책대안이 마련되어 사회복지제도가 정립되는 데 기여하게 된다(김기원, 2020: 181).

여기에서는 공통적으로 논의되고 있는 발달이론들을 중심으로 살펴보기로 한다.

1. 산업화이론

산업화이론(industrialization theory)은 사회복지와 관련된 이론으로, 수렴이론(convergence theory) 또는 기술결정론(technological determination)이라고도 한다. 윌렌스키(Harold L. Wilensky), 르보(Charles N. Lebeaux) 등의 학자가 주장하였다. 산업화이론은 기술과 산업화에 의한 경제수준이 사회복지의 수준을 결정한다는 이론이다. 산업화이론의 요체는 서로 다른 정치이념과 정치문화를 가진 국가들도 산업화만 이룩되면 복지국가로 발전되어 유사한 사회복지체계를 갖게 된다고 보는 점이다(오세영, 2023: 154).

일반적으로 산업화이론은 사회복지를 산업화의 산물로 간주한다. 다시 말해서 선진산업사회의 복지체계와 내용은 이데올로기나 법적·정치적 제도, 사회적 양심이나 권리 등이 아니라, 오로지 기술과 산업화의 수준에 달려 있다고 주장한다. 이 이론에 따르면, 자본주의체제이든 사회주의체제이든 정치적·경제적 체제에 관계없이 경제발전 수준이 비슷하면 사회복지의 수준 또한 비슷해진다(정영숙 외, 2024: 66-67).

산업화이론은 복지국가의 발전을 설명하는 이론들 가운데 가장 먼저 등장하였고, 또한 가장 많이 논의되고 따라서 가장 많이 비판받는 이론이다. 산업화이론에 따르면, 복지국가의 발전은 산업화된 사회에서 발생하는 욕구에 대한 대응이 산업화로 인해서 가능해진 자원을 통해서 이루어진다고 본다.

그러나 산업화에 의해서 사회복지 욕구도 증가하고, 이것을 해결할 수 있는 경제적 자원이 있다고 해서 반드시 복지국가 발전이 이루어지는 것은 아니다. 여기에는 산업화 이외의 다른 변수, 특히 정치적 변수(예를 들어, 좌익정당 또한 우익정당의 세력, 이익집단의 활동 등)들이 더 중요할 수도 있다. 즉, 산업화가 복지국가 발전을 비교적 잘 설명할 수 있는 것도 국가들의 경제적 수준이 일정 이하까지의 단계이며, 그 이상의 수준에서는 다른 변수들이 복지국가의 발전을 더 잘 설명한다.

산업화이론은 많은 한계를 가지고 있는데, 그 비판은 다음과 같다(정영숙 외, 2024: 68 ; 김태성 외, 2019: 148-153).

첫째, 산업화이론은 산업화로 인하여 증대된 사회복지에 대한 욕구가 왜 증가할 수밖에 없는가를 설명하였지만, 이러한 욕구가 사회복지제도로 나타나는 구체적인 과정을 설명하지 못한다. 산업화이론에 의하면, 복지욕구만 있으면 자동적으로 그리고 결정론적으로 복지제도는 나타난다고 보는데, 여기서 욕구와 사회복지제도와의 인과관계에 대한 설명이 부족하다. 왜냐하면 욕구가 있어도 제도가 나타나지 않을 가능성도 매우 크기 때문이다. 사회복지제도가 왜 도입되었는가를 알기 위해서는 사회문제화하는 과정에서 어떤 사회집단들이 포함되었고, 그들의 가치와 이념이 무엇이고, 이해집단들 간의 갈등의 속성이 무엇인지 등에 관한 이해가 필요하다. 산업화이론은 이러한 욕구와 사회복지제도상의 인과관계를 무시했다는 비판이다.

둘째, 산업화이론의 가정은 복지욕구가 복지제도로 나타나는 것을 사회적 합의에 의한 것으로 본다. 즉, 사회구성원 모두가 사회복지의 확대를 원한다고 단순화시킨다. 실제로 이러한 설명은 제2차 세계대전 후부터 1970년대 초까지의 사회복지발전의 팽창기에는 어느 정도 맞아 들어간다. 그러나 그 이후의 서구 선진산업사회에서는 복지국가에 대한 많은 비판과 문제점들이 발생하여 복지국가 발전상의 이른바 '위기의 시대'가 오는데, 산업화이론으로 이러한 현상을 설명하는 데 한계가 있다.

2. 독점자본이론

복지국가에 관한 독점자본이론은 전통적 마르크스주의 이후 자본주의의 속성이 독점자본주의로 변화되고 국가의 개입이 강화되자, 이러한 변화에 부응하기 위해 새로이 개발된 신마르크스주의(neo-marxism)이론이다. 전통적 마르크스주의에 따르면, 지배계급의 이익만을 추구하는 착취적인 자본주의 사회에서는 다수의 복지가 보장될 수 없으며, 진정한 복지국가가 이루어지기 위해서는 생산수단의 사회화를 통하여 생산은 사회적 기준에 의해 이루어지고, 분배는 인간의 욕구에 따라 이루어져야 한다고 주장한다(김기원, 2020: 124).

그러나 전통적 마르크스주의 이후, 자본주의 사회는 커다란 변화가 이루어지기 시작했는데, 자본주의는 고전적인 경쟁적 자본주의로부터 점차 독점적 자본주의로 변화하기 시작하였다. 이러한 현상은 특히 제2차 세계대전 이후에 더욱 뚜렷이 나타났다. 또한 이 시기에 국가의 역할도 바뀌어 소극적인 역할에서 점차 적극적으로 자본주의 경제에 개입하여 국가의 역할이 매우 중요하게 됨에 따라 일반 국민들의 복지도 책임지는 '복지국가'가 등장하였다. 이러한 상황에서 전통적 마르크스주의를 수정, 발전시키는 이른바 신마르크스주의가 등장하여, 변화된 자본주의(고도의 독점자본주의)를 분석하기 시작하였다. 이러한 가운데 복지국가의 발전을 독점자본주의의 속성과 연결시켜 설명하게 된 것이다.

독점자본이론에 대한 평가는 다음과 같다(김태성 외, 2019: 166-167).

복지국가의 발전을 설명하는 독점자본이론은 기여한 바가 크다.

첫째, 이것은 산업화이론이 무시한 자본주의의 문제(계급문제, 노동력 재생산 등)를 분석하여 복지국가 발전을 설명한 점이다.

둘째, 이러한 분석을 통해 누가 복지국가로 인해 이익을 보느냐는 문제에 대한 답을 명확히 해 주었다. 산업화이론은 이러한 문제에 대해 모호하여 복지국가에서는 사회전체의 이익이 확대되는 것으로 보았다.

셋째, 이러한 관점을 통해 복지국가의 성격을 좀 더 거시적으로 볼 수 있게 한 점이다.

넷째, 이 이론을 통하여 국가의 역할에 대한 이해를 더 높일 수 있다. 산업화이론에서는 국가의 역할을 산업화로 야기된 문제에 대한 피동적인 대응으로 본 반면, 독점자본이론에서는 왜 국가가 적극적으로 자본주의 발전단계에서 경제체계에 개입해야 하는가를 보여 준다.

다섯째, 이러한 관점을 통해 구체적인 복지국가정책의 내용을 분석하는 데 도움을 준다. 예를 들어, 오늘날 고도로 발전된 복지국가에서도 여전히 빈민법의 잔재를 갖고 있는 복지 프로그램이 존재하는 이유를 규명하는 데 기여한다.

이러한 긍정적인 면에 반하여, 독점자본이론은 다음 몇 가지의 한계를 갖고 있다.

첫째, 이 이론은 복지국가의 발전을 설명하는 데 지나치게 자본주의 구조로부터의 경제적 결정론(economic structural determinism)에 의지한다.

둘째, 민주정치에서 여러 행위자들의 역할을 무시한 점이다.

셋째, 이러한 이론이 고도 산업자본주의에 모두 적용될 수 있느냐의 문제가 있다. 고도 산업자본주의에서의 복지국가의 발전 정도는 큰 차이가 있는데(예, 미국과 스웨덴), 독점자본이론으로는 이러한 차이를 설명하는 데 한계가 있다. 다시 말해서 자본주의 경제의 구조만으로는 설명이 안 되는 '자유'의 영역을 간과하였다.

넷째, 이러한 이론에서 사용하는 개념틀이 너무 거시적이며, 경험적 조사에 사용하기가 어렵기 때문에 이러한 이론을 지지 또한 반박할 실증적 연구에 어려움이 있다.

3. 사회민주주의이론

사회민주주의(social democracy)는 생산수단의 사회적(공적) 소유와 사회적(공적) 관리에 의한 사회의 개조를 민주주의적인 방법을 통해서 실현하려고 하는 주장 또는 운동으로 19세기 말부터 제1차 세계대전까지 제2인터내셔널(The Second International, 1889~1914)에 집결한 사회민주당의 이론과 정책의 총칭이다. 19세기 말 자본주의하의 노동자에게도 참정권이 주어져 정치적 · 형식적 민주주의는 달성되었지만, 경제적 민주주의는 아직 달성되지 않았는데, 이것을 획득하는 것이 노동자계급의 과제라는 발상으로부터 사회민주주의란 용어가 생겼다.

산업화이론과 독점자본이론은 각 이론들이 배경으로 하는 이념적 틀이 크게 달랐다. 즉, 산업화이론은 복지국가의 발전을 설명하는 데 있어서 자본주의 사회에서 계급갈등문제를 무시하는 반면, 독점자본이론은 계급갈등문제에 초점을 맞추었다. 그러나 이러한 두 이론의 유사성은 복지국가 발전을 어떤 기능적 필요성(functional imperatives)에 대한 대응으로 필연적으로 결정된다고 설명한다는 것이다. 즉, 산업화이론에 의하면, 산업화만 되면 그것의 기술발전으로 인하여 국가의 지배적 이념에 상관없이 복지국가의 확대는 필연적이라는 것이다. 독점자본이론 역시, 자본주의가 독점자본의 단계에 가면 자본축적 또는 노동력 재생산의 필요성 때문에 복지국가는 필연적으로 확대되어야 한다는 것이다.

이와 같이 두 이론은 “정치는 무관하다(Politics does not matter).”고 주장하는 반면에, 사회민주주의이론은 ‘정치’를 중요시 여긴다. 사회민주주의이론은 독점자본이론처럼 자본주의에서의 계급갈등에 초점을 맞추었지만, 독점자본이론이 이러한 계급갈등에서 자본의 일방적인 이익추구라는 관점으로 설명한 것과 달리, 사회민주주의이론은 노동의 정치적 세력 확대의 결과로 설명한다. 다시 말해서 복지국가는 노동자계급을 대변하는 정치적 집단의 정치적 세력이 커질수록 발전한다. 복지국가는 자본과 노동의 계급투쟁에서 노동이 획득한 승리의 전리품으로 본다(김태성 외, 2019: 167-168).

사회민주주의이론은 복지국가의 전개에 대한 계급투쟁적 관점이라고 할 수 있는데, 이것은 노동운동의 요구라는 측면이 강하다. 이 이론은 서구 유럽 자본주의의 발전과정에서 노동운동이 수행한 역할에 초점을 맞추면서 노동계급의 조직화 정도와 조직된 노동세력의 정치적 동원 정도를 그 지표로서 중시한다. 즉, 복지국가의 발전은 노동조합 등을 통하여 노동계급이 얼마나 조직되어 있으며, 또한 노동계급정당을 통하여 얼마나 정치적으로 동원될 수 있는가에 따라 주로 결정된다는 논리이다. 사회민주주의이론은 노동계급이 가진 권력자원과 정치적 동원이 사회주의의 이행에 핵심적 변수라는 입장을 취한다. 우선, 특정 국가의 자원분배구조는 시민사회 내의 계급갈등과 계급 간 권력배분구조의 산물임을 중시하고, 생산영역에서의 계급적 분화가 갈등의 일차적 조건임을 받아들인다. 이러한 입장을 취하는 학자들(Gøsta Esping-Andersen, Walter Korpi, John Stephens 등)은 노동자계급과 자본가계급의 권력 불균등은 항구적인 것이 아니며, 노동계급은 노동조합과 정당을 통해서, 즉 동력자원의 동원기제로서 노동조합의 조직률 확대와 노동자 정당에의 지지를 통하여 자본에 대한 힘의 열세를 어느 정도 만회할 수 있다고 본다(고세훈, 2000: 52-53).

20세기에 들어서서 절차적 민주주의의 확대가 대세로 되면서 의회를 통한 사회주의로의 개혁적 이행이 가능하다는 낙관이 확산되었고, 이러한 개혁적 입장은 제1차 세계대전 이후 서유럽 사회민주주의의 확고한 노선으로 자리 잡았다. 주목할 만한 점은, 사회민주주의가 비록 변혁의 형식으로 의회주의를 택하였다 하더라도, 실현되어야 할 궁극적인 목적가치로서의 사회주의는 견지하여 왔다는 점이다. 사회민주주의이론에서 사회주의의 달성은 정치적 힘의 확보를 통해 평등한 정책을 추진해 나갈 때 달성될 수 있는 목표이며, 사회복지정책의 확대는 사회주의로 가는 하나의 과정으로 평가될 수 있다.

사회민주주의이론에 대한 평가는 다음과 같다(김태성 외, 2019: 172-173).

사회민주주의이론은 복지국가 발전을 설명하는 데 몇 가지의 장점을 가지고 있다.

첫째, 사회민주주의이론은 전술한 산업화이론과 독점자본이론이 무시한 '정치적' 요소들에 대한 분석이 중요하다는 것을 보여 준다. 특히, 이 이론은 의회민주주의에서의 계급들 간의 힘의 역학관계가 변할 수 있다는 면을 보여 주는 데서 뛰어나다.

둘째, 사회민주주의이론은 독점자본이론과는 달리, 사회복지 발전을 설명하는 데 있어서 실증적인 연구에 의하여 뒷받침된다는 점이다. 특히, 이 이론은 실증적인 연구를 통해 산업화이론을 비판하고 그 한계를 극복한다.

이러한 장점에도 불구하고, 사회민주주의이론은 한계를 갖고 있다.

첫째, 많은 나라에서의 복지국가 프로그램들(특히, 복지국가 발전의 초기단계)은 사회민주주의 세력에 의해서보다는 그 반대세력(자유주의자 또한 보수주의자, 예를 들어 독일에서의 비스마르크의 사회입법, 미국의 사회보장법)에 의하여 시작되었다. 오히려 사회민주주의 세력(특히, 노동조합)은 복지국가의 확대를 반대하였는데, 그 이유는 사회복지의 확대는 노동조합의 자율권과 통합성을 약화시킬 수 있거나, 또한 임금을 억제하기 위한 수단으로 보았기 때문이다. 따라서, 사회민주주의이론은 특정한 몇 나라의 사회복지 발전을 설명하는 데 적합할 뿐(예, 스웨덴)

일반화하기에 어렵다.

둘째, 사회민주주의이론의 가정은 노동자계급의 계급의식이 강해서 그들의 조직력이 강하고, 따라서 그들의 이익을 대변하는 뚜렷한 정당이 있어서, 이러한 정당이 집권하면 노동자계급의 이익을 대변하는 사회복지의 확대가 이루어진다는 것이다. 그러나 많은 연구들은 이러한 가정을 비판하여 노동자들의 계급의식의 동질성은 비교적 약하고, 또한 순수 노동자계급을 위한 정당이 집권을 하기에는 그들의 지지세력이 많지 않아 집권을 위해서는 다른 계급(특히, 중산층)의 이익도 반영해야 하기 때문에 순수한 전통적인 노동자계급만을 위한 정당이 존재하기 어렵다고 본다. 따라서, 사회민주주의 정당 이외의 정당도 집권을 위한 득표를 위하여 복지국가의 확대정책을 표방할 수 있어서 정당들 간의 복지국가정책의 차이가 별로 없다는 결론에 이른다.

4. 이익집단이론

이익집단이론(interest group theory) 또는 이익집단정치이론(interest group politics theory)은 사회복지정책을 이익집단 간의 갈등과 정부의 조정 결과라고 주장한다(김기원, 2020: 193). 이 이론에 따르면, 이익집단은 공통의 목적을 가지고 공공정책에 영향을 미치기 위해 노력하는 개인들의 조직체를 말한다. 또한 사회복지정책은 이러한 이익집단들 간의 갈등과 타협의 산물로 간주한다. 즉, 이익집단정치이론은 각종 이익집단들의 정치적 힘이 사회복지정책 발달에 영향을 미친다는 것이다. 국가들은 많은 정책을 둘러싸고 다양한 이해집단들이 자신의 정치적 힘을 통해 이익을 반영하기 위해 노력한다. 이 이론에 따르면, 1945년 이후 복지국가는 계급이익이 아니라, 압력집단정치의 영향력으로 발전되었으며, 또한 계급적 구분을 초월하여 사회의 다양한 집단들의 욕구와 요구에 대응하였다(Janowitz, 2017). 즉, 다양한 복지이해집단의 움직임에 따라 사회복지정책이 발달한다고 보는 견해이다(정영숙 외, 2024: 77-78).

경제발전과 민주주의의 진전과 함께 이익집단들의 요구가 커지고 다양화되는 것은, 세계 어느 나라에서나 나타나는 공통된 현상이다. 이익집단이라고 하면, 노동조합이나 경영자단체, 그리고 의사나 변호사와 같은 직능단체가 먼저 떠오르지만, 오늘날 이익집단은 계급이나 직능을 넘어 연령, 인종, 언어, 종교를 중심으로 결성되기도 한다. 퇴직한 노년층의 이익집단화가 좋은 예이다. 이들은 숫자도 많고, 투표율도 높으며, 정치적으로 활동적이다. 이익집단은 경제적 다양화와 정치적 민주화의 결과로만 결성되는 것이 아니라, 역동적인 집단행동으로도 조직되고 또 조직력이 강화된다. 공통의 이익을 중심으로 집단이 형성되고, 이들 집단의 행동을 통해 이익을 관철시키게 되면, 집단 역동성은 더욱 강해진다(김영화 외, 2023: 119).

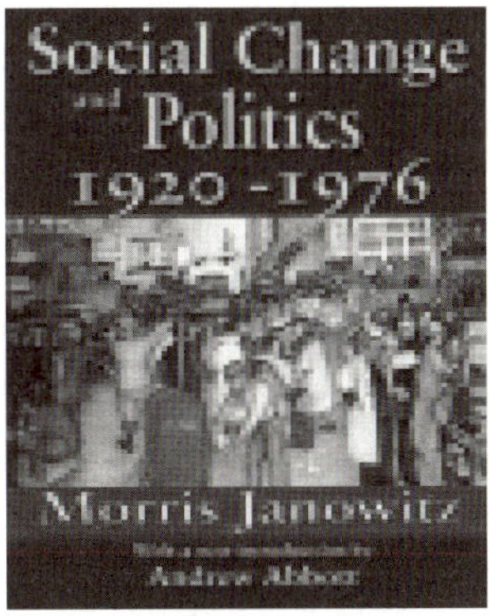

『사회변동과 정치』
(Janowitz, 2017)

팜펠과 윌리엄슨(Pampel & Williamson, 1992: 38-40)에 따르면, 이익집단의 성장은 정부지출의 증대를 가져오는 경향이 있다. 다시 말해서 이익집단이 구성원들의 집단이익을 실현하기 위해 국가에 대해 가하는 압력은 결국 복지비의 증대를 가져온다는 것이다. 자유민주주의는 선거라는 경쟁을 통해 제도적 질서를 만들어 가는 체제이다. 정당은 정책을 형성하는 집단이라기보다는 선거에서의 승리를 위해 모인 느슨한 연합체에 가깝다. 이때 잠재적인 이익집단이 정치지도자를 중심으로 조직화되고, 그 대표자를 통해 자신들의 이익을 실현시키고자 선거에 조직적으로 참여한다면 상당한 힘을 발휘하게 된다. 이런 점에서 정부지출은 이익집단들이 자신의 이익을 실현하기 위해 벌이는 정치적 단체활동의 정치적 과정이다.

로우(Lowe, 1993: 27-28)에 따르면, 이익집단정치이론에서 중시하는 것은 정부의 역할이다. 이익집단정치이론은 기본적으로 사회는 안정되어 있고, 권력은 분산되어 있어 한 집단(또는 계급)이 지배적인 권력을 행사할 수 없다고 전제하는 다원주의를 기반으로 하기 때문에 다양한 이익집단들의 이익 상충을 조정하는 데 있어 정부의 역할이 중요하다. 예컨대, 보건의료 분야에서 의료소비자인 국민과 그 생산가인 의료전문직 간의 갈등을 중재하여 타협에 이르게 하는 게 국가의 임무인 것이다. 이때 국가는 중립적이어야 함은 물론이다. 따라서, 국가가 비중립적이고, 국가가 중재하는 경우라도 대중의 이익보다는 국가 자체의 이익을 더 중시한다는 비판과 권력이 분산되어 있지 않다는 반론이 제기될 수 있다.

이익집단정치이론은 제도를 놓고 서로 다른 이해를 가진 집단들이 행사하는 영향력을 분석하고 각 집단들의 이해관계를 적절히 폭로함으로써 정책과 이익집단들의 관계를 근본적으로 파악할 수 있으며, 나아가 이익집단들의 영향력 행사 양상을 생동감 있게 포착할 수 있게 해 주는 장점이 있다.

그러나 계급과 대비해 보면 취약점이 드러난다. 즉, 이익집단정치이론에 의하면, 권력은 적대적인 계급으로 구분되는 것이 아니라, 국가와 정권을 포함한 권력을 둘러싸고 경쟁하는 여러 집단으로 구성된다. 이는 권력의 한 범주로서의 계급을 경영자, 노동조합, 정당, 정부기구 등으로 대치한다는 것을 의미한다. 이것은 계급 간의 갈등이나 투쟁이 압력집단 간의 소전투로 환원되는 결과를 낳는다. 다시 말해서 복지국가와 복지국가 내의 다양한 사회복지정책들은 자본과 노동 간의 대립이 아니라, 관련된 다양한 이익단체 간의 대립과 타협의 산물로 해석되는 것이다. 예컨대, 보건의료 분야에서의 위기는 의사나 약사 등 몇몇 집단이 행사하고 있는 지배력과 전문적 지식 및 제도적 통제를 통해 자기권력을 제도화하여 자기이익에 가장 적합한 환경을 조성하려는 데서 오는 것으로 간주된다. 계급을 이익집단으로, 계급갈등을 이익집단 간의 갈등으로 대치하는 것은 대중의 관심을 특정 쟁점(예컨대, 보건의료 부문)에만 집중하게 만들어 위기에 처한 것은 그 부분만이 아니라는 사실을 망각하게 만든다. 결국 상황을 이렇게 인식하면, 자본주의의 계급권력관계를 초월하여 자본주의를 강화하는 데 자신도 모르게 봉사하게 된다(원석조, 2023b: 265).

이익집단정치이론에 대한 평가는 다음과 같다(김영화 외, 2023: 118 ; 김태성 외, 2019: 179-180).

이익집단정치이론이 다른 이론과 비교하여 복지국가 발전을 설명하는 데 있어 기여한 것은, 복지국가 발전을 전통적인 계급관계(자본 대 노동)를 넘어서 다양한 집단의 정치적 경쟁에 초점을 맞춘 점이다. 이것은 현대산업사회에 존재하는 다양한 이익집단들, 그리고 이 이익집단들 사이의 치열한 경쟁을 볼 때 적절하다. 또한 이 이론은 오늘날의 선진산업사회 민주주의제도에서의 정당정치의 현실을 좀 더 명확히 파악했다고 볼 수 있다. 마지막으로 이 이론은 특히 노인들을 위한 복지국가 프로그램의 확대를 설명하는 데 적합하다.

그러나 이익집단정치이론은 세계의 많은 나라의 복지국가 발전을 설명하는 데는, 즉 일반화하기에는 한계가 있어서 주로 선진산업국가들(특히, 이 가운데서도 정치적으로 다원화된 민주주의 국가. 예, 미국)에만 적합하다고 할 수 있다. 이 이론은 민주주의제도가 발전 안 된 국가들 또한 민주주의제도에서도 이익집단들의 정치적 힘이 상대적으로 중요하지 않은 국가들의 복지발전현상을 설명하는 데 어려움이 있다. 전자의 예는 민주화 이전의 국가조합주의(state corporatism) 성격이 강한 남미 국가들이고, 후자의 예는 사회민주적 조합주의의 성격이 강한 스칸디나비아 국가들이다.

5. 국가중심이론

지금까지 사회복지 발전을 설명하는 네 가지 이론은 사회복지에 대한 수요의 증대에 초점을 맞추었다. 산업화이론이나 독점자본이론은 각기 산업화나 독점자본축적에의 기능적 필요성 때문에 사회복지에 대한 수요가 증대한 것이고, 이익집단정치이론이나 사회민주주의이론은 각기 이익집단이나 노동자계급의 정치적인 힘의 증대로 인한 사회복지에 대한 수요가 증대하여 확대된 것으로 본다.

이와 달리, 국가중심이론(state-centered approach)은 사회복지를 제공하는 공급(supply)의 측면에서 복지국가의 발전을 설명한다. 이 이론은 사회복지에의 수요의 변화에도 불구하고, 국가는 국가 나름대로 사회복지 확대가 필요한 이유들을 갖고 있다고 본다. 다시 말해서 유사한 사회복지에의 수요에 처해 있어도 국가에 따라 특정한 국가구조의 차이에 따라 대응하는 것이 다르다는 것이다(김태성 외, 2019: 181).

이익집단정치이론에서는 국가와 관료조직을 사회복지정책 도입의 중개자(transferring media)로 간주하고, 계급투쟁론(신마르크스주의 이론)에서는 국가를 지배계급의 도구로 보는 데 반해, 국가중심이론에서는 사회복지정책에 대해 독립된 주체인 국가가 스스로 문제를 인식하고 해결하려고 하는 노력의 산물(특정 집단의 요구를 반영한 게 아니라)로 파악한다. 그런 의미에서 '국가론(the statist approach)'이라고도 한다.

국가중심이론이 가장 중시하는 것은, 문제를 발견하고, 해결책을 찾아내며, 그것을 수행하는 정부관료조직의 역할이다. 국가중심이론에서는 사회적 쟁점과 그 해결책은 점차 복잡해지는 경향이 있으며, 정치인과 이익집단의 역할은 약화되는 반면에, 관료와 전문가의 역할은 더욱 중요해진다. 국가중심이론은 국가나 관료기구의 주도성에 초점을 둔다. 사회복지정책 발달에 정당이나 이익집단이 중요한 역할을 하기도 하지만, 지속적으로 영향을 미치는 것은 공공관료들이라고 본다. 즉, 복지정책이 사회의 필요와 다양한 세력들의 이해관계를 반영하기도 하지만, 궁극적으로 국가 엘리트들과 관료집단의 의지와 능력에 의해 결정된다고 보는 것이다. 각 국가의 복지수준과 복지제도의 차이는 국가구조나 정치제도 또한 관료기구의 차이에 있다는 것이다(김영화 외, 2023: 119).

『국가 다시 불러오기』
(Evans et al., 1985)

국가중심이론은 산업화, 독점자본, 이익집단, 노동자계급 등의 요인들이 복지국가의 발전에 영향을 준다는 점은 인정하지만, 이 이론의 강조점은 이러한 영향들이 독립적인 국가조직에 의해서 매개가 된다는 점이다. 이 이론에 따르면, 지금까지의 4이론들은 복지국가 발전에서의 국가의 역할은 단순시행자(산업화이론)나 자본가의 하수인(독점자본이론), 다양한 이익집단들의 요구의 중재자(이익집단정치이론), 또한 노동자계급의 요구에 대한 타협자(사회민주주의이론)로서의 소극적인 역할이었다. 반면에, 국가중심이론은 국가의 적극적인 역할을 강조하여 복지국가의 발전을 설명하는 거시적이고 사회적인 배경적 원인과 구체적인 한 국가의 사회복지정책 사이의 관계는, 각 국가들이 갖고 있는 국가구조의 특이성에 의하여 결정된다고 본다(Evans et al., 1985).

『연령, 계급, 정치, 그리고 복지국가』
(1992)

팜펠과 윌리암슨(Fred C. Pampel & John B. Williamson)은 1989년 그들의 저서 『연령, 계급, 정치, 그리고 복지국가(*Age, Class, Politics, and the Welfare State*)』에서, 국가의 역량(state capacity)은 국민의 요구에 대한 국가의 대처능력을 좌우한다는 점에서 국가의 성격이 사회복지수준을 결정한다고 하면서 국가중심이론을 뒷받침하고 있다. 그 이유는 다음과 같다.

첫째, 국가의 중앙집권화와 조합주의자(corporatist) 조직은 집권자들이 원하는 정책의 시행을 위해 복지비 확대를 가져온다. 정부, 기업, 노조의 엘리트들이 집중화되어 있으면(조합주의, corporatism), 복지확대를 반대하는 분파들의 저항을 효과적으로 제압할 수 있다. 그리고 복지확대에 대한 국민적 합의를 이끌어 내기도 용이하다.

둘째, 행정기관 관료제의 확대는 복지비 지출을 증대시킨다. 행정조직의 확대는 인건비 지출과 자체 예산의 확대를 가져온다.

셋째, 국가조세구조도 복지비 지출과 관계가 있다. 직접세와 사회보장세의 비중이 높을 경우, 복지비 지출이 상대적으로 어렵다. 간접세에의 의존도가 높을 경우, 복지비 지출의 증대에 필요한 조세의 증액에 대한 반대가 상대적으로 적다.

넷째, 선거의 시점도 복지비 지출의 시점에 영향을 줄 수 있다.

다섯째, 국방비와 같이 경쟁관계에 있는 지출항목이 복지비 지출을 억제할 수 있다. 전쟁 중이거나 국가 간 군사적 긴장도가 높을 경우, 군사비는 복지비에 우선한다.

국가중심이론에 대한 평가는 다음과 같다(오세영, 2023: 171).

국가중심이론의 장점은 다음과 같다.

첫째, 사회 중심적 접근에서 벗어나, 사회복지를 제공하는 공급자로서의 국가를 강조함으로써 사회복지정책 발달에 대한 설명의 폭을 넓혔다.

둘째, 사회복지정책 발전에 있어서의 각 국가들이 갖고 있는 국가 구조적 특이성을 역사적인 발전과정의 맥락에서 분석하고 있다.

셋째, 지금까지의 소극적인 국가 역할에서 벗어나 적극적인 행위자로서의 국가를 강조한 점도 사회복지정책 발달에 관한 이해의 폭을 넓히고 있다.

국가중심이론은 다음과 같은 한계를 지니고 있다.

첫째, 각 국가의 구조적 특이성을 강조하기 때문에 이 이론을 통해 사회복지정책의 발달을 일반화하기 어려운 점이 있다. 즉, 많은 국가들을 대상으로 적용될 수 있는 체계화된 그리고 구체적인 가설을 정립하기 어렵다.

둘째, 국가중심이론은 사회복지의 욕구가 어떻게 하여 발생하는가를 설명하기보다는 그러한 욕구에 대한 대응을 국가에 따라 어떻게 하는가에만 초점을 맞추었기 때문에 사회복지정책의 발전에 대한 본질적인 원인에 대하여는 등한시할 수 있는 한계가 있다.

6. 확산이론

확산이론(diffusion theory)은 사회복지정책의 발달이 국가 간의 의사소통이나 영향력을 주고받음에 따라 이루어진다고 보며, 전파이론이라고도 한다(송진영 외, 2024: 67). 사회복지가 국제적 모방과정으로서 한 나라의 사회복지정책이 다른 나라에 영향을 미친다는 데 초점을 둔 이론이다(김기원, 2020: 186). 이 이론에 따르면, 근대국가들이 발전하면서 그 발전이 확산되어 전통적 국가들에게 영향을 미친다. 이 이론은 서구사회의 발전모형을 기초로 근대화를 사회발전의 가장 중요한 요소로 강조하며, 진화론적 입장을 취한다. 확산이론의 논리적 핵심은 사회복지정책의 도입을 모방과정의 결과로 인식한다는 점이다(정영숙 외, 2024: 69).

콜리어와 메식(Collier & Messick, 1975)에 의하면, 확산은 두 가지 유형으로 구분된다.

첫째, 위계적 확산(hierarchical diffusion)이다. 이는 기술혁신이나 새로운 제도가 선진국에서 후진국으로 확산되는 경우를 말한다. 일반적으로 근대화가 먼저 진행된 국가들로부터 늦게 진행된 국가로 위계적 확산이 진행되는데, 개발도상국은 근대화의 수준이 낮은 상태에서 사회복지제도와 프로그램을 도입한다.

둘째, 공간적 확산(spatial diffusion)이다. 이는 어떤 국가에서 만들어진 기술이나 제도가 우선 인접 주변국을 중심으로 하여 점차적으로 확산되는 경우를 말한다. 1880년대의 독일 비스마르크의 사회보험제도가 점차적으로 유럽 전역으로 확산된 경우가 그 예이다.

확산이론을 주장하는 학자들은 사회복지정책의 발전과 국가의 지리적 위치가 밀접한 관계에 있다고 주장한다. 즉, 지리상으로 인접한 국가나 긴밀한 관계에 있는 국가 간에 정책이 확산되어 간다. 유럽대륙 국가들은 다른 선진국이나 비유럽 국가보다 먼저 사회보장 프로그램을 구축했을 뿐만 아니라, 더 많은 복지비를 지출하고 있었는데, 이는 유럽대륙 국가들의 지리적 근접에 기인한다. 이런 관점에서 보면, 독일에서 처음 도입된 사회보험이 빠른 시일 내에 유럽의 인접 국가로 퍼져나간 경우가 있다(김영화 외, 2023: 113-114).

확산이론은 기존의 이론들이 사회복지정책의 발달을 국내적인 요인을 가지고 설명하려는 것에서부터 벗어나 국제적인 관계와 범위로 그 영역을 넓혀 설명했다는 점에서 의의가 있다. 특히, 현대사회와 같이 교통과 통신이 잘 발달되고 최근에 와서는 인터넷 등으로 인하여 명실상부한 지구촌이 된 상황에서 확산이론은 설명력이 훨씬 높아지고 있다.

확산이론은 다음과 같은 한계들이 지적되고 있다(오세영, 2023: 157-158).

첫째, 산업국가에서 정부가 시행하는 사회복지정책에 있어서 확산이론에 의한 확산효과는 미미하며, 그보다는 각 국가의 내부적인 사회경제적 · 정치적 요인이 더 중요하다.

둘째, 이 이론은 국제적인 환경변수가 구체적인 사회복지정책으로 전환되는 역동적인 과정을 설명하지 못하고 있다. 단순히 특정 국가와 인접하고 있다는 지리적 위치나 피식민지적 지배와 경험 자체는 중요한 요인이기는 하지만, 이와 같은 요인이 왜, 어떻게 영향을 미쳐 정책화되는가에 대한 구체적인 설명이 부족하다.

셋째, 이 이론은 선진국가에서 후진국가로 사회복지정책이 확산되어 간다고 주장하고 있으나, 그렇지 않은 경우도 있다. 때로는 후진국가에서 선진국가로의 '역 확산(up a hierarchy)'도 존재하는데, 근대화가 영국에 비해 뒤진 독일의 사회보험이 영국에 뒤늦게 도입된 것이 그 예이다.

넷째, 한 국가가 새로운 복지제도를 도입하려 할 때, 다른 나라, 특히 선진복지국가의 제도를 참고하는 것은 분명하지만, 확산이론은 사회복지제도의 국가간 확산 여부를 떠나 복지의 원인이 복지가 된다는 논리적인 취약점을 가지고 있다. 제도를 단지 참고만 하는 것을 그 원인이 된다고 간주할 수는 없다.

7. 시민권론

토마스 마셜

『교차로와 에세이 사회학』
(1963)

시민권론(citizenship theory)은 사회복지정책의 발달을 시민권의 변천이라는 측면에서 진화론적으로 설명하는 이론으로, 사회복지정책이 발달하는 것은 시민권의 수준이 높아지기 때문이라고 보는 이론이다(김기원, 2020: 190). 대표적인 학자로는 마셜(Thomas Humphrey Marshall, 1893~1981)이 있다. 마셜은 1963년 그의 저서 『교차로와 에세이 사회학(*Sociology at The Crossroads and other Essays*)』에서, 시민권이 세 요소로 구성돼 있다고 주장한다. 공민적 · 정치적 · 사회적 요소다. 18세기에 발전한 '공민적 요소'(공민권)는 계약의 자유, 사유재산권, 법 앞의 평등, 언론 · 출판 · 집회 · 결사의 자유 등을 가리킨다. 19세기 본격적으로 나타난 '정치적 요소'(정치권)는 정치적 기구의 구성원으로 참여하거나 그러한 구성원을 선출할 수 있는 권리, 즉 선거권과 피선거권을 말한다. 20세기에는 '사회적 요소'(사회권)가 발전했는데, 마셜은 이를 "경제적 복지와 보장에서부터 사회적 유산을 완전하게 공유하고 사회의 지배적인 기준에 따라 문명화된 존재로서의 삶을 영위할 수 있는 모든 범위를 의미한다."고 설명한다. 이는 교육과 사회복지서비스 등을 통해 현실화한다(Marshall, 2021).

마셜은 시민권(citizenship)을 공동체의 완전한 사회구성원에게 부여된 여러 가지의 권리와 권력을 향유할 수 있는 지위로 보았으며, 시민권의 요소를 공민권, 정치권, 사회권으로 분류하면서 시민권의 변천을 진화론적 입장에서 분석하고 있다.

공민권(civil right)은 산업혁명을 통해 봉권주의 체제가 붕괴되고 자본주의가 도래하던 18세기에 형성되었으며, 인간의 기본권적인 자유권을 비롯, 평등권을 보장받는 권리 및 이와 관련된 권리이다. 개인의 자유와 법 앞에서의 평등을 보장받을 권리를 말한다.

정치권(political right)은 19세기에 발달한 권리로서, 한 사람의 성원으로서 투표할 수 있는 권리뿐만 아니라, 대의기구에 선출될 수 있는 권리이며, 국가의 정치에 적극적으로 참여할 수 있는 권리이다.

사회권(social right)은 20세기에 확립된 권리로 적정 수준의 경제적 복지로부터 사회적 유산을 공유하고, 그 사회의 보편적 기준에 따라 문명화된 삶을 살 수 있는 권리이며, 생존권적 기본권이라고도 한다. 사회권은 자본주의 및 시민사회 성장의 토대였던 공민권과 민주주의의 확대를 가능하게 했던 정치권의 변증법적 상호작용의 결과물이다.

그러므로 시민권 중 첫 번째인 공민권은 기본적으로 법률제도를 통해 구현되고, 두 번째의 정치권은 정치제도에 의해 구현되며, 세 번째인 사회권은 사회서비스를 통해 구현된다.

마셜의 궁극적 관심은 시민권과 사회적 불평등의 관계, 구체적으로 양자의 공존관계에 있었다. 그는 시민권과 사회적 불평등을 양립 가능한 것으로 보았다. 사회권은 소속감을 창조하지만, 계급 간 불평등을 폐지하는 것과는 별 관련이 없다고 보았다. 시민권은 계급불평등을 감소시키기는커녕, 어떤 의미에서는 사회적 불평등의 구조가 더욱 견고하게 유지될 수 있도록 조건의 평등이라는 상황을 만들어 낸다는 것이다. 이러한 의미에서 복지국가는 불평등을 참을 수 있을 만한 것으로 그리고 정당한 것으로 만든다. 하지만 마셜은 시민권의 평등이라는 요소와 자본주의의 불평등이라는 요소 사이에는 일정 정도의 긴장이 있다는 것은 인식하였다. 즉, 불평등이 심할 경우 사회적 소요나 폭동이 일어날 수 있기 때문에 사회적 효율을 해치지 않으면서 사회적 불평등을 완화시키기 위한 노력이 필요하다고 보았던 것이다. 사회적 불평등의 완화제가 바로 사회복지정책이었다(Marshall, 2021).

그러므로 시민권론은 주로 보편적이고 포괄적이며, '권리로서 주어지는' 사회복지정책과 정책서비스와 원칙을 정당화하는 데 적절한 개념으로, 사회복지정책과 정책서비스의 정당성을 부여하는 데 큰 의의가 있다.

시민권론의 문제점은 다음과 같다(정영숙 외, 2024: 75).

첫째, 법률적 복지에 한정되므로 사회봉사 등의 복지형태를 포괄하기 어렵다.

둘째, 시민권 이론의 적용범위는 서구민주사회에만 제한된다. 사회주의 국가에서의 국가복지에 대해 시민권적 견해에서 이해가 될 수 없다.

셋째, 시민권론은 공민권과 정치권, 사회권을 사회구조의 변화와 연결시켜 설명하지 못하고 있다. 사회변동에 대한 전체적이고 진화론적 접근을 취함으로써 집단의 행위와 집단갈등이 초래할 수 있는 영향, 산업화의 영향 등은 고려되지 못하고 있다.

8. 사회양심론

사회양심론(the social conscience theory)은 1950년대 영국 사회복지정책학의 통설로서 애용되었고, 그 이후 오늘날에 이르기까지 사회사업가들은 물론 박애주의자들에게 큰 영향을 미치고 있다(송진영 외, 2024: 61). 이 이론의 대표적인 저작으로는 홀(Mary Penelope Hall)의 저서 『현대 영국 사회서비스(*The Social Services of Modern England,* 1952)』가 있다(Higgins, 1981).

사회양심론은 인도주의에 기초하고 있다. 사람은 인간에 대한 기본적인 연민과 동정을 가지고 있으며, 국가 역시 이타주의(altruism)에 기반을 둔 사회적

『현대 영국 사회서비스』
(2013)

책임이 있음을 가정한다. 사회양심은 개인적인 차원에서는 상호부조 정신과 기부문화가 발달할 수 있는 근거가 되고, 사회적인 차원에서는 지역사회나 공동체, 지방자치단체, 중앙정부 등에서 인도주의에 입각한 사회적 의무감이 복지정책을 확대할 수 있다고 보는 것이다. 이러한 사고는 오래전부터 인간사회에 존재하고 있어서, 복지마인드의 가장 근본적인 인식 틀을 형성해 왔다. 사회양심론에 따르면, 사회복지정책의 발달은 타인의 고통을 해소하려는 개인의 이타적 양심이 사회적·국가적 정책으로 표현되는 것이다(김영화 외, 2023: 105).

사회양심론은 정부의 사회복지정책을 국가의 자선활동으로 간주한다. 즉, 국가의 복지활동을 동정주의적 관점(sympathetic view)으로 보는 것이다. 그리고 사회복지제도에 대한 연구를 다른 사회제도에 대한 연구와 구별하고 있으며, 사회복지정책의 발전에 대한 정치적 요인을 무시하고 사회복지정책을 이상주의(realism)와 인간사회에 관한 지식·정보의 발전의 결과이다(정영숙 외, 2024: 71).

사회복지정책의 발전을 아동의 성장과정에 유추하고 있는 진화론적 관점을 취하고 있으며, 진화적 관점은 당연히 사회복지정책 발전의 역전 불가능성(사회복지정책 발전의 필연성)과 발전에 대한 낙관주의를 내포한다. 그러나 최근의 공공정책들의 잇따른 실패와 사회문제의 재발로 인해 사회양심론의 설득력은 매우 약화되었다.

『복지국가』
(1981)

히긴스(Joan Higgins)는 1981년 그의 저서 『복지국가: 사회복지정책의 비교분석(*States of Welfare: Comparative analysis in social policy*)』에서, 영국 사회복지행정의 특성에서 잘 나타나듯이 사회양심론은 낙관적이고 문제해결 중심의 시각이란 점이 장점이 될 수도 있지만, 단점을 열거했는

데, 그중에서도 특히 다음 세 번째의 단점 지적은 그녀의 비교연구적 시각이 날카롭게 적용된 것이다. 왜냐하면 사회복지정책의 생성과 변화가 사회양심론자들의 주장대로 인간의 기본 가치인 이타심의 발현이라면, 이러한 가치의 표현은 모든 형태의 인간사회에서 유사하게 나타나야 할 것이지만, 실제는 그렇지 않다는 것이다. 그 내용은 다음과 같다(Higgins, 1981).

첫째, 사회복지정책의 자비적 특성을 너무 강조한 나머지, 국가의 역할에 관한 왜곡된 견해를 갖게 하여 사회적 과정의 정확한 이해를 방해하고 있다.

둘째, 특정의 문제가 특정의 시기에 하필이면 문제로 인식되어 해결의 시도를 받게 되는 사회적 맥락에 관한 설명이 불가능한 것과 같이, 사회복지정책의 형성 및 변화에 미치는 압력 및 영향에 관한 분석이 너무 협소하다.

셋째, '지속적 발전이 있다' 또한 '근본문제의 해결은 끝났다'와 같이, 사회복지정책의 변천과정을 직선적 그리고 낙관적으로만 봄으로써 피상적인 국가간의 비교가 쉽사리 수렴이론으로 비약될 여지가 많다.

영국 사회복지정책의 전개과정에서 외국과의 비교가 없었던 것은 아니지만, 그것이 어디까지나 자국의 조건개선이나 문제해결을 위한 수단에 지나지 않았으며, 보다 고차원적인 사회복지정책론의 개발이 목적이 될 수 없었던 이유 중에는 사회양심론의 영향도 크게 작용하였다. 인간본성의 일부인 선이란 동서고금에 존재해 왔는데도, 사회복지를 유독 현대사회의 산물로만 설명하는 것은 무리이다. 그리고 선행을 가장한 위선의 존재를 이 이론으로는 파악해내지 못할 뿐 아니라, 사회복지제도 발달사에 나타나는 진보와 퇴보의 교차현상을 적절히 설명할 수 없으며, 채택되지 않은 정책의 대안들이 분석대상에서 제외되고 있는 점들이 사회복지정책 발달이론으로서 사회양심론의 큰 약점이 되고 있다(김상균, 2000: 88-89).

9. 음모이론

음모이론(the conspiracy theory)은 사회양심론에 정면으로 도전하는 입장을 취하고 있다. 이 이론에 따르면, 사회복지정책의 주 목적은 인도주의나 인정(compassion)의 실현이 아니라, 사회안정 및 질서유지와 사회통제이다(송진영 외, 2024: 64). 따라서, 사회복지정책의 변화 시기를 지배계층이 기존의 사회질서가 위협을 받고 있다고 느끼는 때라고 주장하면서 사회복지정책의 변화를 줄곧 진화의 과정을 밟아 발전만 되는 것이 아니라, 개선과 악화의 양면이 언제라도 교차될 수밖에 없는 성질의 것으로 본다.

『빈곤층 규제』
(2020, Audible)

피벤과 클로와드(Frances Fox Piven & Richard Cloward)는 1971년 그들의 저서 『빈곤층 규제: 공공복지의 기능(*Regulating the Poor: The Functions of Public Welfare*)』에서, 전통 사회복지정책론에서는 별로 다루어지지 않던 계급갈등과 정치적 편의주의의 중요성을 강조하면서 이를 뒷받침하기 위해 대공황 이후의 미국사회복지사를 분석했다. 그 결과, 그들은 대량실업에서 파생되는 시민소요사태가 발생하면 공공복지제도가 시작되거나 확장되며, 반대로 정치적 안정이 회복되면 그러한 프로그램은 폐지되거나 감축되어 버린다는 사실을 발견했다. 사회보험의 원조로 알려진 비스마르크(Bismarck) 입법 동기에 대해 당시 격화일로에 있던 노동자계급 중심 사회주의 운동을 저지시켜 기존 질서를 유지하기 위한 속셈으로 보는 견해 역시 이 부류에 속한다(정영숙 외, 2024: 72).

조지와 윌딩(Victor George & Paul Wilding)은 이러한 속셈으로부터 실시되는 복지제도를 일컬어 복지국가의 '마키아벨리적 관점'이라고 하면서 이 관점은 지배계층이 예상되는 근로계층으로부터의 엄청난 요구를 사전에 봉쇄할 목적으로 원하든 원하지 않든 간에 미리 선수를 쳐서 양보하는 것이 사회복지정책이라고 해석한다.

음모이론의 또 다른 시각은 마르크스주의자들에 의해 제공된다. 사빌레(Saville, 1957~1958)는 사회복지정책을 자본주의에 절대 필요한 안정과 효율의 유지를 위한 물리적 강압책의 대안으로 보고 있다.

오코너(James O'Connor)의 저서 『국가재정위기(*The Fiscal Crisis of the State*, 2017)』에 따르면, 정부의 사회복지 지출액은 시장의 법칙에 의해 결정되는 것이 아니라, 계급 또는 집단 간의 사회, 경제적 갈등에 의해 구조적으로 결정된다. 결국 마르크스주의자들은 사회복지정책을 단기적으로는 폭력사태의 방지를 위한 자본주의자들의 방편으로, 그리고 장기적으로는 노동자계급의 혁명에 대한 정열을 식히는 전략으로 보고 있다.

『국가재정위기』
(2001)

핀커(Pinker, 1974)는 사회복지정책이 빈곤자들의 성공 기회를 개선시킬 수 있고, 혁명의 변화 없이도 사회정의의 요구를 충족시킬 수 있는 가능성을 과시하고 있기 때문에 마르크스주의자들의 눈에는 함정, 환상 또는 이단으로 비치고 있다고 주장한다.

음모이론에 대한 비판은 다음과 같다(Popper, 2021 ; Muraskin, 1975).

첫째, 정책결정자의 의도를 너무 중시한 나머지, 정치적 현실을 과소평가하고 있다. 즉, 사회복지정책은 많은 경우에 있어서 복잡한 행정과정의 결과인데, 그러한 과정 자체는 사전에 예측하지 못했거나 또는 의도하지 않았던 결과를 초래할 수 있는 것이다.

『추측과 논박』
(Popper, 2021)

둘째, 사회안정에 대한 위협을 조성하지 않는 집단이면서도 사회적 서비스의 확충으로 인한 혜택을 입고 있는 사례를 설명할 수 없다. 예컨대, 노인, 아동 그리고 환자들과 같이 노동시장에서 제외되는 대상들은 정책입안자들에게 위협적인 존재라고 보기 힘들다.

셋째, 음모가 도사리고 있음은 사실이지만, 그렇게 자주 있는 것도 아니고 또 반드시 음모가 성공하는 것도 아니다.

넷째, 권력에 대한 견해가 모순적이다. 한편으로는 지배 엘리트가 빈곤자의 압력에 반응하여 행동하는 것처럼 가정하고, 또 다른 한편으로는 전체 권력을 장악하여 구호체계의 모든 확대 및 축소를 결정하고 있는 것처럼 본다는 것이다. 덧붙여 복지에 대해 대부분 회의적이거나 거부적인 태도를 갖고 있는 중간계층의 정책결정에 미치는 영향을 고려하지 않고 있다.

10. 엘리트이론

엘리트이론(elite theory)은 사회복지정책을 인도주의적 이타심이나 양심의 발로가 아니라, 지배질서의 안녕과 유지를 위한 사회통제에 목적이 있다고 한다(송진영 외, 2024: 64). 이 이론에 따르면, 사회복지정책은 엘리트의 산물이다. 엘리트란 일반적으로 특별한 자격을 갖춘 소수의 사회지도자, 정치 · 경제 · 사회 · 문화 등 사회의 각 분야에서 주도적인 역할을 하는 계층으로 일반대중과 구분된다. “역사란 곧 귀족(통치엘리트)의 무덤이다.”라는 말이 있다. 이는 역사가 민중의 집합된 의지와 결실에 의하여 이루어져야 함에도, 실제로는 그러한 민중을 유린하고 지배하는 소수의 통치엘리트에 의해서 지배되고 있다는 의미이다(김기원, 2020: 192).

사회복지정책과 관련한 엘리트이론가들은 대중이란 맹목적이며 자립적인 판단을 하지 못하고, 감정적인 유혹에 쉽게 이끌리거나 창조적인 행동을 수행하지 못한다고 간주하는 반면, 엘리트들이 자신들의 이익을 도모하기 위해 사회복지정책을 도입한다고 주장한다. 일부에서는 역사상 한 시대의 역사를 만드는 데 지배적인 역할을 한 '위대한 사람(great man)'이 사회복지정책을 만들었다고 보는 위인론(great man theory)을 주장하기도 한다.

사회복지정책 대안은 주로 보건복지부나 노동부, 학계, 국책연구소의 연구원과 같은 사회의 엘리트에 의해 형성되는 경우가 대부분이다. 엘리트이론에 따르면, 우리 사회는 소수의 권력자와 다수의 비권력자로 나뉘는데, 이 소수의 지배자들은 다수의 피지배자들을 대표하지 않으며, 비 엘리트집단이 엘리트집단으로 쉽사리 전이되지도 않는다. 엘리트들은 기존 사회체제를 보존하고, 사회의 기본 가치를 위하는 데 의견이 일치한다. 정책은 바로 이 지배엘리트(governing elite)들의 가치와 선호로 간주된다. 사회복지정책은 다수의 일반대중의 가치와 선호와는 다른 가치와 선호를 갖고 있는 소수 엘리트들이 자신의 가치와 선호를 반영한 결과로 간주될 수 있다(Dye, 2016).

『공공정책이해』
(Dye, 2016)

엘리트이론에 따르면, 사회복지정책의 형성과정에서 정책엘리트들이 얼마나 일반대중의 가치와 선호를 정책내용에 반영하고 있느냐가 중요한 문제로 떠오른다. 즉, 지배엘리트 친화적(governing elite-friendly)이거나 지배엘리트 중심적인(governing elite-centered) 사회복지정책이 아니라, 수혜자 친화적(beneficiary-friendly)이거나 수혜자 중심적(beneficiary-centered) 사회복지정책을 어떻게 수립할 수 있는가가 관건이 된다.

엘리트모델은 [그림 5-1]과 같다.

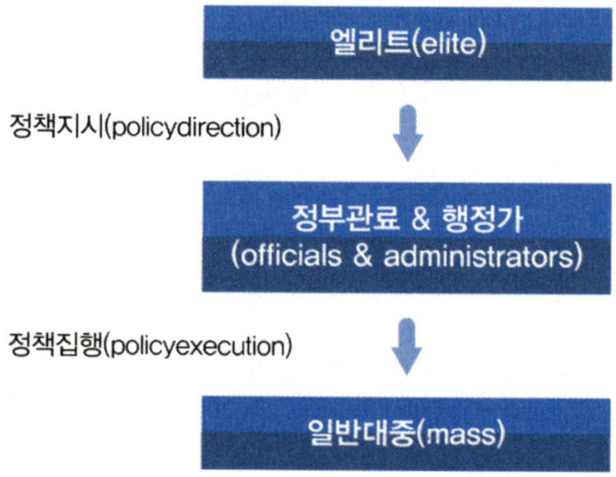

[그림 5-1] 엘리트모델

자료: 김기원(2020: 192).

연습문제

1. 복지국가 발달이론을 올바르게 설명하지 않은 것은?

① 국가중심주의 이론은 국가 관료들의 자기이익 추구 행위가 복지국가 발전을 가져온다고 본다.

② 수렴이론은 산업화로 인해 발생된 사회문제 해결을 위해 사회복지가 발달한다고 본다.

③ 수렴이론은 산업화와 이로 인한 인구사회구조의 변화에 주목한다.

④ 확산이론은 한 나라의 사회복지정책이 다른 나라에 미치는 영향을 강조한다.

⑤ 시민권론은 정치권의 실현을 통해서 완전한 시민권의 실현이 가능하다고 본다.

2. 복지국가의 발달을 설명한 이론으로 옳지 않은 것은?

① 사회양심론은 복지정책을 낙관적으로 접근한다.

② 음모이론에 따르면 사회복지정책은 인도주의에 기반을 둔다.

③ 시민권의 발달에서 사회권은 가장 최근에 획득되었다.

④ 사민주의 입장에서 노동자계급의 정치적 영향력은 중요한 요인이다.

⑤ 이익집단이론에서 노동조합은 수많은 이익집단 중 하나이다.

3. 사회복지정책 발달이론에 관한 설명으로 옳지 않은 것은?

① 사회양심론은 인도주의에 기초하고 있다.

② 음모이론은 사회복지정책을 사회안정과 질서유지를 위한 통제수단으로 보는 이론이다.

③ 확산이론은 한 지역의 사회복지정책이 다른 지역으로 전파되어 나간다는 이론이다.

④ 시민권론은 참정권, 공민권, 사회권 순으로 발전했다고 설명한다.

⑤ 산업화이론은 사회복지정책 발달은 그 사회의 산업화 정도에 따라 결정된다고 보는 이론이다.

4. 사회복지정책의 발달이론에 관한 설명으로 옳지 않은 것은?

① 산업화론 – 농경사회에서 산업사회로 변화하면서 사회문제가 발생하였고, 그 대책으로 사회복지정책이 발달하였다.
② 권력자원론 – 복지국가 발전의 중요 변수들은 노동조합의 중앙집중화 정도, 노동자 정당의 영향력 등이다.
③ 수렴이론 – 사회적 양심과 이타주의의 확대에 따라 모든 국가는 복지국가로 수렴한다.
④ 시민권론 – 마샬(T. H. Marshall)에 따르면, 시민권은 공민권, 참정권, 사회권 순서로 발전하였고, 사회복지정책은 사회권이 발달한 결과이다.
⑤ 국가 중심적 이론 – 적극적 행위자로서 국가를 강조하고 사회복지정책의 발전을 국가 관료제의 영향으로 설명한다.

5. 사회복지정책 발달이론에 대한 설명으로 옳지 않은 것은?

① 산업화론은 산업화에 따른 욕구 증가에 대한 대응으로 사회복지정책이 발달했다는 것이다.
② 산업화론에 따르면 경제성장과 산업화는 복지국가로 수렴한다.
③ 독점자본주의 이론에서는 복지정책이 자본가의 도구라고 한다.
④ 권력자원론에 따르면, 노동자의 경제적 권력이 복지정책 발달을 이끌었다고 주장한다.
⑤ 다원주의론에서는 계급정치보다 이익집단 정치를 중시한다.

6. 국가중심이론을 올바르게 설명하지 않은 것은?

① 사회복지 수요측면에서 사회복지정책 발달을 설명한다.
② 국가발전의 장기적인 안목에서 형성된다.
③ 정책형성과정을 중시한다.
④ 국가의 적극적인 역할을 강조한다.
⑤ 국가의 구조적·제도적 요인에 따라 복지정책이 달라진다.

정답 1. ② 2. ② 3. ④ 4. ③ 5. ④ 6. ①

CHAPTER 06

사회복지정책과 이데올로기

개요

사회복지 이데올로기는 인간의 현실생활을 규제하며, 인간의 복지구현을 위해 사회적으로 추구되어야 할 것과 지양해야 할 것을 구분하는 이념적 기준 또는 준거를 제공함으로써 사회구성원의 현재와 미래의 삶에 영향을 미친다. 복지와 관련하여 이데올로기는 대개 시대적 이념과 제도화된 가치로 정의되며, 모든 사회는 그 사회에 관한 신념과 개념의 체계를 만들어 낸다. 여기에서는 사회복지정책에 나타난 이데올로기를 학습하고자 한다.

학습목표

1. 이념에 대한 이해
2. 각 이념의 시대적 배경
3. 이념 간 비교 분석

학습내용

1. 사회복지정책과 이데올로기
2. 고전적 자유주의
3. 구식 또는 고전적 사회민주주의
4. 마르크스주의
5. 페이비언주의
6. 사회민주주의
7. 국가개입주의
8. 신자유주의
9. 제3의 길
10. 생태주의
11. 페미니즘

1. 사회복지정책과 이데올로기

'*ideologie*'의 어원은 *idea*(이념)와 *logie*(논리)의 합성어이다. 즉, 생각과 이념이 논리적으로 뭉쳐진 덩어리, 다시 말해서 이념의 논리'라고 볼 수 있다. 이데올로기라는 용어는 최초 수십 년 동안 프랑스에서만 통용되었다. 그 후 이 용어는 점점 국제적으로 사용되었으며, 동시에 이 용어의 의미와 내용도 달라지기 시작하였다. 그러나 이 용어의 의미는 달라졌다 해도 그것은 아직도 역시 이따금 조롱기가 섞인 뜻으로 쓰이고 있는 실정이다 (Plamenatz, 1970).

『이데올로기』
(Plamenatz, 1970)

'사회복지 이데올로기(ideology)'는 사회복지에 대해 사회구성원이 공유하고 있는 유사한 생각의 결합체로서, 일관성, 역사성, 유토피아성 등의 특징을 갖는다(김성이, 2006: 16). 또한 사회복지 이데올로기는 인간의 현실생활을 규제하며, 인간의 복지구현을 위해 사회적으로 추구되어야 할 것과 지양해야 할 것을 구분하는 이념적 기준 또는 준거를 제공함으로써 사회구성원의 현재와 미래의 삶에 영향을 미친다.

사회복지를 포함한 사회 전반에 대한 사유의 기조라는 면에서 보면 사회사상은 사회복지 이데올로기의 일부로 이해할 수 있다(박광준, 2013: 155). 따라서, 사회복지 이데올로기는 사회복지에 대한 사상으로서, 사회복지의 개념과 범위에 따라 사회복지 이데올로기의 개념과 영역이 결정된다. 한 사회의 사회복지 제도 또한 사회정책은 그 사회의 가치 또한 사상(thought)의 표현물이라고 할 수 있다(김상균: 2004: 15).

사회복지는 이론적 관점의 차이에 따라 사회현상과 사회문제에 대한 대응 방식에 차이가 있을 수 있으며, 복지 이념으로부터 직접적인 영향을 받을 뿐만 아니라, 그 가치와 원칙, 방법까지도 결정된다. 또한 사회복지는 관점의 차이에 따라 그 정의도 차이가 있다. 복지에 대한 관점은 이념에 따라 영향을 받는다. 즉, 이데올로기에 의하여 사회복지의 가치와 원칙 및 방법 등이 상이하게 나타나며, 이데올로기는 궁극적으로 개인과 사회 또는 자유와 평등이라는 이념의 연속선에서 중간에 상이한 가치관에 따르는 많은 형태의 이념이 존재할 수 있다(김태진, 2012: 193).

『정치적 이데올로기』
(2019)

바라다트와 필립스(Leon P. Baradat & John A. Phillips)의 저서 『정치적 이데올로기: 기원과 영향(*Political Ideologies: Their Origins and Impact*, 2019)』에 따르면, '이데올로기(ideology)'라는 말은 프랑스 철학자 드 트라시(Antoine Louis Claude Destutt de Tracy, 1754~1836)가 그의 저서에서 '관념의 기원을 결정하는 과학'이라는 의미로 처음 사용한 것으로 보인다(Baradat & Phillips, 2019: 10).

기든스(Giddens, 2021: 97)에 따르면, 이데올로기는 갈등과 조화 간의 상호관계를 분석하는 데 도움을 주는 유용한 개념이며, 그것은 약한 집단을 희생시켜서 강한 집단이 지위를 확보하게끔 도와주는 가치와 신념이다.

테일러(Taylor, 2006: 18)에 따르면, 이데올로기는 사회현실을 묘사하고 그것을 변화시키는 방법을 제시한다. 따라서, 이데올로기는 한 개인 또한 한 집단이나 계층의 구성원들에 의해 공통적으로 소유되는 신념체계라고 할 수 있다. 이데올로기는 정책결정에 중요하게 작용할 수 있다. 즉, 이데올로기는 사회복지정책 등의 방향 설정에 기본이 되는 노선을 제시한다고 볼 수 있다.

그러므로 복지와 관련하여 이데올로기는 대개 시대적 이념과 제도화된 가치로 정의되며, 모든 사회는 그 사회에 관한 신념과 개념의 체계를 만들어 낸다.

사회복지 이데올로기의 근원이 되는 근대적 가치는 서구 근대사의 시민정신인 민주주의, 개인주의, 실용주의 등을 들 수 있다. 영국의 경우, 1601년「엘리자베스 빈민법」시행 이후 약 300년간의 역사를 통하여 빈곤의 책임이 개인성에 의한 것이 아니라, 국가와 사회에 있다는 복지의식이 생겨났다(박병현, 2012: 113). 이는 산업혁명 이후 불평등문제 해결을 위한 국가와 사회의 책임인식 등에서 비롯된 것이다. 사회복지 이데올로기는 시대적으로 제도화된 가치이며, 각 사회에 따른 개념 체계를 만들어 내고, 사회복지정책은 주도되는 이념에 따라 성격이 달라진다(김태진, 2012: 194).

사회복지 이데올로기의 유형에 대하여 조지와 윌딩(George & Wilding, 2013)은 반집합주의(anti-collectivism), 소극적 집합주의(reluctant collectivism), 페이비언주의(fabian Socialism), 마르크스주의(marxism)의 네 가지 모형을 제시하여 구분한 바, 이들은 자본주의가 점진적으로 사회주의 복지국가로 나아감을 확신하는 페이비언주의자들의 관심을 강조하였다. 즉, 사회복지 이데올로기는 복지국가의 발달과 복지국가에 대한 태도, 이상사회, 평가 등에 관하여 설명되고 있다고 볼 수 있는데(박병현, 2012: 43), 이는 사회복지정책이 이념의 영향을 많이 받기 때문이다. 또한 1970년대 후반 복지국가의 재편, 세계화와 신자유주의 도래로 복지의 시장화와 지방분권화 등의 과정에서 복지는 이념을 반영하고 있으며, 복지이론과 이념은 공공과 민간, 제3섹터를 포함한 종교기관의 복지실천과도 밀접한 관련성이 있다.

이데올로기를 가치의 정향으로 볼 때, 가장 대표적인 도식화는 '좌'와 '우'의 구분이다. 그런 만큼 좌파와 우파의 특징을 비교해 보면, 복지정책에 대한 '좌파'적 관점과 '우파'적 관점을 잘 파악할 수 있다.

좌파와 우파의 차이는 복지정책 및 시장경제체제에 대한 태도에서 좀 더 분명한 차이가 나타난다. 18세기 산업혁명 이후 현대에 이르기까지 정치경제적 변화를 거쳐 오면서 자유주의적 시장경제와 정치질서가 지배적인 체제로 형성되었고, 이 과정에서 복지국가는 거의 대부분의 국가에서 '보편적으로 추구하는 모델'로 자리 잡게 되었다. 이러한 과정에서 좌·우파 이데올로기는 복지국가를 어떻게 이해하는지 그리고 기존 복지 제도와 정책에 대한 태도가 어떠한지를 구분할 수 있는 기준으로서 작동되고 있다. 특히, 복지정책에 있어서 좌파는 평등을 지향하는 특징이 있는 반면, 우파는 개인의 자유와 역량개발에 의한 성장과 발전을 강조하며, 국가의 지나친 개입은 지양되어야 한다고 본다.

오늘날 후기 현대사회의 특성은 복지사회를 추구함에 있어서 사회정책을 통하여 국가책임과 평등을 추구하는 사회주의적 성격과 공공과 민간, 제3섹터를 통한 복지혼합(welfare mix) 및 자유주의가 공존하는 현상 등에 대하여 사회복지 이데올로기가 유형화되고 있다.

이데올로기는 사회복지정책과 관련된 사회적 가치를 반영하고 있다. 즉, 이데올로기가 달라지면, 사회복지정책의 내용도 달라질 수 있다. 무엇보다도 사회복지정책과 관련된 여러 영역에서 이데올로기마다 차이가 있기 때문에 각각의 이데올로기를 따르는 집단은 사회복지정책의 결과에 크게 영향을 미치기를 원하고 있다. 따라서, 사회복지정책은 이데올로기의 영향으로부터 벗어나기 어렵다. 이데올로기가 사회복지정책에 미치는 영향은 다음과 같다(노병일, 2021: 86).

첫째, 사회구성원에게 무엇을 제공하여야 하는지와 관련해 영향을 미치고 있다.

둘째, 사회에서 잘하지 못하는 사람들을 어떻게 다루어야 하는지에 대해서 영향을 미치고 있다.

셋째, 서비스를 제공하는 방식과 관련해 영향을 미치고 있다.

2. 고전적 자유주의

존 로크

아담 스미스

고전적 자유주의(classical liberalism)는 경제적 자유에 중점을 두고 법치주의 아래에서 시민의 자유를 옹호하는 정치 이데올로기이자 자유주의의 분파이다. 이를 '자유방임주의라고도 한다. 경제적 자유주의와 밀접하게 관련되어 있으며, 19세기 초 도시화와 산업혁명에 대응하여 이전 세기의 아이디어를 바탕으로 만들어졌다. 고전적 자유주의에 기여한 사상가는 로크(John Locke, 1632~1704), 세이(Jean-Baptiste Say, 1767~1832), 맬서스(Thomas Robert Malthus, 1766~1834), 리카도(David Ricardo, 1772~1823) 등이 있다. '고전적 자유주의'라는 용어는 19세기 초에 발생한 사회자유주의와 구별하기 위해 사용되기 시작했다.

고전적 자유주의는 봉건주의에서 시민계급의 탄생과 함께 시작된 사상이다. 18세기 산업혁명과 함께 자본을 배경으로 급성장한 시민계급은 왕과 봉건 제후들이 가진 절대적 권력과 경제적 기득권을 유지하려는 정치경제적 환경을 극복할 필요가 있었다. 따라서, 자본주의 생성기에 중상주의에 반대하는 프랑스의 중농주의자들이 시장과 국가를 분리하여 국가가 시장에 개입하지 않는 자유방임 경제관을 강조하기 위해 '자유방임(laissez-faire, 하게 내버려 두다)' 이념에 토대를 둔 고전적 자유주의를 표방하였다. 즉, 자유방임주의는 국가의 경제적 간섭과 규제 없는 자유로운 경제활동을 주장하는 사상이다(이근식, 2006a: 24).

『국부론』
(2023)

아담 스미스(Adam Smith, 1723~1790)는 그의 저서 『국부론(*An Inquiry Into the Nature and Causes of the Wealth of Nations, Volume 1*, 1776)』에서, 스미스는 옹호한 경제사상과 자연법, 공리주의, 사회진보에 대한 믿음을 바탕으로 고전적 자유주의를 정립하였다. 스미스는 그의 『국부론』에서 '보이지 않는 손(invisible hands)'으로 표현되는 시장은 시장이 알아서 하도록 맡겨 둬야 한다고 보면서, 국가가 경제주체로서 경제활동에 직접 참여하는 것을 반대하며, 심판자로서의 역할을 하여야 한다고 보았다. 반면에, 군수산업 등 국가의 보호가 필요한 시장은 바람직한 시장상태를 유지하기 위하여 국가의 개입이 적극적으로 필요하다고 보았다. 즉, 아담 스미스는 경제적 영역에서 국가 간섭이 제한적으로 이루어지고 개인의 자유가 보장될 때, 시장은 '보이지 않는 손'에 의해 최고의 경제적 결과를 확보할 수 있다고 주장한 것이다. 그는 '작은 정부'에 의한 자유방임주의, 순수 자본주의 시대가 필요함을 역설하였다. 이러한 영향으로 산업혁명, 분업, 대량생산에 따라 누구나 저렴한 가격으로 양질의 상품을 구입할 수 있는 시장이 활성화되면서, 본격적인 시장경제체제의 확산이 이루어졌다.

이러한 자유방임주의는 사회복지에 전반적으로 영향을 미쳤다. 아담 스미스의 자유방임주의에 영향을 받아 「빈민법」에 대한 새로운 관념이 대두되었다. 그는 노동력의 이동과 임금은 수요와 공급의 법칙에 의해 결정되어야 하며, 임금은 노동자의 결핍이나 기대에 의해서가 아니라, 고용주의 지불능력에 의해 정해져야 한다고 주장했다. 이를 가로막는 가장 큰 장애가 「정주법」과 스핀햄랜드제도(The Speenhamland System)였다. 이처럼 자유방임주의는 「빈민법」 개정에 큰 영향을 미쳤던 경제 · 정치 사상이었다(최혜지, 2008: 84).

3. 구식 또는 고전적 사회민주주의(구식 사회주의)

전후 초기에 많은 국가들의 사회민주주의자들은 유사한 시각을 폭넓게 공유하고 있었는데, 이것을 구식 또는 고전적 사회민주주의(old-style or classical social democracy)라고 한다. 여기서 사회민주주의라는 말은 영국 노동당을 포함하여 개혁적 좌파 정당과 집단을 의미한다(Giddens, 2008: 6).

사회주의(socialism)라는 용어를 처음으로 사용한 사람은 이탈리아의 줄리아니(G. Giuliani)로서, 1803년 그는 루소의 개인주의적 생활원리에 대비하여 사회적 생활원리라는 뜻으로 이 말을 썼다. 그 후 1830년대 이후 생시몽(Saint-Simon, Comte De Claude Henri De Rouvroy, 1760~1825), 오웬(Robert Owen, 1771~1858), 푸리에(Charles Fourier, 1772~1837) 등의 후계자들에 의해 본격적으로 보급되었다.

샤를 푸리에

사회주의라는 용어는 지극히 다양한 의미를 갖고 있고, 또 그것을 사용하는 사람의 입장이나 시대에 따라 각기 다른 뜻으로 쓰이고 있기 때문에 한마디로 개념 규정을 한다는 것은 매우 어려운 일이다. 그러나 일반적으로 사회주의는 생산수단의 사유를 반대, 산업이 공공소유로 공공의 통제 아래 놓임으로써 개인의 이윤 마련 목적에서가 아니라, 공공사회의 필요에 따라 운영되고, 사적 이익에 대신하여 사회봉사를 위한 자극이 주어짐으로써 보다 좋은 분배와 부의 생산을 목적으로 하는 이론 및 실천운동을 가리킨다(김민하 외, 1982: 109).

사회주의는 생산수단의 사회적 소유와 계획경제를 수단으로 하여 이상사회의 건설을 목표로 하는 사상이나 운동을 말한다. 이 이념은 자본주의의 경제적 원리인 '개인주의'를 그 대칭 개념인 '사회주의'로 대치함으로써 사회를 개혁하려는 데 근본 목적을 두고 있다. 자본주의의 경제체제의 경우에는 사적 이윤

추구를 목적으로 하고 생산수단의 사적 소유와 자유경쟁을 수단으로 삼고 있는 제도로서, 경제적 '개인주의'의 제도라 할 수 있다(이성구 외, 2012: 160).

1970년대 말에 쇠퇴의 길을 걷기까지 사회민주주의는 어디서나 단선적 근대화 모형, 즉 '사회주의의 길(the path of socialism)'을 추구하였다. 영국에서 복지국가 등장에 대한 가장 저명한 해석가인 사회학자 마셜(T. H. Marshall)은 이런 모형에 대해 설득력 있는 설명을 제시했다. 복지국가는 시민권이 진화하는 장기적 과정에서 높은 지점을 차지하고 있다. 전후 초기에 마셜은 다른 사람들과 마찬가지로 복지제도가 점진적으로 확장되고 경제적 발전과 병행하여 사회적 권리를 더욱 충실하게 보장할 것으로 기대하였다(Marshall, 2021).

4. 마르크스주의

칼 마르크스

마르크스주의(marxism)는 마르크스(Karl Heinrich Marx, 1818~1883)가 엥겔스(Friedrich Engels, 1820~1895)의 협력으로 만들어낸 사상과 이론의 체계를 말한다. 레닌(Vladimir Il'ich Lenin, 1870~1924)에 따르면, 마르크스의 사상과 학설의 체계인 마르크스주의는 19세기의 세 가지 정신적 주요 조류인 독일의 고전철학, 영국의 고전경제학 및 프랑스의 혁명적 학설과 결합된 프랑스 사회주의를 그 원천 또는 구성부분으로 하고 있다.

마르크스는 유대계 독일인으로 당시 프로이센의 수도 베를린으로 건너가 헤겔(Georg Wilhelm Friedrich Hegel, 1770~1831)에게서 변증법을 배웠고, 프랑스 파리에서 사회주의 사상을 섭했으며, 그 부렵에 만난 평생 친구이며 동지인 엥겔스(Friedrich Engels, 1820~1895)의 권유로 영국의 정치경제학을 연구하고, 그의 필생의 대작 『자본론(*Das Kapital*)』을 완성했다. 이 책의 원제는 『자본: 정치경제학 비판(*Das Kapital: Kritik der politischen Ökonomie ; Capital: Critique of Political Economy*)』으로, 마르크스가 독일어로 집필하고 엥겔스가 편집한 방대한 정치경제학 논문이며, 1867년에 제1권이 출간되었다. 또한 이 책은 주로 영국의 고전파 경제학 및 자본주의와 영국사회에 대한 비판을 담고 있는데, 그 내용은 1859년 발간된 마르크스의 저서 『정치경제학 비판(*The Critique Of The Political Economy*)』의 연장선상에 놓여 있다. 이 책은 총 3권으로 구성되어 있고, 1권은 자본의 생산과정, 2권은 자본의 유통과정, 3권은 자본주의적 생산의 총 과정이 부제로 붙어 있다. 1권은 1867년에 나왔으며 2, 3권은 엥겔스가 마르크스의 유고를 모아 집필, 각각 1885년과 1894년 발간되었다.

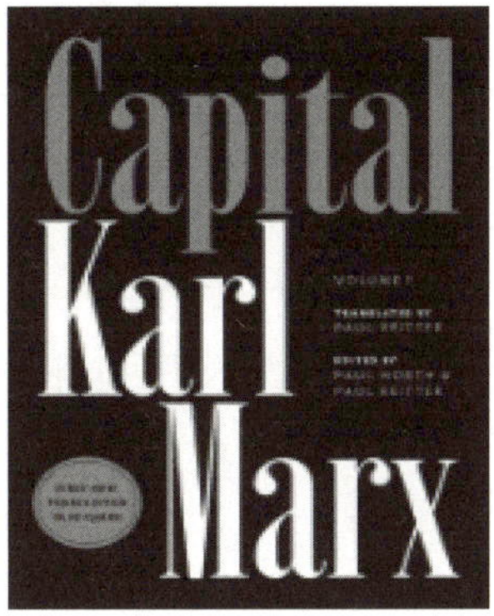

『자본론 1』
(2024)

『정치경제학 비판』
(2023)

마르크스주의자들에 따르면, 자본주의체제의 논리는 생산 및 사적 이윤을 극대화하는 것이다. 그러나 그 과정에서 과잉생산, 인플레이션, 투자부족, 과도한 실업에 의해 스스로 위기와 문제를 초래한다. 따라서, 자본주의가 생존하기 위해서는 끊임없는 부양책과 교제가 있어야 하며, 방어되어야 할 필요가 있다(George & Wilding, 1994: 104). 이러한 이유로 자본주의체제가 주장하는 복지국가는 모순적인 사회구성체이며, 선과 악이 공존하며, 노동자계급의 이익을 증대시키는 것처럼 보이지만 오히려 제한하게 된다. 따라서, 복지국가는 자본주의체제의 방어막이다. 또한 복지급여를 실시하는 것이 일부 노동자계급에 대해서는 현물 또한 현금을 통한 도움이 될 수 있을지라도, 급여 실시의 목적이 노동자계급을 지지하기 위해서가 아니라, 자본가계급을 보호하기 위함이기 때문이다. 자본주의체제에서 복지급여는 일정 수준까지는 받아들여

지겠으나, 높은 공공지출이 경제성장을 위축시키고 물가상승을 부추길 수 있다는 논리에 의해 결국 복지급여가 확대될 수 없다. 결국 노동자계급의 풍요와 정치적 각성, 발달된 선진기술단계에 도달하지 않는다면, 자본주의를 통한 이상적 사회구현은 불가능할 것으로 여기고, 자본주의는 계급체계를 파괴하고 평등주의적 공산사회로 이행하는 한 단계에 불과할 것이다. 따라서, 마르크스주의자들은 생산수단의 사회화를 통한 모든 국민의 복지를 향상시키는 것이 마르크스주의의 이상사회로 본다(김영화 외, 2023: 138).

마르크스주의의 주된 약점은, 복지국가의 기능을 고려할 때, 복지국가가 전적으로 자본주의에 기여했다는 것을 지나치게 강조했다는 점이다. 그 이유는 마르크스주의에게는 자본주의가 멸망한다는 전제조건이 있기 때문이다. 이는 대중의 지지를 받는데 어느 정도의 영향을 미쳤는지는 의문으로 남는다. 또 하나의 약점은 이상사회의 성격과 이상사회를 건설하는 데 요구되는 수단이다. 즉, 마르크스주의가 주장하는 복지국가의 이상사회는 극단적으로 유토피아적일 뿐만 아니라, 실현할 수 없는 모형이라는 심각한 모순을 안고 있다(George & Wilding, 1994: 129).

5. 페이비언주의

페이비언주의자(fabianist)들은 자본주의의 폐해에 대한 문제점을 인식하고, 사회주의(socialism)에도 도덕적인 면이 있다는 것을 자각하였다. 조지와 윌딩(George & Wilding, 2013: 69)은 사회주의적 복지이념을 페이비언주의(fabianism)와 마르크스주의(마르크스 사회주의)로 구분하고 있는데, 페이비언주의는 소극적 집합주의와 마르크스주의 사이의 다소 모호한 중간영역에 위치한다. 페이비언주의는 페이비언 사회주의(fabian socialism)라고도 한다.

페이비언주의의 배경에 대하여 시대적·사상적 배경으로 살펴보면, 먼저 페이비언주의는 19세기 말 기존의 절대적 세계관과 사상체계가 심각하게 도전받은 사상적 전환기에 영국식 진보 개념을 발전시키도록 하였을 뿐 아니라, 국민을 위한 복지정책을 발전시킨 매우 중요한 사상이다. 페이비어니즘은 특정한 사상체계가 공식으로 정해진 것이 없는 데다가 80년 이상 활동해 온 페이비언협회의 주장도 시대에 따라 변화하였기 때문에 한마디로 정의하기는 어렵다.

페이비언주의는 마르크스주의와는 달리, 특정의 역사관·경제이론·정치학설을 가지고 있지 않지만, 초기 지도자의 저작을 살펴보면 그 역사관은 점진적 진보의 낙천론 위에 서 있다. 즉, 사회는 기술적 발달과 물질적 부의 증대에 의한 구성원의 행복의 증진이라는 방향으로 진보해 가는데, 그 과정에서 사회의 내부에 그 존속을 위협할 만한 파괴적 요소가 나타나면, 그것을 극복하는 조치가 취해지게 된다는 것이다(노기남 외, 2021: 112).

조지 버나드 쇼

페이비언협회(Fabian Society)는 1884년 영국 지식인 그룹에 의해 설립되었다. 이상주의적이고 열정적이며 아마도 순진한 개혁가인 페이비언협회(Fabian Society)는 영국 최초의 주요 사회주의 단체였다. 협회 창설 당시 지도자로는 쇼(George Bernard Shaw, 1856~1950)와 그의 친구 웹 부부인 시드니 웹(Sidney Webb, 1859~1947)과 베아트리스 웹(Beatrice Webb, 1858~1943), 베전트(Annie Besant, 1847~1933), 피스(Edward Reynolds Pease, 1857~1955) 등이 있고, 추후에 웰스(Herbert George Wells, 1866~1946), 러셀(Bertrand Arthur William Russell, 1872~1970), 케인스 등이 참여하였다. 이들은 사회주의 사상, 즉 의회정치의 방법으로 점진적인 사회개량을 진행하면서 생산수단의 공공적 소유라는 관점을 견지하는 사회주의 이데올로기를 형성하였다(Pease, 2008: 23-35). 페이비언협회가 결성되기 시작한 19세기 후반은 기존의 절대적 세계관과 사상체계가 심각하게 도전을 받은 사상적 전환기였다. 이러한 사회적 상황에서 도덕성과 금욕, 사회재건을 목표로 하는 페이비언협회가 발족되어 페이비언주의라는 새로운 사상이 대두된 것이다.

페이비언협회의 주요 활동의 특징은, 항상 노동자들이 스스로의 정당을 조직할 것을 강조하여 왔는데, 1892년 총선거에서 하아디(H. K. Hardie) 등의 노동자 출신이 당선된 것을 계기로 자유당으로부터 독립된 노동자 정당의 결성이 추진되어 독립노동당이 성립되었다(Shaw, 2018: 35-36). 페이비언협회의 활동은 각 방면으로 확대되고, 그 이념은 노동조합, 중산계급, 자유당 또는 보수당에까지 영향을 미쳤다. 특히, 자유당이 1909년에 실시한 '양로연금제도(old age pension scheme)'는 전적으로 페이비언협회가 제안한 정책을 실천한 것이었다(The Fabian Society, 1983: 3-5). 이는 오늘날 영국 사회보장제도의 기초가 되었다. 페이비언주의는 의회정치를 활용하여 재정정책과 사회보장 및 노동입법 등에 의한 부와 소득의 평등화 정책을 추진함으로써 사회주의는 실현될 수 있는 것으로 보았다. 페이비언주의의 공헌은 영국의 '노동당'이 이 사상을 기본 강령으로 채택함으로써 사회정책적 개입의 기초로 삼았다는 점에 있다. 노동당이 결성된 것은 1906년의 일이지만, 사실상 그 사상적 토대는 1880년대부터 구축된 것이라고 할 수 있다(최혜지 외, 2008: 197).

페이비언주의는 자본주의의 정치제도와 경제제도를 그대로 유지하면서 자본주의의 일부 수정을 통해 계급모순을 완화시키되, 자본주의를 수호하려는 목적이 있었다. 페이비언협회는 이후 1945년 영국 노동당 창건과 활동에 적극 참여하여 페이비언주의의 국가책임주의를 바탕으로 노동당 정부의 국유화정책(영국은행 1946년, 석탄 1947년, 전기 1948년, 가스 1948년, 철도 1948년), 복지국가의 실현을 향한 사회복지정책(「국민보험법」 1946년, 「국민보건서비스법」 1946년, 「국가부조법」 1948년, 「아동법」 1948년 등) 실현에 큰 영향을 미쳤다. 또한 페이비언주의의 영향으로 1930년대의 대공황의 공포를 종식하고, 제2차 세계대전을 이끌어 나가기 위한 사회적 결속을 위해 국

『페이비언협회의 역사』
(2008)

유화, 완전고용, 사회보장제도 확대는 페이비언주의에 기반을 둔 노동당의 기여라고 할 수 있다.

페이비언주의는 비록 점진적 개혁을 통한 사회주의의 완성을 추구하였으나, 그 주체는 교육받고 계몽된 시민들에 의하여 조직된 공동사회를 말하므로 결국 대중민주주의가 아닌 '민주적 귀족주의'였다는 비판을 받는다. 1960년대 영국에서 실업과 인플레이션의 증가, 1970년대 세계불황으로 인한 공공지출 삭감, 감세, 보조금과 장려금을 폐지할 수밖에 없는 상황에서 노동당 정부는 1979년 보수당 대처 정권에게 권력을 넘겨주었다. 대처 정부는 페이비언 노동당 정부의 국유화, 사회보장제도와 반대로 정부의 역할 축소 및 복지비의 삭감을 단행하고, 신보수주의, 신자유주의적 정책을 실시하여 복지국가의 위기를 가져오게 하였다(손병덕, 2020: 67). 그 후 페이비언협회의 지속은 사회민주주의와 영국 노동당의 복지정책에 가장 큰 영향을 미쳤으며, 최근 기든스가 '제3의 길(the third way)'을 제시하고, 블레어 총리 및 내각의 주요 인물들을 배출하여 오늘에 이르고 있다.

그러므로 오늘날 영국의 사회복지제도가 자리 잡게 되기까지 페이비언협회의 역할은 결코 작다고 할 수 없다. 이러한 협회의 사회복지와 평화, 반제국주의적 성격은 영국 노동당은 물론 진보세력에게도 지속적인 영향을 끼치고 있기 때문이다. 또한 페이비언협회 덕분에 영국인들은 세계 어느 민족보다 사회주의란 단어에 관용적일 수 있었다. 특히, 마르크스주의자들과는 어느 사상가들 못지않게 대립적 구도를 유지해 왔는데, 일부 한국 지식층에서 페이비언협회를 마르크스주의와 동일시하거나 마르크스 추종자들로 폄훼하는 오류를 범하고 있다.

| 페이비언주의와 마르크스주의 구분 |

페이비어니즘과 마르크시즘은 모두 평등, 자유, 우애로 대표되는 근본적인 사회주의 가치는 동일하지만, 다음과 같은 차이점이 있다(최혜지 외, 2008: 205-206).

첫째, 마르크스주의는 실천보다는 이론을 중요시하지만, 페이비어니즘은 실현을 더 중요시한다.

둘째, 마르크스주의는 사회를 집합주의적으로 재구성하는 정치기구를 만들기 위해서 기존의 국가를 부인하며 계급투쟁을 강조하고 혁명을 시도하는 반면에, 페이비어니즘은 사회주의 실현을 위해서 국가가 사회개혁사상을 수용해야 하며, 보통선거 기반의 민주정치에서 국가가 언제나 다수파에 의하여 지배되어야 하고, 의회민주주의적인 수단을 통한 사회주의의 발전을 도모해야 한다고 본다.

셋째, 페이비어니즘은 복지국가가 시장요소의 자유로운 활동을 수정하는 사회정책을 사용하여 시장경제와 공존할 수 있다고 믿었지만, 마르크스주의는 자본주의가 완전히 붕괴되는 것을 목적으로 한다.

넷째, 페이비어니즘은 복지국가를 지향하는 데 있어서 마르크스주의보다 더 열정적이고, 복지국가의 완성을 그들 활동의 상당한 성취로 간주하였다.

6. 사회민주주의

에두아르트 베른슈타인

사회민주주의(social democracy)는 독일의 철학자이자 정치인인 베른슈타인(Eduard Bernstein, 1850~1932)이 수정마르크스주의(revision marxism)를 발전시켜 확립한 이념으로, 마르크스주의가 자본주의 경제체제를 혁명으로 변혁하자는 주장을 배제하고, 점진적 사회주의 및 민주주의적 소득재분배정책을 주장한 사회적 · 정치적 · 경제적 이념이다. 혁명적 사회주의의 폭력성을 배제하고 정치적 자유와 평등가치를 신봉하는 민주주의체제하에서 경제적 · 정치적 · 사회적 평등을 달성하자는 것이다. 자본주의란 기본적으로 개인의 이윤을 목적으로 하고 개인경쟁에 의해 운영되기에 자본주의적 민주주의는 자유·평등을 방해하는 원인이 된다고 본 것이다. 따라서, 자유·평등이 보장되는 민주사회를 실현하려면 자본주의의 핵심인 개인주의를 사회주의로 바꾸되, 마르크스주의자들처럼 폭력적 방법이 아닌 민주주의적 방법을 통하여 사회체제를 건설하자는 것이다. 스웨덴의 사회민주당(1889년 창당)과 생산직 노동조합 총연맹은 1930년대부터 1960년대 말까지 스웨덴 특유의 경제사회운영 모델을 발전시켜 스웨덴이 사회민주주의를 정책으로 정착시키는 데 주도적인 역할을 하였다. 사회민주주의는 모든 사회구성원을 대상으로 하는 보편주의적 복지, 공적 복지 및 공적 재정기반 복지, 성 평등 및 사회적 책임과 개인적 책임의 조화를 추구하는 복지정책을 지향한다(손병덕, 2020: 65).

사회민주주의는 계급투쟁에 의해 자본주의를 사회주의로 대체시키려는 고전적 사회주의가 아니라, 온건하고 의회주의적인 사회주의로, 시장경제의 병폐와 분배상의 문제점을 국가개입에 의해 해결하려는 사회이념이다. 사회민주주의는 국가통제를 받아들이면서 타협을 선호하는 온건 좌파, 좌파 자유주의, 복지자유주의 등으로도 불린다. 서구에서 말하는 사회주의는 복지국가의 기틀 위에 세워진 사회민주주의이다. 20세기 페이비언들은 사회민주주의 국가가 '사회조직의 집합적 원칙과 시장원칙(collective and market principles of social organization)'을 조화시킬 수 있다고 믿었다(Hewitt, 1992: 26).

사회민주주의는 포디즘(Fordism)적 생산체제에 따른 케인스주의적 계급타협체제 내에서 발전한다. 포디즘(Fordism)적 생산체제는 일관된 공정시스템, 노동의 분업화, 반숙련 노동자계층 등에 기초한 소품종 대량생산체제를 말하는데, 사업장이 대규모화되고 생산직 노동자층이 대규모로 집결됨에 따라 대규모 파업 등 노동쟁의 가능성이 상존한다. 노동쟁의는 자본가와 노동자 모두에게 커다란 경제적 손실을 가져온다. 따라서, 파업을 예방하고 통제하기 위해 자본가계층과 노동자계층의 계급적 협력체제를 구축할 필요가 있다.

사회민주주의체제는 계급 간의 타협을 추구하는 조합주의(corporatism)이다. 이 체제는 계급타협체제의 구축에 찬성한 자본가계층과 계급 타협을 추구하는 대중 노조지도부가 지배블록을 구성하여 노사 간의 사회적 동반자관계(social partnership) 수립을 추구한다. 사회민주주의체제는 노동자계층과 신중간계층이 자본주의를 무너뜨리려는 것이 아니라, 자본주의를 인정하는 가운데서 '복지동맹'을 이룩하려는 체제이다(김영화 외, 2023: 137).

『이데올로기의 시대』
(Watkins, 1964)

사회민주주의체제하에서는 계급 간 대립과 갈등이라는 고전적인 사회주의 문제가 복지정책상 어젠다의 지위에서 물러나고, 분배와 복지 및 고용창출이 정책어젠다의 지위를 획득하는 변화가 발생하였다. 노동운동 역시 자본주의체제를 붕괴시키려는 체제변혁을 시도하지 않고, 자본주의 지배질서를 인정하는 가운데 변혁을 추진하는 제도혁신운동으로 전환되어 체제 종속적으로 변화하였다(Watkins, 1964).

사회민주주의의 핵심적 특징은 고전적 사회주의와 달리, 생산수단의 개인적 소유권을 불법화하지 않으며, 모든 생산수단의 사적 소유까지도 수용한다. 반면, 생산수단의 소유자는 그의 생산수단의 사용으로 얻을 수 있는 소득의 전부를 정당하게 소유하지 못하며, 생산소득의 일부는 정당하게 사회에 귀속되고, 사회에 인도되어야 하고, 평등주의 또는 분배정의의 사상에 따라 사회의 각 구성원에게 재분배된다.

분배적 측면에서 사회민주주의는 롤즈의 정의론에 기초하고 있다(Rawls, 1999). 롤즈의 정의론은 자유민주주의의 기틀 아래서 적극적인 부의 재분배정책을 시도한다. 롤즈는 사회를 협동과 갈등의 양면성을 띤 체제로 인식한다. 사회를 사회구성원들이 상호 간의 이익을 위해 노력하는 협동체계임과 동시에, 이익의 분배과정에서 상호 간의 이해가 대립되고 갈등이 불가피하게 발생하는 체제로 본다. 따라서, 적정한 분배를 위한 사회적 합의를 유도할 수 있는 기본 원칙이 필요하다.

사회민주주의자들은 복지국가를 적극적으로 지지한다. 특히, 이들은 모든 국민에게 중간계층의 삶을 보장해 주는 사회민주주의 복지국가를 지향한다. 사회민주주의자들은 복지국가는 사회적 빈곤을 완화시키고 사회적 욕구를 충족해 줄 뿐 아니라, 사회복지급여나 서비스는 경제성장을 촉진하고, 사회적 투자가 되며, 모두가 인간다운 삶을 구현하는 수단이 되고, 사회를 하나로 통합시켜 준다는 점에서 정당성을 부여한다. 이처럼 사회민주주의는 마르크스주의의 혁명적 사회변혁 방법을 비판하고, 자유와 평등이 민주적인 방법의 정착을 목적으로 하여 사회 내 기득권을 감소시키고, 사회구성원 간 평등(사회적 연대 강화)을 지향한 결과, 사회보장의 확대, 적극적인 재분배정책을 펼쳐 사회일반의 삶의 질이 향상되는 결과를 가져왔다(김기원, 2020: 77).

그러나 사회민주주의는 평등의 확대를 주장한 나머지 사회의 자율성이 약화되도록 하였고, 노사관계의 문제점을 개선하기보다는 양자 간 타협에 초점을 둔 까닭에 근본적 불평등을 극복하지 못하는 한계가 있다는 비판을 받는다. 또한 사회민주주의하의 복지국가는 지나친 세금부담과 국가재정적자, 비대해진 국가관료제와 지나친 중앙집권제, 국민의 노동의욕 감소 및 국가 경쟁력의 하락 등으로 이른바 '복지국가 위기론(crisis of welfare state)'에 직면하게 된다.

7. 국가개입주의

아담 스미스가 중상주의를, 마르크스가 자본주의를 비판했다면, 케인스는 자유방임주의를 비판했다. 케인스 경제이론은 1929년에 시작된 세계적인 대공황 이후 20세기 전반에 걸쳐서 경제학자는 물론 정치인과 공공정책수립자의 사고에 엄청난 영향을 미쳤다. 자본주의 경제는 국가가 적절히 개입해야만 그 건강성을 유지할 수 있다는 그의 경제관념은, 2차 세계대전 후의 복지국가에 대한 이론적 기반이 되었음은 물론, 정치적 지지를 이끌어 내는 데에도 결정적인 역할을 했다(원석조, 2023b: 182).

『일반이론』
(2017)

케인스가 실업과 불평등을 반대한 이유가 경제적인 데 있었던 것만은 아니었다. 그의 주저 『고용 · 이자 및 화폐의 일반이론(*The General Theory of Employment, Interest and Money*, 1936 ; 또는 일반이론)』의 결론에서 밝혔듯이, 책을 쓰게 된 동기가 실업과 소득분배의 불평등을 해소하여 자본주의를 유지해야 할 급박한 시기에 '자본주의를 보호하기 위한 훌륭한 조치들을 볼셰비즘(Bolshevism, 볼셰비키주의)으로 간주하고 있는' 완고한 지도자들을 계몽시키기 위함에 있었다(김수행, 1986: 134).

한편, 케인스 사상을 국가개입주의(state interventionism)라고도 한다. 국가개입주의란 자유주의와 같이 자본주의의 기본 가치인 자유, 개인주의, 경쟁적 사기업에 대한 신념을 신봉하되, 자본주의의 자기규제적이지 못한 결함을 직시하고, 이의 해결을 위해 일정한 수준에서의 국가개입이 불가피하다고 보는 실용주의적 입장을 말한다. 이를 '소극적 집합주의(reluctant collectivism)'라고도 하는데, 베버리지와 갤브레이스(John Kenneth Galbraith, 1908~2006) 등이 거기에 속한다. 이들에게 있어서, 자본주의는 최선의 경제체제임에 틀림없지만, 공정하고도 효율적으로 기능하기 위해서는 적절한 규제와 통제가 필요하며, 자본주의의 결함이 심각하지만 근본적인 것은 아니며 수정될 수 있다.

케인스이론에 따르면, 정부의 복지지출 증가는 국민소득을 향상시키는데 긍정적인 영향을 미친다. 즉, 정부가 복지지출을 증가시키면, 유효수요가 증가하고 생산량을 증가시켜 고용을 증대시키며, 궁극적으로 국민소득을 증가시킨다. 따라서, 불경기일 때 공공복지 지출의 증가는 국민의 삶을 풍요롭게 하는 데 기여한다. 반면, 호경기일 때는 불경기 때 발생한 재정적자를 보전하기 위해 정부의 복지지출을 감소시켜야 한다. 미국의 경우, 케인스이론에 입각하여 '검은 목요일(Black Thursday)'로 불리는 1929년 10월 24일 뉴욕 증권시장의 붕괴로 시작된 대공황(Great Depression) 위기를 맞아 국가의 적극적 개입에 의한 수요의 창출을 통하여 경제를 회복시키기 위한 '뉴딜정책(New Deal Policy)'을 실시함으로써 극복하였다. 케인스이론은 정부의 재정지출 확대는 유효수요를 증가시켜 소비를 증가시키고, 소비의 증가는 생산을 증가시키고, 생산의 증가는 생산시설에 대한 투자의 증가를 가져오고, 투자의 증가는 고용의 증가를 가져온다고 주장한다. 미국은 당시 대규모 공공사업과 함께 뉴딜정책의 3R's[(부흥(Recovery), 구제(Relief), 개혁(Reform)] 가운데 Relief(구제) 대안의 하나로 1935년 「사회보장법(Social Security Act)」을 제정하여 사회보장에 대한 재정지출을 증가시켰으며, 연방정부는 노령연금을, 주정부는 실업보험, 아동부조, 장애인부조, 노령부조를 주도하였다(김기원, 2020: 76).

1929년 미국에서 시작된 세계적인 대공황 이후 케인스주의와 국가개입주의는 1973년과 1979년의 오일쇼크로 인한 스태그플레이션(stagflation) 앞에서 무너졌다. 원래 자본주의 경제에서는 호황기에 물가가 상승하고, 불황기에는 물가가 하락하는 것이 일반적인 현상이다. 그러나 1970년대의 오일쇼크는 불황과 인플레이션을 동시에 발생시켰다. 이는 인플레이션이 경제를 활성화시키고, 경제활성화는 실업률을 낮춘다는 케인스이론으로는 설명이 되지 않는 것이었다. 그리하여 신자유주의적인 통화주의 경제학이 힘을 얻게 되었다. 즉, 실업률이 높은 상황에서 인플레이션이 발생하면, 장래의 예상 인플레이션도 뒤따라 상승하게 되는데, 재정 · 금융 정책에 의한 긴축으로 이것을 억제하여 현재의 인플레이션을 떨어뜨려도 예상 인플레이션이 그 뒤를 따르기 때문에 안정되기까지는 높은 실업률과 높은 인플레이션(inflation)이 공존하는 스태그플레이션(stagflation)이 된다.

8. 신자유주의

밀튼 프리드먼

신자유주의자들은 스태그플레이션의 극복을 위해서는 케인스주의 경제사회정책을 포기하고, 화폐 공급을 억제하여 경제의 자율성을 회복시키는 방법밖에 없다고 보았다. 결국 영국 대처 총리의 등장과 함께 케인스주의는 프리드먼(Milton Friedman)으로 대표되는 시카고학파(Chicago School, 신자유주의학파)의 통화주의(monetarism)로 대체되었다.

신자유주의(neoliberalism)는 1970년대부터 부각하기 시작한 '자본의 세계화(globalization of capital)' 흐름에 기반을 둔 경제적 자유주의 중 하나이며, 반집합주의(anti-collectivism)라고도 한다. 신자유주의는 19세기의 자유방임적인 자유주의의 결함에 대하여 국가에 의한 사회정책의 필요를 인정하면서도, 자본주의의 자유기업의 전통을 지키고 사회주의에 대항하려는 사상이다. 윌슨 미국 대통령(Thomas Woodrow Wilson, 1856~1924 ; 제28대 1913~1921)이 1920년대 제창했던 '새로운 자유(The New Freedom)'정책, 그리고 정치적 · 문화적 자유에도 중점을 두었던 자유주의와는 다른 고전적 자유주의에 더 가까운 것이며, 사회적인 면에서는 보수자유주의적인 가치를 지향한다(원석조, 2023a: 141).

1980년을 즈음하여 영국과 미국에서 신자유주의가 지배적인 정책기조로 등장함으로써 역사의 시계추는 케인지안(Keynesian)의 개입주의에서 다시 자유방임주의로 기울어졌다. 1979년에서 1990년까지 집권하였던 영국의 대처 총리와, 1980년에서 1988년까지 재임하였던 미국의 레이건 대통령은 이러한 신자유주의에 입각하여 규제철폐, 공기업의 민영화, 노동시장의 유연화, 공공복지 축소 등의 정책을 실시하였다. 이는 세계화를 등에 업고 현재 전 세계를 풍미하고 있다. 역사적으로 볼 때, 구미의 자본주의 역사에서 자유방임주의와 개입주의가 교대로 등장하는 현상이 반복되어 왔다. 대략 16세기에서 18세기까지는 전형적인 개입주의인 중상주의, 19세기에는 자유주의, 20세기에 들어와서 1970년대까지는 다시 개입주의인 신중상주의, 1980년대부터는 또다시 자유방임주의인 신자유주의가 지배적 조류가 되어 오늘에 이르고 있다(이근식, 2009: 41).

신자유주의는 시장질서와 개인의 자유를 최고의 가치로 내세우기 때문에 이를 침해하는 국가의 인위적 개입에는 비판적인 태도를 보인다. 복지국가는 국방과 외교 등 최소한의 역할만 수행하도록 축소되어야 한다고 주장한다. 평등을 실현하는 재분배정책과 복지급여 확대에도 부정적인 입장을 가진다.

카바나(Dennis A. Kavanagh)는 1987년 그의 저서 『대처리즘과 영국정치: 합의의 종말?(*Thatcherism and British Politics: The End of Consensus?*)』에서, 신자유주의 대표로 지목되는 대처 총리의 복지국가에 대한 관념을 다음과 같이 설명한다(Kavanagh, 1987).

『대처리즘과 영국정치』
(1987)

첫째, '요람에서 무덤까지'의 복지국가는 비용이 너무 많이 든다.

둘째, 국가책임의 과잉은 개인의 책임의식, 가족과 공동체의 연대의식, 사적 자원의 가치를 약화시킨다.

셋째, 복지윤리는 시장의 위험을 제거하고, 실패에 대한 쿠션(cushion)을 제공하며, 열망의 인센티브(incentive)를 약화시킴으로써 기업에 해롭다.

신자유주의의 기본 방향은 단순하다. 사적인 것이 더 좋다는 것이다. 그러나 많은 사람들은 국가를 여러 분야에 걸친 기본적인 복지제공자로 인식하게 되었다. 따라서, 신자유주의는 이러한 현실과 현재의 상태를 변화시키기에는 정치적으로나 현실적으로 많은 어려움이 있기 때문에 복지국가를 변화시키는 데 유연적인 입장이다. 그러나 신자유주의의 목표는 분명하다. 모든 사상적 학파들처럼 신자유주의는 이상주의와 실용주의를 양끝으로 하는 연속선상에 배열

되어 있다. 그러나 신자유주의가 원하는 일련의 광범위한 사회정책들은 확대된 시장, 축소된 정부 그리고 다원적인 국가를 강조하고 있는 것은 분명하다(최혜지 외, 2008: 252).

한국에서 신자유주의의 기원은 대체로 김영삼 정부의 후반기로 소급되는데, 이명박 · 박근혜 정부가 뒤를 잇고 있다. 주로 작지만 강한 정부, 자유시장경제의 중시, 규제 완화, 자유무역협정(free trade agreement, FTA ; 무역 장벽을 제거 · 완화하는 협정)의 중시, 노동시장의 유연화 등의 형태로 나타나고 있다.

이러한 신자유주의는 코로나19로 인하여 국가의 적극적인 개입이 필수적임을 보여 줬듯이, 신자유주의의 단점을 극명하게 노정시켰으며, 전 세계가 적극적인 사회복지정책을 추구하기에 이르렀다.

9. 제3의 길

앤서니 기든스

기든스(Anthony Giddens)는 영국의 사회학자로, 런던정치경제대학(London School of Economics and Political Science, LSE) 학장을 역임했다. 기든스가 주창한 '제3의 길'은 1990년대 이후 영국의 블레어(Tony Blair) 정부, 독일 슈뢰더(Gerhard Schröder) 정부, 프랑스 조스팽(Lionel Josepin) 정부 등 중도좌파 정부가 들어서면서 그들의 정치 이념으로 내세워졌다. 헤이우드(Heywood, 2021)에 따르면, 제3의 길은 자본주의와 사회주의 모두에 대한 하나의 대안이라고 할 수 있다. 즉, 구식 사회민주주의와 신자유주의에 대한 대안이다.

기든스는 1988년 그의 저서 『제3의 길: 사회민주주의의 재생(*The Third Way: The Renewal of Social Democracy*)』에서, '제3의 길'은 경제관리체제로서의 사회주의의 사망, 생태적 관점, 세계화를 포함한 새로운 문제의 출현, 구식 사회민주주의와 신자유주의의 한계, 정치적 지지구조의 변화가 발생하는 등 정치적 · 사회적 환경이 급변하는 세계에서, "구식 사회민주주의(old-style democracy)와 신자유주의를 뛰어넘는 시도"(Giddens, 2008: vii)라고 주장한다.

『정치적 이데올로기 개론』
(Heywood, 2021)

기든스는 "현대 사회민주주의의 부활과 성공으로 가는 길이다. 구좌파(the old left)는 변화에 저항했다. 신우파(the new right)는 변화를 관리하려고 하지 않았다. 우리가 그 변화를 관리하여 사회적 연대와 번영을 창출해야 한다."(Giddens, 2008: 14)는 블레어의 주장을 직접 인용하면서 제3의 길의 실현을 위한 방법의 일만을 밝히고 있다. 그것은 중도좌파의 본질적 가치를 유지하고, 그 가치들을 근본적인 사회경제적 변화가 일어난 세계에 적용하고자 하며, 낡은 이데올로기로부터 벗어나는 것, 다시 말해서 '사회민주주의의 현대화 프로젝트'이다.

『제3의 길』
(2008)

기든스는 이러한 논의를 바탕으로 급진적 중도, 새로운 민주국가(적이 없는 국가), 활발한 시민사회, 민주적 가족, 신혼합경제(new mixed economy), 통합으로서의 평등, 적극적 복지, 사회투자국가(the social investment state), 세계주의적 민족, 세계적 민족주의 등의 제3의 길 프로그램을 제시하고 있다.

기든스는 이러한 새로운 복지국가를 사회투자국가(social investment state)로, 그리고 새롭게 구성되어야 할 복지모형을 적극적 복지(positive welfare)로 명명한다. 인적 자본에 대한 투자를 강조한다는 점 이외에도 사회투자국가는 복지제공에 있어서 개인과 비정부단체들의 역할을 강화하고, 시장의 역동성을 중시하며,

지나친 복지지출을 억제한다는 점에서 전통적인 복지국가와 차별화된다. 사회투자국가는 시장의 작동을 방해하는 것이 아니라 활성화시키며, 이를 통해 국가경제를 크게 향상시킬 것이다(Giddens, 2008, 2013).

기든스는 기존의 복지국가 옹호는 더 이상 설득력이 없다고 본다. 서구 사회주의자들에 의해서 옹호되고 있는 복지국가의 경우도 개인적인 삶의 완성과 관련되지 못하고 관료화, 복지수혜자의 소외, 국가재정악화 등 문제를 낳고 있기 때문에 복지국가에 관한 논의는 수세적이 될 수밖에 없다는 것이다. 복지국가의 성공이 복지국가를 약화시키는 요인으로 작용한다는 것이다. 전후 복지국가의 취약성은 경제적 효율성과 재분배와의 관계가 약하다는 데 있다. 서구의 복지국가에서 가장 혜택을 받은 집단은 빈곤층이 아니라 중간계급이었기 때문에 경제적 불평등을 약화시키는 데도 실패하였다.

기든스는 그 대안으로서 다음과 같이 주장한다(Giddens, 2008: 99-128).

첫째, '적극적 복지'이다.

둘째, 사회투자국가의 건설이다.

셋째, 발생적 평등모델이다.

넷째, 생활현장의 정치이다.

『제3의 길과 그 비판자들』(2013)

기든스는 2000년 그의 저서『제3의 길과 그 비판자들(*The Third Way and its Critics*)』에서, '좌파와 우파를 넘고자' 하는 기든스의 '제3의 길' 이론은 우파와 좌파 모두에게서 커다란 반향을 일으켰다. 먼저, 신자유주의자 입장에서는 '제3의 길' 이론을 대체로 용인하는 움직임을 보이고 있다. 즉, 영국 블레어의 경제 및 사회 정책이 보수당의 그것과 크게 다르지 않은 것으로 평가했다. 그러나 일부 보수주의자들은 '제3의 길'이 낡은 좌파적 전략의 새 이름일 뿐이라고 의심하였다(Stelzer, 1998).

사회민주주의자는 '제3의 길'이 전통적인 사회민주주의의 비판과 재구성을 지향한다는 점에서 특히 비판이 거셌다. 대표적으로 홀(S. Hall)은 '제3의 길'이 좌파의 고유한 전망을 유지하지 못한 채 보수적인 우파로 기울었다고 비판한다(Giddens, 2008). 또한 '제3의 길'은 전통적인 좌파로부터 완전히 단절되었다는 것이다. 즉, "대처주의의 개량에 불과"(Hay, 1999)하다든지, "인간의 얼굴을 한 신자유주의"(Issac, 2001)라든지, 아니면 "신자유주의 정책들을 지속하고 있고 어떤 점에서는 더욱 강화하였다."(Callinicos, 2001)고 비판한다. 좌파에게 있어서 '제3의 길'은 사회불평등과 시장을 옹호하는 자본주의 이데올로기이며, 정권획득을 위해 좌파의 가치들을 희생시키는 전략에 불과하다는 평가가 있다. 비판자들에 따르면, '제3의 길'은 신자유주의에 의해 추진되는 기존의 세계화 흐름에 굴복하여 세계적 차원에서 진행되는 양극화 문제를 해결하기 위한 방안을 제시하지 못하고 있다.

클린턴과 블레어가 채용한 '제3의 길'은 각 국가에서 구 좌파에 속한 비평가들은 물론, 많은 대륙 사회민주주의자들로부터 미온적인 환영을 받았다. 비판가들은 이 치장된 제3의 길을 '재탕한 신자유주의(warmed-over neoliberalism)'라고 보고 있다. 그들은 미국에서 매우 역동적인 경제와 아울러 발전된 세계에 존재하는 극심한 수준의 불평등사회를 보았다. 클린턴은 '우리가 알고 있는 바의 복지를 종식'시키겠다고 약속하여 신자유주의적 보수주의의 태도를 얼마간 반향하는 것처럼 보였다. 비판가들은 블레어와 노동당이 일단 권력을 잡자 대처 총리의 경제정책을 지속적으로 추진하고 있다고 말한다(Giddens, 2008: 25).

그러므로 제3의 길은 서유럽, 특히 유럽 사회민주주의의 역사적 맥락에서 이해되어야만 한다. 더욱이 사회민주주의의 역사와 경험이 없는 동아시아에서 적용할 수 있는 제3의 길의 내용은 무척 다를 것이다. 그럼에도 불구하고, 제3의 정치가 자유와 평등, 권리와 책임, 개발과 보존 등 대립적 가치들의 오랜 논쟁을 해결하기 위한 새로운 시도를 하고 있다는 점은 주목할 만하다.

10. 생태주의

인간의 생활환경은 물, 공기, 자연, 태양과 같은 자연환경과 이를 기반으로 한 산업발달을 통한 도시환경으로 이루어진다. 그러나 산업화 과정에서 나타난 공기와 토양의 오염, 산림훼손으로 인한 자연재해 등의 환경문제는 생태위기를 초래하고 있다. 재생 불가능한 천연자원의 고갈과 공해에 의한 환경오염이 인류에게 심각한 위기를 가져다줄 것이라는 우려 아래, 1992년 6월 브라질의 리우데자네이루에서 '환경과 개발에 관한 리우선언(The Rio Declaration on Environment and Development)'과 의제 21(Agenda 21)을 채택하였다. 이 협약에서 '모두의 이익을 존중하고 또한 지구의 환경 및 개발체제의 통합성을 보호하기 위한 국제협정체결'을 선언하고, 개발과정에서 환경의 보호를 전제로 하면서 모든 국가와 국민의 생활수준을 향상시켜야 한다는 목표를 추구하면서 생태주의(ecology)가 등장하게 되었다(손병덕, 2020: 73).

의제 21
(Agenda 21, Rio)

생태주의(ecologism)는 공해, 오염, 보존, 보호 등 인간중심적 관심으로부터 어떻게 하면 지속 가능한 환경을 지킬 것인가에 초점이 맞추어졌으나, 최근에 와서는 지속 가능한 성장에 대한 생태적 관심으로까지 확대되었다. 생태주의는 성장제일주의적 산업문명을 넘어서는 탈근대적 문명전환운동을 지향한다. 지배가 아닌 공존, 획일성이 아닌 다양성, 시장경쟁이 아닌 나눔의 공동체가 목표이다. 근대 산업문명의 온갖 폐해, 예컨대 지배와 복종, 억압과 차별, 빈부격차, 환경파괴 등의 문제를 해결하고, 대안적 사회를 이룩하려는 모색의 한 가운데에 생태주의가 자리 잡고 있다.

생태주의는 산업자본주의의 진전으로 인해 지구 자연이 급속도로 오염되고 파괴되는 상황 속에서 인류가 범해 온 잘못과 미래의 대안을 제시하고자 일어난 일군의 생태 중심적 흐름을 의미한다. 생태주의 자체가 어떠한 이론적 중심을 두고 형성된 것은 아니지만, 오늘날에 있어서는 현대사회의 자연파괴와 인간소외 문제 등을 비판적으로 바라보고, 그 해결책을 모색하는 근본적인 대안으로 부상하고 있다.

본래 '생태'라는 용어는 19세기 독일에서 형성된 생태학에서 유래된 개념이다. 즉, 1869년 독일 생물학자 헤켈(Ernst Haeckel)이 '생태학(ecology)'이라는 용어를 최초로 사용한 것으로 알려지고 있다. 생태학은 생명체가 자연계 속에서 자기유지와 증식을 이루어 내는 과정을 연구하는 생물학의 한 분야였다. 생태계는 자연계 속에 존재하는 생물들 간의 상호관계를 중심으로 한 개념인데, 20세기 이후의 생태학은 인간 또한 생태계의 일부로 포함시켜 새로운 생태학의 흐름을 이어 갔다. 생태주의 또한 생태론은 이와 같은 생태학의 이론을 수용하여 이를 현대사회 전반에 걸친 문제로 확장시켜 나갔다. 생태주의의 대두는 근대 이후의 자본주의 문명에 대한 근본적인 반성과 성찰에서부터 비롯되었다(김영화 외, 2023: 142).

생태주의는 지금까지 근대 문명이 일관해 온 인간 중심적 사고로부터 오늘날의 거대한 재앙이 비롯되었다고 파악한다. 생태주의는 그동안 인간과 자연을 철저하게 분리하여 인간의 자연 지배를 정당화시켰던 기존의 이성·인간 중심적 사고를 거부하고 인간 또한 생태계의 일부로서 자연과 상호관계를 맺는 존재에 불과하다는 점을 강조한다. 생태주의는 비단 자연과 인간의 조화뿐만이 아니라, 인간·이성 중심의 지배 구도에서 배제되거나 억압되었던 소수자들의 문제에도 관심을 기울인다.

20세기 중반부터 본격화된 생태주의는 내부적으로 여러 흐름으로 분화되는데 크게 보아 근본생태주의와 사회생태주의로 나눌 수 있다.

1) 근본생태주의

근본생태주의(deep ecology)는 모든 생명체가 고유한 생명의 권리를 지니고 있다는 생물 평등주의의 입장에서 인간의 자연에 대한 우월적 지위를 부정하고 인간과 생태계를 상호 의존적인 것으로 파악한다. 이에 따라, 지금까지의 인간에 의한 자연 지배는 철저히 비판받게 되고, 자연을 파괴하는 행위는 그 무엇보다도 큰 죄악으로 여겨진다. 근본생태주의는 인간도 다른 생태계 안의 생물들과 마찬가지로 자연의 흐름에 순응하며, 전체 생태계와 조화를 이루어야 한다고 주장한다. 이와 같은 경향은 인간이 이룩한 문명에 대한 거부로 이어져 극단적인 근본생태주의자들은 인간의 인위적인 생산과 소비 활동을 모두 혐오하는 형태로 나타나기도 한다.

2) 사회생태주의

사회생태주의(social ecology)는 생태계 파괴의 원인을 단순히 인간 대 자연의 이분법적인 대립 구도로 보지 않고, 현실 사회에 존재하는 사회집단 간의 역학관계를 고려하여 무엇이 실제로 인간성을 파괴하고 나아가 생태계를 어지럽히는지를 분석하고자 한다. 사회생태주의에서 문제의 핵심으로 삼는 것은 불평등한 사회구조이다. 특히, 경쟁과 지배의 원칙이 중심으로 되는 자본주의적 경제구조와 이러한 논리를 강력하게 실천해 나가는 거대 자본, 국가가 주된 비판의 대상이 된다. 사회생태주의도 인간의 자연에 대한 지배구조를 근본적인 문제로 바라보는 점에서는 근본생태주의와 맥락을 같이하지만, 이 지배구조가 사회적으로 편차를 보이며, 그중에서도 사회적 강자들에 의한 과도한 개발, 경쟁이 자연파괴의 원인임을 강조한다.

사회생태주의의 대표적인 이론가이자 실천가인 북친(Murray Bookchin)은 그의 저서 『사회생태주의의 철학(*Philosophy Of Social Ecology*, 1995)』에서, “인간에 의

『사회생태주의의 철학』
(2022, audible)

한 자연지배는 인간에 의한 인간지배로부터 비롯된다." 고 지적하고 있다. 북친은 사회 속에 존재하는 인간 개개인 간의 편차를 무시한 채 모든 문제의 원인을 인간 자체에게서 찾는 근본생태주의에 비판적인 입장을 취하면서, 억압적인 사회구조의 변화야말로 문제의 본질임을 강조하였다. 또한 인간 이성이 저지른 파괴행위를 비판하면서도, 기술문명의 발달로 인해 도구화된 이성과 사태를 종합적으로 파악하고 성찰할 수 있는 비판적 이성을 엄격히 분리하여 인간의 이성적 능력에 대한 믿음을 져버리지 않은 점도 근본생태주의와 차별되는 지점이다.

그러므로 생태주의는 지역사회가 해체되고 있는 상황에서 지역주민들이 공유하는 공간인 지역사회환경에서 평등성과 상호보완성을 통하여 공동체 의식과 사회통합을 이루는 데 기여할 수 있는 것으로 평가할 수 있다. 또한 생태주의적 접근은 산업화 과정이 초래한 빈부격차, 지역불균형 등이 사회복지정책으로 해소하기 어려우나, 국민들이 보편적으로 이용할 수 있는 자연환경을 통해 국민의 기본권 확장에 긍정적인 기여를 할 수 있다. 모든 국민에게 필요한 삶의 질 보장을 위해 평등성, 상호연대성, 협동성의 가치에 기반을 두는 생태주의 이념이 실천적 모델을 적립하는 데 도움을 줄 것으로 기대할 수 있다.

11. 페미니즘

페미니즘(feminism)은 여성해방사상으로 성차별에 대해 시정을 요구하는 모든 사상과 운동을 말한다(송진영 외, 2024: 67). 이 이론은 여성의 권리 및 기회의 평등을 핵심으로 하는 여러 형태의 사회적·정치적 운동과 이론들을 아우르는 용어이다. 페미니즘은 '여성의 특징을 갖추고 있는 것'이라는 뜻의 라틴어 '*femina*'에서 유래한 말로, 오래전부터 이어져 왔던 남성 중심의 이데올로기에 대항하며, 사회 각 분야에서 여성의 권리와 주체성을 확장하고 강화해야 한다는 이론 및 운동을 가리킨다. 즉, 남성 중심적인 사회에서 차별적인 대우를 받아 온 여성들이 사회가 정해 놓은 여성에 대한 고정관념을 탈피하는 등 '성(sex, gender, sexuality)에서 기인하는 차별과 억압으로부터의 해방'을 주장한다.

『여성의 권리옹호』
(2011, 디지털)

현대 페미니즘의 선구자는 최초의 '페미니즘 선언서'로 알려진 「여성의 권리옹호(*Vindication of the Rights of Woman*, 1792)」를 작성한 영국 작가이자 시민운동가인 울스턴크래프트(Mary Wollstonecraft, 1759~1797)이다. 그녀는 "여성의 지적 평등이 실제적인 결과를 가져올 것이며 가져와야 한다."고 주장하여 계몽주의 원칙인 '남성의 권리'를 여성에게까지 확장한 초기 페미니즘의 선구적인 역할을 하였다.

이후 19세기에 들어서면서 점차 여성에 대한 차별에 대항하고, 여성의 권리를 요구하는 조직적인 페미니즘운동이 전개되기 시작됐는데, 이러한 흐름은 크게 1세대(여성의 참정권)·2세대(사회 모든 분야에서의 평등과 성적 해방 추구)·3세대(계급·인종 문제 등으로 확대)로 나눌 수 있다.

1세대 페미니즘 물결은 19세기부터 1950년대까지 전개된 페미니즘 물결을 가리키는데, 이는 영국과 미국에서 가장 활발히 일어났다. 이 시기 페미니즘의 핵심은 여성들의 정치 참여, 즉 참정권 획득이었으며, 흑인들의 권리신장 움직임도 함께 나타났다. 이러한 움직임에 따라, 미국에서는 1870년 흑인들의 참정권 인정에 이어 1920년 여성들의 참정권이 인정되었다. 그리고 영국에서는 참정권 운동을 벌인 여성들, 즉 서프러제트(Suffragette)가 등장했으며, 이들의 활동 결과로 영국 정부는 1918년 2월 일정 자격을 갖춘 30세 이상 여성에게 참정권을 부여하는 「국민투표법(Representation of the People Act)」을 제정하였다. 그리고 1928년에는 21세 이상의 모든 여성이 남성과 동등하게 투표권을 행사할 수 있게 됐다.

시몬 드 보부아르

2세대 페미니즘 물결은 1960~1980년대까지의 페미니즘을 지칭하는데, 이는 당시 사회에 만연해 있던 여성에 대한 사회적 차별을 벗어나자는 움직임이었다. 이들은 직장에서의 평등(노동 환경과 임금수준 개선), 가정에서의 평등, 여성의 성역할에 대한 사회적 편견 배제 등 사회 전반적인 분야로 주장의 범위를 넓혀 나갔다. 특히, 이 시기 사상적으로는 프랑스 소설가이자 평론가인 드 보부아르(Simone de Beauvoir, 1908~1986)의 『제2의 성(*The Second Sex*, 1949)』이 큰 영향을 미쳤는데, 보부아르는 "여성은 태어나는 것이 아니라 만들어진다."는 실존주의 견해를 밝혔다.

『제2의 성』
(2011)

3세대 페미니즘 물결은 1990년대 이후 등장하기 시작했는데, 이전 세대의 페미니즘이 백인 여성들만의 전유물이었다는 비판에서 출발하였다. 이 시기 페미니즘은 1990년대 포스트모더니즘(postmodernism)과 결합하며 다양한 집단과 계층·영역으로 확대됐으며, 이에 성 소수자(sexual minority, LGBTQ)들의 권리운동도 함께 일어나기 시작했다.

연습문제

1. 제3의 길에 관한 설명으로 옳지 않은 것은?

① 사회투자국가의 건설 지향
② 시장의 효율성과 인적 자본에 대한 국가의 투자 강화
③ 노동 연계 복지정책 강조
④ 사회민주주의와 신자유주의의 단점을 보완하고 융화시킨 새로운 복지정책
⑤ 사회복지보다 경제 성장을 강조

2. 1942년 베버리지 보고서에서 구상한 복지국가모형의 특징이 아닌 것은?

① 빈곤계층을 대상으로 하는 선별적 복지를 강조한다.
② 정액부담과 정액급여의 원리를 바탕으로 한다.
③ 베버리지는 결핍(궁핍), 질병, 무지, 불결, 나태를 5대 악으로 규정한다.
④ 정액부담의 원칙은 보험료의 징수와 관련한 행정비용을 절감할 수 있는 효과가 있다.
⑤ 노령, 장애, 실업, 질병 등과 같은 사회적 위험들을 하나의 국민보험에서 통합적으로 운영한다.

3. 대처리즘에 대한 설명으로 옳지 않은 것은?

① 신자유주의가 정치적으로 가장 분명하게 표현되는 것이 대처리즘이다.
② 대처리즘은 1979년, 대처가 이끈 보수당이 집권하면서 출현하였다.
③ 정부는 사회적 선(good)을 지속시키는 데는 그 능력에 한계가 있지만, 사회적으로 해로운 것을 행하는 데는 큰 힘을 발휘한다.
④ 국가의 가장 중요한 임무는 법과 질서의 유지와 국방에 있다.
⑤ 국가복지를 부정적으로 본 대처는 민간복지에 대해서도 매우 부정적이었다.

4. 마르크스주의에 대한 설명으로 옳지 않은 것은?

① 사회주의자들은 사회보험에 대한 노동자들의 재정부담을 반대하였다.
② 국가와 자본가계급만의 부담을 요구하였다.
③ 노동자계급에 대한 마르크스의 입장은 매우 긍정적이다.
④ 마르크스는 사회개량주의에 대해서 긍정적이다.
⑤ 노동자는 보험료를 낼 필요가 없다고 주장한다.

5. 케인스주의에 대한 설명으로 옳은 것은?

① 부와 소득의 불평등에 대해서 긍정적으로 보았다.
② 국가정책 중 사회복지정책과 직접 관련된 것이 조세정책이다.
③ 정책과 프로그램들은 여성이 남성을 지배하기 위한 것이라고 보았다.
④ 적극적 집합주의(reluctant collectivism)라고도 한다.
⑤ 케인스 사상을 국가개입주의라고도 한다.

6. '제3의 길'에 대한 설명으로 옳지 않은 것은?

① 영국의 대표적 사회학자 기든스(Anthony Giddens)의 이론이다.
② 시민들의 사회경제생활을 보장하는 차별화 전략이었다.
③ 광복 및 6.25 이후에는 외원단체를 통해 응급구호사업이 실시되었으며, 전쟁고아 지원 및 이재민 물자지원 등 현물공급 및 시설중심의 보호사업을 통해 활동해 왔다.
④ 사회투자국가(social investment state)로 개편하자는 것이다.
⑤ 결국 제3의 길에서 말하는 적극적인 복지는 베버리지의 지향이다.

7. 『제2의 성』의 저자로 페미니즘 주창자는 누구인가?

① 보브아르 ② 베버리지 ③ 기든스
④ 마르크스 ⑤ 베버

정답 1. ⑤ 2. ① 3. ⑤ 4. ④ 5. ⑤ 6. ③ 7. ①

PART

Ⅲ 사회복지정책의 구성체계

CHAPTER 07

사회복지정책의 분석

개요

사회복지정책에 대한 분석은 크게 볼 때, 두 가지가 있다. 하나는 사회복지정책을 해부하듯이, 몇 개의 차원으로 나누어 분석하는 것(차원분석)이고, 다른 하나는 사회복지정책이 만들어지는 모든 과정을 분석하는 것(정책형성과정 분석)이다. 여기에서는 사회복지정책의 분석을 학습하고자 한다.

학습목표

1. 분석에 대한 개념 파악
2. 분석 유형 숙지
3. 분석틀과 적용 통의

학습내용

1. 사회복지정책 분석의 개념
2. 사회복지정책 분석의 유형
3. 사회복지정책의 분석틀

1. 사회복지정책 분석의 개념

사회복지정책을 정책학적으로 보면, 국가 또는 민간기관이 주체가 되어 시민들의 복지를 향상시키기 위해 시행하는 정책들의 집합체라 할 수 있다. 사회복지정책의 전문가가 되기 위해서는 정책의 내용을 분석하고, 정책이 형성되는 과정을 파악할 수 있어야 한다. 즉, 사회복지정책에 대한 분석방법까지도 이해해야 한다. 사회복지정책에 대한 분석은 크게 볼 때, 두 가지가 있다. 하나는 사회복지정책을 해부하듯이, 몇 개의 차원으로 나누어 분석하는 것(차원분석)이고, 다른 하나는 사회복지정책이 만들어지는 모든 과정을 분석하는 것(정책형성과정 분석)이다.

그러므로 사회복지정책의 분석은 사회복지정책에서 최상의 정책대안을 찾아내기 위한 정책의 전체 과정에 대한 체계적 분석을 하는 과학적 방법이다.

사회복지정책의 연구와 실천 영역에 있어서 가장 중요한 것 중의 하나가 바로 정책분석이다. 정책분석을 위해서는 정책분석의 개념과 유형, 그리고 정책의 분석틀을 이해해야 한다. 그 내용은 다음과 같다(오세영, 2023: 39-44 ; 현외성, 2009: 321-349).

정책분석은 문제해결을 위해 개발된 각 대안들 가운데 최적의 대안을 선택하기 위해 각 대안의 효과 및 비용을 분석하는 과학적 방법론을 말한다. 정책분석은 다음과 같은 특성을 지니고 있다(박경일, 2023: 305).

첫째, 정책목표와 정책목표의 달성수단을 명확하게 규정한다는 점에서 목표지향적이다.

둘째, 정책분석은 사회과정의 여러 가지 요인이 정책현상에 상호 관련되어 있다는 점에서 체계적이다.

셋째, 정책분석은 정책시행을 예측하고 서술할 뿐만 아니라, 필요한 조치를 제언한다는 점에서 행위 지향적이다.

넷째, 정책분석은 정책목표를 달성하기 위한 방법을 구체적으로 검토한다는 점에서 조작적 성격이 강하다.

다섯째, 정책분석은 다양한 성격을 지닌다.

여섯째, 정책분석은 문제의 접근방법도 학제적 성격이 강하다.

구체적으로 정책분석가의 역할을 살펴보면 다음과 같다.

첫째, 정책분석가는 정책에 대해 객관성을 유지하면서도 해당 정책에 대해 설득력 있는 옹호자가 되어야 하는데, 그 이유는 정책결정자에게 간단하게 정책을 설명하고 옹호할 수 있어야 하기 때문이다.

둘째, 정책분석가는 자신이 분석한 내용의 정책 반영 여부는 자신의 권한 밖이라는 것을 인식해야 한다.

셋째, 정책분석가는 프로그램을 수행하는 기관이 기관 자체의 대안들을 고려하지 않으려는 경향이 있다는 것을 고려해야 한다.

넷째, 정책분석가는 분석이 직접적인 실행과 연계되기 위해서는 상위기관 및 협력기관까지 분석범위를 넓혀야 한다는 것을 인지하고 있어야 한다.

다섯째, 정책분석가는 장기적인 안목에서 실현 가능한 대안을 제시하여야 한다.

여섯째, 정책분석가는 정부 외부에서 행해진 학술적 정책분석은 즉각적인 정책대안으로 채택될 가능성이 적다는 것을 알아야 한다.

일곱째, 정책분석가는 분석이 끝난 후에도 정책분석 결과가 어떻게 활용되는지를 계속 주시해야 한다.

2. 사회복지정책 분석의 유형

길버트와 테렐(Neil Gilbert & Paul Terrell)의 저서 『사회복지정책의 차원들(*Dimensions of Social Welfare Policy*, 2014)』에 따르면, 사회복지정책 분석의 유형 중에서 일반적으로 사용되는 3P는 과정(Process), 산출(Product), 성과(Performance) 분석을 말한다. 이들 세 가지 접근방법은 사회복지정책의 문제들 중 주로 정책의 계획과 정책의 운영(행정), 그리고 정책에 관한 조사연구와 관련된 문제들을 다루는 것이다. 물론 이러한 분석적 접근방법은 상호 관련되어 있고, 때로는 서로 중첩되기도 한다. 그 내용은 다음과 같다(Gilbert & Terrell, 2014: 13-15).

『사회복지정책의 차원들』
(2014)

1) 과정분석

과정분석(studies of process)은 사회복지정책 형성의 '역동성(dynamics)'을 사회정치적 변수와 기술적 · 방법적 변수를 중심으로 하여 분석하는 접근을 말한다. 정치학과 역사학이 과정분석의 주요 이론적 기반이 된다. 과정분석은 계획과 관련된 각종 정보가 정책형성에 어떻게 영향을 미치는가, 그리고 다양한 정치조직, 정부조직, 기타 이익집단들 간의 관계와 상호작용이 어떻게 영향을 미치는가에 관심을 둔다. 따라서, 과정분석은 주로 정책결정과 관련된 정치적 · 기술적 투입요소를 파악하는 사례연구의 형태를 띠게 된다. 즉, 과정분석은 분석수준에 있어서 사회복지제도 전체를 대상으로 할 수도 있고, 특정한 제도 한 가지만을 대상으로 할 수도 있다. 또한 시간 차원에 있어서도 장기간에 걸친 제도의 발달을 다룰 수도 있고, 그보다 단기간을 다룰 수도 있는 것이다.

과정분석은 연구자의 관점, 가치, 또는 편견이 개입될 소지가 있지만, 과정분석을 통해 사회복지정책 형성에 영향을 주는 사회적 · 정치적 · 경제적 배경요인 등을 파악할 수 있는 장점이 있다.

2) 산출분석

산출분석(studies of product)은 정책선택에 관한 프로그램, 관련 법, 기획안 등을 분석하는 것이다. 산출분석은 '정책선택(policy choices)'에 초점을 두고 있는데, 다음의 세 가지 문제를 분석한다.

① 정책을 구성하고 있는 정책선택의 형태와 내용은 무엇인가?

② 그러한 선택이 이루어짐으로 해서 선택에서 배제된 대안들은 어떤 것인가?

③ 그러한 선택의 근거가 되는 가치와 이론, 가설은 무엇인가? 즉, 산출분석은 과정을 통해 선택된 정책의 내용을 특정기준이나 분석틀을 통해 분석하는 것이다.

3) 성과분석

성과분석(studies of performance)은 정책 프로그램이 실행된 결과나 영향을 평가하는 것이며, 과정분석이나 산출분석에 비해 더 객관적이고 체계적인 분석을 요구한다. 따라서, 성과분석은 주로 정책의 조사연구에 관한 문제들을 다룬다. 성과는 질적 · 양적 자료의 수집을 통해서 다양한 학문분야에서 개발된 방법론적 도구를 통해서 측정될 수 있다. 조사방법론은 성과를 측정하는 데 관련된 중요한 기술적 · 이론적 지식과 기법을 제공하고 있다.

성과분석에서 연구자는 두 가지 질문을 던질 수 있다. 첫째, 프로그램이 얼마나 잘 수행되었는가? 둘째, 프로그램을 실시하여 얻은 영향이 무엇인가? 하는 질문이다. 첫 번째 질문과 관련해서는 ① 프로그램이 무엇으로 구성되어 있는가? ② 원래 목표로 한 대상집단에게 프로그램이 잘 전달되었는가? 비용은 얼마나 들었는가? 등을 분석하는 것이다. 두 번째 질문에서 말하는 영향과 관련해서는 프로그램 실시 전·후의 행위, 조건의 차이를 분석하는 것이다.

3. 사회복지정책의 분석틀

1) 프리그모어 : 사회복지정책 분석틀

프리그모어(Charles S. Prigmore)는 1979년 그의 저서 『사회복지정책(*Social Welfare Policy: Analysis and formulation*)』에서, 사회복지정책이 근본적으로 특정 사회의 가치, 문화 및 지식과 연결되어 있을 뿐만 아니라, 사회적 현실과 동떨어질 수 없다는 사실을 강조하고, 사회복지정책의 맥락을 네 가지 부문으로 요약하여 사회복지정책의 분석틀로서 제시하고 있다.

『사회복지정책』
(1979)

프리그모어의 사회복지정책 분석틀은 〈표 7-1〉과 같다.

〈표 7-1〉 프리그모어의 사회복지정책 분석틀

첫째	문화적 가치와 관련되어 고려해야 할 사항	• 고려하는 정책이 현재의 방식(style)과 양립하는가? • 그 정책은 평등과 정의에 기여하는가? • 그 정책은 사회사업 가치와 일관성이 있는가? • 그 정책은 사회의 다른 중요한 가치와 일치하는가?
둘째	영향과 의사결정의 차원	• 그 정책은 정치적으로 수용 가능성이 있는가? • 그 정책은 합법적인가? • 그 정책은 관련되는 이해집단들을 만족시키는가?
셋째	지식에 관한 고려사항	• 그 정책은 과학적인가? • 그 정책은 합리적인가?
넷째	비용과 수익에 관련된 사항	• 그 정책은 경제적으로 실현 가능성이 있고, 경제적인 면에서 다른 어떤 대안보다 나은가? • 그 정책은 현실성(workable)이 있는가? • 그 정책은 효율적인가? • 그 정책은 다른 사회문제를 야기시킬 가능성이 있는가?

자료: Prigmore(1979: 41-42).

2) 질 : 사회정책 분석틀

질(Gil, 1992)은 한층 광범위하고 포괄적으로 사회정책의 분석틀을 구상하였다. 그가 사용하는 사회정책의 용어 자체도 그러하거니와, 그가 사회정책 분석틀을 만든 목적이 매우 광범위하고 복잡한 사회정책을 선택적으로 활용할 수 있는 표준적인 분석틀을 제시하는 데 있다는 데서 그 분석틀의 특징을 알 수 있다. 즉, 그의 분석틀은 입법, 행정, 사법 이외에도 모든 수준에 있는 정책입안자들, 정당관계자나 사회의 모든 분야에 있는 사회행동집단이나 이해집단에 의해서 사용될 수 있도록 고안되었다. 이러한 목적에서 그가 제시한 사회정책의 분석틀은 다음과 같은 몇 가지 목적을 달성하기 위하여 제시되었다(Gil, 1992).

첫째, 분석하거나 개발하고자 하는 어떤 특정한 사회정책이나 또는 일련의 사회정책들의 초점을 이루고 있는 문제를 이해할 수 있어야 한다. 이 목적은 그러한 문제들의 성질, 범위, 분석상태를 검토하고, 그 밑바닥에 흐르고 있는 역동체에 관한 인과론적인 이론을 밝히는 것이어야 한다.

둘째, 어떤 주어진 정책을 실시함으로써 초래되는 의도적이든 아니든 간에 또는 장기와 단기의 실질적인 일련의 영향력을 가려내는 것이다. 이것은 초점이 되는 문제에 관한 정책목적과 연관된 가치체계를 명백히 하고, 또한 정책을 위한 전략을 유도해 주는 가설을 명백하게 하는 것과 연관되어 있다. 또 목적과 연관된 점은 정책이 목표로 하고 있는 인구계층에 대한 특성이나 규모 또는 분포상황에 대한 구체적인 내용이며, 또한 그 정책의 실질적인 효과가 과연 목적과 부합될 것인지, 부합된다면 어느 정도로 부합될 것인지를 결정하는 것 등이다. 일단 어떤 사회정책의 실질적인 영향력이 명백해지면 그 사회정책이 사회구조와 사회정책들의 전체 체계에 대하여 어떤 의미를 가지는가 하는 것이 사회정책의 공통 영역과 기본 과정에 있어서 어떤 변화와 관련해서 제대로 밝혀질 수 있다.

셋째, 초점이 되고 있는 문제에 대하여 동일한 목적이나 다른 목적을 위한 정책대안을 제시하는 것이다. 이것은 각 정책대안들을 검토하고 다른 대안들을 서로 비교하고 평가하는 것이다. 즉, 사회정책이 가치 전제에 있어서 특정한 어떤 정책목적을 달성할 수 있는지에 대해서 그 정책이 사회구조와 사회정책체계의 의미에 있어서 예기하지 않았던 효과에 대해서 전체적인 비용과 수익에 대하여 비교, 평가하는 것이다.

이러한 목적을 달성하기 위하여 분석틀이 제시되었는데, 사회정책 분석틀의 A부분은 첫 번째 목적에 상응하는 것이고, B부분에서 D부분까지는 두 번째 목적, E부분은 세 번째 목적에 상응하는 것으로 이해할 수 있다. 따라서, 어떤 특정의 사회정책을 분석할 때 위의 세 가지 목적 중의 어느 한 가지만을 분석하고자 할 경우는 〈표 7-2〉에서 제시하는 분석틀 중의 한 부분을 선택적으로 사용할 수 있다.

사회정책의 분석과 통합체를 위한 준거틀은 〈표 7-2〉와 같다.

〈표 7-2〉 질의 사회정책 분석틀

구분	내용	세부 항목
A부분	사회정책에 의해 다루어지는 쟁점들	① 쟁점들의 속성, 범위, 분포상태 ② 쟁점들의 역동성에 관한 인과관계이론 또는 가설
B부분	정책의 목표, 가치 전제, 이론적 입장, 대상표적 인구층 및 실질적인 효과	① 정책의 목표 ② 정책의 목표에 내재해 있는 가치 전제와 이념적 지향 ③ 정책의 전략과 실질적인 실천조항에 내재해 있는 이론 또는 가설 ④ 사회의 대상표적 인구층-정책이 목표로 겨냥하는 사람들 ⑤ 생태적 · 인구통계학적 · 생물적 · 심리적 · 사회적 · 경제적 · 정치적 · 문화적 분야에 있어서 그 사회의 대상표적 인구층과 비대상표적 인구층에 대한 정책의 단기적 및 장기적 효과
C부분	사회정책의 기본 과정과 공통적인 영역에 대한 그 정책의 의미	① 삶을 유지시키는 물질적 · 상징적 자원, 재화와 용역의 개발에 있어서의 변화 ② 전체적인 사회적 과업과 기능 내에서 특정한 사회적 지위를 개인이나 집단에게 할당하는 것에 있어서의 변화 ③ 개인과 집단에 대한 권리 분배의 변화 ④ 자원개발, 사회적 지위의 할당, 권리 분배의 변화의 결과
D부분	정책과 정책개발과 실천을 둘러싼 세력들 사이의 상호작용 효과	① 입법, 행정, 사법의 측면을 포함한 정책의 개발과 실천의 역사 ② 정책이 입법화되기 전과 된 후, 그 정책을 찬성하고 반대하는 사회 내의 정치적 세력들-그들의 형태, 규모, 조직적 구조, 자원, 전반적인 힘, 이해 정도, 가치 전제, 이념적 지향 ③ 사회의 자연적인 장의 물리적 · 생물적인 특성과 사회구성원들의 생물적 · 기본적 심리적 특성 ④ 관련된 다른 사회정책들 ⑤ 관련된 대외정책과 외부 사회의 세력 ⑥ 문화적 · 경제적 · 기술적 분야 그 사회의 발달단계 ⑦ 사회의 규모와 제도적 차이나 복잡성 ⑧ 사회의 신념, 가치, 이념, 관습, 전통 ⑨ 결론과 예측
E부분	정책과 정책개발과 실천을 둘러싼 세력들 사이의 상호작용 효과	① 사회정책 대안의 구체화 ② 비교와 평가

자료: Gil(1992).

3) 길버트와 테렐 : 사회복지정책의 분석틀

많은 학자들이 사회복지정책의 내용(산출)을 분석하기 위한 분석틀을 개발했는데, 그중에서도 가장 많이 활용되고 있는 것이 길버트와 테렐의 '분석틀(a framework for social welfare policy analysis)'이다. 길버트와 테렐은 사회복지정책의 분석방법인 3P를 토대로 사회복지정책을 분석틀로서 네 가지 선택의 차원을 다음과 같은 네 가지 질문을 통해 사회복지정책 분석의 '기본틀(basic framework)'을 제시하고 있다.

- 사회적 배분의 기반은 무엇인가?
- 사회적 급여의 형태는 무엇인가?
- 사회적 급여를 전달하기 위한 전략은 무엇인가?
- 사회적 급여에 필요한 재원조달 방법은 무엇인가?

길버트와 테렐에 따르면, 사회복지정책은 이 네 가지 질문, 즉 '선택의 차원(dimensions of choice)'에 대해 어떤 선택을 할 것인가를 결정하는 것이라고 규정한다. 이 네 가지 질문에 대한 대답을 통해 길버트와 테렐은 사회복지정책의 분석틀을 할당, 급여형태, 전달, 재원 등 네 가지 체계로 제시하고 있다. 그 내용은 다음과 같다(Gilbert & Terrell, 2014: 76-77).

(1) 할당(allocations)

할당은 급여를 누구에게 제공할 것인가 하는 대상을 선택하는 체계이다. 모든 복지정책은 복지대상, 즉 복지수혜자에 대한 논의를 반드시 거쳐야 한다. 수급자격을 결정하는 문제는 거주지, 결혼 여부, 연령, 건강, 가족구성원의 수, 성별, 지능, 소득, 교육 정도 등을 들 수 있다. 하지만 할당을 결정하는 데 있어 가장 중요한 것은, 이런 기준이 아니라, 수급자격을 결정하는 기준의 토대가 되는 원칙이 무엇인가에 하는 문제이다. 즉, 사회적 할당(social allocations)의 기반이라는 선택의 차원은 특정의 사람 또는 특정의 집단에게 사회적 급여가 주어지도록 하기 위해서 할당과 관련된 여러 가지 원칙들 중에서 특정한 원칙만을 선택하는 것을 말한다.

(2) 급여(provisions)

사회적 할당의 기반이 수급자격 기준을 구체적으로 규정하기 위한 지침이라면, 사회적 급여의 성격에 관한 정책선택은 사람들이 받기로 된 급여가 무엇(what)인가에 관련된 것이다. 정책분석에 있어서 사회적 급여(social provision)의 성격과 관련된 전통적인 선택은 급여를 현금으로(in cash, 화폐) 제공할 것인가, 아니면 현물로(in kind, 재화나 서비스) 제공할 것인가였다. 하지만 사회복지정책에 의해 분배되는 급여형태에는 현금과 현물 이외에도 증서(voucher), 권력(power), 기회(opportunity)와 같은 다른 여러 가지 것들이 있는데, 이들은 현금과 현물의 두 가지 형태에서와는 달리, 다양한 정도의 소비자 주권(consumer sovereignty)을 구현하고 있다. 결국 사회적 급여의 성격에 관한 질문은 수급자들이 전달받게 되는 혜택이 어떤 종류의 것인가로 귀결된다.

(3) 전달(delivery)

선택의 세 번째 차원은 사회적 급여를 전달하기 위한 여러 가지 전략들에 관련된 것이다. 이때 선택은 '누구에게' 또는 '무엇을'이라는 질문이 아니라, '어떻게(how)'라는 질문에 관련된 것이다. 즉, 사회복지정책에 있어서 '누구에게'와 '무엇을'이라는 질문에 대한 선택이 이루어지고 나면, 그다음에는 결정된 급여를 수급자격을 가진 소비자들에게 전달하기 위한 조치가 마련되어야 한다. 이러한 목적을 달성하기 위한 전달체계가 어떻게 설계되는가는 앞의 두 가지 선택 차원, 즉 할당과 급여의 선택 차원에 매우 중요한 의미를 가진다. 왜냐하면 수급자격과 급여의 성격에 관련된 정책적 지침은 전달체계를 통해서 구체적으로 표현되기 때문이다. 대체로 전달전략(delivery strategies)이란, 사회복지서비스의 공급자와 소비자들이 함께 만나는 장(場)인 각 지방의 지역사회체계의 수준에서, 사회복지서비스의 공급자와 소비자 간에 형성되는 여러 가지 대안적인 서비스전달구조를 말한다. 예를 들어, 취업상담서비스에 대해 생각해 보자. 취업상담서비스를 시내 중심가의 한 시설에 집중시켜야 하는가 아니면 여러 교외지역에 분산해야 하는가? 상담가들은 훈련받은 전문가들로 충당되어야 하는가? 기존 서비스와 중복되는 경우에도 그 서비스를 제공해야 하는가? 또 취업상담서비스를 건강상담이나 법률구조 등의 서비스와 함께 종합적인 서비스의 일부로서 제공해야 하는가? 서비스 제공자는 정부기관, 비영리단체, 영리단체 중 누가 되어야 하는가? 급여의 형태와 할당의 기반에 관한 정책선택이 이루어져 있다 하더라도, 이러한 문제들에 관련된 선택은 누가 혜택을 받을 것인가와 그들이 어떤 혜택을 받을 것인가에 많은 영향을 미치게 된다.

전달체계의 설계를 고찰함에 있어서는, 대개 서비스 공급자로부터 서비스 소비자에 이르는 서비스의 흐름을 원활하게 하기 위한 전략을 논의하게 된다. 전달체계에 관한 대부분의 문헌들도 이 문제를 주로 다루었다. 하지만 1980년대 들어 미국 연방정부가 사회복지를 축소한 이후, 서비스 배분에 유용한 전략이나 공공재정을 통해 지원되는 서비스를 민간기관이 운영하도록 하는 전략에 더 많은 관심이 집중되었다.

(4) 재정

사회복지정책을 시장 외부에서 기능하는 혜택할당기제로 간주한다면, 재정형태와 재원에 관해서도 일정한 선택이 이루어져야 한다. 재정이라는 선택의 차원과 관련하여 서비스를 제공하는 데 필요한 재정마련과 서비스 전달을 반드시 구분해야 한다. 간단한 흐름도를 생각해 보면 좀 더 쉽게 재정마련의 마무리 단계와 서비스 전달의 시작단계를 명확히 구분할 수 있다. 재정에 관련된 선택은 재정 원천에 관한 선택과 재정이 재정공급자로부터 서비스공급자에까지 이르는 방식에 관한 선택으로 이루어진다. 전달전략에 관한 선택은 서비스

공급자가 소비자에게 현금 또는 현물로 사회적 급여를 제공하는 데 있어서 그 조직적 구조를 어떻게 할 것인가에 관련된 선택을 말한다.

재정마련과 관련된 선택 가운데 중요한 것들로는 공적재원을 사용할 것인가, 민간재원을 사용할 것인가, 아니면 이 두 가지 재원을 모두 선택할 것인가와 정부를 어느 정도 개입시킬 것인가, 어떤 형태의 조세를 징수할 것인가 등이 있다. 또한 재정은 보조금지급(grant-in-aid)방식과 같이 재정지원구조 및 일련의 보조금 '절차'라는 행정조건에도 관련된다.

네 가지 선택의 차원, 즉 할당, 급여, 전달, 재정은 사회복지정책의 설계에서 대부분의 정책결정은 서로 불가분의 관계이다. 예를 들어, 지방교육에 있어서 정책결정권한을 교육전문가들로부터 교육서비스의 수급자들에게로 이전하려고 한다면, 지방교육에 대한 학부모들의 통제력이 한층 향상되는 것처럼, 사회적 급여가 권력의 형태를 띨 때는 분권화된 전달체계가 나타나기도 한다. 또한 급여의 수급자격이 사용자의 요금부담이나 사회보험에서의 보험료와 같이 수급자 측에서의 일정한 기여를 전제로 할 때에는 사회적 할당의 기반, 재정양식 그리고 서비스 전달은 서로 밀접한 관련을 가지게 된다.

이러한 네 가지 선택의 차원들은 사회복지정책의 설계와 관련된 근본적인 쟁점들을 모두 포괄하고 있다. 이러한 쟁점들을 해결해 가는 과정 그 자체는 또 다른 일련의 선택을 우리 앞에 던지게 되는데, 보다 구체적으로 말하면 어떤 식의 의사결정구조를 갖출 것인지와 정치적 영향력, 시민참여, 전문성이 차지하는 역할을 어느 정도 비중으로 둘 것인가 등에 관한 것이다.

길버트와 테렐의 네 가지 체계는 〈표 7-3〉과 같다.

〈표 7-3〉 길버트와 테렐의 사회복지정책 분석틀

선택의 차원	의미	선택의 대안
할당 (allocation)	수급자격 : 대상체계	귀속적 욕구, 사회적 공헌, 사회적으로 부당하게 당한 손실에 대한 보상, 전문가 판단에 의한 진단적 차별, 개인 또는 가족의 자산상태에 따른 욕구
급여 (benefits)	급여종류 : 급여체계	현금, 사회서비스, 물품, 신용(변제), 물품교환권(증서), 기회, 권력 등
전달 (delivery)	전달방법 : 전달체계	중앙집권 또는 지방분권, 복수 서비스 또는 단독 서비스 동일 건물 내 위치 또는 다른 건물에 위치, 협력관계 또는 대화단절, 전문가 의존 또는 소비자 및 준전문가 의존, 공공행정가 또는 민간행정가
재정 (finance)	재정마련 방법 : 재정체계	공적재원(사회보험, 과세), 민간재원(사용자 부담, 민간모금 등), 공적과 민간 재원의 혼합

자료: 박경일(2023: 312).

연습문제

1. 사회복지정책분석에서 산물(product) 분석의 한계에 관한 설명으로 옳은 것은?

① 정해진 틀에 따라 사회복지정책 내용을 분석함으로써 적용된 사회적 가치를 평가하기 쉽다.
② 사회복지정책의 방향성을 제시하기가 용이하다.
③ 현행 사회복지정책에서 배제되고 차별받는 사람들의 욕구를 파악하기 쉽다.
④ 산물분석 결과는 기존의 사회주류적 입장을 대변할 가능성이 높다.
⑤ 사회복지정책의 구체적인 대안을 담아내기 쉽다.

2. 길버트와 테렐이 제시한 사회적 효과성에 관한 설명으로 옳은 것은?

① 수급가격을 얻기 위해 개인의 특수한 욕구가 선별적인 세밀한 조사에 노출될 수밖에 없다.
② 사람들이 사회의 평등한 구성원으로 어느 정도나 대우받는가에 따라 판단하는 것이다.
③ 시민권은 수급권을 얻을 수 있는 자격이 안 된다.
④ 급여를 신청할 때 까다로운 행정절차가 반드시 필요하다.
⑤ 사회적 효과성은 단기적 비용절감을 목표로 한다.

3. 길버트와 테렐(Gilbert & Terrell)이 제시한 정책분석유형 중, 특정한 정책 선택에 의해 실행된 프로그램이 낳은 결과를 기술하고 평가하는 정책 분석 접근방법은?

① 과정분석 ② 성과분석 ③ 산물분석
④ 집행분석 ⑤ 사후분석

4. 사회복지정책을 분석하는 접근방법에 관한 설명으로 옳은 것은?

① 산물분석은 특정 정책의 실행 이후 그 결과를 분석·평가하는 데 관심을 둔다.
② 산물분석은 정책이 형성되는 사회정치적 맥락을 고찰한다.
③ 성과분석은 정책결정이라는 정책활동의 결과물 내용을 분석하는 것이다.
④ 과정분석은 정책 기획 과정(planning process)을 거쳐 이끌어 낸 여러 정책대안

을 분석한다.

⑤ 과정분석은 정책사정(policy assessment)이 어떻게 이루어지는지를 이해하기 위한 목적에서 이루어진다.

5. 사회복지 전달체계에서 제공되는 재화나 서비스의 속성 등에 관한 설명으로 옳은 것은?

① 사회복지 재화나 서비스는 단일전달체계에서 독점적 제공이 바람직하다.
② 공공재적인 성격이 강한 재화나 서비스는 민간제공이 바람직하다.
③ 사회복지의 재화나 서비스는 정보의 불완전성으로 인해 소비자들의 합리적 선택에 차이가 난다.
④ 공공부문의 전달체계는 경쟁체제가 이루어지기 때문에 효율적이다.
⑤ 사회복지 재화나 서비스는 수급자들에 의한 오용과 남용의 문제가 발생하지 않는다.

6. 정책평가의 목적으로 옳지 않은 것은?

① 정책의 효과성을 증진하기 위해
② 책임의 근거를 마련하기 위해
③ 자료나 미래 연구의 기초를 마련하기 위해
④ 사업 책임자의 자율성을 확보하기 위해
⑤ 학문적인 기여를 위해

7. 사회복지정책 평가유형에 관한 설명으로 옳은 것은?

① 과정평가는 정책집행 후에 평가하는 활동을 말한다.
② 결과평가는 정책집행 중간의 평가로 전략설계의 수정 보완을 하지 못한다.
③ 총괄평가는 정책이 집행되고 난 후 정책이 사회에 미친 영향을 평가하는 것이다.
④ 효율성평가는 정책집행의 결과에 따라 정책의 목적이 달성되었는지를 평가하는 것이다.
⑤ 효과성평가는 정책의 효과를 투입된 자원과 대비하는 평가이다.

정답 1. ④ 2. ② 3. ② 4. ⑤ 5. ③ 6. ④ 7. ②

CHAPTER 08

사회복지정책의 급여

개요

사회복지정책에 있어서 누가 혜택을 받을 것이며, 그 자격조건을 어떻게 규정할 것인가라는 문제는 오랫동안 쟁점이 되어 왔다. 누구에게 사회복지정책의 혜택을 줄 것인가를 결정하는 데 적용되는 원칙은 매우 다양하다. 또한 급여형태도 현금급여와 현물 등 다양하다. 여기에서는 사회복지정책의 급여를 학습하고자 한다.

학습목표

1. 급여의 의미
2. 보편주의와 선택주의의 비교 분석
3. 급여형태의 비교 분석

학습내용

1. 사회복지급여의 대상
2. 사회복지급여의 형태
3. 사회복지급여의 수준

1. 사회복지급여의 대상

사회복지정책에 있어서 누가 혜택을 받을 것이며, 그 자격조건을 어떻게 규정할 것인가라는 문제는 오랫동안 쟁점이 되어 왔다. 누구에게 사회복지정책의 혜택을 줄 것인가를 결정하는 데 적용되는 원칙은 매우 다양하다. 사회복지정책의 대상은 바로 이들 다양한 기준에 내재되어 있는 일반적 원칙을 가리킨다. 보편주의와 선별주의는 가장 기본적인 급여대상의 기준이 된다.

1) 보편주의와 선별주의

(1) 보편주의

보편주의(universalism)는 모든 사회구성원을 사회복지정책의 수급자로 보며, 시민권에 입각해서 하나의 권리로서 사회복지서비스를 제공하고, 복지 수혜기준과 자격을 균등화하여 사회복지서비스 수급자들이 낙인감, 열등감, 굴욕감을 갖지 않게 하려는 원칙을 강조한다. 사회복지정책은 해당 정책에 따라 모든 국민들에게 급여를 지급할 수도 있지만, 아동, 노인, 장애인 등 연령이나 장애여부와 같은 인구사회학적 또는 진단적 기준만을 대상의 선정기준으로 삼고, 경제적 조건 등은 고려하지 않는다. 따라서 보편주의는 사회복지정책의 제도적 모델에서 선호하는 원리이다. 보편주의 원칙하에 사회복지정책의 대상자를 선정하면, 수급자가 낙인을 받지 않기 때문에 사회통합에 효과적이다(송진영 외, 2024: 186).

보편주의에는 다음과 같은 제도가 원칙적으로 상응한다(오세영, 2023: 99).

첫째, 사회구성원 모두를 대상으로 하는 제도가 있다. 이는 사회적 위험 자체가 경제적 능력과 상관없이 보편적인 경우에 해당하며, 대표적인 예로 건강보험을 들 수 있다.

둘째, 경제적 기준과 관계없는 기준에 따라 사회구성원의 일부에게 국한되지만, 일종의 권리로서 제공되는 제도원칙상 보편적인 제도가 있다. 대표적인 예로, 사회수당, 사회보험, 사회서비스 등이 있다.

사회수당은 소득과 무관하게 인구학적 기준으로 제공되는 급여를 말한다. 이러한 이유로 '데모그란트(demogrant)'라고 불린다. 빈곤과 같은 사회적 위험으로부터 보호하는 일차적인 안전기제이다. 재원은 세금이며, 사회수당의 대표적인 예로는 기초연금, 아동수당 등이 있다. 사회보험은 주로 근로자와 관련된 사회적 위험에 보험기제를 통해 대처하는 사회안전망의 기초 부분이다. 재원은 주로 보험료이며, 사회보험의 예로는 연금보험, 건강보험, 산재보험, 고용보험, 노인장기요양보험 등이 있다. 사회서비스는 사회수당, 사회보험, 공공부조로 해결할 수 없는 구성원의 다양한 욕구(특히, 돌봄)를 경제적 상태와 무관하게 충족하는 기제이다. 재원은 세금이며, 그 예로는 보육, 간병 등이 있다.

보편주의는 복지수혜 자격과 기준을 균등히 하여 복지서비스 수급자들이 어떠한 열등감이나 낙인감을 갖지 않게 한다. 보편주의는 사회복지의 권리성, 사회적 연대성, 사회통합의 가치를 강조하고, 포괄성의 원칙에 입각한 복지프로그램을 중시한다.

(2) 선별주의

선별주의(selectivism)는 개인의 소득과 자산을 조사하여 경제적인 욕구가 있는 일부 계층에게 한정적으로 선별하여 사회복지정책을 제공해야 한다는 원리이다. 즉, 복지자원은 희소성을 갖기 때문에 꼭 필요로 하는 사람들에게만 제공되어야 한다고 보는 관점이다. 선별주의는 잔여적 모델에서 선호되는 원리이다. 선별주의의 원리에 따라 대상자를 선정하면, 사회복지정책 급여가 경제적으로 필요한 사람들에게 한정되어 지급되기 때문에 복지정책의 목표효율성이 증가하고 총비용은 감소될 수 있다. 반면, 선별주의는 보편주의와 반대로, 대상자 선정과정에서의 행정비용이 증가하고, 복잡한 절차에 따라 수급자 선정기간이 증가하며, 수급자에게 낙인효과를 부여하여 사회통합을 저해하는 단점이 있다(송진영 외, 2024: 187).

선별주의에 원칙적으로 상응하는 제도로는 공공부조가 대표적이다. 즉, 공공부조는 빈곤선(poverty threshold) 이하의 사회구성원에게 인구학적 기준을 적용하지 않고 일반적인 빈곤대책으로 운영되는 제도이기 때문이다. 공공부조의 재원은 조세로 마련된다.

(3) 논쟁점

보편주의자와 선별주의자들 간의 논쟁은 다음과 같다(Gilbert & Terrell, 2014).

보편주의자들은 사회정책을 사회구성원 모두가 당면하는 문제에 대한 사회 전체의 대응이라고 생각한다. 그들이 보기에 사회에서 나타나는 다양한 문제와 욕구는 인간이라면 누구에게나 한번쯤은 직면하게 된다는 점에서 사회구성원 모두는 '위험에 처해 있는' 것이다. 따라서, 복지국가는 빈부차나 성별 등의 기준에 따라 시민들을 서로 다른 이질적인 집단으로 구분할 것이 아니라, 문제와 욕구에 대응할 수 있는 광범위한 프로그램의 조직을 목적으로 삼아야 한다. 예를 들어, 청소년들은 보호와 교육을 필요로 하며, 병든 자는 의료서비스를 필요로 하고, 노인과 장애인 그리고 실업자들은 소득보장을 필요로 하는데, 보편주의자들은 이들 욕구를 충족하기 위해 공적인 제도로부터 혜택을 받을 수 있는 자격을 하나의 당연한 사회적 권리로서 모든 사람에게 부여해야 한다고 주장한다. 소득수준에 관계없이 혜택을 주는 사회보험, 공공교육, 노인을 위한 의료서비스 등의 제도들은 복지국가를 위한 제도의 예들이다. 보편주의자들은 이러한 제도를 실시하게 되면 사회구성원들이 주는 자와 받는 자로 분리되지 않게 되고, 그 결과 인간의 존엄성과 사회적 통합이 유지될 수 있다고 주장하며, 인간의 존엄성과 사회통합을 유지함으로써 사회적 효과성을 높일 수 있다고 강조한다.

한편, 선별주의자들은 보편주의자들의 주장에 동의하지 않는다. 선별주의자들은 사회정책의 범위를 보다 제한적으로 본다. 선별주의자들은 사회복지로부터 혜택을 받기를 원하는 개인과 가족은 그러한 혜택을 받을 욕구가 있음을 증명해야 한다고 주장한다. 선별주의자들은 보편적인 수급자격을 부여하는 급여보다는 빈민들, 즉 욕구가 증명된 사람들만을 대상으로 하는 급여를 선호한다. 선별주의자들의 이러한 생각의 이면에는 적절한 사회정책은 그 범위가 제한된 사회정책이라는 견해와, 스스로의 욕구를 충족시킬 능력이 있는 사람은 정부로부터 급여를 받아서는 안 된다는 견해, 그리고 세금을 납부할 능력이 있는 사람은 자활능력이 없는 소수의 사람들을 위해서만 세금을 납부해야 한다는 견해가 놓여 있다.

보편주의와 선별주의의 비교는 〈표 8-1〉과 같다.

〈표 8-1〉 보편주의와 선별주의 비교

구분	보편주의	선별주의
의미	• 전 국민을 사회복지의 대상자로 삼는 것임.	• 사회복지대상자들을 기준에 따라 구분하여 서비스를 제공하는 것임.
원칙	• 권리보장 : 수입에 관계없이 모든 시민에게 복지권을 부여함. • 사회통합 : 기여자와 수급자를 구분하지 않음.	• 자산조사를 통해 대상자를 선정함. • 드러난 욕구가 대상자 선정기준임.
대상	• 모든 시민	• 자산조사에 의해 원조가 필요하다고 인정되는 사람
장점	• 최저소득을 보장 : 빈곤예방 • 수혜자에게 낙인을 가하지 않음. • 행정절차 용이 • 시혜의 균일성 유지 • 정치적 장점 중시	• 필요한 사람에게 서비스 집중 · 자원낭비를 줄임. • 비용이 적게 들어감.
단점	• 한정된 자원을 꼭 필요한 부분에 효과적으로 사용하는 데 한계	• 수혜사에게 심리적 · 사회적 낙인을 줄 수 있음.

자료: 서보준(2022: 173) 재인용.

2) 대상자 선정기준

보편주의와 선별주의의 이분법적 구분은 수급자격에 관한 개념을 확립하는 데 매우 유용한 도구이지만, 실제로 사회적 할당의 기반은 그러한 이분법적인 개념보다 훨씬 더 복잡한 성격을 가지고 있다. 현실적으로 보편주의와 선별주의라는 이분법보다는 선택을 하나의 연속체상에서 개념화하는 것이 더 유용하다. 길버트와 테렐(Gilbert & Terrell, 2014)은 사회복지대상자 선정의 기준을 보편주의와 선별주의의 이분법보다 더 세분화하였다. 그 내용은 다음과 같다.

(1) 귀속적 욕구

귀속적 욕구(attributed need)는 시장에 존재하는 기존의 제도에 의해서는 충족되지 않는 욕구를 공통적으로 가진 집단에 속한 경우를 대상자로 선정하는 것이다. 인구학적 기준만으로 급여를 지급하기 때문에 사회수당(social allowance) 또는 데모그란트(demogrant)라고도 한다. 이때 귀속적 욕구는 전문가의 규범적 판단기준에 의해 정해진다. 여기서 욕구는 가장 광범위하게는 모든 국민에게 귀속된 것일 수 있다. 이러한 욕구규정에 의한 제도로는 모든 노인에게 지급되는 노령수당, 모든 아동에게 제공되는 아동수당, 모든 시민을 대상으로 하는 영국의 국민보건서비스(국민건강보험, National Health Service, NHS)를 들 수 있다. 또한 욕구는 보다 제한적인 집단에 귀속된 것으로 한정될 수도 있는데, 예컨대 취업모나 아동 또는 저소득지역주민 등이 그 예이다.

귀속적 욕구의 원칙은 ① 욕구에 대한 규범적 기준(normative criteria of need)에 근거한 ② 집단 지향적 할당(group-oriented allocations)이라는 조건을 가지고 있다. 즉, 이러한 귀속적 욕구에 의한 사회복지제도는 수평적 재분배효과는 높고, 수직적 재분배효과는 낮으며, 사회통합의 효과가 크다. 낙인문제가 발생하지는 않지만, 급여수준이 높지는 않다. 자격조건이 단순하여 선별과정 등의 행정비용이 상대적으로 적게 소요된다는 점에서 운영효율성이 높다.

(2) 보상

보상(compensation)은 사회적 · 경제적으로 특별한 또한 일정한 기여를 한 사람들의 집단, 또는 사회로부터 부당한 피해를 입은 사람들의 집단에 속한 경우를 대상자로 선정하는 경우이다. 사회경제적으로 특별한 또한 일정한 기여를 한 사람들로는 퇴역군인이나 사회보험에 보험료를 납부한 사람들, 사회로부터 부당한 피해를 입은 사람들로는 사회적 차별에 의해 불이익을 당한 사람들이나 도시재개발에 의해 피해를 입은 사람들이 있다.

보상의 원칙은 ① 욕구에 대한 규범적 기준에 근거한 ② 집단 지향적 할당이라는 두 가지 조건을 가지고 있다. 즉, 욕구에 대해 전문가가 형평성에 입각하여 규범적으로 판단한 특정한 집단을 대상자로 선정하는 것이다.

(3) 진단적 차등

진단적 차등(diagnostic differentiation)은 전문가의 분류나 판단에 근거하여 대상자를 선정하는 것이다. 예를 들어, 장애인의 경우에는 그들이 각각 어떤 재화와 서비스를 특별히 필요로 할지를 전문가가 판단해야 한다. 즉, 전문가가 정한 장애 기준과 등급에 따라 개인적으로 급여를 제공하는 것이다.

진단적 차등의 원칙은 ① 욕구에 대한 기술적 · 진단적 기준에 근거한 ② 개인별 할당(individual allocations)이라는 두 가지 조건을 가지고 있다. 즉, 욕구에 대한 기술적 분류에 따라 개별적으로 대상을 선정하는 것이다.

(4) 자산조사 욕구

자산조사 욕구에 기초한 자격조건은 한 개인이 필요한 재화나 서비스를 구입할 능력이 없음을 나타내는 증거를 기초로 하여 수급자격을 판정하는 것을 말한다. 어떤 개인이 사회적 급여를 받을 수 있는지의 여부는 주로 경제적 조건에 의해 결정된다.

자산조사에 의한 욕구의 원칙은 ① 욕구에 대한 경제적 기준에 근거한 ② 개인별 할당이라는 두 가지 조건에 근거한다. 즉, 욕구의 경제적 기준에 따라 개별적으로 대상자를 선정하는 것이 기본 원칙이다.

2. 사회복지급여의 형태

길버트와 테렐(Gilbert & Terrell, 2014)은 사회적 급여의 형태로 기회, 서비스, 재화, 상환권 및 세금감면, 현금, 권력 등 여섯 가지를 제시한 바 있다. 여기에서는 길버트와 테렐의 분류를 중심으로 직접적 급여와 간접적 급여로 구분하여 서술하고자 한다. 그 내용은 다음과 같다.

1) 직접적 급여

(1) 현금급여

오늘날 서구 복지국가에서 사회복지급여 유형 중에서 지출액이나 수급대상자 등에서 가장 큰 비중은 현금급여이다. 현금급여는 복지수급자에게 서비스가 화폐형태로 전달되어 개인이 사회적 장애요인을 극복할 수 있는 경제적 능력을 갖출 수 있도록 소득의 형태로 제공되는 급여를 말한다. 즉, 국민연금(기초연금, 장애연금, 유족연금), 건강보험의 질병수당, 산재보험의 장애수당, 고용급여, 가족수당, 아동수당, 주택수당 등이 현금급여에 해당한다.

현금급여의 장점과 단점은 다음과 같다(고수현 외, 2016: 217-218).

먼저, 장점은 다음과 같다.

첫째, 현금급여는 무엇보다도 복지수급자의 자유의지를 존중하고, 수치심이나 낙인을 줄여 주며, 스스로 자기의 삶을 영위할 수 있는 존엄성을 보장해 줌으로써 소비자 주권(consumer sovereignty) 보장으로 당사자의 복지수준을 증진하는 효과도 가져다줄 수 있다. 또한 서비스를 임의로 선택할 수 있는 권리와 민주사회에서 그 자체로 매우 중요시되는 가치인 자유와 자기결정권을 최대한 보장할 수 있다.

둘째, 현금급여는 개인이 시장에서 생산되는 상품을 소비할 수 있도록 함으로써 자본주의의 경제원칙에 적합하게 운영할 수 있다.

셋째, 현금급여는 사용하기에 편리하고 현물급여에 비해 프로그램의 운영관리나 행정적으로 처리하기가 수월하고 비용도 적게 든다. 현물급여의 경우, 이를 보관하는 인력, 기구가 필요하고 배분하는 데에도 적지 않은 노력과 비용이 들기 때문이다.

넷째, 현금급여는 복지수급자의 효용을 극대화할 수 있고, 사회적 차원의 효율적 배분이 가능하다. 현금급여의 경우, 복지상품이나 서비스의 생산과 유통이 별도로 시장의 기능을 통하여 이루어지기 때문이다. 수급자의 효용을 극대화할 수 있고, 사회적 차원의 효율적 배분이 가능하다.

반면, 현금급여는 다음과 같은 단점이 있다.

첫째, 현금급여는 복지목적을 일탈하여 복지수급자의 부당한 소비행위를 통제할 수 있는 수단이 결여되어 있다. 현금급여는 일부의 계층에 있어서 알코올이나 약물, 마약 등의 구매력을 지원하게 되는 부정적 결과를 가져다줄 수 있다.

둘째, 현금급여는 개인이 현금급여를 통하여 확보하게 되는 구매력이 실제로 시장에서 요구되는 복지상품의 가치와 괴리되는 현상이 발생하게 된다. 이에 따라, 현금급여는 종종 급여수준의 과부족 문제를 초래하게 될 수 있다.

셋째, 현금급여는 수급자의 효용은 높일 수 있으나, 그것이 곧 사회 전체의 효용을 높이는 것과는 무관하다.

넷째, 현금급여는 모든 수급자가 합리적인 선택을 하지 못한다.

(2) 현물급여

현물급여는 사회복지의 역사적 발전단계에서 보면 복지국가가 발전되기 이전(20세기 이전)에는 중요하였으나, 그 이후 국가에 의한 본격적인 소득보장정책이 발전되면서 현금급여보다 상대적으로 비중이 약해졌다. 왜냐하면 현물급여는 오늘날에도 제한된 사회복지자원에서 사회복지정책에의 필요가 매우 높은 소수인에게 급여가 필요하기 때문이다.

현물급여는 현금이 아니라, 상품이나 현물의 형태로 전달되는 급여이다. 이러한 현물급여는 사회복지기관이 직접적으로 생산, 공급하는 방법과 시장의 기능을 토대로 생산된 복지상품을 개인이 소비를 하도록 하고, 그 비용을 대신 지원하는 방법이 있다.

일반적으로 세계적 추세는 현물급여의 역할비중이 점차 높아지는 경향을 보이고 있다. 중요한 이유로 주로 현물급여의 형태로 이루어지게 되는 교육서비스, 재활사업과 예방사업에 대한 사회적 관심이 높아지고 있기 때문이다.

현물급여의 장점과 단점은 다음과 같다(이기원 외, 2024: 229-230).

먼저, 장점은 다음과 같다.

첫째, 정책의 목표효율성(target efficiency)을 높일 수 있다. 모든 정책은 세부적 목표를 갖고 있고, 정책결정자에게 정책의 성공 여부는 이러한 목표들을 얼마나 효율적으로 이루었는지에 따라 판단된다. 이러한 측면에서 현물급여가 현금급여보다 더 효율적으로 정책목표를 이룰 수 있다는 점에서 선호된다.

둘째, 현물급여는 문제의 극복을 위해 필요로 하는 상품이나 서비스를 직접적으로 제공함으로써 개인의 부적절한 소비행위를 통제할 수 있다. 소비를 개인의 자유에 맡길 수 없는 부분이 있다. 예를 들어, 음식, 보건의료, 학교급식 등 기본적 욕구 등이다. 이런 것들을 개인의 자유에 맡길 경우, 이들 대신 술, 값비싼 운동화 등을 살 수도 있다는 것이다. 이를 '나쁜 선택(bad choice)'이라고 한다.

셋째, 현물급여는 가장 경제적인 방법으로 복지상품을 생산할 수 있는 여건을 갖추고 있다. 현물급여는 규모의 경제효과가 있어 생산단가를 낮출 수 있다. 즉, 특정 재화를 현물급여로 지급할 경우, 그 재화는 대규모로 생산, 공급되기 때문에 그 재화의 생산·공급 비용을 줄일 수 있다.

넷째, 현물급여의 경우 현금급여에 비해 재분배의 효과가 상대적으로 높게 나타난다. 왜냐하면 현물급여는 그 특성상 동일한 내용이나 수준의 급여를 제공하게 되기 때문이다. 따라서, 현물급여는 현금급여보다 욕구가 많은 사람과 그렇지 않은 사람을 더 확실하게 구분할 수 있어서, 급여가 필요한 사람들에게 집중적으로 급여를 제공할 여지가 크다.

다섯째, 현물급여는 현금급여에 비하여 정치적 측면에서 선호된다. 일반적으로 납세자들은 자신들이 낸 세금이 어떤 용도로 사용되고, 어떤 목표를 이루었는지에 대해 막연하나마 관심이 있다. 현금급여의 경우, 수급자가 확실하게 드러나지 않기 때문에 자신이 낸 세금이 어떻게 쓰이는지 납세자들은 눈으로 확인할 수 없다. 국가에서 강하게 나타난다고 볼 수 있다.

여섯째, 현물급여는 현금급여에 비하여 평등차원에서 선호된다. 즉, 대부분 사람들은 평등차원에서 소득의 평등보다는 필요한 물품의 평등에 더 많은 관심을 갖는다. 따라서, 국민을 대상으로 이러한 물품 평등주의를 주장하는 것이 용이할 수 있다.

그러나 현물급여는 획일화된 급여제공으로 서비스 대상자의 자유의지나 개인의 선택을 존중하지 않아 비인간적인 급여체계라는 지적을 받고 있다. 현물급여의 단점은 다음과 같다.

첫째, 현물급여는 국가나 사회복지기관이 급여의 종류와 수준을 결정하게 되므로 복지수급자의 실제적 복지욕구를 무시할 수 있다.

둘째, 현물급여는 국가나 사회복지기관 주도의 생산방식은 복지상품을 표준화, 규격화, 획일화시켜 다양하고 전문적인 사회적 욕구에 적절하게 대처할 수 없다.

셋째, 현물급여는 복지수급자에게 낙인이나 치욕감을 줄 수 있다.

넷째, 현물급여는 상품의 생산을 위해 사전적으로 요구되는 설비투자비용이 과도하게 나타나는 문제점이 있다.

다섯째, 현물급여는 국가나 사회복지기관이 복지상품의 직접적 생산자가 될 경우, 시장원칙의 부재에 따른 각종 비효율성 문제와 관료화의 문제가 발생할 수 있다.

(3) 논쟁점

길버트와 테렐(Gilbert & Terrell, 2014)은 사회복지정책의 분석을 위한 종합적인 이론적 틀을 제공한다. 이들은 현금급여와 현물급여에서 가장 중요하고 또 쟁점이 되는 것은 어느 쪽이 더 효과적인가 관한 논쟁을 정리하고 있다.

현물급여와 현금급여 간의 선택에 있어서 중요한 것은, 개인의 자유 대 사회통제 간의 갈등에 있는 것이 아니라, 어떻게 하면 정부의 사회복지정책 안에서 수급자 개인의 선택권을 최대한 보장해 줄 수 있을 것인가 하는 것이다. 아무리 현금급여를 옹호하는 사람일지라도 특수한 경우, 예컨대 정신지체인의 문제를 해결하는 데 현금급여 대신 현물급여를 받아들인다. 또한 대개 사람들은 예컨대 노숙자들에게 현금급여를 주는 것보다 식료품이나 주거지원 등 현물급여를 주는 것을 더 선호한다. 또한 현물급여를 주장하는 사람들도 적절한 수준의 현금급여는 필요하다는 사실과 소비자에게 선택을 부여함으로써 자기표현과 자율성을 보장하게 되고, 그로부터 얻어지는 사회적 · 심리적 편익이 존재한다는 사실을 잘 인식하고 있다.

오늘날의 관점에서 보면, 현물급여 찬성론자들의 주장 가운데 현실적이지 못한 부분이 많다(김보기 외, 2022a: 232-233).

첫째, 공적인 주체가 현물급여를 제공하는 것이 비용을 절감한다는 주장은 상당한 도전을 받고 있다. 오늘날 정부 독점자본에 의한 재화나 서비스의 생산이 상대적으로 더 많은 비용을 발생시키는 경우가 적지 않다. 예를 들어, 철강,

쓰레기 수거, 교육, 보육 등이 그렇다. 또한 비록 규모의 경제가 일부의 기술에는 적용될 수 있지만, 사회복지실천이나 직업상담과 같은 사회서비스의 경우에는 맞지 않다.

둘째, 현물급여가 비록 이론적으로는 경쟁에 의한 낭비적 폐해를 제거할 수 있다 하더라도, 현금급여와 관련된 시장에서의 경쟁은 혁신을 초래하여 장기적으로는 현금급여가 오히려 더 비용을 절감할 수 있다는 것이 분명해지고 있다. 그리고 현금급여는 현물급여에 비해 관리운영이 간편하기 때문에 그 비용을 절약할 수 있다. 현금급여는 급여를 제공하는 과정에서 소요되는 비용이나 급여를 관리하는 데 따르는 각종 규제 관련 비용이 거의 들지 않기 때문이다.

셋째, 현금급여는 개인의 존엄성을 보장해 줄 수 있다는 주장이 있다. 즉, 현금급여는 급여를 받은 사람들이 자신의 삶을 자신의 계획대로 운영할 수 있게 해 주기 때문에 현물급여에 수반되는 낙인이 현금급여에는 없다는 것이다.

넷째, 현금급여는 빈민의 소득을 직접적으로 증대시키기 때문에 효과적인 빈곤 완화수단이 될 수 있다.

현금급여와 현물급여의 비교는 〈표 8-2〉와 같다.

〈표 8-2〉 현금급여와 현물급여 비교

구분	현금급여	현물급여
주요 내용	수급자에게 복지서비스가 현금의 형태로 전달되는 것으로 사회보장연금이나 공공부조의 현금급여 등을 예로 들 수 있다. 개인의 자유와 소비자 선택을 중시한다.	복지서비스가 현물의 형태로 전달되는 것을 의미하는데, 현물급여로는 건강보험의 진료서비스, 장애인복지급여의 보장구 등이 그 예이다. 사회통제와 집합적 선을 중시한다.
장점	선택의 자유를 극대화하고, 관리비용을 절감할 수 있다.	대량생산과 분배를 통해 낭비를 줄이고, 꼭 필요한 곳에 현물로 지급함으로써 용도 외 사용을 막아 목표달성에 효과적이다.
단점	용도 외 사용이 가능하다.	선택의 자유를 제한하고, 관리비용이 많이 든다.
예	사회보험의 연금, 공공부조의 현금급여, 장애인 보조기기 구입비 등	건강보험의 진료서비스, 쌀, 피복 등

자료: 원석조(2023b: 51) 재구성.

(4) 바우처

바우처(voucher, 상환권)는 정부가 수요자에게 쿠폰(coupon)을 지급하여 원하는 공급자를 선택하도록 하고, 공급자가 수요자로부터 받은 쿠폰을 제시하면 정부가 재정을 지원하는 방식을 말하는데, 이때 지급되는 쿠폰을 바우처라고 한다. 쿠폰은 일종의 상품이나 서비스를 구매할 수 있는 증서와 같다. 노인, 장애인, 산모, 아동 등 사회서비스를 필요로 하는 사람들에게 일종의 이용권을 발급하여 서비스를 받을 수 있도록 하는 사회서비스 바우처가 대표적이다. 또 문화 향유 기회가 적은 저소득층을 위한 문화바우처가 존재하며, 저소득층에게 임대료 일부를 지원해 주는 주택바우처 등 다양한 바우처가 존재한다. 또한 민간기업에서도 소비 및 기업홍보를 위해 활용도 매우 넓다. 예를 들어, 호텔고객이 호텔에서 요금 대신 지급

바우처 이용안내
(전남 완도)

하는 보증서 및 증명서 개념으로 여행사와 항공사에서 발행하는 것이다. 즉, 이것은 그룹투어, 식사, 관광, 객실 등의 비용을 미리 지급하여 호텔계산서를 발행할 때 유통되는 양식이다. 이 바우처는 가격할인형태의 구매이고, 호텔의 판매촉진 방법 중의 하나이다. 이와 같이 바우처제도는 중앙 및 지방 정부는 물론 공공기관, 민간영역에서도 활발하게 사용되고 있다.

바우처는 구조화된 교환가치를 가지고 있는 급여로서, 일정하게 정해진 범위 내에서 자원을 선택할 수 있는 전이 가능성을 가지고 있다. 이러한 급여형태는 재화나 서비스에 비해 선택의 자유가 더 많은 장점이 있다. 사회적 급여의 한 형태인 바우처는 현금급여와 현물급여의 중간 성격을 갖고 있다. 바우처는 그것이 사용되도록 정해진 범위 내에서는 일정 정도의 소비자 주권을 보장해 주면서, 동시에 정해진 범위 외부에 증서가 사용되는 것을 금지함으로써 사회통제도 가능하다. 따라서, 바우처는 집합주의자들과 개인주의자들 모두로부터 지지를 받고 있다. 세금감면도 바우처와 같은 용도로 사용된다(원석조, 2023b: 52).

바우처는 현금급여의 장점인 소비자 선택의 자유를 제한적이지만 살릴 수 있고, 목표효율성이 떨어지는 현금급여의 단점을 어느 정도 보완할 수 있다. 그리고 현물급여보다 수급자의 효용을 증가시키고 운영효율성을 높일 수 있다. 하지만 급여 양에 대한 통제가 있으며, 오남용 문제를 줄일 수 있지만, 원천적으로는 막을 수 없고, 서비스 공급자가 특정 소비자를 선호, 회피하는 현상이 발생할 수 있다(오세영, 2023: 117).

2) 간접적 급여

사회적 급여의 형태는 현금급여와 현물급여라는 두 가지 기본적인 급여형태가 있지만, 현금급여와 현물급여의 현실적 제한에 따른 급여선택의 확장을 가져와 보다 세분화된 형태로 나타난다. 그 내용은 다음과 같다.

(1) 기회

‘기회(opportunity)’는 사회복지정책에서 급여형태의 하나로, 기대하는 목표를 성취하기 위해 사용되는 유인과 제재를 의미한다(Gilbert & Terrell, 2014). 현금, 현물, 바우처 같은 직접적인 급여보다는 모호한 형태이지만, 현대 사회복지정책에서 매우 중요하게 다뤄지고 있다. 사회복지정책은 기회의 창출, 기회의 분배와 밀접히 관련 있기 때문이다.

현대사회에서 교육과 취업은 사회적으로 적절한 생활수준을 영위하기 위해 필수적이라고 할 만하다. 그런데 가정형편이 안 좋거나, 사회적 불평등 때문에 교육이나 취업의 기회조차 박탈당하면 교육이나 취업 이후의 혜택으로부터도 원천적으로 배제된다. 예를 들어, 근로소득이 사회보험 가입의 전제조건인데, 근로의 기회조차 갖지 못한다면 사회보험을 통한 다양한 혜택으로부터도 배제된다.

소수 인종 및 사회적 소수자에게 적극적 조치(affirmative action)를 실시하는 것, 빈곤층이나 농어촌 자녀들이 고등교육을 받을 기회가 부족하다고 판단되어 대학 입시에서 사회배려자 전형 또는 국가유공자 자녀 전형을 실시하는 것 등이 모두 기회급여에 해당한다(류연규, 2021: 150).

기회급여를 제공하는 방법의 궁극적 목표는, 노동시장의 경쟁에서 불리한 점을 제거, 보완함으로써 사회적 약자의 소득을 높이는 사회복지정책 목표를 달성하는 데 있다. 기회는 궁극적으로 다른 급여의 혜택을 받도록 유인하지만, 직접적 교환가치는 없고 제공된 목적이나 용도로만 사용되므로 타인에게 양도할 수 없으며, 재화와 서비스와 같은 다른 형태의 급여와 바꿀 수 없다는 특징을 가지고 있다.

기회급여의 형태인 우선권(extra-chances) 또는 특수기회 부여의 장점은 다음과 같다(이기원 외, 2024: 236).

첫째, 재정과 직접적으로 연계되지 않아 조세저항이나 재정압박이 적다.

둘째, 복지수급자의 재활을 돕고 명예훼손이나 수치심을 주지 않는다.

셋째, 물질로 해결할 수 없는 영역의 복지구현이 가능하다.

반면에, 기회급여의 형태는 사회적 불이익 집단들에게 집중적으로 혜택을 주므로 목표효율성이 높아 소득의 재분배 효과는 크지만, 다음과 같은 단점도 있다.

첫째, 특정 집단에 속한 사람들에게만 기회급여를 제공하면, 그렇지 못한 사람들에게는 불평등을 초래할 수 있다.

둘째, 집단별 평등을 지나치게 추구하다 보면 노동의 동기가 약화되거나, 가족해체 등의 현상이 발생할 수 있다.

셋째, 사회구성원 전체를 대상으로 하는 포괄적인 사회복지정책을 방해할 수 있다.

넷째, 사회복지혜택을 둘러싼 집단들끼리의 첨예한 대립으로 이익집단 정치가 발생할 수 있다.

(2) 서비스

서비스(services)란 클라이언트를 위해 제공되는 활동을 말한다. 국가가 국민에게 급여하는 모든 복지혜택을 복지급여라고 한다면, 이 복지급여에는 유형적 현금급여 또는 현물급여뿐만 아니라, 무형적 복지서비스도 포함된다. 복지서비스는 대상별로 볼 때, 노인서비스, 가족서비스, 이동서비스, 청소년서비스, 출산서비스, 장애인서비스 등으로 나눌 수 있다. 서비스 내용은 복지대상자의 문제해결을 위해 케이스매니지먼트, 교육, 상담, 치료, 지도, 재활, 보호, 의료 및 직업훈련 등에 걸쳐 광범위하다(오세영, 2023: 116). 서비스는 구체적인 형상을 가지고 있는 것이 아니기 때문에 수혜자에게 즉각적인 시장가치를 부여하지 않는다. 서비스급여는 기회급여와 마찬가지로 다른 재화와 교환할 수 없다. 서비스는 사회구성원들의 욕구를 해결하려고 제공되는 것이다.

서비스급여는 기회와 같이 사회복지대상자의 자립과 자활을 가능하게 하는 중요한 급여형태로 평가되며, 특히 다른 공공정책과는 달리 사회복지정책이 지닌 정체성(identity)이라는 독특한 심리사회적 속성을 갖고 있는 급여의 유형으로도 중요하다. 따라서, 서비스급여는 상대적으로 서비스 제공자의 전문성이 요구되므로 매우 중요한 의미를 지닌다. 또한 사회복지정책의 목적이 임시적인 물질적 급여보다는 클라이언트의 항구적인 자립생활을 가능하게 한다는 점에서 서비스급여의 비중은 매우 크다고 할 수 있다. 하지만 서비스는 무형의 급여이기 때문에 표준화하기 어렵고, 서비스 제공시기 또는 서비스 제공자의 가치관이나 전문성에 따라 서비스의 내용과 질이 달라질 수 있음을 유의해야 한다.

(3) 권력

사회복지정책에서 급여로서의 권력(power)은 재화나 자원에 대한 통제력이나 영향력을 재분배하는 것을 의미한다(Gilbert & Terrell, 2014). 특정 집단에게 사회복지정책의 결정과정에 참여할 권리를 부여하고, 실제로 그 정책의 의사결정에 영향력을 행사하도록 하는 것이 대표적인 '권력'급여의 형태이다. 국민연금사업에 대한 사항을 심의하는 국민연금심의위원회에 근로자를 대표하는 위원이나 지역가입자를 대표하는 위원을 위촉하고, 사회복지관 등 사회복지기관의 운영위원회에 클라이언트 대표가 참여하며, 지역사회보장에 관한 계획을 수립할 때 지역주민 등 이해관계인의 의견을 들어 지역사회보장계획을 수립하는 것 등이 권력급여의 사례라고 할 수 있다.

사회복지급여의 하나로서 권력(power)은 사회복지정책 결정과정에 저소득층 등 사회적 소외층이나 이들을 대변하는 대표자들을 참여시켜 사회경제적 자원을 선택할 수 있는 영향력을 재분배시키는 급여유형이다. 사회복지급여에 해당하는 사례로 '경제사회노동위원회(대통령 직속)'를 들 수 있는데, 이 위원회에서는 노동자의 복지향상을 위하여 근로자 대표로 전국민주노동조합총연맹 위원장, 한국노동조합총연맹 위원장이 참여하여 정책결정의 한 축을 담당하고 있다. 최근 대표자회의 결과, '탄력근로제 개선을 위한 노사정 합의문(2019.2.19.)', '한국형 실업부조도입 등에 관한 고용안전망 강화를 위한 합의문(2019.3.5.)'을 만들어 냈고, '노동이 존중되는 사회'와 '불합리한 격차가 없는 나라'를 만드는 데 노력하기(2019.7.26.)를 결의하기도 하였다(손병덕, 2020: 247).

권력은 재화나 서비스와 같이 사용가치가 있는 것도 아니고, 현금과 같은 직접적인 교환가치가 있는 재화도 아니지만, 폭넓은 사회경제적 선택을 제공한다. 그러나 정책결정에 참여하는 참여자들이 실질적으로 자신의 목소리를 내지 못하고 머릿수를 채우는 데 그치는 명목적 참여를 하거나, 참여자 대표가 실질적인 클라이언트나 가입자의 이익을 대변하지 않고 기득권의 이익을 대변하는 수준에 머무르면 유명무실한 급여가 되기 쉽다는 한계가 있다(류연규, 2021: 151). 또한 권력급여도 기회급여처럼 실질적으로 사회복지수급자들에게 이득이 가기 어려울 뿐만 아니라, 참여민주주의(participation democracy)의 이름하에 대개의 경우, 기득권자의 합리화를 위한 도구로 전락할 가능성도 배제할 수 없다.

3. 사회복지급여의 수준

1) 급여수준의 결정기준

사회복지정책 급여수준은 일반적으로 적정선을 최저기준(하한선)으로 하고, 균등선을 중간축으로 하며, 형평성에 입각하여 일정한 상한선의 범위 내에서 신축성 있게 하는 것이 이상적이나, 급여수준은 달라져야 한다. 즉, 속성적 수요는 당해 욕구에 따라 보다 균등선에 가깝도록 사회복지정책 급여수준이 결정되어야 하고, 보상인 경우는 사회적 공헌도나 사회적 편견에 의한 희생을 보상받을 수 있을 정도로 충분해야 하며, 적어도 균등선은 유지되어야 한다. 진단의 경우는 전문가의 진단에 기초하여 재활이 가능한 최소한의 급여수준이 유지되어야 한다. 그리고 자산조사에 의한 수요인 경우, 최저생계비인 빈곤선이 유지되어야 한다. 또한 사회복지정책 급여수준을 결정함에 있어 우선 사회적 효과와 비용효과가 고려되어야 한다. 사회적 효과는 복지정책이 근로동기 유발이나 기타(부양가족 여부와 같은 경우의 산출증가영향, 자산조사 시의 낙인방지, 명예보장 등)가 미치는 사회적 영향을 의미하며, 비용효과는 복지예산과 복지정책 산출성과 사이의 비교분석을 의미한다(임정문 외, 2020: 104-105).

일반적으로 합의되고 있는 복지정책 급여수준은 그 나라 국민에게 생활의 모든 측면에서 사회적으로 인정되고 있는 '최저생활의 보장'으로, 우리나라도 헌법 제34조에 "모든 국민은 인간다운 생활을 추구할 권리를 가진다."고 규정하고 있다. 모든 국민이 건강하고 안정된 문화적 생활을 영위하도록 최저한의 생활을 보장하는 수준은 각종 복지급여의 기준이 되고 있다.

2) 공공부조의 급여수준

공공부조는 복지수급자 본인의 개별적 욕구와 일반 국민의 평균적 욕구에 의해 급여수준이 결정된다. 공공부조의 급여수준은 빈곤선이라는 개념도구가 사용된다. 빈곤수준은 생존에 필요한 최저소득을 말하는 최저생존수준과 기본욕구를 충족시킬 수 있는 생활의 유지상태를 의미하는 최저생계수준으로의 개념으로 나눌 수 있다.

빈곤에 대한 개념은 절대적 빈곤, 상대적 빈곤 및 주관적 빈곤으로 구분된다. 사회복지정책에서는 공공부조정책은 절대적 빈곤의 개념에 입각하고 있는 빈곤전략이며, 일반 사회복지정책은 상대적 빈곤의 개념에 입각한 빈곤정책으로 볼 수 있다. 공공부조정책은 빈곤의 기준을 '소득'과 '최저수준'에 두고 있는 반면, 일반 사회복지정책은 '생활'과 '적정수준'에 두고 있다. 공공부조의 급여수준인 빈곤선은 소득이 최저생계수준에 미달되는 상태에 의해서 결정된다.

3) 사회보험의 급여수준

사회복지정책 수혜자의 갹출액과 과거 소득에 의해서 사회복지정책 급여수준이 결정된다. 이것은 사회보험정책이 주로 중산계층의 과거 소득인 임금과 연관되는 갹출금을 재정기금으로 하여 급여로 하고 있기 때문이다. ILO가 제시하고 있는 급여수준에서 적정성의 원칙이란 급여수준과 급여방법에 관한 원칙을 말한다. 그 내용은 다음과 같다(이기원 외, 2024: 240-241 재인용).

첫째, 균일급여의 원칙으로 보험급여는 어느 수혜자에게도 동액의 급여를 행한다는 원칙이다.

둘째, 비례급여의 원칙으로 급여수준은 각 개인이 사회적으로 영위하는 생활의 정도가 모두 다르기 때문에 그것에 상응하는 정도의 급여수준이 되어야 한다.

셋째, 부양수준의 원칙으로 생활보장의 총액과 수혜자의 자력을 합한 것이 최저생활이 되도록 한다는 원칙이다.

4) 현금급여와 현물급여의 수준

(1) 현금급여의 수준

일반적으로 현금급여의 수준은 개인의 경제적·사회적 상황은 물론 복지정책에 따라 다르게 나타난다. 이러한 급여산정의 기준으로는 개인의 욕구수준, 국가에 의해 일률적으로 책정된 금액, 개인의 종전소득 등으로 구분할 수 있다. 그 내용은 다음과 같다(이기원 외, 2024: 241-242).

첫째, 개인의 욕구수준은 소득수준에 상관없이 단순히 국민 개개인의 욕구수준을 기준으로 하여 현금급여가 제공되도록 하는 방법을 말한다.

둘째, 국가에 의해 일률적으로 책정된 금액은 특정한 사회적 애로요인에 대하여 국가가 일정한 보상금액을 책정하고, 피해의 당사자들에게 동일한 수준의 급여를 일괄적으로 제공하는 방법이다.

셋째, 개인별 종전소득은 소득의 단절 문제가 발생하게 될 경우, 개인의 종전소득을 기준으로 하여 현금급여를 제공하는 방법이 있을 수 있다. 이러한 급여수준의 결정방법은 주로 사회보험제도에서 활용되고 있다.

(2) 현물급여의 수준

현물급여는 물질적 재화나 상품의 형태로 제공되는 급여로서, 현물급여는 대상계층에게 완전히 무상으로 제공하는 방법과 그 비용의 일정 부분을 개인이 부담하도록 하는 방법이 있다(김보기 외, 2022a: 243).

첫째, 현물급여가 무상으로 제공하는 방법으로 종종 급여의 과잉수급 등 낭비의 문제가 발생할 우려가 있다. 이러한 문제를 해결하기 위하여 대다수 사회복지정책들은 현물급여 가격의 일정 부분을 개인이 부담하도록 하고 있다. 따라서, 본인부담의 방법은 경제적 차원에서 낭비적 요인을 억제하고, 분배적 차원에서 현물급여의 사용이 모든 사회계층에게 골고루 배분되도록 하는 관점에서 고려되어야 한다.

둘째, 개별의 물질적 재화나 상품의 가격에 비례하여 본인부담금을 부과하는 방법으로 가격의 기능을 부분적으로 활성화하여 개인의 합리적 소비행위를 유도할 수 있는 장점이 있다. 그러나 저소득계층의 경우, 이러한 본인부담금 방법은 고가의 현물급여에 대한 소비의 기회가 과도한 본인부담금으로 인하여 제약을 받는 분배적 불평등문제가 발생할 수 있다.

연습문제

1. 급여에 관한 설명으로 옳지 않은 것은?

① 시장에서 소비자 선택권이 성숙되지 않았다면 현물급여가 낫다.
② 현금급여는 운영 효율성이 높다.
③ 현물급여는 목표 효율성이 높다.
④ 현물급여가 현금급여보다 비용이 적게 든다.
⑤ 증서나 현물급여보다 현금급여가 수급자 선택의 폭이 넓다.

2. 현금급여와 현물급여의 장단점에 관한 설명으로 옳지 않은 것은?

① 현금급여는 복지상품이나 서비스의 선택권을 보장할 수 있다.
② 현금급여는 사회복지기관 운영비의 절감과 행정적 편의를 가져다줄 수 있다.
③ 현물급여는 현금급여에 비해 오남용의 위험이 크다.
④ 현물급여는 정책의 목표 효율성을 높일 수 있다.
⑤ 현물급여는 개인들의 복지욕구와 괴리가 나타날 수 있다.

3. 우리나라 사회복지제도의 급여자격 조건에 관한 설명으로 옳은 것은?

① 국민연금은 자산조사 방식이 적용된다.
② 노인장기요양보험제도는 진단적 구분이 적용된다.
③ 아동수당은 전체 아동이 적용대상이 아니므로 선별주의 제도이다.
④ 국민기초생활보장제도는 보편주의 제도이다.
⑤ 장애인연금은 모든 장애인에게 지급하는 보편주의 제도이다.

4. 사회복지정책 급여 특징으로 옳지 않은 것은?

① 현금급여는 프로그램 운영비용이 적게 든다.
② 현물급여는 인간의 존엄성 유지 면에서 우월하다.
③ 바우처는 목표효율성을 살릴 수 있다
④ 현물급여는 사용가치가 높다.
⑤ 현물급여는 규모의 경제 효과를 꾀할 수 있다.

5. 다음 중 옳지 않은 것은?

① 현물급여는 낙인의 가능성이 높다.
② 현물급여는 사생활 간섭이 될 수 있다.
③ 현금급여는 니드 충족에 효과적인지 확인하기 쉽다.
④ 증서는 시행 과정에서 소비자 선택의 왜곡이 나타날 수 있다.
⑤ 증서는 현물급여보다 수급자 효용을 증가시킬 수 있다.

6. 사회복지급여의 바우처에 관한 설명으로 옳지 않은 것은?

① 현금급여에 비해 목표달성에 효과적이다.
② 현물급여에 비해 소비자의 선택권이 낮다.
③ 현물급여에 비해 공급자 간 경쟁을 유도하는 데 유리하다.
④ 공급자가 소비자를 자의적으로 선택하는 현상이 발생할 수 있다.
⑤ 현물급여에 비해 서비스에 대한 충분한 정보접근이 이루어져야 한다.

7. 사회복지정책의 급여형태 중 기회(opportunity)에 관한 설명으로 옳은 것은?

① 수급자가 직접 급여에 대한 결정이나 그와 관련된 정책결정에 참여한다.
② 목표효율성(target efficiency)이 가장 높은 급여형태로 평가받는다.
③ 빈곤층 자녀의 대학 입학정원 할당, 장애인 의무고용제 등이 해당된다.
④ 수급자가 일정한 용도 내에서 원하는 재화나 서비스를 선택할 수 있다.
⑤ 취약계층의 경제적 문제를 근본적으로 해결할 수 있다.

8. 사회복지정책 급여의 적절성에 관한 설명으로 옳지 않은 것은?

① 인간다운 생활을 할 수 있는 수준의 급여를 제공하는 것을 말한다.
② 기초연금 지급액 인상은 적절성 수준을 높여 줄 수 있다.
③ 급여를 받는 사람의 삶의 질에 대한 관심의 표현이다.
④ 일정한 수준의 물질적·정신적 복지를 제공해야 한다는 것과 관련된다.
⑤ 적절성에 대한 기준은 시간과 환경에 따라 변하지 않는다.

정답 1. ④ 2. ③ 3. ② 4. ② 5. ③ 6. ② 7. ③ 8. ⑤

CHAPTER 09

사회복지정책의 재원

개요

재원이란 사회복지정책을 실현하는 데 있어서 사용되는 모든 비용과 관련된 것을 의미한다. 사회복지정책에 있어서 사회복지 재정에 대한 관심은 사회복지정책의 목표를 달성하기 위해 필요한 재원을 어떻게 얼마만큼 조달하느냐라는 문제와 함께 재원을 어떻게 배분하느냐라는 문제로 분류할 수 있다. 여기에서는 사회복지정책의 재원을 학습하고자 한다.

학습목표

1. 사회복지정책 재원의 개념 파악
2. 각종 조세제도 숙지
3. 공적재원과 민간재원 비교 분석

학습내용

1. 사회복지정책 재원의 개념
2. 공적재원
3. 민간재원

1. 사회복지정책 재원의 개념

사회복지는 공공부문과 민간부문 모두 정책집행에 재원이 필요하다. 그리고 누구에게, 무엇을, 얼마나 어떻게 지급할 것이냐 하는 정책의 방향과 내용은 재원의 조달에 의해 크게 영향을 받는다. 서구 복지국가들과 같이 국가정책의 재원 가운데 사회복지정책에 필요한 재원이 절반 이상을 차지하는 나라들은 사회복지정책을 위한 재원을 어떻게 마련하느냐의 문제는 더욱 중요할 것이다(김승훈 외, 2024: 92).

재원은 사회복지정책을 실현하는 모든 비용과 관련된 것을 의미한다. 사회복지 재정에 대한 관심은 사회복지정책의 목표를 달성하기 위해 필요한 재원을 어떻게 얼마만큼 조달하느냐라는 문제와 함께 재원을 어떻게 배분하느냐라는 문제로 분류할 수 있다. 그것은 재정이 사회복지 실행을 뒷받침할 뿐만 아니라, 그 결과를 좌우하기 때문이다. 20세기 이후, 복지국가의 성정과 발전은 복지비용의 증가로 나타나게 되었고, 그로 인하여 국가와 개인에게 중요한 관심이 되었다. 중요한 사실은, 사회복지 재정운영 자체가 사회복지정책적 효과와 함께한다는 것이다. 즉, 사회복지 욕구의 증가와 이로 인한 재정적 악화가 나타나고 있는 오늘날의 시기에 얼마만큼 재원조달을 할 것이며, 또 중앙정부와 지방정부의 배분과 분담은 어떻게 할 것인지의 선택 자체가 국가가 감당할 수 있는 '지속 가능한 복지수준'에 영향을 미치게 된다(임정문 외, 2020: 137-138).

클라이언트에게 도움을 주고 사회적 욕구를 해결하기 위해 사회복지의 재원은 필수불가결한 요소다. 이러한 이유로, 한 사회의 사회복지 재정규모는 그 사회의 복지수준을 측정할 수 있는 주요한 잣대가 된다. 국가 간의 사회복지의 발달정도 또한 사회복지 재정규모로 가늠할 수 있다.

사회복지 재원은 크게 공적재원과 민간재원으로 나눌 수 있다. 그 내용은 다음과 같다.

2. 공적재원

복지국가에서 보듯이, 사회복지정책은 많은 비용을 필요로 한다. 바로 그 때문에 사회복지정책의 도입과 확대, 그리고 그 축소에 있어서 항상 관건이 되는 것이 재정문제이다. 따라서, 사회복지정책 입안자들은 사회복지정책의 재정에 대한 정확한 이해가 필요하다. 사회복지정책의 체계에서 보았듯이, 사회복지정책은 매우 다양하고 제도가 다양한 만큼 그 재정구조도 다르다. 사회복지정책의 공적재원으로는 조세가 가장 큰 비중을 차지한다(원석조, 2023b: 81). 사회복지정책의 공적재원은 다음과 같다.

1) 일반조세

조세(tax)는 사회복지정책의 공적재원으로, 가장 큰 비중을 차지하고 있다. 사회복지정책의 실행을 위한 재원으로서 조세는 국가에 의해 개인과 법인에게 강제적으로 부과되는 일종의 부담금(levy)이다. 조세는 목적에 따라 소득세, 재산세, 소비세 등으로 구분한다. 조세는 국가의 정치, 경제 및 사회적 목적에 따라 각기 다른 방식과 형태로 징수하여 사용한다. 사회복지정책에 있어서도 조세는 국가가 사용할 수 있는 가장 중요한 재원 중의 하나이다.

사회복지정책에서 일반조세를 재원으로 할 때, 장점은 다음과 같다(임정문 외, 2020: 141-142).

첫째, 조세를 통한 재원이 다른 재원에 비하여 사회복지정책이 추구하는 중요한 목표인 평등이나 소득재분배를 이루기 쉽기 때문이다.

둘째, 일반조세는 다른 재원에 비해 사회복지정책 대상을 넓힘으로써 급여 보편성을 증가시켜 사회적 불평등의 해소와 사회정의를 구현할 수 있다.

셋째, 일반조세는 국가에 의해 강제적으로 부과되기 때문에 다른 재원에 비해 안정성과 지속성을 가진다. 따라서, 조세를 재원으로 하는 사회복지정책은 일반적으로 안정적이고 지속적인 집행이 가능하다.

일반조세의 문제점은 다음과 같다.

첫째, 세금부과로 인한 소득발생 및 소득사용형태의 변화로 역진성이 나타난다.

둘째, 사용자가 피고용자에게 조세를 전가하고 가격에 조세를 부과하여 조세부담의 실질적인 주체가 불명확해진다.

셋째, 절세나 탈세 등을 통해 명목세율보다 실질세율이 낮게 나타나서 일반예산의 소득재분배효과에 일정한 한계가 나타난다.

(1) 소득세

소득세(personal income tax)는 개인의 소득을 과세기준으로 삼고, 정부가 개인에게 강제적으로 부과하는 조세를 말한다. 조세대상은 개인이지만, 세원(source)은 소득이 된다. 소득세는 개인의 경제적 행위에 여러 가지 형태로 영향을 미친다. 즉, 근로동기, 저축의욕, 직업선택 등에도 영향을 미친다(박주현, 2021: 225). 소득세 징수는 개인의 소득에 대하여 소득의 성격과 납세자의 부담능력 등에 따라 적정하게 과세함으로써 조세부담의 형평을 도모하고, 재정수입의 원활한 조달에 이바지함을 목적으로 한다(「소득세법」 제1조). 단, 「소득세법」 제70조에 따라, 당해 과세기간에 종합소득금액이 있는 자는 다음해 5월 1일부터 5월 31일(성실신고확인서 제출자는 6월 30일)까지 종합소득세를 신고·납부하여야 한다(국세청 홈페이지, 2025).

소득세는 국세이며, 직접세이다. 소득세는 개인소득세와 법인소득세로 나눌 수 있는데, 법인소득세는 법인세법에 따라 법인세로 부과되므로, 소득세법에 의한 소득세는 개인소득세만을 의미한다. 소득세는 일반세 가운데 조세의 누진성을 높이는 데 가장 크게 기여한다. 어떤 조세가 누진적(progressive)이라 함은, 경제적 능력이 클수록, 대표적으로 소득이 높을수록 조세부담률이 높아지는 것을 의미한다. 개인소득세가 대표적인 누진세이다.

소득세 중에서도 개인소득세가 특히 조세의 누진성이 강하고 소득재분배효과가 높다. 그 이유는 다음과 같다(오세영, 2023: 140-141).

첫째, 개인소득세는 기본적으로 부담능력의 원칙(ability to pay)에 따라 세율이 부과되기 때문에 고소득층의 세율이 저소득층보다 높다.

둘째, 개인소득세는 다른 조세에 비하여 각종 조세감면을 통해 저소득층의 조세부담을 면제 또는 감면시켜 줌으로써 소득재분배효과를 높인다.

셋째, 아무리 조세가 누진성이 강해도 일반예산에서 차지하는 비중이 낮다면 소득재분배의 효과는 적을 수밖에 없지만, 개인소득세는 일반예산을 구성하는 조세 가운데 가장 비중이 크다.

(2) 소비세

소비세(consumption tax)는 일반세를 구성하는 조세 가운데 두 번째로 크다. 소비세는 부담능력을 고려하지 않고 상품을 소비할 때 부과하는 세금을 말한다(오세영, 2023: 141). 즉, 소비세는 일반 경제주체의 재화의 소비 또는 화폐의 지출로써 담세력을 추량하여 과세하는 조세이다.

소비세는 대표적인 간접세에 속한다. 소비세는 재화와 용역의 생산, 판매 및 소비 과정에 부과하는 세금이다. 소비세를 소득세와 비교하면, 소득세는 가계 수입의 원천에 대하여 과세하는 것이지만, 소비세는 가계소득의 사용과정에 과세한다. 따라서, 소득세와 비교할 때 소비세는 고소득계층의 조세부담률이 저소득계층보다 상대적으로 낮다.

소비세는 크게 두 가지로 나눌 수 있는데, 하나는 일반소비세이고, 다른 하나는 개별소비세이다. 일반소비세는 모든 재화와 용역에 대하여 일률적으로 부과하는 조세로서, 대표적인 것이 일반판매세(general sales tax)와 부가가치세(value added tax)이다. 한편, 개별소비세는 특정 재화와 용역에 대하여 특정 세율을 선별적으로 부과하는 조세로서, 특별소비세, 주세, 전화세, 관세 등이 여기에 해당한다(국세청 홈페이지, 2025).

우리나라 소비세제는 1977년 7월 1일 부가가치세를 도입하면서 소비세의 현대화가 이루어졌다. 소비세는 보통 재화나 서비스의 매매에 부과되는 것으로써 그 재화나 서비스를 구입하여 사용하는 행위에 대한 조세이다. 과거 1970년대 중 · 후반까지 소비세는 그 종류가 많고 복잡한 체계를 가지고 있었으나, 부가가치세제의 시행으로 기존의 9개 세목을 하나로 묶어 소비세 체계가 간소화되어 조세행정이 크게 개선되었다. 법인세, 소득세와 더불어 3대 세목인 소비세의 총조세 대비 세수비중을 보면, 1980년대 이전에는 60%가 넘었으나 2000년대 이후에는 30~40% 정도의 비중을 유지하고 있다.

그러므로 소비세(특히, 간접소비세)의 납세의무자는 물건의 제조자 · 판매자이지만, 그 세액이 물건값 중에 포함되어 소비자에게 전가되므로 실제 담세자는 소비자이다.

(3) 법인세

법인세(corporation tax)는 법인의 소득을 과세대상으로 하여 법인에게 부과하는 조세를 말한다. 즉, 기업을 하나의 법인(legal person)으로 보고, 이 법인에 대해 과세하는 조세이다. 법인세의 세원은 법인의 소득이 되며, 과세 계산방법은 개인소득세와 근본적으로 차이가 없다(박주현, 2021: 226). 또한 법인세는 국세 · 직접세 · 보통세에 속하며, 일정한 소득을 과세대상으로 한다는 점에서 소득세의 성격을 가진다.

법인세 납세의무가 있는 자는 본점, 주사무소 또는 사업의 실질적 관리장소가 국내에 있는 법인(내국법인)은 국내 · 외에서 발생하는 모든 소득에 대하여 법인세 납세의무가 있다. 본점 또는 주사무소가 외국에 있는 법인(외국법인)은 국내에서 발생하는 소득 중 법에서 정한 것(국내원천소득)에 한하여 법인세 납세의무가 있다(국세청 홈페이지, 2025).

법인에는 주식회사, 합자회사, 합명회사, 유한회사 등의 영리법인과 사립학교 등의 비영리법인, 특수법인, 공익법인 등이 있으며, 사단법인, 재단법인도 일반 법인과 같이 과세한다. 법인세는 납세자와 담세자가 동일하며 중앙정부로 귀속되는 국세이다. 기한 내에 신고하지 않거나 장부를 작성하지 않은 경우, 과세표준에 미달되게 신고한 경우, 세액을 납부하지 않은 경우에는 가산세가 적용된다.

법인 구분별 납세의무의 차이는 〈표 9-1〉과 같다.

〈표 9-1〉 법인 구분별 납세의무 차이

법인의 종류		각 사업연도 소득에 대한 법인세	토지 등 양도소득에 대한 법인세	미환류 소득에 대한 법인세	청산소득
내국 법인	영리	국내외 모든 소득	○	○	○
	비영리	국내와 수익사업에서 발생하는 소득	○	×	×
외국 법인	영리	국내 원천소득	○	×	×
	비영리	국내 원천소득 중 열거된 수익사업에서 발생한 소득	○	×	×
국가·지방자치단체		납세의무 없음.			

자료: 국세청(홈페이지, 2025).

(4) 재산세

재산세(property tax)는 일정한 재산에 대하여 부과하는 조세를 말한다. 재산과세는 부의 분배의 불평등을 시정하기 위하여 필요한 조세로, 이는 사유재산제도와 재산상속제도에 입각한 자본주의 사회의 불가피한 현상이라고 할 수 있다. 국세인 소득세를 보완하는 기능을 하는 재산세를 지방세로 하는 것이 여러 나라의 공통된 경향이다. 우리나라에서도 재산세는 지방세에 속한다.

재산세는 종래 수익세와 재산세의 혼합된 성격의 국세였던 토지세 중의 대지세와 광세 중의 광구세, 그리고 지방세 중 가옥세 및 선세를 통합하여 1961년에 지방세인 시·군보통세로서 신설되었는바, 이때의 과세객체는 토지·건축물·광구·선박 및 항공기로 하였다.

한편, 종합부동산세(comprehensive real estate holding tax)는 부동산 보유 정도에 따라 과표가 결정되는 세금, 주택과 토지를 합산해 공시가격 합계액이 각 유형별로 공제금액을 초과하는 경우, 그 초과분에 대하여 과세되는 세금이다(「종합부동산세법」 제7조). 부동산 투기를 억제하기 위해 2005년 6월부터 시행되고 있다. 이를 줄여서 '종부세'라고도 한다. 종합부동산세는 대체적으로 정부의 이념성향에 따라 보수정권에서는 감세를, 진보정권에서는 중과를 주장하여 세제의 안정성을 크게 훼손시키고 있다.

(5) 직접세와 간접세

직접세와 간접세를 둘러싼 재원에 대한 논쟁은, 개인소득세와 법인소득세 등과 같은 직접세 중심의 세금구조가 소비세와 사회보장세와 같은 간접세로 변화하였다는 주장과, 조세체계가 직접세에서 간접세로 이전되어야 한다는 주장에서 시작되었다.

① 직접세

직접세 대 간접세를 둘러싼 논란은 소득재분배의 효과에서 크게 나타난다.

직접세는 개인의 사회경제적 상황을 고려하여 부과하기 때문에 조세의 공평성을 확립하고 소득재분배의 효과를 높이는 데 도움을 주지만, 직접세는 조세저항을 유발할 가능성이 크다는 것이다. 선진국의 경우, 대체로 직접세의 비율이 높은 편이다.

② 간접세

간접세는 납세의무자와 그 세금을 부담하는 자가 일치하지 않는 세금으로 부가가치세, 특별소비세 등이 있다. 부가가치세는 상품(재화)의 거래나 서비스(용역)의 제공과정에서 얻어지는 부가가치(이윤)에 대하여 과세하는 세금이며, 사업자가 납부하는 부가가치세는 매출세액에서 매입세액을 차감하여 계산한다(국세청 홈페이지, 2025). 특별소비세는 특정한 물품·특정한 장소에의 입장행위 및 특정한 장소에서의 유흥음식행위에 대하여 부과한다(「특별소비세법」 제1조 제1항).

간접세는 재산이나 소득에 관계없이 과세 대상에 대해 동일한 세율이 적용되는 세금이다. 소득재분배 효과가 낮고 역진적이다. 상품에 부과되는 세금이 그 예이다. 또한 간접세 인상은 물가상승의 요인이 된다. 간접세는 조세에 대한 저항이 적고 징세가 편리하며 조세수입의 확보가 용이한 장점이 있지만, 개개인의 사정을 고려하여 세율을 정할 수 없으므로 누진세율을 채택하지 못하고 비례세율이 적용됨으로써 저소득층에게 조세부담률이 상대적으로 높아지는 역진성을 띠게 된다(오세영, 2023: 142-143).

(6) 누진세, 역진세, 비례세

소득재분배의 효과를 기준으로 조세를 누진세와 역진세 그리고 비례세로 나누는 방식도 있다. 많은 학자들은 사회적 평등을 추구하는 보편주의 복지국가의 재원이 소득세와 같은 누진세에서 소비세와 같은 역진적 재원방식으로 변화하고 있다고 주장하고 있다.

① 누진세

누진세(progressive tax)는 소득금액이 커질수록 높은 세율을 적용하도록 정한 세금을 말한다. 즉, 과세물건의 수량이나 화폐액이 증가함에 따라 점차 높은 세율이 적용되는 조세를 말한다. 누진세는 경제력의 격차를 야기시키는 소득 간 불평등을 보정하기 위한 것으로 고소득자에게는 높은 세금을, 저소득자에게는 낮은 세금을 거두자는 의도에서 실시되었다.

제2차 세계대전 후 거의 모든 나라에서 경제력의 불평등과 소득 간 불평등이 문제가 되었고, 이에 따라 소득재분배가 주요 문제로 제기되었다. 이때 소득재분배의 효과적인 수단으로 작용한 것이 누진세율의 적용이었다. 현재 세계 대부분의 국가에서 소득세는 누진세를 적용하고 있다.

세율을 누진하는 방식에는 크게 세 가지가 있다.

첫째, 1개의 과세물건에 대해 하나의 세율을 부과하는 단순 누진이 있다.

둘째, 1개의 과세물건을 몇 단계로 분할하여 각 단계를 초과하는 부분에 점차 높은 세율을 부과하고 그 합계를 1개의 과세물건에 대한 세액으로 삼는 초과누진 또는 단계적 누진법이 있다. 예를 들어, 100만 원에서부터 150만 원은 6%, 150만 원에서부터 200만 원까지는 8%와 같이 과세하는 방식이 초과누진 또는 단계적 누진법이다.

셋째, 세율의 누진을 일정 한도까지만 적용시키고, 그 이상의 수량에 대해서는 비례세율을 적용하는 제한적 누진법이 있다. 한국을 비롯한 대부분의 나라에서는 대체로 초과누진법을 적용하고 있으나, 동시에 그 초과누진을 일정 한도까지만 적용하는 제한적 누진법도 겸용하고 있다.

② 역진세

역진세(regressive tax)는 누진세와 대립되는 개념이다. 역진세는 과세물건의 수량 또는 금액이 많아짐에 따라 세율이 낮아지는 조세를 말한다. 역진세는 저소득자에게 고소득자보다 상대적으로 많은 세금을 물린다. 현실적으로 역진세는 찾아보기 어렵다.

과세물건의 크기에 따라 상대적 부담을 배분하는 방법에는 비례세율 · 누진세율 및 역진세율에 의한 네 가지 과세방법이 있다. 즉, 과세물건의 수량 또는 금액을 B, 세율을 R, 조세액을 T로 표시하면 3자 간에는 다음과 같은 관계가 성립한다. B × R = T, 또는 R = T/B ① B의 증가에 따라 R가 변화하지 않는 비례세율, ② B의 증가에 따라 R도 증가하는 누진세율, ③ B의 증가에 따라 R이 적어지는 역진세율, ④ B의 증가에 따라 R의 증가율이 점차적으로 감소하는 누진세율이 있다.

현행 세제에 역진세는 거의 존재하지 않으나, 조세액과 소득과의 관계에서 볼 때, 역진적인 관계가 성립하는 조세가 있다. 즉, 생활필수품에 간접세(소비세)를 과세하면 소득이 많은 사람이나 적은 사람이나 똑같은 세액을 부담하게 되어 조세부담률은 저소득자일수록 높아지므로, 간접세는 사실상 역진세적 성격을 가지게 된다.

간접세는 역진적 속성을 가지고 있다. 직접세는 누진적 세율 적용에 따라 소득재분배를 기대할 수 있지만, 간접세는 분배 평등에 역행하는 역진적 속성으로 비판을 받는다. 보통 경제학자들은 누진적 조세구조를 지지하여 직접세의 비율이 높은 것이 바람직하다고 주장한다(박주현, 2021: 227). 이와 반대로, 높은 소비세는 사회적 이전급여(실업급여 등)로 생활하는 사람들의 도덕적 해이와 비자발적 실업을 낮출 수 있다는 주장도 있다(조추용 외, 2021: 202).

③ 비례세

비례세(proportional tax)는 과세표준에 비례하여 과세하는 것을 말한다. 이는 과세표준의 증가에 대해 비례 이상으로 세율을 증가시키는 누진세와 대비된다. 대표적인 비례세는 부가가치세로 과세물의 크기와 관계없이 동일하게 10%가 적용된다. 누진세 제도가 고소득자에게 많은 세금을 부과함으로써 부의 재분배 효과를 수반하는 데 반해, 비례세는 재분배 효과가 없는 조세이다. 비례세는 소득수준에 상관없이 모든 납세자에게 동일한 세율을 적용하는 것으로 소비세가 포함된다.

비례세가 역진적이라는 지적을 받고 있는 것은, 모든 소비자에게 동일한 세금을 부과하는 소비세의 경우, 소득수준이 낮은 사람에게 상대적으로 더 많은 세금이 부과되는 셈이 되기 때문이다. 즉, 과세표준에 대하여 일정률의 세율만이 적용되는 형태의 조세이다. 예를 들어, 소득세 세율이 30%이고 과세표준이 10,000원이라면 소득세는 3,000원이 되고, 과세표준이 20,000원이라면 소득세는 6,000원이 된다. 즉, 과세표준의 증감에 정확히 비례하여 조세가 결정되는 것이다. 간접세는 대체로 비례세의 형태이다.

(7) 보통세와 목적세

조세는 목적의 유무에 따라 보통세와 목적세로 나뉜다. 세금의 용도가 정해져 있지 않고 일반경비로 쓰이는 것을 보통세, 특정한 용도가 정해져 있는 것을 목적세라 한다. 오늘날에는 보통세가 원칙이다.

① 보통세

보통세(ordinary tax)는 일반적인 재정수요를 위하여 부과되는 조세를 말한다. 일반세라고도 하며, 목적세와 대응된다. 즉, 국가 또는 지방자치단체의 일반적 지출에 충당하기 위한 조세이며, 조세수입은 일반재정경비의 충당에 사용되는 것이 일반적이다.

보통세는 소득세, 법인세 등의 직접세와 부가세, 소비세 등의 간접세가 모두 포함되는 것으로, 세입과 세출이 직접적으로 연계되어 있지 않는 모든 세금을 포함한다. 그 종류는 다음과 같다. 국세에는 소득세, 법인세, 상속세, 증여세, 재평가세, 부당이득세, 부가가치세, 특별소비세, 주세, 인지세, 증권거래세, 관세 등이 있다. 지방세에는 취득세, 등록세, 경주·마권세, 면허세, 주민세, 재산세, 자동차세, 농업소득세, 담배소비세, 도축세, 종합토지세 등이 이에 속한다.

② 목적세

목적세(objective tax)는 특정 경비에 충당하기 위하여 과징되는 조세를 말한다. 일반경비에 충당하기 위하여 징수되는 일반세 또는 보통세에 대응한다. 즉, 목적세는 세입과 세출이 직접적으로 연결되어 있는 세금으로, 세금이 쓰일 목적이 미리 정해져 있는 세금을 말한다. 목적세는 사용용도가 명백하므로 납세자의 납득을 얻기는 비교적 쉬우나, 특정 목적 이외에는 사용할 수 없어 재정의 운용을 제한하고 경비지출 간에 불균형을 초래하는 수가 많다. 특히, 지방세에 대해서는 많은 나라에서 보통세와 목적세를 병용하고 있다.

우리나라에서는 국세에서 교통시설의 확충 · 에너지 및 자원 관련사업 · 환경의 보전과 개선을 위한 재원을 마련하기 위해 교통에너지환경세를, 농어촌의 구조조정 자금을 마련하기 위해 농어촌특별세를, 교육재정을 확보하기 위해 교육세를 목적세로 하고 있다. 그러나 한시적 과세대상인 목적세 폐지 논란이 계속되면서 교통에너지환경세에 대한 폐지 법안이 2009년 1월 30일 통과됨에 따라 2013년부터 폐지되어 본세에 편입되며, 나머지 두 개의 목적세에 대한 폐지에 대한 논란이 계속되고 있다. 한편, 지방세 중에서 목적세에 해당하는 것은 도시계획세 · 공동시설세 · 사업소세 · 지역개발세 · 지방교육세 등이 있다.

③ 교육세

우리나라는 1958년 8월에 교육세를 신설하여 시행하다가 1961년 12월에 폐지하였고, 1982년 교육환경 개선과 교원 처우 개선을 위해 한시적으로 재도입되었다. 그러나 1990년 12월 방위세법의 폐지를 계기로 지방교육자치 실시를 위한 재원을 확충할 목적으로 1991년 교육세를 한시세에서 영구세로 전환하였다. 이후 2001년에 교육세의 지방세목분이 분리되어 현재까지 유지되고 있다. 한편, 지방교육재정교부금의 재원은 교육세 전액이다.

2) 조세지출(조세비용)

조세지출(tax expenditure) 또는 조세비용(tax cost)은 정부가 세금을 부과한 후 지출하는 것이 아닌 특정 집단에 조세를 비과세, 감면 · 공제를 통해 세금을 걷지 않거나 세금을 되돌려 주는 제도이다 조세비용은 복지대상자에게 직접적인 급여를 제공하는 대신 세금을 면제, 또는 축소해 줌으로써 결과적으로 복지를 지원하는 효과를 달성할 수 있다(김구, 2023: 151).

조세지출의 유형으로는 다음과 같다(임정문 외, 2020: 144-145).

첫째, 소득재분배와 관련된 경제적 욕구를 고려한 조세지출로, 각종 소득공제, 세액공제, 비과세항목 등이 있다.

둘째, 불가피한 비용처리를 위한 조세지출에는 인적공제비와 특별공제비가 있다.

셋째, 사회복지정책과 관련된 조세지출이 있다.

조세지출의 장점은 다음과 같다(임정문, 2020: 145-146).

첫째, 노인, 장애인, 아동에 대한 공제나 의료비, 교육비 및 주거비용 등에 대한 소득공제를 통해서 사회적 공평을 증진시킬 수 있다.

둘째, 조세를 거두어들이고 지출하는 데에 드는 거래비용을 절감할 수 있어서 그 운영 면에서 효율적이다.

셋째, 각종 경제활동에 대한 투자 등을 과세대상에서 면제시킴으로써 경제적 효율성을 증진시킨다.

넷째, 정부가 비대해지는 것을 방지하고 민간부문의 효율성을 극대화할 수도 있다는 점이다.

그럼에도 불구하고, 조세지출은 역진적이어서 조세나 사회보장성 조세보다 소득재분배의 효과가 매우 낮은 것으로 보고 있다. 그 내용은 다음과 같다.

첫째, 경제활동 활성화를 위한 조세감면의 경우, 보통 기업(자본가)에게 주어지기 때문에 상대적으로 고소득층에게 유리할 수밖에 없다.

둘째, 조세지출은 소득재분배의 효과가 가장 큰 재원인 소득세를 감소시킴으로써 소득세를 주요 재원으로 하는 공공부조 프로그램의 재원을 침식하게 된다.

셋째, 세금이 공제되는 민간기부자들의 목적성 기부는 사회복지의 위축을 가져올 수 있다.

그러므로 이러한 조세지출의 증가는 정부에게 사회복지에 사용되는 재원을 줄일 수 있는 명분을 제공해 줄 수 있으며, 민간기부자들이 사회복지를 위한 목적성 기부를 줄이고 문화활동을 위한 목적성 기부를 늘릴 경우, 전체 사회복지재원 규모를 잠식하는 결과를 가져올 수 있다.

3) 부의 소득세(부세)

부(負)의 소득세(Negative Income Tax, NIT)는 조세제도를 활용하여 빈곤계층 중 취업하고 있거나 취업가능성이 있는 근로능력자를 대상으로 공공부조가 아닌 제3의 방법으로 소득을 보장해 주고자 고안된 것이다. 부의 소득세는 특정 가구의 소득이 가구 규모별로 설정된 최소소득보장수준(최저생계비)에 미달할 때, 그 차액의 일정 비율만큼 조세환급의 형태로 정부가 지급해 주는 제도이다.

부의 소득세는 기존의 소득보장정책에 비하여 다음과 같은 장점이 있다.

첫째, 소득이 일정 수준 이하이면 누구나 급여를 받기 때문에 수평적 공평이라는 차원에서 장점이 있다.

둘째, 부의 소득세는 일정 소득 이하의 모든 가족에게 급여를 제공하기 때문에 공공부조처럼 가족구조를 불안정하게 할 동기를 줄일 수 있다.

셋째, 기존 조세제도를 통하여 기계적으로 운영할 수 있기 때문에 공공부조의 까다로운 자격심사를 피할 수 있어서, 수혜자의 수치심을 줄일 수 있다.

그러나 미국의 시범사업에서는 부의 소득세율이 증대할수록 근로자들의 근로동기가 약화되는 것으로 나타났다. 반대로, 근로의욕 증대를 위해 소득세율을 낮게 설정하면 저소득계층의 최소소득보장이 그만큼 미진해져서 실질적인 생계보장이 되지 않는다. 따라서, 근로빈곤층의 근로동기 확보와 최소소득보장이라는 동시에 달성할 수 없는 정책목표 사이에서 해결점을 찾지 못해 부의 소득세제는 시범사업실시로 종결되었다.

4) 근로장려세제

근로장려세제(Earned Income Tax Credit, EITC)는 일정 수준 이하의 근로소득을 가진 자에 대해서 정부가 정해진 기준에 의거해서 조세제도를 통해 현금을 지급하는 소득보장제도이다. 근로장려세제에서 말하는 근로소득은 피용자의 임금뿐만 아니라, 자영자의 사업소득도 포함된다. 따라서, 저소득 임금근로자, 영세자자영업자들이 이 제도의 주된 수급대상자가 된다.

소득보장제도로서, 근로장려세제의 장점은 다음과 같다.

첫째, 근로장려세제는 근로소득이 있는 경우에만 급여가 지급된다.

둘째, 근로장려세제는 소득이 증가할수록 급여가 증가하게 되어 수급자의 근로동기를 강화시킬 수 있다.

셋째, 근로장려세제는 조세제도를 활용한 소득보장방안이다.

넷째, 근로장려세제는 반드시 빈곤선 이하의 근로빈곤계층을 대상으로 삼는 것이 아니라, 설계 여하에 따라 상당히 넓은 범위의 근로계층을 대상으로 소득보전을 할 수 있다.

3. 민간재원

복지서비스의 제공에 필요한 모든 경비 중 세금 등에 의한 공적재원 이외의 민간에서 조달되는 재원을 말한다. 공적 복지서비스에 대해서는 법정화 된 사회복지사업에 대한 시설정비 및 서비스의 실시경비를 법률의 규정에 의해 그 경비의 부담자 및 부담비율이 정해져 있다. 그중에서 민간 사회복지법인이 설치·운영하는 사업에 대해서는 원칙적으로 민간재원이 충당되며, 금융시장으로부터의 예산조치의 범위에 들어가지 않는 부분에 대해서도 자기부담으로 민간으로부터 자금조달이 이루어진다.

민간재원은 매년 정기적으로 실시되는 국민운동으로서의 공동모금, 기부금에 의한 배분, 기업 등의 사업자로부터의 직접적인 기부, 기업 등이 설치하는 조달단체로부터의 조성금, 개인의 기부, 경륜, 경정 등의 공영경기의 수익금으로부터의 조성 등을 들 수가 있다. 이 민간재원에 대해서는 첫째로 복지의 가치관에 기초한 자발적 자금제공의 가치를 강조함과 동시에, 손금불산입 등의 세제상 우대조치의 제도화가 민간재원조달에 있어서의 조건이 된다.

민간재원은 최근 서구의 공적재원이 한계에 도달하면서 그 중요성이 부각되고 있다. 민간재원은 자발적 기여, 기업복지의 재원, 사용자 부담, 가족 간 소득이전 등이 있다. 그 내용은 다음과 같다.

첫째, 자발적 기여로서, 개인이나 기업, 재단 등이 사회복지를 위해 강제적이 아닌 자발적으로 기여한 재원을 말한다.

둘째, 기업복지의 재원으로, 대기업을 중심으로 기업에서는 피고용자를 위하여 다양한 복지급여를 마련하고 있다.

셋째, 사용자 부담으로, 사회복지서비스를 받는 사람이 서비스 비용의 일부를 본인이 부담하는 것을 말한다.

넷째, 가족 간 소득이전으로서, 비공식적 지원체계에서 제공되는 재원 등이 있다.

1) 자발적 기여

사회복지정책에 사용하는 민간부문의 재원으로, 자발적 기여(voluntary contribution)는 사회복지정책의 영역들 가운데 개별사회서비스에서 상대적으로 중요하다. 이러한 서비스를 제공하는 비영리기관 재원의 30% 정도는 자발적 기여에 의한 것이다.

자발적 기여의 형태는 개인에 의한 기여금이 가장 크고 다음으로 재단, 기업, 유산의 순서로 이루어진다. 그러나 이러한 기여가 조세감면을 받기 위해 사용된다.

자발적 기여의 필요성은 다음과 같다.

첫째, 사회복지의 재화나 서비스가 국가에 의하여 강제적으로 부과하는 조세를 재원으로 하여 제공되어야 하는 이유는, 이러한 재화나 서비스는 공공재적인 성격을 갖거나 긍정적인 외부효과가 크기 때문에, 이러한 재화나 시장에서 제공되면 '무임승차 현상' 때문에 사회적으로 적정한(optimal) 수준만큼 재화가 공급되기 어렵기 때문이다.

둘째, 자발적 기여를 통한 사회복지정책은 다원화한 사회 속에서 특정한 지역이나 집단의 특수한 욕구(needs)를 해결할 수 있고, 조세를 통한 국가의 사회복지정책은 이러한 욕구를 해결하기가 어려워서 자발적 기여를 통한 사회복지정책은 다양한 집단 간의 갈등을 해결할 수 있다.

셋째, 자발적 기여를 통한 사회복지정책은 새롭고 창의적인 서비스의 개발이 용이하다는 것이다.

한편, 자발적 기여로 재원마련은 몇 가지 문제점이 있다(박주현, 2021: 233-234).

첫째, 기여를 어떤 사람이 하는가라는 측면에서 보면, 고소득층과 저소득층의 차이가 없다는 것이고, 문제는 이러한 기여는 대개 세제감면의 혜택을 받는데, 이때 고소득층의 한계세율이 높기 때문에 세금감면을 통한 실질적인 이득은 고소득층이 크다는 점으로, 즉 기여를 하는 측면에서 소득분배의 역진성이 나타난다.

둘째, 자발적 기여에 의한 집단적 또한 지역적인 특수한 욕구를 해결하려는 정책이 발전하다 보면, 국가 전체적인 포괄적이고 통합적인 정책발전에 장애가 될 수 있다.

셋째, 자발적 기여에 의한 재원은 불안정하여 지속적이고 체계적인 정책의 수립과 집행이 어렵고, 경제상황에 따라 변동 가능성이 높다.

2) 기업복지의 재원

기업복지의 재원은 기업의 사용자들이 기업의 피고용자들의 복지향상을 위해 지출하는 것을 의미한다. 기업복지에 속할 수 있는 프로그램은 다양하며, 사회복지정책에서 시행하는 주요 사회복지정책 영역에 속하는 프로그램들을 모두 갖고 있다. 예를 들어, 기업연금, 기업의료보험, 자녀학비보조, 사원주택, 탁아 프로그램 등이 있다. 국가적인 복지가 높아지면 기업복지는 낮아지게 된다.

기업복지 재원의 필요성은 다음과 같다.

첫째, 사용자의 입장에서 보면, 피고용자들에게 직접적인 임금 대신 기업복지형태의 지급이 우선 조세상 유리하다.

둘째, 사용자는 양질의 근로자들을 고용, 유지하기 위해서는 동기강화와 기업 이미지를 위해서 필요하다.

셋째, 국민들의 사회복지를 책임지고 있는 국가의 입장에서는 기업복지의 확대로 국가복지에 사용될 재원을 줄일 수 있다.

넷째, 피고용자의 입장에서는 임금 대신, 기업복지의 형태로 보상받는 것이 유리하다.

기업복지 재원의 문제점으로는, 기업복지의 대부분이 고소득층에게 집중된다는 점과, 대기업이나 화이트칼라 계층이 주를 이루기 때문에 기업복지를 통하여 소득재분배가 악화될 수 있다. 이는 자본주의 사회에서, 기업복지는 본질적으로 국가복지에서 상대적으로 손해를 본 고소득층에 대한 보상적인 성격을 갖고 있다. 따라서, 이것은 사회복지의 본질적인 목표인 평등의 추구와는 다소 거리가 있다.

3) 이용자 부담

이용자 부담(user fee)은 사회복지급여를 받은 대가로 금전을 지불하는 것이다. 오늘날 사회복지가 발달한 국가들에서도 어떤 사회복지정책이 제공하는 재화나 서비스를 받을 때는 수급자의 일정한 비용의 본인부담을 필요로 하고 있다.

이용자 부담의 필요성은 다음과 같다(오세영, 2023: 149).

첫째, 이용자 부담을 통하여 사회복지서비스의 남용을 막고자 하는 데 있다.

둘째, 이용자 부담은 단순히 과대한 정부부담의 한계를 극복하는 방법으로도 필요하지만, 예를 들어 의료서비스를 완전 무료로 제공하기 위해서는 엄청난 비용이 드는데, 이 문제를 해결하기 위해서는 이용자 부담이 필요하게 되는 것이다.

셋째, 사회복지서비스의 질을 높일 수 있게 된다.

넷째, 서비스를 이용할 때 본인이 일부라도 비용을 부담하게 되면, 치욕을 줄이고 자기존중(self-respect)을 높일 수 있다는 점이다.

이용자 부담의 문제점은 다음과 같다(오세영, 2023: 149-150).

첫째, 이용자 부담은 기본적으로 역진적이어서 저소득층의 부담이 고소득층에 비하여 상대적으로 커 소득재분배를 악화시킬 수 있다.

둘째, 이용자 부담액수가 크지 않더라도 저소득층에게 부담이 되어 필요한 서비스의 이용이 억제될 수 있다.

셋째, 이용자 부담의 장점은 수급자의 선택의 폭을 넓히는 데 있는데, 사회복지서비스 수급자 가운데 많은 사람들은 선택할 능력이 없는데, 이 경우의 이용자 부담은 불필요하다는 것이다.

4) 가족 간 이전

사회복지가 발달함에 있어 비공식 부문의 중요성이 덜해졌다 하더라도, 아직은 국가의 복지정책이 많은 부분 미흡하기 때문에 중요한 요소이다. 주로 노인복지는 가족의 자식들에 의해 대부분 해결된다.

가족 간 이전(비공식부문 재원)의 필요성은 다음과 같다(임정문 외, 2020: 150).

첫째, 어떤 국가들에서는 국가복지가 발전해도 그 사회의 사회적 문화적인 관습과 규범에 의해 비공식 부문이 계속 중요한 역할을 할 수 있다(예, 유교문화권).

둘째, 비공식부문을 통해서 복지욕구를 해결하는 것은 국가복지에 비해 수급자나 기여자의 자유로운 선택의 폭을 넓힐 수 있다. 또한 국가복지에서 발생하는 많은 절차상의 비용을 줄이거나, 관료제도에서 오는 여러 가지 문제를 피할 수 있다.

셋째, 비공식 부문은 시간적, 공간적인 측면에서 복지욕구를 빨리 해결하는데 장점이 있다.

넷째, 비공식부문에서의 복지 해결은 국가복지보다 비물질적인 측면에서는 더 질이 높은 서비스가 이루어질 수 있다.

가족 간 이전(비공식재원)의 문제점은 다음과 같다(임정문 외, 2020: 150).

첫째, 가장 단순하면서도 가장 중요한 비공식재원의 문제점은 많은 사람들의 복지욕구가 비공식 부문에서만으로 해결되지 않는다는 것이다.

둘째, 비공식 복지가 국가복지로 전환되면, 누구나 조세를 부담하기 때문에 2차적 수혜자(비공식 복지에서의 기여자)는 비공식 복지에서 부담하지 않는 사람들의 조세부담의 대가로 이득을 볼 수 있다.

연습문제

1. 조세와 사회보험료 부과에 관한 설명으로 옳은 것은?

① 사회보험료는 소득세에 비해 역진적이다.
② 사회보험료에는 조세와 같은 인적공제가 없어 저소득층에게 유리하다.
③ 조세와 달리 소득상한선이 있는 사회보험료는 고소득층에게 불리하다.
④ 조세와 달리 사회보험료는 국가의 반대급부가 특정화되어 있지 않다.
⑤ 조세와 달리 사회보험료는 추정된 부담능력(assumed capacity)을 고려한다.

2. 사회복지 재원 중 이용료에 관한 설명으로 옳지 않은 것은?

① 정부의 재정 부담을 완화하는 효과가 있다.
② 정액의 이용료는 소득재분배에 역진적이다.
③ 서비스 이용자의 도덕적 해이를 방지할 수 있다.
④ 저소득층의 서비스 접근성을 향상시킬 수 있다.
⑤ 이용자의 권리의식을 높여 서비스 질을 향상시킬 수 있다.

3. 사회복지 재원에 관한 설명으로 옳지 않은 것은?

① 일반세 중 재산세의 계층 간 소득재분배 효과가 가장 크다.
② 목적세는 사용목적이 정해져 있어 재원 안정성이 높다.
③ 이용료는 저소득층의 서비스 이용을 저해할 수 있다.
④ 고용주가 부담하는 사회보험료는 수직적 소득재분배 성격을 지닌다.
⑤ 기업이 직원들에게 제공하는 기업복지는 소득역진적 성격이 강하다.

4. 민간재원 조달의 특징으로 옳지 않은 것은?

① 재정이 구체적으로 어떻게 사용되는지 알 수 있다.
② 재원이 불안정하다.
③ 급여의 남용이나 오용의 문제가 발생할 수 있다.
④ 공적재원과는 달리 책임성이 큰 문제가 되지 않는다.
⑤ 변화하는 욕구에 민감하게 적응할 수 있다.

5. **다음 중 조세방식의 장점이 아닌 것은?**

① 사회적 평등화 목표에 조세방식이 상대적으로 더 가깝다.
② 누진세를 채택할 경우 일방적인 소득이전이라는 사회복지정책의 기능과 연계된다.
③ 수급자에게 낙인을 제공하지 않고 권리성을 부여한다.
④ 재정운용에 있어 각종 서비스 프로그램 간 상호조절이 가능하다.
⑤ 소득상한선이 높아 사회보험료에 비해 누진적이다.

6. **수익자 부담이 필요한 이유로 옳지 않은 것은?**

① 무료로 이용하는 사람들의 수치심이 완화된다.
② 불필요한 서비스 이용을 막고 서비스 우선순위를 설정한다.
③ 새로운 사회복지욕구에 대응할 수 있다.
④ 수익자와 비수익자 사이에 공평을 유도한다.
⑤ 수익자 책임을 촉구할 수 있다.

7. **중앙정부가 지방정부에 재정을 지원하는 것에 대한 설명으로 옳지 않은 것은?**

① 중앙정부가 지방정부에 비해 재정력이 취약하기 때문이다.
② 지방정부 간 재정력의 불균형이 존재하기 때문이다.
③ 국가 전체 재정운영의 효율성과 형평성을 제고하기 위해 존재한다.
④ 정부지원금제도의 논거로서 가부장주의 등을 들 수 있다.
⑤ 재정불균형을 시정함으로써 형평성을 증진시킨다.

8. **사회복지정책의 재정에 관한 설명으로 옳은 것은?**

① 한국의 사회복지정책 재원은 주로 민간 기부금에 의존한다.
② 사회복지재정이 수행하는 기능 가운데 하나는 소득재분배이다.
③ 조세가 역진적일수록 소득재분배의 기능이 크다.
④ 한국의 조세부담률은 OECD 회원국가의 평균보다 높다.
⑤ 사회복지재원으로서 이용료는 연동제보다 정액제일 때 소득재분배 효과가 크다.

정답 1. ① 2. ④ 3. ① 4. ④ 5. ③ 6. ① 7. ① 8. ②

CHAPTER 10

사회복지정책 전달체계

개요

사회복지정책 전달체계는 사회복지정책에서 제공하는 급여 또는 서비스를 제공하는 조직적 장치를 말한다. 사회복지정책에 있어 전달체계가 중요한 이유는 사회복지정책에 규정되어 있는 사회복지급여와 서비스를 적절하고 효율적으로 대상자에게 전달하여 그들의 욕구를 효과적으로 충족시키는 데에 전달체계가 결정적인 역할을 수행하기 때문이다. 여기에서는 사회복지정책 전달체계를 학습하고자 한다.

학습목표

1. 전달체계의 중요성 숙지
2. 전달체계의 구성원칙 숙지
3. 공적 · 민간 전달체계의 비교 분석

학습내용

1. 사회복지정책 전달체계의 개념
2. 사회복지정책 전달체계의 형태
3. 공적 사회복지정책 전달체계
4. 민간 사회복지정책 전달체계

1. 사회복지정책 전달체계의 개념

1) 사회복지정책 전달체계의 개념

사회복지정책 전달체계는 지역사회적 맥락에서 사회복지급여를 공급하는 자들 간에 조직적 연계 및 공급자와 소비자들 간의 조직적 연결이다. 이 정의에서의 초점은 사회복지서비스의 전달은 다수의 조직적 행위자들과 서로 맞물려 있다는 것에 있다. 즉, 사회복지정책 전달체계는 단일한 조직에 의한 활동이 아니라, 조직과 조직들이 또는 조직과 클라이언트들이 상호 연관되어서 서비스가 창출 · 공급되는 체계를 이루는 것이다(김승훈 외, 2024: 103).

사회복지정책에 있어서 '누구에게'와 '무엇을'이라는 선택을 결정하게 되면, 그다음에는 결정된 사회복지급여를 수급자격을 가진 대상자에게 전달하기 위한 조치가 마련되어야 한다. 즉, '어떻게(how)'라는 질문에 관련된 것이다. 이러한 의미에서 사회복지 전달체계는 지역사회 내에 존재하는 사회복지서비스의 공급자와 수요자(클라이언트, 수급자, 소비자)의 상호 간을 연결시키기 위한 '조직적 장치'라고 말할 수 있다. 여기서 조직적 장치라는 것은, 사회복지서비스 공급자와 수요자 사이를 연결시키는 조직과 인력의 구조를 의미한다(김보기 외, 2022a: 278).

사회복지정책 전달체계는 사회복지정책에서 제공하는 급여 또는 서비스를 제공하는 조직적 장치를 말한다. 사회복지정책에 있어 전달체계가 중요한 이유는 사회복지정책에 규정되어 있는 사회복지급여와 서비스를 적절하고 효율적으로 대상자에게 전달하여 그들의 욕구를 효과적으로 충족시키는 데에 전달체계가 결정적인 역할을 수행하기 때문이다. 즉, 정책내용도 중요하지만, 정책의 구체적 대상자의 자격요건을 조사 · 심사하는 일, 자격조건의 설정, 전달구조와 조직의 선택과 실천, 사회복지서비스 신청 · 급여 과정과 절차 등과 연관된 정책의 선택 등은 결국 전달체계상에서 수혜대상자와 밀접하게 접촉하면서 실천되는 일이므로 전달체계가 그만큼 중요하다(현외성, 2019: 239).

사회복지서비스 전달체계의 특성은, 사회복지서비스 전달체계가 운영주체에서도 일반전달체계와 차이를 보인다는 점이다. 주로 고정적인 일반전달체계와 달리, 중앙정부, 지방정부 등의 공적 전달체계와 민간 차원에서 이루어지는 민간 전달체계 두 영역 모두에서 활발히 적용되며 유동적이기 때문이다.

『사회적 케이스워크』
(1957)

펄만(Helen Harris Perlman)은 1957년 그의 저서 『사회적 케이스워크(*Social Casework: A Problem-Solving Process-A Fresh, Unifying Approach to Casework Practice*)』에서, 모든 사회복지기관은 복지대상자를 돕기 위한 일련의 과업을 수행해야 하는 데에 따른 이상적인 기능으로써 네 가지 기능을 제시하고 있다. 그 내용은 다음과 같다.

첫째, 초입기능(entry functions)으로, 복지대상자에게 이용 가능한 서비스, 기구의 홍보와 교육활동을 하며, 대상자의 문제해결을 위해 지역사회의 다른 기관들과 협력해야 하는 기능이다.

둘째, 책임기능(accountability functions)으로, 복지대상자의 문제를 사정하고 이용 가능한 자원을 물색, 필요하다면 타 기관에 위탁(refer)하며, 복지대상자가 활용할 수 있도록 조직하는 책임을 수행하는 기능이다.

셋째, 서비스 제공기능(provision of services)으로, 개별사회사업, 재활서비스, 법률구조사업, 재정부조 등의 기능이다.

넷째, 계획 및 통제 기능(planning and control functions)으로, 복지대상자의 욕구를 파악하여 충족되지 않은 욕구충족을 위해 지역사회의 타 기관과 협력, 조정의 책임을 져야 하는 기능이다.

2) 사회복지정책 전달체계의 구성원칙

사회복지정책 전달체계의 궁극적인 목적은 복지서비스를 대상자들에게 효율적·효과적으로 전달하는 것이다. 사회복지정책 전달체계가 가진 근본적인 목적을 달성하기 위해서는 전달체계 구성원칙에 따라 구축해야 한다(송진영 외, 2023: 64).

사회복지정책 전달체계의 구성원칙은 다음과 같다(김승훈 외, 2024: 108-112 ; 김영철 외, 2023b: 138-144 ; 송진영 외, 2023: 64-69 ; 홍봉수 외, 2023: 226-229).

『사회복지행정론』
(김영철 외, 2023b)

(1) 통합성의 원칙

통합성(비파편성/비단편성, unification)의 원칙은 한 클라이언트의 다양한 욕구를 충족시키고 복합적인 문제를 해결하기 위해서는 필요한 서비스들을 연결시켜 체계적으로 제공해야 한다는 원칙이다. 클라이언트의 다양하고 복합적인 욕구 충족을 위해 다양한 서비스를 포괄적으로 제공하되, 단편성(fragmentation)을 극복하기 위해서는 통합성의 원칙에 따라 서비스를 체계적으로 제공해야 계획한 목표를 효과적·효율적으로 달성할 수 있게 된다. 복합적인 문제를 겪고 있어 취약성에 노출된 양육모의 취업을 위해서는 필요한 서비스들이 체계적으로 제공되어야 한다. 이를 위해서는 일-가정 양립의 목표를 효과적·효율적으로 달성할 수 있도록 고용서비스, 보육서비스, 건강서비스, 기타 가족기능 강화 서비스의 통합적인 제공에 대한 계획을 수립해야 한다.

(2) 평등성의 원칙

평등성(equity)의 원칙은 성별, 연령, 소득, 지역, 종교, 지위 등에 관계없이 모든 국민에게 차별 없이 평등하게 사회복지서비스를 제공해야 한다는 원칙이다. 평등성의 원칙이 지켜지기 위해서는 보편주의의 원칙에 따라 전체 사회구성원에게 사회적 시민권의 일환으로서 사회복지정책을 시행해야 한다. 사회복지서비스는 사회구성원들의 욕구충족을 위한 비물질적인 서비스로서 집합적이고 관계 지향적인 성격을 갖고 있다. 최근 노인문제, 여성의 일-가정 양립문제, 청년실업문제 등 새로운 사회적 위험(New Social Risk, NSR)이 대두되면서 생애주기에 따라 사회구성원들이 집합적으로 직면하는 아동, 여성의 출산과 일-가정 양립, 청년, 노인 등의 욕구를 보편적으로 충족시킬 필요성이 커지고 있다.

(3) 책임성의 원칙

책임성(accountability)의 원칙은 사회복지조직은 국가 및 사회로부터 특정한 사회복지서비스를 전달하도록 위임받은 조직이므로 서비스 전달 시 위임된 책임을 다해야 한다는 원칙이다. 사회복지조직은 사회로부터 권한을 위임받고 있다. 사회복지조직의 정당성의 원천은 클라이언트의 복지를 보호하고 향상시키는 역할을 담당한다는 데 있다. 이처럼 사회는 사회복지기관이 사회가 위임한 대로 클라이언트의 복지를 보호하고 향상시키는 역할기대를 충족시킬 것이라고 기대한다.

사회복지조직은 외부환경으로부터 자원을 획득해 필요한 활동을 전개한다. 사회복지조직은 책임성을 이행해 과업환경의 이해관계자들의 지지를 얻고, 그들로부터 협조를 얻기 위해 노력해야 한다. 최근 사회복지조직은 책임성을 구체적으로 입증하라는 요구를 받고 있다. 클라이언트 또는 소비자, 중앙 및 지방정부, 주요 재정자원 제공자, 기부자들은 사회복지조직의 책임성이 요구되는 주요 과업환경이라 할 수 있다. 사회복지조직이 책임져야 하는 주요 내용은 서비스가 클라이언트의 욕구에 적절히 대응하는가, 서비스 전달절차가 효율적인가, 서비스전달과정에서의 소비자의 불평과 불만에 대한 수렴장치가 적합한가 등이다.

(4) 접근성의 원칙

접근성(접근용이성, accessibility)의 원칙은 사회복지서비스를 필요로 하는 클라이언트의 접근에 장애가 되는 요인들을 제거해 누구나 손쉽게 서비스를 제공받을 수 있도록 설계해야 한다는 원칙이다. 지금까지 거론한 적절성의 원칙, 포괄성의 원칙, 지속성의 원칙, 통합성의 원칙이 제대로 지켜지기 위해서는 접근용이성의 원칙이 구현될 필요가 있다. 따라서, 사회복지조직은 사회복지서비스를 설계할 때, 클라이언트가 손쉽게 접근하는 데 장애가 되는 요인이 무엇인지 파악하고, 이를 해소하기 위해 노력해야 한다. 클라이언트가 서비스에 접근하는 데 장애를 초래하는 요인은, 정보의 부족, 지리적 장애, 심리적 장애, 선정절차의 장애, 자원의 부족 등으로 분류할 수 있다.

(5) 전문성의 원칙

전문성(professionalization)의 원칙은 사회복지서비스 제공업무 중 핵심적인 주요 업무는 반드시 전문가가 담당해야 한다는 것을 말한다(Gates, 1980). 여기에서 전문가란 자격이 객관적으로 인정된 사람으로서, 자신의 전문적 업무에 대한 권위, 자율적 결정권, 책임성을 지닌 사람을 말한다. 사회복지 전문직의 구성원은 정규교육의 이수 및 전문적 지식과 기술의 획득, 전문적인 윤리의식 확립, 국가적인 자격취득, 전문직 내의 사회화 등의 요소를 갖춘 사람이다. 여기서 전문가는 자격요건이 객관적으로 인정된 사람(예, 자격증 소지자)이며, 자신의 전문적 업무에 대한 권위와 자율적 책임성을 지닌 사람을 말한다.

사회복지 분야의 종사자는 업무 성격에 따라 전문(professional), 준전문(para-professional), 비전문(non-professional)으로 구분되지만, 사회복지서비스의 효율성과 효과성을 달성하기 위해서는 전문성이 다소 낮은 업무는 준전문가가 담당하고, 비숙련 업무 및 일반적인 업무는 비전문가 또는 경우에 따라 자원봉사자가 담당하도록 해야 한다. 따라서, 사회복지서비스는 효과성과 효율성을 위해서도 전문성의 원칙은 반드시 지켜져야 한다.

(6) 적절성의 원칙

적절성(충분성, comprehensiveness)의 원칙은 사회복지서비스는 양과 제공기간, 그리고 질이 클라이언트의 욕구충족과 서비스의 목표달성에 충분한 수준이어야 한다는 원칙이다. 사회복지정책의 서비스를 제공할 때에는 한 회의 서비스에 일정한 시간을 배정하고, 서비스 제공기간에 대한 계획을 수립해야 한다. 이때 사회복지서비스의 양과 제공기간은 클라이언트의 욕구충족과 서비스의 목표달성에 충분한 정도여야 한다. 나아가 클라이언트의 욕구충족에 필수적인 전문적인 수준의 서비스를 제공해야 서비스의 목표를 달성할 수 있음을 고려해야 한다.

현실적으로 이와 같은 적절성의 원칙은 사회복지서비스의 재정이 축소되는 상황에서는 제대로 지켜지기 어려운 경우가 많다. 미국의 공공부조제도의 전반적인 축소개혁이 그 예다. 이로 인해 공공부조의 제공기간이 축소되는 경향이 있다. 나아가 상담서비스 등 전문적인 핵심 서비스가 공공부조제도에서 삭제되어 서비스 제공이 생략되거나, 비제도화되는 질적 후퇴를 겪어 왔다. 이는 공공부조제도에 의존하는 클라이언트의 욕구충족과 서비스의 목표달성이 어려워지고 있음을 의미한다.

(7) 포괄성의 원칙

포괄성(inclusiveness)의 원칙은 클라이언트의 다양하고 복합적인 욕구충족을 위해서는 다양한 서비스를 제공해야 한다는 원칙이다. 클라이언트가 복합적이고 다양한 욕구를 가진 경우가 많다. 이런 사례에서 단편적인 욕구충족만을 고려하게 되면 오히려 서비스 제공의 목표를 달성하지 못하게 될 수 있다. 예를 들어, 복합적인 문제를 겪고 있어 취약성에 노출된 양육모의 취업을 위해서는 고용서비스의 제공만으로는 소기의 목표를 달성하기 어렵다. 보육서비스, 건강서비스, 기타 가족기능강화 서비스 등이 포괄적으로 제공되어야 취약한 여성의 일·가정 양립이 가능해질 수 있기 때문이다.

(8) 지속성의 원칙

지속성(continuity)의 원칙은 클라이언트의 욕구충족과 문제해결을 위해서는 서비스 간에 단절이 발생하지 않도록 필요한 서비스들이 연속적으로 제공되어야 하고, 개별서비스는 필요한 기간만큼 지속적으로 이용할 수 있어야 한다는 원칙이다. 앞의 예에서 복합적인 문제를 겪고 있어 취약성에 노출된 양육모의 취업을 위해서는 필요한 서비스 간에 단절이 발생하지 않아야 한다. 고용서비스를 제공해 직업능력을 향상시키기 위해서는 보육서비스가 동시에 제공되어야 한다. 필요한 경우, 건강서비스가 보완되어야 직업능력을 향상시킬 수 있다. 또한 개별서비스는 필요한 만큼 지속적으로 제공될 필요가 있다. 보육서비스는 양육모가 취업활동을 할 수 있도록 이용시간과 제공기간 면에서 충분한 수준으로 제공되어야 한다.

서비스 제공의 지속성을 확보하기 위해서는 한 조직 내의 서비스와 프로그램 간에 상호 협력이 잘 이루어져야 하고, 지역사회 내의 사회복지서비스조직 간에도 유기적 연계가 형성되어야 한다. 지속성의 원칙이 잘 지켜지기 위해서는 사례관리가 활용될 필요가 있다. 한 전문가의 책임 아래 클라이언트의 욕구와 문제를 포괄적으로 파악하고, 종합적인 계획에 따라 클라이언트에게 필요한 서비스와 전문가를 적시에 연결시키고 체계적으로 관리해야 한다. 반면에, 일반화 접근방법, 전문화 접근방법, 집단 접근방법은 각각 전문성의 부족, 서비스 간의 연계 · 조정의 어려움, 책임성 있는 체계적인 서비스 계획 수립의 어려움 때문에 지속성의 원칙에 부합하지 않는 면이 있다.

3) 사회복지정책 전달체계의 선택

사회복지정책 전달체계의 선택은 다음과 같다(현외성, 2019: 267-270).

(1) 전달체계 선택의 기본 요소

사회복지정책의 수립·설계 과정에서 어떤 전달체계를 설립할 것인가는 여러 가지 변수에 의해서 결정되는 '선택의 문제'이다. 이 점에서 전달체계의 수립은 정치적 선택과 연결되어 있다. 다만, 선택 시 기본적으로 고려해야 하는 요소는 전달체계의 수립 및 평가의 기준 등을 반영하는 것은 당연한 일이다. 전달체계의 선택에 영향을 미칠 수 있는 요소는 다음과 같다(홍봉수 외, 2023: 242-243).

① 정책목표와 이념

② 급여내용

③ 재정여건

④ 기술과 인력

(2) 전달체계 선택의 본질

사회복지 전달체계의 선택은 이상의 요소를 고려하여 선택된다. 그러나 결국 누가 사회복지 전달체계의 선택에 최종적인 결정을 내리는가? 여기에는 사회구성원 중의 사회복지정책 또한 전달체계와 연관된 개인과 집단의 역학관계가 배경에서 작용하고 있다. 합리적인 전달체계의 선택과정은 객관적인 검토 요인은 물론 주관적인 정책결정권자의 의지와 가치관, 그리고 관련 집단의 영향력이 중요한 변수가 되기도 한다.

(3) 사회복지사의 역할

사회복지정책 전달체계에 근무하는 사회복지사의 역할은 매우 중요하다. 새로운 전달체계의 구성과 구조, 그리고 역할에 대한 의견제시와 함께 지역사회주민들과 함께할 수 있는 새로운 프로그램을 제시할 수 있어야 한다. 행정복지센터의 경우, 주민들의 욕구를 발견하고 문제를 해결하는 데 있어서 주민들과 최일선에서 일해야 하는 사회복지현장이자 전달체계이다. 이러한 측면에서 사회복지사는 행정복지센터에 관심을 가지고 지역의 행정복지센터가 제대로 기능하여 지역주민들의 복지증진에 기여할 수 있는 전달체계가 될 수 있도록 노력해야 한다.

2. 사회복지정책 전달체계의 형태

사회복지 전달체계의 형태는 미시적 분류방법과 거시적 분류방법이 있다. 미시적 분류방법은 전달체계들을 조직과 인력을 중심으로 분류하는 것을 말하며, 거시적 분류방법은 공공부문과 민간부문의 두 가지 축으로 분류하는 것을 말한다. 그 내용은 다음과 같다(홍봉수 외, 2023: 230-240 ; 조추용 외, 2021: 179-184).

1) 공공부문

(1) 중앙정부

오늘날 서구의 복지국가에서는 중앙정부의 역할이 매우 크다. 사회복지의 재화나 서비스의 대부분은 중앙정부에서 재원의 부담, 조정, 급여방법 등에 관한 모든 사항을 결정하여 제공된다. 대표적인 예가 사회보험이다. 우리나라의 경우도 5대 사회보험은 모두 중앙정부에 의해 제공된다. 그 내용은 다음과 같다(김보기 외, 2022a: 287-288).

사회복지 전달체계에서 중앙정부의 역할이 중요한 이유는 몇 가지가 있다.

첫째, 중앙정부는 사회복지정책의 가장 중요한 가치인 평등을 이루는 데 유리하다는 점이다. 이것은 중앙정부만이 모든 국민을 대상으로 사회복지정책을 위해 재원을 마련하거나 급여를 제공한다는 측면에서 소득재분배효과를 극대화할 수 있기 때문이다.

둘째, 사회복지의 재화나 서비스 가운데 의료나 교육과 같이 공공재적 성격이 강한 서비스나 재화 공급에 유리하다. 또한 사회보험과 같이 급여의 대상이 되는 사람의 숫자가 많을수록 기술적인 측면에서 유리하다. 이러한 경우에는 모든 국민들을 대상으로 강제적으로 급여하는 것이 바람직한데, 그 이유는 현실적으로 중앙정부만이 할 수 있기 때문이다.

셋째, 사회복지의 재화나 서비스에 관한 주요 정책결정을 중앙정부가 했을 때, 다양한 사회복지에 대한 욕구들을 체계화하여 다양한 프로그램을 통합·조정할 수 있으며, 안정적으로 유지하는 데 유리하다. 특히, 사회복지 프로그램 등의 운영에서 재정안정의 문제가 중요한데, 중앙정부가 다른 어떤 전달체계보다 재원을 지속적으로 안정적으로 마련할 수 있는 장점을 갖고 있다.

중앙정부가 사회복지의 재화나 서비스를 독점적으로 제공하는 전달체계는 몇 가지 문제점이 있다.

첫째, 중앙정부에서 제공하는 재화들은 일반적으로 그것들의 공급량이나 형태에 관한 수급자의 선택이 반영되기 어렵기 때문에 수급자들의 효용을 극대화하는 데 한계가 있다. 즉, 자원의 비효율적인 배분의 문제가 발생할 수 있다.

둘째, 중앙정부에 의해서 독점적으로 제공되는 재화나 서비스는 공급자가 독점적이기 때문에 공급자가 다수인 경쟁적인 체계에 비해 재화나 서비스의 가격과 질에 있어 수급자에게 불리할 수 있다. 즉, 불필요하게 재화나 서비스의 가격이 비싸거나, 가격이 통제된 상황에서는 재화나 서비스의 질이 낮아질 수 있다.

셋째, 중앙정부를 통하여 제공되는 재화나 서비스는 정부조직의 관료성으로 인하여 수급자의 욕구에 대한 대응이 느리고, 책임성이 약하고, 지역특수적인 욕구에 대한 대응이 어렵다. 즉, 새로운 욕구나 변화된 욕구에 대한 대응이 늦어 창의적이거나 새로운 서비스의 제공이 어렵다.

그러므로 중앙정부의 전달체계는 장점과 단점을 모두 갖고 있기 때문에 어떤 재화나 서비스를 중앙정부의 전달체계로 제공하는 것이 바람직한가는 결국 제공되는 재화나 서비스의 속성에 달려 있다.

(2) 지방정부

사회복지의 재화나 서비스 가운데 특히 교육서비스, 사회복지서비스, 공공부조 등은 주로 지방정부에 의해 제공된다.

지방정부의 전달체계가 중요한 이유는 다음과 같다(이기원 외, 2024: 258).

첫째, 지방정부가 제공하는 것이 지역주민들의 욕구를 보다 효율적으로 해결할 수 있다. 중앙정부는 모든 국민을 대상으로 획일적인 재화나 서비스를 제공할 수밖에 없기 때문에 지역주민들 사이의 욕구의 차이를 해결할 수 없다.

둘째, 지방정부 단위로 제공하게 되면, 지방정부들 간의 경쟁을 유발시켜 경쟁원칙에 의해서 재화의 가격과 질의 측면에서 수급자에게 유리해질 수 있다. 예를 들어, 각종 사회복지서비스를 제공하는 사회복지관은 지방정부에서 독립적으로 운영되는데, 이로 인해 서비스의 가격과 질적인 면에서 지방정부들 간 많은 차이가 발생하고 있다.

셋째, 지방정부의 전달체계는 중앙정부에 비하여 비교적 창의적이고 실험적인 서비스의 개발이 용이하여 수급자들의 변화되는 욕구에 적극적으로 대처해 나갈 수 있다.

넷째, 지방정부의 전달체계에서는 공간적으로나 정서적으로 지역주민들이 접근하기가 쉽고, 또한 중앙정부에 비해서 지방정부의 정책결정에 수급자들의 입장이 반영될 가능성이 크다.

『지역사회복지론』
(이평화 외, 2024)

반면에, 지방정부의 전달체계는 지역 간 불평등으로 인해 사회통합이 저해되고, 중앙정부에 비해 규모의 경제효과가 적다는 단점이 있다. 또한 지방정부의 전달체계는 재정적인 측면에서 불완전하기 때문에 안정성과 지속성의 측면에서 문제가 있을 수 있다(이평화 외, 2023b: 295). 이것은 지방정부의 재정적인 독립성이 약한 경우에 더욱 그러하다.

(3) 중앙 · 지방 정부의 혼합체계

오늘날 대부분의 복지국가들에서 지방정부가 완전히 독립적으로 사회복지 재화나 서비스를 제공하는 경우는 드물다. 대개의 경우, 지방정부가 중앙정부로부터 재정지원을 받고, 이에 따른 일정한 규제를 받는다. 이러한 규제의 정도는 중앙정부의 재정지원방식에 따라 다르다. 중앙정부의 재정지원의 방식은 크게 세 가지로 나눌 수 있다(정연모, 2022: 140-142).

① 항목별 보조금

항목별 보조금(범주적 보조금, categorical grants)은 중앙정부가 세부적인 항목을 정해서 지원하는 방법이다. 예를 들어, 중앙정부가 지방정부로 하여금 아동복지 가운데 아동학대 예방 프로그램에 사용하도록 지정하여 재정지원을 하는 것이다.

② 기능별 보조금

기능별 보조금(포괄보조금, block grants)은 항목별 지원처럼 프로그램 항목별로 지원하는 것이 아니라, 프로그램의 기능별로 구분하여 지원하는 것이다. 예를 들어, 대상 인구집단별 세부적인 프로그램 항목이 아니라, 정신건강 향상, 소득보장 등의 프로그램들이 추구하는 기능에 따라 지원하는 것이다.

③ 특별보조금

특별보조금(special revenue shaving)은 중앙정부의 예산 중에서 일정 부분을 지방정부에게 이관해 주는 것을 말한다. 이렇게 되면 지방정부의 독립성이 가장 크게 나타날 수 있어서 지방정부는 중앙정부로부터 받은 재원으로 프로그램의 설정, 수급자의 자격, 급여액, 세부적인 전달체계의 방법 등에 관한 모든 것들을 독자적으로 결정할 수 있는 것이다. 그래서 지방정부의 독립성을 높여 지방정부 전달체계의 장점을 크게 살릴 수 있는 것이다.

위와 같이 세 가지의 중앙정부 재정지원방식에 따라 중앙정부에 의한 규제들도 다양하게 나타나는데, 크게 보면 두 가지다. 하나는 프로그램 규제로, 대상자의 자격, 급여의 형태와 액수, 세부적 전달방법 등에 대해 규제하는 것이다. 다른 하나는 절차적 규제로, 지방정부의 프로그램 운영에서 정책결정 과정에서의 수급자 참여문제라든가 차별금지, 프로그램 진행에 대한 보고와 감사 등의 일정한 절차를 요구하여 규제하는 것이다.

2) 민간부문

민간부문의 전달체계는 사회복지 재화나 서비스를 제공하는 기관의 소유자가 민간인이고, 필요한 재원과 운영 모두를 민간부문에서 책임을 지는 형태를 말한다. 이 형태는 정부로부터 어떠한 규제도 받지 않고, 정부로부터 어떠한 세제상 혜택도 받지 않기 때문에 정부에 대한 책임도 갖고 있지 않다. 이러한 의미의 민간부문 전달체계는 오늘날 서구 복지국가에서는 드물다. 다만, 민간부문의 역할을 유달리 강조하는 미국에서 부분적으로 존재할 뿐이다. 예를 들어, 영리추구의 보육서비스나 노인요양서비스 기관들이 민간부문에 가깝다고 할 수 있다. 그러나 사실 이러한 기관들도 정부로부터 최소한의 규제를 받는다.

이와 같이 민간부문의 형태가 드문 이유는, 사회복지 재화나 서비스는 성격상 국가가 어떤 형태로든 개입해야 할 속성을 갖고 있기 때문이다.

3) 정부·민간 부문의 혼합체계

완전히 순수한 의미의 민간부문은 없다고 할 수 있을 정도로 민간부문과 공공부문과의 혼합이 일반화되어 있다. 따라서, 정부와 민간부문 혼합체계의 중요성이 더욱 커지고 있다. 정부와 민간부문의 혼합체계가 필요한 가장 큰 이유는, 이른바 '정부의 실패'를 해결하면서 민간부문에서의 시장원칙의 장점들, 예를 들어 효율성, 경쟁성, 선택의 자유, 접근성, 욕구에의 신속 대응성, 융통성 등을 살릴 수 있기 때문이다.

정부와 민간부문의 혼합체계의 형태는 다양하다(원석조, 2023b: 72-73).

첫째, 가장 흔한 것으로 특정의 사회복지서비스를 정부가 특정의 민간사회복지기관들과 계약하여 구입하는 형식으로 소비자에게 제공해 주는 형태이다.

둘째, 정부가 사회복지서비스를 제공하는 민간기관에 재정적으로 보조해 주는 방법이다.

셋째, 정부가 특정의 사회복지 재화나 서비스를 구입할 수 있는 바우처(voucher)를 소비자에게 제공하여 소비자들이 민간부문에서 서비스를 이용하게 하는 형태이다.

평생교육바우처 카드(농협)

넷째, 정부가 소비자들이 민간부문에서 사회복지서비스를 구입할 때 지출한 비용의 일부를 소비자에게 상환(reimbursement)해 주는 형태이다.

다섯째, 소비자들이 민간부문에서 사회복지 재화나 서비스를 구입할 때 드는 비용의 일부를 나중에 세금감면의 형태로 보조해 주는 형태이다.

지금까지 논의한 형태들은 직접적이건 간접적이건 모두 정부가 민간부문에 재정지원을 하는 경우인데, 다음 두 가지 형태는 정부의 재정지원이 없는 형태이다.

여섯째, 흔히 기업복지라 불리는 것으로, 정부가 민간기업으로 하여금 사회복지 재화나 서비스를 피고용자나 그 가족들에게 의무적으로 제공하도록 하는 형태이다. 대표적인 예가 퇴직금제도나 임산부에 대한 산전·산후 유급휴가제도 등이다.

일곱째, 정부의 재정지원이 없어도 사회복지기관들에 대한 서비스의 가격, 질, 종류 등에 대한 규제를 하는 방법이다. 이것은 정부와 민간부문의 혼합형태 가운데 정부의 역할이 가장 소극적인 방법이라고 할 수 있다. 예를 들어, 실버타운과 같은 영리추구의 사회복지기관들에 대하여 정부의 재정지원은 하지 않지만 각종 규제를 하고 있다.

3. 공적 사회복지정책 전달체계

1) 공적 사회복지정책 전달체계의 구조

공적 사회복지정책 전달체계는 국가 또는 지방자치단체에 의해 수립·운영되고 있는 체계를 말한다. 중앙집권국가에서 지방은 지방행정기관에 불과하지만, 지방자치를 실시하는 국가에서 지방은 자치권을 갖는다. 지방이 자치권을 가지면 중앙과 새로운 관계설정이 필요하고, 관계설정 향방에 따라 공공 분야의 사회복지정책 전달체계도 달라질 수밖에 없다. 이는 중앙과 지방의 관계를 정부 간 관계(Intergovernmental Relation, IR)이론으로 정리할 수 있다.

현행 공적 전달체계는 크게 사회보험, 공공부조 그리고 사회복지서비스로 구분하여 살펴볼 수 있다. 중앙정부 차원에서의 전달되고 있는 5대 사회보험 가운데 산업재해보상보험과 고용보험은 고용노동부 소관으로 되어 있는데, 실제적인 업무는 근로복지공단에 위탁하여, 각 지역단위별로 설치된 지부를 통해 체계적으로 운영되고 있다. 또한 국민연금과 국민건강보험, 노인장기요양보험 등의 사회보험 주무부서는 보건복지부인데, 산하에 지역단위별로 각각 국민연금 관리공단, 국민건강보험공단 지부가 설치되어 있어서 관련 업무를 독자적으로 전달하고 있다(원석조, 2023b: 56).

공공부조와 사회복지정책 전달체계는 중앙 및 지방자치단체에서 분담하는 형태를 취하고 있다. 소관 중앙부서는 보건복지부이지만, 지방에는 보건복지부 지부나 사무소가 별도로 설치되어 있지 않고 행정자치부 소속의 지방조직에 의해 전달되고 있어, 사회복지를 위한 별도의 전담기구를 갖추고 있지 않은 우리나라에서 지방정부는 공적 사회복지정책 전달체계로서 주요한 역할을 담당한다.

2) 공적 사회복지정책 전달체계의 문제점

우리나라 사회복지행정의 전달체계를 살펴보면, 국가와 지방조직으로 크게 나뉘어 있으며, 지방조직 내에서도 본청과 읍·면·동으로 계층화되어 있다. 이와 같이 일선 사회복지 업무가 일반종합행정체계 내에서 획일적으로 수행됨에 따라 사회복지정책 전달체계에서 나타난 문제점은 다음과 같다(김보기 외, 2022a: 295-296).

첫째, 상의하달식의 수직적 체계로 인해 지역 특성과 욕구를 반영한 복지서비스를 제공할 여건이 마련되지 않았다.

둘째, 보건복지부와 여성가족부가 중앙에서 복지업무를 주로 관할하지만, 두 부처 외에도 교육부, 법무부, 고용노동부 등 여러 다른 부처가 복지 관련 업무를 가지고 있다. 그로 인해 분산된 전달체계의 모습을 보이고 있으며, 명령지

휘체계가 통합되지 않아 서비스가 중복되는 현상이 발생되기도 한다.

셋째, 지방행정조직을 통해 사회복지 업무가 전달되기 때문에 일반행정체계의 지휘 · 감독을 받게 됨으로써 사회복지 업무수행에서 전문성의 발휘가 제약을 받고 있다.

넷째, 구청 등 상급기관의 관리자가 일반행정직 공무원으로 사회복지 분야에 대한 이해가 부족하여 전문적인 지도 · 감독을 할 수 없고, 동료 사회복지 전담공무원 간의 사례연구회의 등을 통한 업무의 질적 향상을 기대하기 어려운 실정이다.

다섯째, 취약계층의 자립 · 자활을 가능하게 하려면 상담 등의 전문적인 대인서비스가 필요하고 사후관리가 반드시 이루어져야 하나, 현재 배치된 사회복지 전담공무원들의 업무 과중과 주변 여건의 미비로 이를 실행하기는 어려운 형편이다. 또한 사회복지 전담공무원은 대개 1인당 평균 100가구를 담당하기 때문에 가정방문도 어려운 상황이다.

여섯째, 시 · 군 · 구 단위에서 사회복지정책 전달기능이 일반행정직 공무원에 의해 수행될 경우, 잦은 전보로 인하여 전문성 · 지속성이 결여되는 문제를 낳고 있다. 그리고 동일한 업무를 2개 이상의 기관에서 중복적으로 처리하여 행정비용이 많이 소요되고 있다.

결론적으로 사회적 변화에 따라 복지욕구가 증가하고, 이는 복지업무를 증가시켰다. 이에 따라, 기존의 일반행정체계에서 수행되던 사회복지 관련 업무가 더 이상 사회복지 전담공무원의 배치만으로는 해결하기 힘들어졌고, 독립적인 체계에서 수행되는 것이 바람직하다는 주장이 제기되어 왔다.

4. 민간 사회복지정책 전달체계

1) 민간 사회복지정책 전달체계의 구조

민간 전달체계는 사회복지시설을 비롯해서 기업의 복지재단, 종교기관의 사회복지 담당자, 공익을 추구하는 시민사회단체 등을 포함한다. 각각의 기관 및 단체는 특성에 따라 기업의 이미지 제고나 사회의 환원 차원에서, 종교적 실천 활동 차원에서, 복지의 여론화, 사회복지운동 차원에서 사회복지서비스를 전달하고 있다.

사회복지정책 중 공식적으로 조직된 활동주체로서의 전달주체 또는 운영주체는 정부 공적 전달체계 이외에도 민간 사회복지정책 전달체제도 있다. 민간 사회복지정책 전달체계는 다양하게 분류될 수 있고, 다루는 사회적 서비스도 다양하기 때문에 민간 사회복지정책 전달체계를 공적 사회복지정책 전달체계처럼 일률적으로 취급하기란 쉽지 않다.

공적 전달체계는 보건복지부가 중심이지만, 민간 전달체계는 사회복지협의회 또는 사회복지공동모금회 등이 중심을 이루고 있다.

민간사회복지서비스 전달체계의 필요성을 살펴보면 다음과 같다(김수목 외, 2021a: 155).

① 정부 제공 서비스 담당자에 대한 서비스 제공
② 정부가 제공할 수 없는 서비스 제공
③ 동일한 종류의 서비스에 대한 선택의 기회 제공
④ 사회복지서비스의 선도적 개발 및 보급
⑤ 민간의 사회복지 참여욕구 수렴
⑥ 정부의 사회복지활동에 대한 압력단체의 역할
⑦ 국가의 사회복지비용 절약

『사회복지행정론』
(김수목 외, 2021a)

2) 민간 사회복지정책 전달체계의 문제점

민간 사회복지정책 전달체계의 각 분야별 문제점은 다음과 같다(임정문 외, 2020: 125-126).

(1) 조직구조 측면

첫째, 대부분의 민간 사회복지기관이나 시설들이 그 운영에 필요한 재정의 상당부분을 정부의 보조에 크게 의존하고, 그 운영에 있어서 지도·감독을 받아야 하는 것이 현실이다. 이러한 결과로, 그들이 속해 있는 지역사회 클라이언트의 요구보다는 정부의 지시에 따르는 경향이 많아 민간부문의 장점인 자율성과 창의성이 크게 제약을 받고 있다.

둘째, 민간 사회복지복지시설 가운데 생활시설은 아직도 정부의 지원수준이 낮고, 시설의 종별·지역별 분포가 불균형하며, 재정상태 및 전문인력 확보가 매우 미비한 실정이다. 또한 저소득층 주민의 이용시설인 종합사회복지관의 경우에도 도시지역에 편중·분포되어 있으며, 전문인력의 부족과 재정의 취약성으로 말미암아 시범적이고 포괄적인 프로그램을 지속적으로 제공하지 못하고, 몇몇 독창적인 프로그램들을 제외하고는 기관별 유사한 프로그램을 운영하고 있는 실정이다.

셋째, 민간 사회복지조직 중 생활시설은 지역사회에 바탕을 두고 지역주민의 참여와 함께 시설의 개방화와 사회화가 이루어져야 함에도 불구하고, 그렇지 못한 것이 우리의 현실이다. 또한 시설과 지역사회의 서비스가 제대로 연계되지 않아 수용자가 통합적인 서비스를 받을 수 없는 것도 중요한 문제이다.

(2) 관리운영 측면

첫째, 사회복지조직의 협의기구들이 조정자로서의 역할과 기능이 미약하다. 즉, 생활시설협의회의 경우, 사회복지시설의 이슈나 문제에 대하여 정부나 국민에게 사실을 홍보하고 정책을 건의하는 데에는 많은 한계가 있다.

둘째, 생활시설의 경우, 정부보조금이나 기부금 등에 의존하고 있기 때문에 서비스의 제공에 필요한 재원이 빈약하여 대부분 만성적인 재정난에 봉착되어 있다.

(3) 전달인력 측면

첫째, 생활시설의 경우, 대부분의 시설이 빈약한 운영비 때문에 적합한 전문인력을 고용할 수 없거나, 고용공고를 해도 근무여건의 열악성으로 인하여 전문사회복지사들이 취업을 기피하고 있어서 전문적 프로그램의 제공에 어려움이 있다. 또한 이용시설의 경우에도 전문사회복지인력이 많은 복지관일수록 프로그램의 전문성이 나타나고 있으므로 전문사회복지사의 충원과 이를 위해 정부의 인건비 부담금 증액이 요청된다.

둘째, 민간 사회복지조직의 경우, 직원의 인건비는 주로 정부의 보조에 의존하고 있는데, 그들의 처우가 일반 기업이나 전문종사자 직원들에 비해 낮을 뿐만 아니라, 장시간의 근무 등 열악한 근무환경으로 말미암아 그들에게 전달체계의 원칙인 전문성과 책임성을 추구하는 데에는 한계가 있다.

연습문제

1. 사회복지 전달체계에서 제공되는 재화나 서비스의 속성 등에 관한 설명으로 옳은 것은?

① 사회복지 재화나 서비스는 단일한 전달체계에서 독점적으로 제공하는 것이 바람직하다.
② 공공재적인 성격이 강한 재화나 서비스는 민간에서 제공하는 것이 바람직하다.
③ 사회복지의 재화나 서비스는 정보의 불완전성으로 인해 소비자들의 합리적 선택에 차이가 난다.
④ 공공부문의 전달체계는 경쟁체제가 이루어지기 때문에 효율적이다.
⑤ 사회복지 재화나 서비스는 수급자들에 의한 오용과 남용의 문제가 발생하지 않는다.

2. 사회복지 전달체계에서 민간 영리기관이 사회서비스를 전달하는 사례는?

① 지역자활센터가 사회적 기업을 창업하는 사례
② 지방자치단체가 장애인복지관을 설치하고 민간위탁하는 사례
③ 광역지방자치단체가 사회서비스원을 설치하는 사례
④ 사회복지법인이 지역아동센터를 운영하는 사례
⑤ 개인 사업자가 노인요양시설을 운영하는 사례

3. 사회복지 전달체계에 관한 설명으로 옳은 것을 모두 고른 것은?

> ㉠ 공급자와 수요자가 가격기구를 매개로 상호작용하는 것을 원칙으로 한다.
> ㉡ 공급자와 수요자를 이어주는 매개체 역할을 한다.
> ㉢ 클라이언트에게 사회복지서비스를 제공하기 위한 조직 및 인력이다.
> ㉣ 공급자들을 공간적으로 분산 배치하면 전달 체계에 대한 접근성을 높일 수 있다.

① ㉠, ㉡　② ㉡, ㉢　③ ㉢, ㉣
④ ㉠, ㉢, ㉣　⑤ ㉡, ㉢, ㉣

4. 공공부문에 비해 민간부문이 갖는 취약성은 무엇인가?

① 서비스의 안정성
② 서비스의 탄력성
③ 서비스의 전문성
④ 서비스의 독창성
⑤ 서비스의 자율성

5. 사회복지서비스 전달체계의 원칙에 관한 설명으로 옳지 않은 것은?

① 서비스 이용비용을 높게 책정하는 것은 서비스 접근성의 방해 요인이 될 수 있다.
② 서비스의 지속성을 높이기 위해서는 유관기관과의 연계체계를 구축할 필요가 있다.
③ 통합성 및 포괄성을 향상시키기 위한 방법으로 사례관리를 도입할 수 있다.
④ 전문성을 높이기 위한 전략이 책임성을 향상시키는 효과가 있기도 한다.
⑤ 서비스 제공을 위한 비용은 최소한으로 책정하여 적절성을 확보해야 한다.

6. 다음 중 사회복지서비스 전달체계의 원칙과 거리가 먼 것은?

① 적절성의 원칙
② 지속성의 원칙
③ 통합성의 원칙
④ 포괄성의 원칙
⑤ 영구성의 원칙

7. 길버트(N. Gilbert)와 테렐(P. Terrell)이 주장한 사회복지전달체계 재구조화 전략으로 옳지 않은 것은?

① 수급자 수요 강화
② 기관들의 동일 장소 배치
③ 사례별 협력
④ 관료적 구조로부터의 전문가 이탈
⑤ 시민 참여

정답 1. ③ 2. ⑤ 3. ⑤ 4. ① 5. ⑤ 6. ⑤ 7. ①

IV PART

사회복지정책의 실천체계

CHAPTER 11

공공부조정책

개요

공공부조정책은 생활유지능력이 없는 복지기본선 이하의 저소득층 등 선별층에게 보험료 납부를 전제하지 않고, 현금급여 또는 현물급여 등을 제공하여 최저생활을 보장하고 자립을 지원하는 정책을 의미한다. 공공부조정책의 대표적인 제도는 국민기초생활보장제도라고 할 수 있다. 여기에서는 공공부조를 학습하고자 한다.

학습목표

1. 공공부조의 개념 파악
2. 각 정책별 문제점 및 해결방안 토론
3. 분야별 정책 숙지

학습내용

1. 공공부조의 개념
2. 국민기초생활보장제도
3. 의료급여
4. 기초연금

1. 공공부조의 개념

자본주의 사회에서 어느 국가나 빈곤은 존재한다. 빈곤에 대한 원인과 책임 문제는 오랫동안 논쟁이 되어 왔다. 근대에 이르기까지 개인의 무지와 나태가 빈곤의 원인이라고 생각해 왔다. 그러나 20세기 전후로는 개인문제가 아니라, 사회구조적 문제로 빈곤이 발생한다는 인식이 확산되고 있다.

빈곤에 대한 인식과 대응은 각 국가의 경험과 사정에 따라 다르며, 빈곤을 바라보는 관점에 따라 국가의 정책대응이 달라진다. 그렇지만 대부분의 국가에서는 국가최저선(national minimum)을 설정하여, 그 이하의 생계곤란자에게는 국가적 차원에서 제도적 · 정책적으로 최저한의 생계가 보장될 수 있도록 지원하고 있다. 이처럼 생계가 어려운 자에게 국가가 최저생활을 보장해 주는 제도를 공공부조제도라고 한다. 현재 「사회보장기본법」에서도 국가와 지방자치단체의 책임하에 생활유지 능력이 없거나, 생활이 어려운 국민의 최저생활을 보장하고 자립을 지원하는 공공부조제도를 규정하고 있다(문병기 외, 2024: 231).

공공부조정책(public assistance policy)은 생활유지 능력이 없는 복지기본선 이하의 저소득층 등 선별층에게 보험료 납부를 전제하지 않고, 현금급여 또는 현물급여 등을 제공하여 최저생활을 보장하고 자립을 지원하는 정책을 의미한다. 원래는 '공적부조'로 명명했으나, 1995년 제정된 「사회보장기본법」에 따라 '공공부조'로 변경되었다(정민기 외, 2023a: 196).

공공부조는 스스로가 생활유지 능력이 없거나, 어려운 사람들을 대상으로 국가가 인간다운 생활을 영위하도록 돕는 제도이다. 공공부조의 대상은 주로 자본주의 사회에서 근로능력이 없고 자산을 갖지 못한 사회적 취약계층이며, 이들은 국가에서 설정해 놓은 인간다운 생활을 영위하기 위해 필요한 최소한의 생활수준(최저생계비 등) 이하의 저소득 또는 절대 빈곤층이 그 핵심을 이룬다.

공공부조는 국가에서 국민에게 받는 세금을 재원으로 운영되며, 현금급여에서부터 건강, 사회복지 및 사회서비스급여 등이 포함된다. 공공부조는 국가에서 설정해 놓은 일정 수준 이하의 소득과 자산을 가진 경우에 자산조사를 거쳐 급여대상자로 선정한다.

우리나라에서 공공부조정책의 대표적인 제도는 국민기초생활보장제도라고 할 수 있다. 국민기초생활보장제도의 추진체계는 중앙정부인 보건복지부가 지방자치단체에 지원 및 지시하는 체계이다.

사회보험과 공공부조의 비교는 〈표 11-1〉과 같다.

〈표 11-1〉 사회보험과 공공부조의 비교

구분	사회보험	공공부조
목적	산업재해 · 노령 · 실업 등에 따른 미래사회의 불안에 대처	생활무능력자의 최저생활보장
대상	• 보험료 부담 능력이 있는 국민 • 근로능력이 있는 사람	• 생활무능력자 • 근로능력이 없는 사람
자산조사	불필요	필요
급여의 양	예상 가능	예상 불가
비용부담	수혜자, 국민, 국가, 기업	국가 전액 부담
종류	국민연금, 국민건강보험, 고용보험, 산업재해보상보험, 노인장기요양보험	생활보호, 의료보호, 재해구호
특징	강제 가입이 원칙, 능력별 부담, 비영리 보험으로 상호 부조적 성격이 강함.	소득재분배 효과가 크지만, 국가의 재정부담이 크고, 근로의욕을 상실시킬 우려가 있음.

자료: 문병기 외(2024: 253) 재구성.

2. 국민기초생활보장제도

1) 국민기초생활보장제도의 개념

국민기초생활보장제도(national basic livelihood security act)는 「국민기초생활보장법」에 근거하여 빈곤층을 대상으로 국민의 최저생활을 보장해 주는 제도를 말한다. 즉, 가구의 생활수준에 따라 생계급여, 의료급여, 주거급여, 교육급여 선정기준을 다층화하여, 소득이 일부 증가하더라도 필요한 도움을 계속 지원하며, 부양의무자 기준을 대폭 완화하여 부양의무자로부터 부양받기 어려운 사람들을 지원한다(서울특별시 홈페이지, 2025). 이는 기초보장제도라고도 하며, 1999년 9월 보건복지부 주관으로 실시되었다. 이 제도는 개별가구의 소득이 국가가 정한 일정 기준선에 미달하는 빈곤층을 대상으로 생계, 의료, 주거, 교육 등 기초적인 생활을 영위할 수 있도록 현금 또는 현물을 지원하는 복지제도를 지칭한다.

국민기초생활보장제도는 1997년 말 외환위기로 인해 실업과 빈곤 문제가 심각했던 상황에서, 빈곤층의 인간다운 삶을 보장하기 위해 시민단체들의 청원과 여야 국회의원들의 공동발의로 1999년 9월 7일 제정되었고, 2000년 10월 1일 시행되었다. 이 제도는 빈곤층에 대한 소득보장을 '사회권'의 하나로 규정하였으며, 근로능력 유무와 무관하게 모든 빈곤층에게 소득보장을 하도록 규정하였으며, 자활사업을 통해 근로연계복지(workfare)를 실시하고 있다는 점에서 한국 사회보장제도에서 매우 상징적인 의미를 갖고 있다.

국민기초생활보장제도는 공공부조제도이며, 그것은 다음의 세 가지 특징을 갖고 있다.

첫째, 보험료 납부 등의 기여(contribution)를 전제하지 않고, 정부가 일반조세를 통해 그 비용을 부담하는 복지제도이다.

둘째, 자산조사(means-test)를 통해 지원대상을 엄격하게 선정하는 잔여적 복지제도이다.

셋째, 빈곤층의 모든 자구적 노력을 전제로 최종적으로 도움을 호소할 수 있는 복지제도이다. 이 점에서 국민기초생활보장제도는 빈곤층이 호소할 수 있는 최후의 사회안전망이라 불리기도 한다.

2) 국민기초생활보장제도의 급여

국민기초생활보장제도는 생활이 어려운 사람에게 필요한 급여를 실시하여 이들의 최저생활을 보장하고 자활을 돕는 것을 목적으로 하며, 2015년 7월부터 기초생활보장 수급자의 가구여건에 맞게 생계급여, 의료급여, 주거급여, 교육급여 등 각 급여별로 선정기준을 다르게 적용하는 맞춤형 급여제도가 운영되고 있다. 그 내용은 다음과 같다.

(1) 생계급여(일반생계급여)

- 급여의 내용 : 의복·음식물 및 연료비, 기타 일상생활에 기본적으로 필요한 금품을 지급
- 급여액 : 생계급여최저보장수준(기준 중위소득의 30%)에서 가구의 소득인정액을 차감한 금액

현금급여기준은 최저생계비에서 현물로 지급되는 의료비, 교육비 및 타법지원액을 감한 금액으로 소득이 없는 수급자가 받을 수 있는 최고액의 현금급여 수준을 말한다.

생계급여액은 수급자의 생계를 유지하기 위해 일상생활에 기본적으로 필요한 의복비, 음식물비 및 연료비 등이 포함된 금액이다. 이는 생계급여 선정기준에서 가구의 소득인정액을 차감한 금액으로, 기준 중위소득 32%(2024)에 해당한다. 생계급여는 금전을 지급하는 것이 원칙이며, 매월 20일에 정기적으로

금융회사 등의 수급자 명의의 지정된 계좌에 입금된다.

	소득평가액		재산의 소득환산액
소득인정액 =	(실제 소득 – 가구특성별 지출비용 – 근로소득공제)	+	(재산 – 기본재산액 – 부채) × 소득환산율

(2) 의료급여

의료급여는 수급자에게 질병, 부상, 출산 등의 상황에서 필요한 의료서비스 부담금 일부를 지원한다. 즉, 의료급여는 질병·부상·출산 등으로 도움이 필요한 기초생활보장수급자에게 지급된다. 예컨대, 진찰·검사, 약제·치료재료의 지급, 처치·수술과 그 밖의 치료, 예방·재활, 입원, 간호, 이송과 그 밖의 의료목적 달성을 위한 조치 등이 이에 해당한다.

(3) 주거급여

- 급여의 내용 : 거주지, 거주 유형, 가구규모 등을 고려하여 주거안정에 필요한 임차료, 수선유지비를 지급
- 급여액 : 임차가구에게는 수급자의 실제 임차료를 근거로 지역별 기준임대료, 가구원 수, 소득인정액에 따라 차등 지급, 자가가구에게는 주택노후도에 따라 보수범위를 경보수, 중보수, 대보수로 구분하여 수급자의 소득인정액에 따라 수선유지비용 차등 지원

주거급여는 수급자에게 주거안정에 필요한 임차료, 유지수선비 등을 지급하는 것으로 기준임대료를 상한으로 수급자의 실제 임차료를 지원한다. 즉, 주거급여는 주거안정이 필요한 기초생활보장수급자에게 지급된다. 주거급여의 최저보장수준은 임차급여의 경우에는 기준임대료로 하고, 수선유지급여의 경우에는 경보수, 중보수, 대보수 등 보수범위별 수선비용을 기준금액으로 한다.

(4) 교육급여

• 급여의 내용 : 입학급 · 수업료, 교과서대, 부교재비, 학용품비 등

교육급여는 고등학생의 경우 교과서대, 수업료 · 입학금(학교장이 고지한 금액 전부), 초 · 중학생의 경우 부교재비(66천원/인 · 105천원/인), 중 · 고등학생 학용품비(57천원/인)를 지원한다. 즉, 교육급여는 학교나 시설에 입학해 입학금, 수업료, 학용품비, 그 밖의 수급품 등이 필요한 기초생활보장수급자에게 지급된다. 이는 초등학교 · 공민학교, 중학교 · 고등공민학교, 고등학교 · 고등기술학교, 특수학교, 각종 학교(초등학교 · 공민학교 · 중학교 · 고등공민학교 · 고등학교 · 고등기술학교와 비슷한 학교), 학교 형태의 평생교육시설(고등학교 졸업 이하의 학력이 인정되는 시설로 지정한 시설만 해당) 중 어느 하나에 해당하는 학교 또는 시설에 입학 또는 재학하는 사람에게 지급된다.

(5) 해산급여

해산급여는 출산영아 1인당 60만 원을 지급한다. 단, 생계급여, 의료급여, 주거급여 수급자에게만 지원한다. 즉, 해산급여는 생계급여, 주거급여 및 의료급여 중 하나 이상의 급여를 받는 수급자 중 조산을 했거나 분만하기 전후로 조치와 보호가 필요한 기초생활보장수급자에게 지급된다. 해산에 필요한 금품을 지급받으려는 사람은 해산급여지급신청서(전자문서로 된 신청서 포함)를 거주지를 관할하는 특별자치시장 · 특별자치도지사 · 시장 · 군수 · 구청장에게 제출하면 된다.

(6) 장제급여

장제급여는 사망자 1구당 75만 원을 지급한다. 단, 생계급여, 의료급여, 주거급여 수급자에게만 지원한다. 즉, 장제급여는 생계급여, 주거급여 및 의료급여 중 하나 이상의 급여를 받는 수급자가 사망해 사체의 검안 · 운반 · 화장 또는 매상, 그 밖의 장제조치가 필요한 경우에 지급된다. 특별자치시장 · 특별자치도지사 · 시장 · 군수 · 구청장은 단독가구주의 사망 등 불가피한 경우, 장제를

실시할 수 있는 사람을 지정해 장제급여를 지급할 수 있다.

(7) 자활급여

수급권자의 자활을 돕기 위해 자활에 필요한 금품의 지급 또는 대여, 자활에 필요한 근로능력의 향상 및 기능습득의 지원, 취업알선 등 정보의 제공, 자활을 위한 근로기회의 제공, 자활에 필요한 시설 및 장비의 대여, 창업교육, 기능훈련 및 기술·경영 지도 등 창업지원, 자활에 필요한 자산형성 지원, 그 밖에 자활을 위한 각종 지원 등과 같은 명목으로 지급된다.

국민기초생활보장제도 급여의 기본 원칙은 다음과 같다.

① 최저생활보장의 원칙은 생활이 어려운 자에게 생계·주거·의료·교육·자활 등 필요한 급여를 행하여 이들의 최저생활을 보장한다는 것이다.

② 보충급여의 원칙은 생계급여 수급자의 최저보장수준은 생계급여액과 수급자 가구의 소득인정액을 합한 수준이 생계급여 선정기준 이상이 되도록 지원한다는 것이다.

③ 자립지원의 원칙은 근로능력이 있는 생계급여 수급자에게 자활사업에 참여할 것을 조건으로 생계급여를 지급한다는 것이다.

④ 개별성의 원칙은 급여수준을 정함에 있어서 수급권자의 개별적 특수 상황을 최대한 반영한다는 것이다.

⑤ 가족부양 우선의 원칙은 급여신청자가 부양의무자에 의하여 부양될 수 있는 경우에는 기초생활보장급여에 우선하여 부양의무자에 의한 보호가 먼저 행해져야 한다는 것이다.

⑥ 타 급여 우선의 원칙은 급여신청자가 다른 법령에 의하여 보호를 받을 수 있는 경우에는 기초생활보장급여에 우선하여 다른 법령에 의한 보호가 먼저 행해져야 한다는 것이다.

3) 국민기초생활보장제도의 대상

국민기초생활보장제도의 대상은 수급권자 가구의 소득인정액이 가구별 최저생계비 이하인 경우, 또는 부양의무자가 없거나, 부양의무자가 있어도 부양능력이 없거나, 또는 부양을 받을 수 없는 경우를 말한다. 그 내용은 다음과 같다.

(1) 부양의무자 기준 적용 : 생계급여, 의료급여, 주거급여 수급자

(2) 교육급여수급자는 부양의무자 제도 미적용

(3) 부양의무자의 범위 : 수급신청자와 부모, 아들, 딸, 며느리, 사위

(4) 배우자가 사망한 사위, 며느리, 계부, 계모는 수급권자의 부양의무자가 아님.

그러나 부양의무자로 인한 국민기초생활보장제도의 사각지대 발생이 논란으로 부상하고 있다. 즉, 생계가 곤란한 빈곤층이 부양의무자 장벽으로 사회안전망인 의료·생계 급여에서 소외되는 것으로 나타났다. 현실적으로 부양의무자 기준으로 수급자를 선별할 경우, 사각지대가 발생할 개연성이 상당하므로 이에 대한 폐지의 필요성 또한 제기되고 있어 대안이 요구되고 있는 실정이다.

수급권자의 소득기준은 〈표 11-2〉와 같다.

〈표 11-2〉 수급자 선정기준(2024)

(단위: 원)

가구	기준중위소득	생계급여기준(중위소득32%)	의료급여기준(중위소득40%)	주거급여기준(중위소득48%)	교육급여기준(중위소득50%)
1인	2,228,445	713,102	891,378	1,069,654	1,114,223
2인	3,682,609	1,178,435	1,473,044	1,767,652	1,841,305
3인	4,714,657	1,508,690	1,885,863	2,263,035	2,357,329
4인	5,729,913	1,833,572	2,291,965	2,750,358	2,864,957

* 상기 기준보다 수급권자 가구의 소득이 낮을 때 신청 가능

* 실제 소득이 아닌 소득인정액을 기준으로 함.

자료: 보건복지부(홈페이지, 2025).

3. 의료급여

1) 의료급여의 개념

의료급여제도(medical care assistance)는 생활이 어려운 사람에게 의료급여를 함으로써 국민보건의 향상과 사회복지의 증진에 이바지함을 목적으로 한다(「의료급여법」 제1조). 의료급여제도는 국민건강보험과 함께 우리나라 의료보장제도의 한 축이면서 국민기초생활보장제도의 의료급여를 제도화한 것이다.

의료급여는 수급권자의 질병 · 부상 · 출산 등에 대해 진찰 · 검사, 약제 · 치료재료의 지급, 처치 · 수술과 그 밖의 치료, 예방 · 재활, 입원, 간호, 이송 등의 의료서비스를 제공하는 급여이다. 의료급여는 생활유지 능력이 없거나 생활이 어려운 저소득 국민의 의료문제를 국가가 보장하는 공공부조제도로서, 국민건강보험과 함께 국민의료보장의 중요한 수단이 된다. 의료급여는 별도의 법률인 「의료급여법」에 따른다. 기존의 「의료보호법」이 「의료급여법」으로 개정됨에 따라 국민기초생활보장 수급자는 「의료급여법」에 의해 의료보장을 받게 되었다.

헌법 제36조 제3항에서 "모든 국민은 보건에 관하여 국가의 보호를 받는다."라고 규정하고 있어서 국가는 국민의 건강한 권리를 보장할 의무가 있다. 이에 국가는 의료와 보건에 관한 관련법을 제정하고, 보건의료정책을 시행하고 있다. 사회복지와 관련된 의료정책은 일반적으로 의료를 공급하는 의사 · 약사 · 한의사 등 의료관계자와 병 · 의원 등과 같은 의료기관이 있으며, 보건소 또는 보건진료소 등과 같은 모든 의료기관과 관련된 보건의료행정체계 그리고 의과대학 등의 의료교육기관과 국민건강보험 등과 같은 의료보험 시스템이 있다.

이러한 의료체계구조 속에서 공공부조정책의 하나인 의료급여정책은 일반적인 사회복지나 의료보험과 관련시켜 '의료보장(medical security)'이라는 용어가 사용되고 있으나, 영국 · 미국 등의 문헌에서는 '의료보호(medicare)'라는 표현이 자주 사용되고 있다.

의료급여는 의료비의 보장과 의료 그 자체 및 건강의 보장이라는 두 가지 견해로 크게 나눌 수 있는데, 의료비는 질병이나 부상과 관련하여 과도하게 지출될 수 있기 때문에 근로능력의 상실 등을 초래하고, 결국 생활이 빈곤해지는 악순환을 겪어야 한다.

2) 의료급여의 대상

(1) 「국민기초생활보장법」에 의한 수급권자

부양의무자가 없거나 부양의무자가 있어도 부양능력이 없거나 또는 부양을 받을 수 없는 자로서, 소득인정액이 선정기준 이하인 사람

(2) 「의료급여법」에 의한 수급권자 : 행려환자

(3) 타법에 의한 수급권자

① 「재해구호법」에 따른 이재민으로서, 보건복지부장관이 의료급여가 필요하다고 인정한 사람
② 「의사상자 등 예우 및 지원에 관한 법률」에 따라 의료급여를 받는 사람
③ 「입양특례법」에 따라 국내에 입양된 18세 미만의 입양아동

3) 의료급여의 급여

(1) 급여내용 : 진찰·검사, 약제·치료재료 지급, 처치·수술, 예방·재활, 입원, 간호, 이송 등(「의료급여법」 제7조)
(2) 급여범위 및 급여비용 : 건강보험과 유사(정신과 입원, 혈액투석, 식대 수가체계 상이)

(3) 급여절차 : 3단계

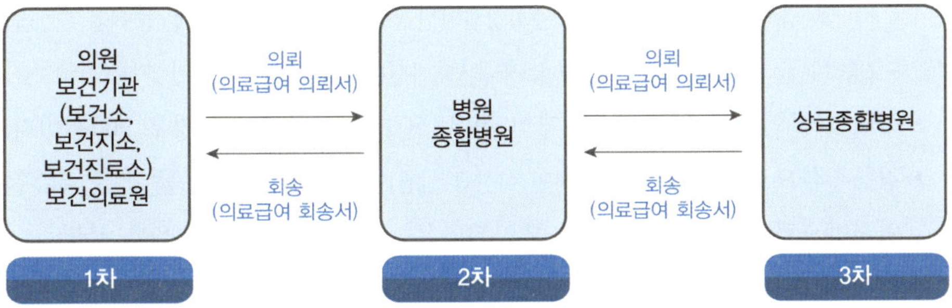

의료기관 중복방문, 약물오남용 등으로 건강상의 위해가 발생할 위험이 높은 수급권자 및 급여상한일수 초과자는 선택의료급여기관을 지정·이용하게 하고 있다.

수급권자가 의료기관 등을 이용한 경우, 본인이 부담해야 하는 금액은 〈표 11-3〉과 같다.

〈표 11-3〉 수급권자가 의료기관 등을 이용한 경우, 본인이 부담해야 하는 금액

구분		1차 (의원)	2차 (병원, 종합병원)	3차 (상급종합병원)	약국	PET등
1종	입원	없음	없음	없음	-	없음
	외래	1,000원	1,500원	2,000원	500원	5%
2종	입원	10%	10%	10%	-	10%
	외래	1,000원	15%	15%	500원	15%

자료: 보건복지부(2024c: 6).

- 의료급여 수급권자는 1종 수급권자와 2종 수급권자로 구분
  - 1종 수급권자 : 근로무능력가구, 결핵질환자, 희귀질환자, 중증난치질환자 및 중증질환자(암환자, 중증화상환자만 해당)로서, 산정특례 등록한 사람
  - 2종 수급권자 : 기초생활보장가구 중 1종 수급대상이 아닌 가구
- 약국의 본인부담금은 처방조제의 경우, 500원, 직접조제의 경우 900원이다.
- 경증질환으로 대형병원(종합병원 이상급 기관)에 내원하여 진료를 받은 뒤, 원외처방으로 발생한 약제비의 본인부담은 급여비용 총액의 3%를 부담

4. 기초연금

1) 기초연금의 개념

기초연금 홍보 현수막

기초연금(basic pension)제도는 국민연금에 가입하지 못했거나, 가입기간이 짧아 충분한 연금을 받지 못하는 생활이 어려운 노인에게 정기적·안정적인 소득 기반을 제공하여 생활안정을 지원하는 노후소득보장제도이다. 즉, 노인들의 안정된 노후생활을 돕기 위해 1988년부터 국민연금제도가 시행되었지만 제도가 시행된 지 오래되지 않아 가입하지 못하거나, 가입기간이 짧아 충분한 연금을 받지 못하는 노인들이 많아 「기초연금법」에 근거하여 노인의 소득안정을 위한 제도이다. 국민연금의 최대 개선과제는 재정안정화와 사각지대 해소이다. 전 국민의 국민연금시대라고 하지만, 2006년 기준 납부 예외자가 42%에 이르고, 미래의 전체 노인인구 57%가 잠재적 사각지대에 속할 것으로 예상된다. 이러한 사각지대 해소를 위하여 경로연금, 효도연

금 등을 지급해 오고 공공부조 확대를 계속했으나, 그 실효성은 극히 미미하였다. 이런 국민연금 사각지대에 대한 본격적인 해소방안으로 등장한 것이 기초연금이다.

「기초연금법」 제1조에서는 "노인에게 기초연금을 지급하여 안정적인 소득기반을 제공함으로써 노인의 생활안정을 지원하고 복지를 증진함을 목적으로 한다."고 규정되어 있다. 과거 「기초노령연금법」에서는 생활이 어려운 노인을 대상으로 한 선별적 공공부조로 명시하였으나, 「기초연금법」에서는 '생활이 어려운'이라는 용어가 생략됨으로써 보편적 사회보장제도로서의 발전 가능성을 열어 놓았다. 즉, 기초연금은 중하위소득 70% 노인에게 지급하기 때문에 소득인정액 심사를 하는 선별적 요소를 포함하고 있지만, 선별적 제도라기보다는 데모그란트적 급여 성격을 가진 준보편적 제도에 가깝다고 할 수 있다. 특히, 기초노령연금에서 나타난 연금과 임시적 공공부조 사이의 애매모호한 정체성은 '연금'으로 정리되었다고 평가받고 있다. 따라서, 기초연금은 세대 간 이전(부양)을 담당하는 준보편적 무갹출 연금으로서, 세대 간 계약(intergenerational contract)에 의해 노인 시민들에게 권리로 주어지는 급여의 성격을 갖는다.

그러므로 기초연금제도는 65세 이상의 전체 노인 중 가구의 소득인정액이 선정기준액 이하인 노인에게 매달 일정액의 연금을 지급하는 제도를 말한다. 평생 국가의 발전과 자녀들 양육에 헌신하느라 자신의 노후를 대비할 겨를이 없었던 노인들의 생활안정에 도움을 주도록 마련된 제도이다(이정우, 2023: 149).

2) 기초연금의 급여

2019년 4월부터 기초연금 수급자 가운데 65세 이상 소득 하위 20%의 기초연금이 월 최대 30만 원으로 인상되었다. 다만, 기초연금액은 국민연금 수령액과 배우자 기초연금 수급 여부, 소득인정액 수준 등에 따라 일부 줄어들 수 있다. 한편, 2024년부터 기초연금 지급대상자 선정기준액은 단독가구 기준은

2,280,000원이며, 부부가구는 3,660,000원이다. 단독가구의 경우, 2025년 1월부터 12월까지 1년간 기준연금액 월 최대 343,5110원(부부가구, 549,600원)을 지급한다. 다만, 소득 수준이 상대적으로 높아 소득역전방지 감액이 적용되거나, 부부 모두 기초연금을 수령할 경우에 감액될 수 있다(보건복지부 홈페이지, 2025).

3) 기초연금의 대상

기초연금은 만 65세 이상으로 대한민국 국적을 가지고, 국내에 거주(「주민등록법」 제6조 1, 2호에 따른 주민등록자)하는 국민 중 가구의 소득인정액이 선정기준액 이하인 사람에게 지급한다. 따라서, 조세를 기반으로 하는 기초연금은 사회보험방식의 기존 국민연금과 함께 노인소득보장의 양대축이라고 할 수 있다.

2008년부터 시행된 기초연금은 궁극적으로 '1인 1연금' 형태로 미래의 가족구조 변화에 대응하여 대한민국 국민이면 누구나 노후에 필요한 최소한의 소득을 보장받도록 하는 것이다. 다만, 공무원연금, 사립학교교직원연금, 군인연금, 별정우체국연금 수급권자 및 그 배우자는 원칙적으로 기초연금 수급대상에서 제외된다.

기초연금은 당초 보편적 급여를 천명했으나, 현재 노인의 70% 정도 수급대상이 되고 있다. 정부예산문제가 항상 거론되고 있으나, 기초연금의 성격상 보편제 급여로 전체 노인이 수급대상이 되어야 한다. 또한 부부가구는 각각 지급해야 하며, 소득인정액에 대한 선정기준액과 관계없이 만 65세 이상에 대하여는 동일하게 지급되어야 한다. 따라서, 기초연금의 지급방식은 대상의 보편제와 동일 지급액이 적용되어야 한다.

연습문제

1. 최근 10년간 국민기초생활보장제도의 변화에 관한 설명으로 옳은 것을 모두 고른 것은?

> ㉠ 수급자격 중 부양의무자 기준은 완화되었다.
> ㉡ 기준중위소득은 2015년 이후 지속적으로 인상되었다.
> ㉢ 교육급여가 신설되었다.
> ㉣ 근로능력평가 방식이 변화되었다.

① ㉠, ㉡　　② ㉠, ㉢　　③ ㉠, ㉣
④ ㉡, ㉣　　⑤ ㉠, ㉡, ㉣

2. 사회보험과 비교하여 공공부조제도의 장점으로 옳은 것은?

① 대상효율성이 높다.
② 가입률이 높다.
③ 수급자에 대한 낙인을 예방할 수 있다.
④ 행정비용이 발생하지 않는다.
⑤ 수평적 재분배 효과가 크다.

3. 우리나라 사회보장제도 운영주체의 책임에 관한 원칙으로 옳은 것은?

① 사회보험은 국가의 책임으로 시행한다.
② 공공부조는 지방자치단체가 전적으로 책임지고 시행한다.
③ 사회서비스는 지방자치단체만의 책임으로 시행한다.
④ 국가는 사회보장에 관하여 민간단체의 참여를 제한한다.
⑤ 사회보험에 드는 비용은 국가가 전담한다.

4. 우리나라의 국민기초생활 보장제도에 관한 설명으로 옳은 것은?

① 의료급여는 국가가 진료비를 지원하는 공공부조제도로서 본인부담금이 없다.
② 희망키움통장은 자산형성 지원사업이다.

③ 중위소득은 가구 경상소득 중간값에 전년도 대비 가구소득 증가율을 곱하여 산정한다.
④ 노숙인은 의료급여 2종 수급권자의 대상에 포함한다.
⑤ 생계급여, 의료급여, 주거급여, 교육급여는 부양의무자 기준이 적용된다.

5. 국민기초생활보장제도에 관한 설명으로 옳은 것은?

① 자활급여 수급자는 생계급여 대상에서 제외된다.
② 생계급여의 선정기준은 의료급여의 선정기준보다 높게 책정된다.
③ 근로능력자는 수급대상에서 제외된다.
④ 수급자 선정 요건에 부양의무자 유·무가 고려된다.
⑤ 수급자의 생활보장은 시·군·구 생활보장위원회에서 행한다.

6. 우리나라의 사회복지정책 중 대상을 빈곤층으로 한정하는 정책이 아닌 것은?

① 보육급여　② 생계급여　③ 주거급여
④ 의료급여　⑤ 교육급여

7. 국민기초생활보장제도의 특징으로 옳은 것은?

① 대상 가구당 행정관리비용이 사회보험보다 저렴하다.
② 재원은 기금에 의존한다.
③ 재원부담을 하는 자와 수급자가 동일하다.
④ 대상 선정에서 부양의무자 존재 여부는 고려되지 않는다.
⑤ 선정기준으로 기준 중위소득을 활용한다.

8. 사회보험과 비교할 때 공공부조가 갖는 장점은 무엇인가?

① 높은 비용효과성　② 근로동기의 강화
③ 재정 예측의 용이성　④ 수평적 재분배의 효과
⑤ 높은 수급률(take-up rate)

정답 1. ⑤ 2. ① 3. ① 4. ② 5. ④ 6. ① 7. ⑤ 8. ①

CHAPTER 12

사회보험정책

개요

사회보험은 국민이 미래에 직면할 수 있는 사회적 위험에 대비하여, 국가가 국민의 건강과 생활보전을 목적으로 보험방식에 의하여 사전에 대비하는 제도를 말한다. 4대 사회보험은 산재보험, 고용보험, 국민연금, 건강보험 등을 일컫는다. 여기에서는 사회보험을 학습하고자 한다.

학습목표

1. 사회보험제도의 개념 파악
2. 각 보험별 문제점 및 해결방안 토론
3. 보험별 정책 숙지

학습내용

1. 사회보험정책의 개념
2. 국민연금
3. 국민건강보험
4. 고용보험
5. 산업재해보상보험
6. 노인장기요양보험

1. 사회보험정책의 개념

세계 최초로 사회보험제도를 실시한 국가는 독일이다. 독일을 통일한 프로이센의 비스마르크는 1883년 건강보험을 시작으로 1884년 산업재해보험법, 1889년 노령폐질연금을 제정하였다. 비스마르크는 온정주의적 군주가 되고 싶어 하였다. 그는 노동자들이 국가에 저항할 것을 우려해서 선제적으로 당근 주기식의 전략적 사회보장을 시작하였다(문병기 외, 2024: 251).

사회보험(social insurance)은 국민이 미래에 직면할 수 있는 사회적 위험에 대비하여, 국가가 국민의 건강과 생활보전을 목적으로 보험방식에 의하여 사전에 대비하는 제도를 말한다. 즉, 실업이나 질병, 상해, 노령, 사망 등의 여러 가지 상황으로 인해 일시적 또는 영구적으로 일을 할 수 없게 되면 소득이 중단되거나 상실될 수 있다. 사회보험은 일반적인 민간보험과 마찬가지로 가입자의 기여금을 재원으로 하여 가입자에게 발생하는 위험을 분산하는 보험원리를 이용하고 있지만, 영리를 목적으로 하지 않으며, 가입이 의무적이라는 점에서 민간보험과 성격이 다르다(김승훈 외, 2024: 195).

사회보험은 「사회보장기본법」에 법적 근거를 두고 있다. 제3조 제2항에 따르면, 사회보험을 "국민에게 발생하는 사회적 위험을 보험방식으로 대처함으로써 국민의 건강과 소득을 보장하는 제도"라고 정의하고 있다. 현재 우리나라는 산재보험, 고용보험, 국민연금, 사학연금, 공무원연금, 군인연금, 건강보험, 노인장기요양보험 등 8대 사회보험이 운영되고 있으며, 산재보험, 고용보험, 국민연금, 건강보험을 가리켜 4대 사회보험이라고 한다.

사회보험과 민간보험의 비교는 〈표 12-1〉과 같다.

〈표 12-1〉 사회보험과 민간보험의 비교

구분	사회보험	민간보험
가입	강제적 · 비선택적	자발적 · 임의적 · 선택적
원리	사회적 충분성 강조(복지요소)	개인적 공평성 강조(보험요소)
보험자와 피보험자의 관계	법적 권리	계약적 권리
보험료 부과	평균적 위험정도와 소득수준에 따라 부과	개별적 위험정도와 급여수준에 따라 부과
보호수준	최저소득보장	요구와 능력에 따라 결정

자료: 문병기(2024: 252).

2. 국민연금

1) 국민연금의 개념

국민연금(national pension)은 가입자가 퇴직 등으로 소득원을 잃을 경우, 일정한 소득을 보장하는 제도로서, 국민의 노령, 장애 또는 사망에 대하여 연금급여를 실시함으로써 국민의 생활안정과 복지증진에 이바지하는 것을 목적으로 한다(「국민연금법」 제1조). 국민연금제도는 1988년부터 시행된 사회보험정책이다. 이 제도는 국민들이 노령에 도달하여 소득이 상실되었을 때를 대비한 장기소득보장정책이다. 기본적으로, 본 제도는 18세 이상 60세 미만 국민이 일정 기간 가입을 하게 되고, 수급연령은 2013년부터 5년 단위로 1세씩 연장하여 2033년에는 65세부터 혜택을 받게 되며, 10년 이상 가입할 경우 연금을 수급 받게 된다.

국민연금공단 30주년 기념 심벌마크
(2017.9.18.)

산업화 이전의 사회에서도 인간은 질병·노령·장애·빈곤 등과 같은 문제를 겪어 왔다. 그러나 이 시기의 위험은 사회구조적인 차원의 문제라기보다는 개인적인 문제로 여겨졌다. 이에 따라, 문제의 해결 역시 사회구조적인 대안보다는 개인이나 가족의 책임 아래 이루어졌다. 그러나 산업사회로 넘어오면서 환경오염, 산업재해, 실직 등과 같이 개인의 힘만으로는 해결하기 어려운 각종 사회적 위험이 부각되었다. 부양공동체 역할을 수행해 오던 대가족제도가 해체됨에 따라, 개인 차원에서 다루어지던 다양한 문제들이 국가개입 필요성이 요구되는 사회적 문제로 대두되기 시작했다.

이러한 다양한 사회적 위험으로부터 모든 국민을 보호하여 빈곤을 해소하고 국민생활의 질을 향상시키기 위해 국가는 제도적 장치를 마련하였는데, 이것이 바로 사회보장제도이다. 우리나라에서 시행되고 있는 대표적인 사회보장제도는 국민연금, 건강보험, 산재보험, 고용보험, 노인장기요양보험 등과 같은 사회보험제도, 기초생활보장과 의료보장을 주목적으로 하는 공공부조제도인 국민기초생활보장제도, 그리고 노인·부녀자·아동·장애인 등을 대상으로 제공되는 다양한 사회복지서비스 등이 있다. 우리나라의 사회보장제도는 1970년대까지만 해도 구호사업과 구빈정책 위주였으나, 1970년대 후반에 도입된 의료보험과 1988년 실시된 국민연금제도를 통해 그 외연을 확장할 수 있었다.

다양한 사회보장제도 중에서 국민연금은 보험원리에 따라 운영되는 대표적인 사회보험제도라고 할 수 있다. 즉, 가입자, 사용자로부터 정률의 보험료를 받고, 이를 재원으로 사회적 위험에 노출되어 소득이 중단되거나, 상실될 가능성이 있는 사람들에게 다양한 급여를 제공하는 제도이다. 국민연금제도를 통해 제공되는 급여에는 노령으로 인한 근로소득 상실을 보전하기 위한 노령연금, 주 소득자의 사망에 따른 소득상실을 보전하기 위한 유족연금, 질병 또는 사고로 인한 장기근로능력 상실에 따른 소득상실을 보전하기 위한 장애연금 등이 있으며, 이러한 급여를 지급함으로써 국민의 생활안정과 복지증진을 도모하고 있다(국민연금공단 홈페이지, 2025).

국민연금의 특징은 다음과 같다(국민연금공단 홈페이지, 2025).

첫째, 모든 국민이 가입대상으로 강제성이 있다. 국민연금은 '나' 혼자서 대비하기 어려운 생활의 위험을 모든 국민이 연대하여 공동으로 대처하는 '우리'를 위한 제도로 모든 국민이 가입대상이다. 국민연금뿐만 아니라, 건강보험 등 대부분의 사회보험제도는 강제가입을 채택하고 있다. 강제적용을 하지 않는다면, 국민연금에 가입하지 않거나 보험료를 납부하지 않을 수 있다. 즉, 가난한 사람은 "당장의 생활이 어려워 노후준비를 할 수 없다.", 부유한 사람 역시 "별도의 노후준비가 필요 없다."고 가입을 기피하고, 젊은 층의 경우는 '먼 훗날의 노후를 굳이 지금부터 준비할 필요가 있느냐' 등의 여러 가지 이유로 가입하지 않을 수 있다. 이처럼 가입을 기피하는 사람이 많을수록 노후빈곤층이 확대되고, 이것이 사회문제화 될 경우 결국 국가는 빈곤문제를 조세 등을 통해 해결해야 한다. 이렇게 되면 성실하게 본인의 노후를 준비한 사람은 노후를 준비하지 못한 사람의 노후의 일정 부분을 책임지게 되는 이중부담이 발생하기 때문에 소득활동을 하는 사람은 누구나 의무적으로 가입하도록 하는 것이다.

둘째, 소득재분배로 사회통합에 기여한다. 국민연금은 동일한 세대 내의 고소득계층에서 저소득계층으로 소득이 재분배되는 '세대 내 소득재분배'의 기능과 미래세대가 현재의 노인세대를 지원하는 '세대 간 소득재분배'의 기능을 동시에 포함하고 있다. 먼저, 세대 내 소득재분배의 기능은 '고소득층'으로부터 '저소득층'으로 소득이 이전되는 것으로 국민연금의 급여산식에서 가입자 전체의 평균소득을 포함시켜 실현되고 있다. 즉, '저소득계층'의 경우, 전체 가입자의 평균소득이 자신의 소득보다 높기 때문에 고소득계층과 비교하였을 때, 자신이 낸 보험료에 비해 상대적으로 더 많은 연금을 받는 반면, '고소득계층'은 전체 가입자의 평균소득이 자신의 소득보다 낮기 때문에 저소득층에 비해 상대적으로 이러한 연금혜택이 적다. 이처럼 국민연금은 납입한 보험료 대비 수급하는 연금급여액(수익비)이 고소득층에 비해 저소득층의 경우가 상대적으로 높기 때문에, 이러한 세대 내 소득재분배기능을 통해 소득계층 간의 소득격차를 줄임으로써 사회통합에 기여한다. 다음으로, 세대 간 소득재분배의 기능은 '미래세대'가 현재의 '노인세대'를 지원하는 것으로, 국민연금제도 도입 초기에 가입자의 제도순응성을 높이기 위해 도입하였다. 미래세대는 자신의 노후만을 준비하면 되지만, 국민연금 초기 가입자의 경우에 자신의 노후는 물론, 부모 부양이라는 이중부담을 지고 있어서 이들의 부담을 완화하기 위해 낮은 보험료에서 출발, 단계적으로 보험료를 높여가도록 한 것이다. 따라서, 국민연금제도는 현재의 가입세대가 미래세대로부터 일정한 소득지원을 받는 세대 간 소득재분배의 순기능을 가지고 있다.

셋째, 국가가 존속하는 한 연금은 반드시 수령한다. 국민연금은 국가가 최종적으로 지급을 보장하기 때문에 국가가 존속하는 한 반드시 지급된다. 설령 적립된 기금이 모두 소진된다 하더라도, 그해 연금지급에 필요한 재원을 그해에 걷어 지급하는 부과방식으로 전환해서라도 연금을 지급한다. 우리나라보다 먼저 국민연금과 같은 공적연금제도를 시행한 선진복지국가들도 초기에는 기금을 적립하여 운영하다가 연금제도가 성숙되면서 부과방식으로 변경했다. 현재 전 세계적으로 공적연금제도를 실시하고 있는 나라는 170여 개국에 달하지만, 연금지급을 중단한 예는 한 곳도 없다. 심지어 최악의 경제상황에 직면했던 1980년대 남미국가들과, 1990년대의 옛 공산주의 국가에서도 연금지급을 중단한 사례는 없다. 실제로 선거민주주의와도 연결된다.

넷째, 노령연금 이외에도 장애 · 유족 연금 등 다양한 혜택이 포함되어 있다. 국민연금에는 노령연금뿐만 아니라, 장애연금, 유족연금이 포함된다. 장애연금은 가입 중에 발생한 질병이나 부상으로 완치 후에도 장애가 남았을 경우, 장애 정도에 따라 자신과 가족의 생활을 보장하기 위해 장애가 존속하는 한 지급한다. 유족연금은 국민연금에 가입하고 있거나 노령연금 및 장애연금을 받고 있던 사람이 사망하면, 그 사람에 의해 생계를 유지하던 유족에게 가입기간에 따라 기본연금액의 일정률을 지급하여 유족들의 생활을 돕기 위한 연금제도이다.

다섯째, 물가연동으로 그만큼 연금액에도 차이가 발생한다. 국민연금은 물가가 오르더라도 실질가치가 항상 보장된다. 처음 연금을 지급할 때는 과거 보험료 납부소득에 연도별 재평가율을 적용하여 현재가치로 재평가하여 계산한다. 예를 들어, 1988년도에 100만 원의 소득으로 국민연금에 가입되었다면, 이를 2018년 현재가치로 재평가 시 약 606만 원의 소득액으로 인정하여 국민연금을 지급한다. 또 국민연금은 연금을 받기 시작한 이후 매년 4월부터 전년도의 전국소비자물가변동률에 따라 연금액을 조정하여 지급한다.

2) 국민연금의 급여

국민연금은 나이가 들거나 장애 또는 사망으로 인해 소득이 감소할 경우, 일정한 급여를 지급하여 소득을 보장하는 사회보험으로서 지급받게 되는데, 급여의 종류는 노령연금(분할연금), 장애연금, 유족연금, 반환일시금(이상 「국민연금법」 제49조), 사망일시금 등이 있다.

국민연금 급여의 종류는 〈표 12-2〉와 같다.

〈표 12-2〉 국민연금 급여의 종류

연금 급여(매월 지급) 일시금 급여		노령연금 노후 소득보장을 위한 급여	
노령연금	• 노후 소득보장을 위한 급여 • 국민연금의 기초가 되는 급여	반환 일시금	연금을 받지 못하거나 더 이상 가입할 수 없는 경우, 청산적 성격으로 지급하는 급여
장애연금	장애로 인한 소득감소에 대비한 급여	사망 일시금	유족연금 또는 반환일시금을 받지 못할 경우, 장제부조적 · 보상적 성격으로 지급하는 급여
유족연금	가입자(였던 자) 또는 수급권자의 사망으로 인한 유족의 생계보호를 위한 급여		

자료: 국민연금공단(홈페이지, 2025) 재구성.

국민연금 연도별 급여지급 현황은 〈표 12-3〉과 같다.

〈표 12-3〉 연도별 급여지급 현황

구분	2020	2021	2022	2023
계	5,388,022	5,864,373	6,424,917	6,626,552
노령연금	4,468,126	4,894,452	5,396,729	5,543,769
장애연금	78,079	77,726	76,718	75,716
유족연금	841,817	892,195	951,470	1,007,167

자료: 국민연금공단(홈페이지, 2025).

3) 국민연금의 대상

기본적으로 국내에 거주하는 18세 이상 60세 미만의 국민으로서 「공무원연금법」, 「군인연금법」, 「사립학교교직원연금법」의 적용을 받지 않는 자를 가입대상으로 한다.

(1) 사업장가입자(법 제8조)

① 국민연금에 가입된 사업장의 18세 이상 60세 미만의 사용자 및 근로자로서 국민연금에 가입된 자

② 1인 이상의 근로자를 사용하는 사업장 또는 주한외국기관으로서 1인 이상의 대한민국 국민인 근로자를 사용하는 사업장에서 근무하는 18세 이상 60세 미만의 사용자와 근로자는 당연히 사업장가입자가 된다.

(2) 지역가입자(법 제9조)

국내에 거주하는 18세 이상 60세 미만의 국민으로서 사업장가입자가 아닌 사람은 당연히 지역가입자가 된다. 다만, 다른 공적연금에서 퇴직연금(일시금),

장애연금을 받는 퇴직연금 등 수급권자, 「국민기초생활보장법」에 의한 수급자 중 생계급여 또는 의료급여 또는 보장시설 수급자, 소득활동에 종사하지 않는 사업장가입자 등의 배우자 및 보험료를 납부한 사실이 없고 소득활동에 종사하지 않는 27세 미만인 자는 지역가입자가 될 수 없다.

(3) 임의가입자(법 제10조)

사업장가입자와 지역가입자가 될 수 없는 사람도 60세 이전에 본인의 희망에 의해 가입신청을 하면 임의가입자가 될 수 있다. 즉, 다른 공적연금에서 퇴직연금(일시금), 장애연금을 받는 퇴직연금 등 수급권자, 「국민기초생활보장법」에 의한 수급자 중 생계급여 또는 의료급여 또는 보장시설 수급자, 소득활동에 종사하지 않는 사업장가입자 등의 배우자 및 보험료를 납부한 사실이 없고 소득활동에 종사하지 않는 27세 미만인 자는 가입을 희망하는 경우 임의가입자가 될 수 있다.

(4) 임의계속가입자(법 제13조)

납부한 국민연금보험료가 있는 가입자 또는 가입자였던 자로서, 60세에 달한 자가 가입기간이 부족하여 연금을 받지 못하거나 가입기간을 연장하여 더 많은 연금을 받기를 원할 경우는 65세에 달할 때까지 신청에 의하여 임의계속가입자가 될 수 있다.

3. 국민건강보험

1) 국민건강보험의 개념

국민건강보험(national health insurance)은 질병이나 부상으로 인해 발생한 고액의 진료비로 가계에 과도한 부담이 되는 것을 방지하기 위하여, 국민들이 평소에 보험료를 내고 보험자인 국민건강보험공단이 이를 관리 · 운영하다가 필요시 보험급여를 제공함으로써, 국민 상호 간 위험을 분담하고 필요한 의료서비스를 받을 수 있도록 하는 사회보장제도이다.

국민건강보험 시그니처

국민건강보험은 사회보험기술을 기초로 하여 질병, 부상, 출산, 사망 등의 사고에 의한 의료를 제공하고 질병의 비용과 건강보호를 집단적으로 부담하는 일을 사회에 위탁함으로써 모든 사람에게 의료혜택을 주어 건강하고 문화적인 생활을 영위하도록 하는 것을 말한다. 즉, 국민건강보험은 사회보험의 기술을 기초로 하여 모든 사람이 건강보험에 강제로 가입하도록 하여 피보험자에게 질병, 부상 등의 사고가 발생한 경우에 요양 또는 요양비를 제공하는 방법이다. 국가가 개입하여 국민건강과 생활의 안정을 도모하고 국민의 의료비용을 사회연대성 원리에 따라 공동체적으로 해결한다.

국민건강보험의 특성은 다음과 같다(김영철 외, 2024c: 236).

첫째, 보험가입 및 보험료 납부의 의무가 있다. 보험가입을 기피할 수 있도록 제도화될 경우, 질병위험이 큰 사람만 보험에 가입하여 국민 상호 간 위험분담 및 의료비 공동해결이라는 건강보험제도의 목적을 실현할 수 없기 때문에 일정한 법적 요건이 충족되면 본인의 의사와 관계없이 건강보험 가입이 강제되며, 보험료 납부의무가 부여된다.

둘째, 부담능력에 따른 보험료를 부과한다. 민간보험은 보장의 범위, 질병위험의 정도, 계약의 내용 등에 따라 보험료를 부담하는 데 비해서, 사회보험방식으로 운영되는 국민건강보험은 사회적 연대를 기초로 의료비문제를 해결하는 것을 목적으로 하므로 소득수준 등 보험료 부담능력에 따라 보험료를 부과한다.

셋째, 균등한 보장을 한다. 민간보험은 보험료수준과 계약내용에 따라 개인별로 다르게 보장되지만, 사회보험인 국민건강보험은 보험료 부담수준과 관계없이 관계법령에 의하여 균등하게 보험급여가 이루어진다.

사회보험 통합징수

2011년 1월부터 국민건강보험공단은 4대 사회보험료 징수업무를 통합하여 수행하고 있다.
이 제도는 통합 전 3개 사회보험공단(국민건강보험공단, 국민연금공단, 근로복지공단)에서 각각 수행하였던 4대 사회보험(건강보험, 국민연금, 고용보험, 산재보험)의 업무 중 유사·중복성이 높은 보험료 징수업무(고지, 수납, 체납)를 국민건강보험공단이 통합하여 운영하는 제도이다.

2) 국민건강보험의 급여

보험급여는 가입자 및 피부양자의 질병과 부상에 대한 예방, 진단, 치료, 재활, 출산, 사망 및 건강증진에 대하여 법령이 정하는 바에 따라 현물 또는 현금의 형태로 제공하는 서비스를 말한다. 보험급여는 현물급여와 현금급여로 구분된다.

보험급여의 종류는 〈표 12-4〉와 같다.

〈표 12-4〉 보험급여의 종류

급여 구분		수급권자
현물급여	요양급여	가입자 및 피부양자
	건강검진	가입자 및 피부양자
현금급여	요양비	가입자 및 피부양자
	장애인 보조기기	가입자 및 피부양자 중 「장애인복지법」에 의해 등록한 장애인
	본인부담액 상한제	가입자 및 피부양자
	임신·출산 진료비	임신·출산 진료비 수급권자 - 임신·출산(유산·사산 포함)이 확인된 건강보험 가입자 또는 피부양자 - 2세 미만인 가입자 또는 피부양자의 법정대리인(출산한 가입자 또는 피부양자가 사망한 경우에 한정)

자료: 국민건강보험공단(홈페이지, 2025).

요양급여

가입자 및 피부양자의 질병·부상·출산 등에 대하여 다음 각 호의 요양급여를 실시한다(법 제41조).

1. 진찰·검사
2. 약제·치료재료의 지급
3. 처치·수술 및 그 밖의 치료
4. 예방·재활
5. 입원
6. 간호
7. 이송

3) 국민건강보험의 대상

(1) 지역가입자

① 신생아 출생 시

② 국적취득자

③ 직장가입의 자격을 상실했을 때

④ 수급권자에서 제외되었을 때

⑤ 국가(독립)유공자가 지역가입자적용을 신청할 때

그 외

① 외국인 및 재외국민 취득요건

- 외국인 등록한(아래 적용대상자) 자 또는 국내거소 신고한 자
- 「주민등록법」 제6조 제1항 제3호에 따라 재외국민 주민등록을 필한 재외국민

② 「주민등록법」에 따른 거주불명등록자

- 거주불명등록 이후 공단에 신청한 날

(2) 직장가입자

① 1개월 이상 근로하면서, 월 8일 이상 근로한 사람

- 1개월 이상 근로 : 최초 근로(고용)일로부터 1개월 되는 날까지 근로하거나, 그 날 이후까지 근로한 경우
- 월 8일 이상 근로 : 최초 근로(고용)일로부터 1개월 되는 날까지 8일 이상 근로하거나 연속하여 근로할 경우, 익월 초일부터 말일까지 근로일수가 8일 이상인 경우

연도별 가입자 현황은 〈표 12-5〉와 같다.

〈표 12-5〉 연도별 가입자 현황

구분	2020	2021	2022	2023
계	22,107,028	22,347,586	22,497,819	22,384,787
사업장가입자	14,320,025	14,580,825	14,785,761	14,812,062
지역가입자	6,898,118	6,827,009	6,845,744	6,714,114
임의가입자	362,328	396,632	365,487	324,601
임의계속가입자	526,557	543,120	500,827	534,010

자료: 국민연금공단(홈페이지, 2025).

건강보험 대상자 중 피부양자는 직장가입자에게 주로 생계를 의존하는 사람으로서, 소득 및 재산이 보건복지부령으로 정하는 기준 이하에 해당하는 사람을 말하며, 직장가입자의 배우자, 직장가입자의 직계존속(배우자의 직계존속 포함), 직장가입자의 직계비속(배우자의 직계비속 포함)과 그 배우자, 직장가입자의 형제·자매를 일부 포함한다(국민건강보험공단 홈페이지, 2025).

건강보험 적용대상 및 인구는 〈표 12-6〉과 같다.

〈표 12-6〉 적용대상 및 인구

(단위: 천명, %)

분류	적용인구	비율
계	51,417	100.0
직장가입자	19,902	38.7
피부양자	19,389	31.9
지역가입자	15,126	29.4

자료: 국민건강보험공단(홈페이지, 2025).

4. 고용보험

1) 고용보험의 개념

심볼마크 엠블럼

고용보험(employment insurance)은 전통적 의미의 실업보험사업을 비롯하여 고용안정사업과 직업능력사업 등의 노동시장정책을 적극적으로 연계하여 통합적으로 실시하는 사회보장보험이다(근로복지공단 홈페이지, 2025). 고용보험은 근로자가 실직하였을 경우, 실직근로자의 생활안정을 위해 일정 기간 실업급여를 지급하는 전통적 의미의 실업보험사업과 적극적 노동시장정책인 취업알선을 통한 재취업 촉진과 직업안정 및 고용구조 개선을 위한 고용안정사업, 직업생활 동안 근로자의 직무수행능력을 체계적으로 개발·향상시키기 위한 직업능력개발사업 등을 하나의 체계 내에서 상호 연계하여 실시하는 사회보험제도이다. 즉, 고용보험은 실직자에 대한 생계지원인 소극적·사후적 사회보장제도는 물론 재취업 촉진과 실업의 예방 및 고용안정, 노동시장의 구조개편, 직업훈련의 강화를 위한 적극적·사전적 차원의 종합적인 인력정책의 수단이다.

「고용보험법」은 근로자의 직업능력 개발과 실업예방, 고용기회를 확대시켜 근로자가 실업으로 인해 겪는 사회적·경제적 문제를 해소하자는 취지에서 제정된 법률이다. 1993년 12월에 제정하여 1995년 7월 1일부터 시행하고 있다(실업급여는 1996년 7월 1일부터 시행되었다.).

2) 고용보험의 급여

고용보험급여의 종류는 고용안정사업과 직업능력개발사업 그리고 실업급여 등 크게 세 가지로 나누어진다.

(1) 고용안정사업

고용안정사업은 개별적인 보호와 시설지원의 형태로 이루어진다. 개별적인 보호로는 고용조정지원과 지역고용의 촉진, 고령자고용촉진, 건설업고용촉진 등이 있으며, 시설지원은 고용촉진시설에 대한 지원의 형태로 이루어진다. 이 밖에 일반적인 고용증진사업으로 고용정보의 제공 및 직업지도가 이루어진다.

(2) 직업능력개발사업

첫째, 직업능력개발 훈련지원으로서 피보험자 등에 대한 직업능력개발의 지원에는 수강장려금의 지원과 실업자재취직훈련이 있다.

둘째, 건설근로자에 대한 직업능력개발지원이 있다.

(3) 실업급여

실업급여의 종류로는 구직급여와 취업촉진수당이 있다. 취업촉진수당으로는 조기재취직수당, 직업능력개발수당, 광역구직활동비, 이주비 등이 있다. 구직급여는 기본적인 생활보장을 위한 급여이다. 취업촉진수당은 재취업을 위해서 필요한 실제 비용에 대한 지원금으로서의 성격을 갖고 있다.

실업급여 지급기간은 〈표 12-7〉과 같다.

〈표 12-7〉 실업급여 지급기간(이직일 2019.10.1. 이후)

피보험기간 연령	1년 미만	1년 이상 3년 미만	3년 이상 5년 미만	5년 이상 10년 미만
50세 미만	120일	150일	180일	210일
50세 이상 및 장애인	120일	180일	210일	240일

자료: 근로복지공단(홈페이지, 2025).

3) 고용보험의 대상

국민연금에 가입하지 못하는 타 공적연금 가입대상인 공무원(공무원연금), 군인(군인연금), 사립학교 교직원(사학연금), 별정우체국 직원은 가입 대상이 아니다. 단, 일반계약직 노동자는 가입대상이다. 예를 들어, 대학교의 교원(교수)이나 행정직원은 사학연금 가입대상으로 고용보험 가입대상이 아니지만, 조교나 사무보조원 등은 고용보험 가입대상이다.

(1) 적용대상 사업장

고용보험은 근로자를 사용하는 모든 사업 또는 사업장에 적용한다. 고용보험은 적용대상에 따라 일반적인 당연적용사업과 임의가입사업으로 구분한다.

① 당연적용사업장

근로자를 고용하는 모든 사업 또는 사업장의 사업주는 원칙적으로 고용보험의 당연가입대상이다. 다만, 사업장의 규모 등을 고려하여 일부 사업장은 고용보험 당연가입대상에서 제외하고 있다.

② 임의가입사업장

사업의 규모 등으로 고용보험업의 당연가입 대상사업이 아닌 사업의 경우, 근로복지공단의 승인을 얻어 보험에 가입할 수 있다. 이 경우, 사업주는 근로자(적용 제외 근로자 제외) 과반수 이상의 동의를 얻은 사실을 증명하는 서류(고용보험 가입신청서)를 첨부하여야 한다.

(2) 보험가입자

고용보험은 적용대상 사업에 고용된 모든 근로자에게 적용된다. 1998년 10월 1일부터 1인 이상의 근로자가 있는 사업주는 의무적으로 고용보험에 가입하여야 한다. 즉, 1인 이상의 근로자를 고용하는 사업 및 사업장을 대상으로 적용한다. 이때 '사업'은 하나의 업을 반복하여 계속할 의사를 가지고 지속적으로 행하는 행위를 의미한다. '사업장'은 사업이 행하여지고 있는 인적·물적 시설이 존재하는 장소적 범위를 의미한다(고용보험 홈페이지, 2025).

5. 산업재해보상보험

1) 산업재해보상보험의 개념

산업재해보상보험(industrial accident compensation insurance)은 산업사회의 고유한 문제인 업무상 부상과 질병, 장해 또는 사망으로 인한 소득상실을 보전함과 동시에, 요양서비스와 재활서비스를 충분히 제공하여 성공적인 직업복귀를 도모하는 제도이다. 산업재해보상보험(약칭 산재보험)은 대부분의 국가에서 의료보장제도와 함께 가장 오래된 사회보장제도로 우리나라에서도 사회보험 중에서 가장 먼저 도입된 제도이다. 「산재보험법」 제1조에 의하면, "이 법은 산재보험사업을 시행하여 근로자의 업무상의 재해를 신속하고 공정하게 보상하며, 재

산재보험 창립 60주년 기념
(2024)

해근로자의 재활 및 사회 복귀를 촉진하기 위하여 이에 필요한 보험시설을 설치·운영하고, 재해 예방과 그 밖에 근로자의 복지증진을 위한 사업을 시행하여 근로자 보호에 이바지하는 것을 목적으로 한다."고 규정되어 있다.

산재보험제도가 처음 시행된 1964년에는 상시근로자 500인 이상을 고용하는 대규모의 광업 및 제조업 부문에만 적용하고 「근로기준법」에 규정한 재해보상을 행하였으나, 그 후 산재보험 적용범위가 점차 확대되어 2000년 7월 1일부터는 근로자 1인 이상을 고용하는 사업장의 근로자에게까지 적용이 확대되었고, 「고용보험 및 산업재해보상보험의 보험료 징수에 관한 법률」이 제정되어 2005년 1월 1일부터 시행되었다.

산업재해보상보험제도는 사업장 단위로 적용되는 정부 주도의 강제보험으로, 보험제도를 통해 근로자 및 그 유족을 보호하고, 사업주 간의 위험을 분산하는 기능을 가진다. 또한 국민연금, 국민건강보험 등 근로자와 사업주가 보험료를 각각 절반씩 부담하는 다른 사회보험과 달리, 사업주가 보험료를 전액 부담함으로써 보험료의 납부자와 수혜자가 다르다는 특징을 가진다. 따라서, 산재보험의 보험자는 정부(근로복지공단)가 되고, 가입자는 사업주, 수급자는 업무상의 재해근로자가 된다.

산업재해보상보험제도의 특성은 다음과 같다(정민기 외, 2023a: 180).

첫째, 근로자의 업무상 재해에 대하여 사용자에게는 고의·과실의 유무를 불문하는 무과실책임주의이다.

둘째, 보험사업에 소요되는 재원인 보험료는 원칙적으로 사업주가 전액 부담한다.

셋째, 산재보험급여는 재해발생에 따른 손해 전체를 보상하는 것이 아니라, 평균임금을 기초로 하는 정률보상방식으로 행한다.

넷째, 자진신고 및 자진납부를 원칙으로 하고 있다.

다섯째, 재해보상과 관련되는 이의신청을 신속히 하기 위하여 심사 및 재심사청구제도를 운영한다.

여섯째, 다른 사회보험과는 달리 산재보험은 사업장 중심의 관리가 이루어진다.

2) 산업재해보상보험의 급여

(1) 업무상 재해의 인정 기준

근로자가 업무상 사고 또는 업무상 질병 어느 하나에 해당하는 사유로 부상·질병 또는 장해가 발생하거나 사망하면 업무상의 재해로 본다. 다만, 업무와 재해 사이에 상당인과 관계가 없는 경우에는 그러하지 아니하다(「산업재해보상보험법」 제37조).

(2) 급여의 종류

산재보험에서 업무상의 재해를 입은 근로자에게 제공하는 급여는 적용사업장에 종사하는 경우에 한하여 요양급여, 휴업급여, 장해급여, 간병급여, 유족급여, 상병보상연금, 장의비, 직업재활급여가 있다(법 제36조).

요양급여는 근로자가 업무상의 사유로 부상을 당하거나 질병에 걸린 경우에 그 근로자에게 지급한다.

휴업급여는 업무상 사유로 부상을 당하거나, 질병에 걸린 근로자에게 요양으로 취업하지 못한 기간에 대하여 지급하되, 1일당 지급액은 평균임금의 100분의 70에 상당하는 금액으로 한다. 다만, 취업하지 못한 기간이 3일 이내이면 지급하지 아니한다.

장해급여는 근로자가 업무상의 사유로 부상을 당하거나 질병에 걸려 치유된 후 신체 등에 장해가 있는 경우에 그 근로자에게 지급한다.

간병급여는 요양급여를 받은 자 중 치유 후 의학적으로 상시 또는 수시로 간병이 필요하여 실제로 간병을 받는 자에게 지급한다.

유족급여는 근로자가 업무상의 사유로 사망한 경우에 유족에게 지급한다.

요양급여를 받는 근로자가 요양을 시작한 지 2년이 지난날 이후에 특정한 요건에 모두에 해당하는 상태가 계속되면, 휴업급여 대신 상병보상연금을 그 근로자에게 지급한다. 장의비는 근로자가 업무상의 사유로 사망한 경우에 지급하되, 평균임금의 120일분에 상당하는 금액을 그 장제를 지낸 유족에게 지급한다. 다만, 장제를 지낼 유족이 없거나 그 밖에 부득이한 사유로 유족이 아닌 자가 장제를 지낸 경우에는 평균임금의 120일분에 상당하는 금액의 범위에서 실제 드는 비용을 그 장제를 지낸 자에게 지급한다.

직업재활급여는 두 가지가 있는데, 하나는 장해급여 또는 진폐보상연금을 받은 자나 장해급여를 받을 것이 명백한 자로서, 대통령령으로 정하는 자(장해급여자) 중 취업을 위하여 직업훈련이 필요한 자(훈련대상자)에 대하여 시행하는 직업훈련에 드는 비용 및 직업훈련수당을 말한다. 다른 하나는 업무상의 재해가 발생할 당시의 사업에 복귀한 장해급여자에 대하여 사업주가 고용을 유지하거나, 직장적응훈련 또는 재활운동을 시행하는 경우에 각각 지급하는 직장복귀지원금, 직장적응훈련비 및 재활운동비를 말한다.

3) 산업재해보상보험의 대상

(1) 업무상 재해

근로복지공단(홈페이지, 2025)에 따르면, 산업재해란 업무상의 사유에 따라 4일 이상의 요양이 필요한 노동자의 부상, 질병, 장해, 또는 사망을 말하며, 사고, 질병, 출퇴근재해로 나누어진다. 다만, 근로자의 고의·자해 행위나 범죄행위 또는 그로 인해 발생한 부상·질병·장해 또는 사망은 산업재해로 인정되지 않는다. 즉, ① 통상의 출퇴근재해, ② 업무상 스트레스로 정신건강이 손상된 경우, ③ 코로나바이러스감염증-19 감염된 경우, ④ 임신 중 업무상 사유로 자녀의 건강 손상된 경우, ⑤ 노무제공자의 산재신청인 경우를 말한다.

(2) 보험가입자

근로자를 사용하는 모든 사업 또는 사업장의 사업주는 당연히 산업재해보상보험의 가입자가 된다. 다만, 위험률, 규모에 따라 적용제외사업을 정하고 있는데, 이들 사업의 사업주는 공단의 승인을 얻어 산업재해보상보험에 가입할 수 있다. 적용제외 사업으로는 「공무원연금법」, 「군인연금법」, 「선원법」, 「어선원 및 어선재해보상보험법」, 「사립학교교직원연금법」에 따라 재해보상이 되는 사업, 총공사금액 2천만 원 미만이거나 연면적이 100제곱미터 이하인 건축물의 건축 공사, 연면적 200제곱미터 이하인 건축물 대수선 공사를 하는 주택건설업자, 공사업자, 정보통신공사업자, 소방시설업자, 문화재수리 업자, 가구 내 고용활동, 상시근로자 수 1인 미만인 사업, 농업, 임업, 어업, 수렵업 중 법인이 아닌 자의 사업으로 상시근로자 수 5명 미만인 사업이 있다. 적용제외사업의 사업주가 가입을 하면 이를 '임의가입자'라고 한다.

당연가입자, 임의가입자 외에 특례가입자를 정하고 있으며, 특례가입자에는 국외사업, 해외파견자, 현장실습생, 중소기업 사업주, 특수형태근로자, 국민기초생활보장수급자 등이 있다.

6. 노인장기요양보험

1) 장기요양보험의 개념

현대 국가는 그 내용이나 정도에 차이가 있으나, 모두 복지국가를 표방하고 있다. 대부분의 국가에서는 경제발전과 보건의료의 발달로 인한 평균 수명의 연장, 자녀에 대한 가치관의 변화, 보육 및 교육문제 등으로 출산율이 급격히 저하되어 인구구조의 급속한 고령화 문제에 직면하고 있으며, 이러한 사회변화에 따른 새로운 복지수요를 충족하기 위한 것이 장기요양보험제도이다. 즉, 고령이나 노인성 질병 등에 따라 거동이 불편한 사람에 대하여 신체활동이나 가사활동을 지속적으로 지원해 주는 서비스가 사회적 이슈로 부각되었기 때문이다. 특히, 고령화의 진전과 함께 핵가족화, 가족구성원의 경제활동 참여가 증가하면서 종래 가족의 부담으로 인식되던 장기요양이 이제 더 이상 개인이나 가계의 부담으로 머물지 않고, 이에 대한 사회적 · 국가적 책무가 강조되고 있다. 이와 같은 사회환경의 변화와 이에 대처하기 위하여 이미 선진각국에서는 사회보험방식 및 조세방식으로 그 재원을 마련하여 장기요양보험제도를 도입하여 운영하고 있다(국민건강보험공단 홈페이지, 2025).

노인장기요양보험 시그니처

장기요양보험제도의 목적은 고령이나 노인성 질병 등의 사유로 일상생활을 혼자서 수행하기 어려운 노인 등에게 신체활동 또는 가사활동 지원 등의 장기요양급여를 제공하여 노후의 건강증진 및 생활안정을 도모하고 그 가족의 부담을 덜어줌으로써 국민의 삶의 질을 향상하도록 함을 목적으로 시행하는 사회보험제도이다.

노인장기요양보험제도는 건강보험제도와는 별개의 제도로 도입 · 운영되고 있는 한편, 제도운영의 효율성을 도모하기 위하여 보험자 및 관리운영기관을 국민건강보험공단으로 일원화하고 있다. 또한 국고지원이 가미된 사회보험방식을 채택하고 있고, 수급대상자에는 65세 미만의 장애인이 제외되어 노인을 중심으로 운영되고 있다.

장기요양보험제도의 주요 특징은 다음과 같다(김보기 외, 2022a: 370-371).

첫째, 건강보험제도와 별도 운영한다. 장기요양보험제도를 건강보험제도와 분리 운영하는 경우, 노인 등에 대한 요양 필요성의 부각이 비교적 용이하여 새로운 제도도입에 용이하며, 건강보험재정에 구속되지 않아 장기요양급여 운영, 장기요양제도의 특성을 살릴 수 있도록 「국민건강보험법」과는 별도로 「노인장기요양보험법」을 제정하였다.

둘째, 사회보험방식을 기본으로 한 국고지원 부가방식을 채택하고 있다. 우리나라 장기요양보장제도는 사회보험방식을 근간으로 일부는 공공부조방식을 가미한 형태로 설계·운영되고 있다.

셋째, 보험자 및 관리운영기관의 일원화를 이루고 있다. 장기요양보험제도는 이를 관리·운영할 기관을 별도로 설치하지 않고, 「국민건강보험법」에 의하여 설립된 기존의 국민건강보험공단을 관리운영기관으로 하고 있다. 이는 도입과 정착을 원활하게 하기 위하여 건강보험과 독립적인 형태로 설계하되, 그 운영에 있어서는 효율성 제고를 위하여 별도로 관리운영기관을 설치하지 않고, 국민건강보험공단이 이를 함께 수행하도록 한 것이다.

넷째, 노인 중심의 급여체계이다. 장기요양보험제도는 65세 이상의 노인 또는 65세 미만의 자로서, 치매·뇌혈관성 질환 등 노인성 질병을 가진 자 중 6개월 이상 혼자서 일상생활을 수행하기 어렵다고 인정되는 자를 그 수급 대상자로 하고 있다. 여기에는 65세 미만자의 노인성 질병이 없는 일반적인 장애인은 제외되고 있다.

2) 장기요양보험의 급여

장기요양급여의 종류는 다음과 같다(「노인장기요양보험법」 제23조 ; 국민건강보험공단, 홈페이지, 2025).

(1) 재가급여

① 방문요양 : 장기요양요원이 수급자의 가정 등을 방문하여 신체활동 및 가사활동 등을 지원하는 장기요양급여

② 방문목욕 : 장기요양요원이 목욕설비를 갖춘 장비를 이용하여 수급자의 가정 등을 방문하여 목욕을 제공하는 장기요양급여

③ 방문간호 : 장기요양요원인 간호사 등이 의사, 한의사 또는 치과의사의 지시서(이하 '방문간호지시서'라고 한다)에 따라 수급자의 가정 등을 방문하여 간호, 진료의 보조, 요양에 관한 상담 또는 구강위생 등을 제공하는 장기요양급여

④ 주 · 야간보호 : 수급자를 하루 중 일정한 시간 동안 장기요양기관에 보호하여 신체활동 지원 및 심신기능의 유지 · 향상을 위한 교육 · 훈련 등을 제공하는 장기요양급여

⑤ 단기보호 : 수급자를 보건복지부령으로 정하는 범위 안에서 일정 기간 동안 장기요양기관에 보호하여 신체활동 지원 및 심신기능의 유지 · 향상을 위한 교육 · 훈련 등을 제공하는 장기요양급여

⑥ 기타 재가급여 : 수급자의 일상생활 · 신체활동 지원 및 인지기능의 유지 · 향상에 필요한 용구를 제공하거나, 가정방문하여 재활에 관한 지원 등을 제공하는 장기요양급여로서 대통령령으로 정하는 것

(2) 시설급여

① 노인요양시설

장기간 입소한 수급자에게 신체활동 지원 및 심신기능의 유지 · 향상을 위한 교육 · 훈련 등을 제공하는 장기요양급여(입소정원 : 10명 이상)

② 노인요양공동생활가정

장기간 입소한 수급자에게 가정과 같은 주거여건에서 신체활동 지원 및 심신기능의 유지 향상을 위한 교육 · 훈련 등을 제공하는 장기요양급여(입소정원 : 5~9명)

(3) 특별현금급여

① 가족요양비 : 법 제24조에 따라 지급하는 가족장기요양급여

② 특례요양비 : 법 제25조에 따라 지급하는 특례장기요양급여

③ 요양병원간병비 : 법 제26조에 따라 지급하는 요양병원장기요양급여

장기요양급여 이용 절차는 [그림 12-1]과 같다.

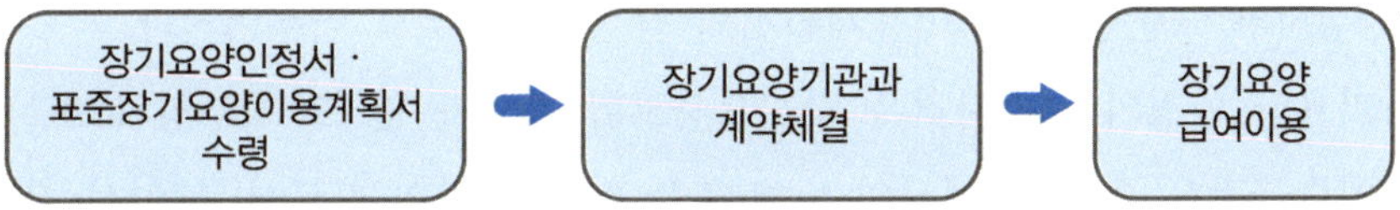

[그림 12-1] 장기요양급여 이용절차

자료: 국민건강보험공단(홈페이지, 2025).

3) 장기요양보험의 대상

장기요양보험제도는 65세 이상의 노인 또는 65세 미만의 자로서, 치매·뇌혈관성 질환 등 노인성 질병을 가진 자 중 6개월 이상 혼자서 일상생활을 수행하기 어렵다고 인정되는 자를 그 수급대상자로 하고 있다. 여기에는 65세 미만자의 노인성 질병이 없는 일반적인 장애인은 제외되고 있다(국민건강보험공단 홈페이지, 2025).

건강보험 가입자는 장기요양보험 가입자가 된다(법 제7조 제3항). 이는 건강보험의 적용에서와 같이 법률상 가입이 강제되어 있다. 또한 공공부조의 영역에 속하는 의료급여 수급권자의 경우, 건강보험과 장기요양보험의 가입자에서는 제외되지만, 국가 및 지방자치단체의 부담으로 장기요양보험의 적용대상으로 하고 있다(법 제12조).

장기요양보험 가입자 및 그 피부양자나 의료급여 수급권자 누구나 장기요양급여를 받을 수 있는 것은 아니다. 일정한 절차에 따라 장기요양급여를 받을 수 있는 권리(수급권)가 부여되는데, 이를 '장기요양 인정'이라고 한다.

장기요양 인정절차는 먼저 공단에 장기요양 인정신청으로부터 출발하여 공단직원의 방문에 의한 인정조사와 등급판정위원회의 등급판정, 그리고 장기요양 인정서와 표준장기요양이용계획서의 작성 및 송부로 이루어진다.

장기요양 인정의 신청자격은 장기요양보험 가입자 및 그 피부양자 또는 의료급여수급권자 중 65세 이상의 노인 또는 65세 미만인 자로서, 노인성 질병인 치매, 뇌혈관성 질환, 파킨슨병 등 대통령령으로 정하는 질병을 가진 자에게 있다.

장기요양 인정 및 이용절차는 [그림 12-2]와 같다.

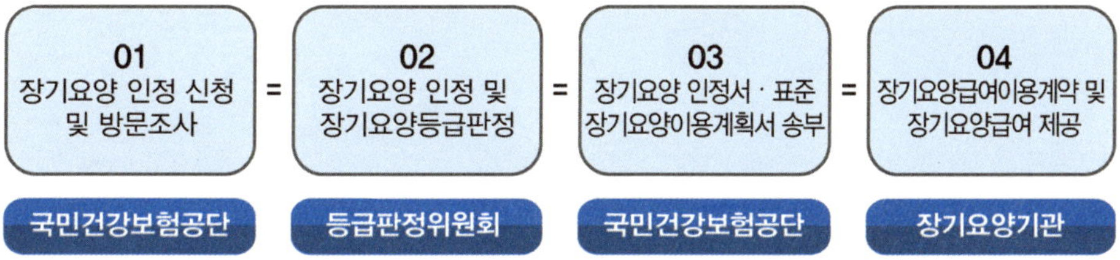

[그림 12-2] 장기요양 인정 및 이용절차

자료: 국민건강보험공단(홈페이지, 2025).

장기요양 인정의 신청은 노인장기요양보험운영센터(전국 공단지사)에서 본인 또는 대리인이 할 수 있으며, 신청방법은 공단 방문, 우편, 팩스, 인터넷 등을 이용한다.

장기요양 인정신청의 종류는 〈표 12-8〉과 같다.

〈표 12-8〉 장기요양 인정신청의 종류

종류	신청 사유	신청 시기	제출 서류
인정신청	처음으로 장기요양 인정신청을 하는 경우	신청자격을 가진 자가 장기요양급여를 받고자 하는 경우	• 장기요양 인정신청서 • 의사소견서
갱신신청	장기요양 인정 유효기간 종료가 예정된 경우	유효기간 종료 90일 전부터 30일 전	• 장기요양 인정 갱신신청서 • 의사소견서
등급변경 신청	장기요양급여를 받고 있는 동안 신체적 · 정신적 상태의 변화가 있는 경우	변경사유 발생 시	• 장기요양등급변경신청서 • 의사소견서
급여종류 · 내용변경 신청	급여종류 · 내용변경을 희망하는 경우	급여종류 · 내용변경 사유 발생 시	• 장기요양 급여종류 · 내용 변경신청서 • 사실확인서(제출 필요시)
이의신청	통보받은 장기요양 인정등급에 이의가 있을 경우	처분이 있은 날로부터 90일 이내	• 이의신청서 • 사실 입증서류

자료: 국민건강보험공단(홈페이지, 2025).

연습문제

1. 우리나라 사회보험방식의 공적연금에 관한 설명으로 옳은 것을 모두 고른 것은?

> ㉠ 국민연금과 특수직역연금으로 구분하여 운영되고 있다.
> ㉡ 국민연금이 가장 먼저 시행되었다.
> ㉢ 2022년 12월 말 기준 공적연금 수급개시 연령은 동일하다.
> ㉣ 가입자의 노령(퇴직), 장애(재해), 사망으로 인한 소득중단 시 급여를 지급한다.

① ㉠, ㉡　　② ㉠, ㉣　　③ ㉠, ㉡, ㉣
④ ㉠, ㉢, ㉣　　⑤ ㉡, ㉢, ㉣

2. 우리나라 사회보험의 운영 원리에 관한 설명으로 옳지 않은 것은?

① 수익자 부담 원칙을 전제로 하고 있다.
② 사회보험은 수평적 또는 수직적 재분배 기능이 있다.
③ 가입자의 보험료율은 사회보험 종류별로 다르다.
④ 사회보험급여는 피보험자와 보험자 간 계약에 의해 규정된 법적 권리이다.
⑤ 모든 사회보험 업무가 통합되어 1개 기관에서 운영한다.

3. 우리나라 고용보험과 산업재해보상보험에 관한 설명으로 옳은 것은?

① 소득활동 중 발생할 수 있는 소득상실 위험에 대한 사회안전망이라는 공통점을 가지고 있다.
② 구직급여는 구직활동 여부와 관계없이 지급된다.
③ 고용형태 및 근로시간에 관계없이 모든 근로자는 두 보험의 적용을 받는다.
④ 장해급여는 산업재해를 입은 모든 근로자에게 지급된다.
⑤ 두 보험의 가입자 보험료율은 동일하다.

4. 우리나라 국민연금에 관한 설명으로 옳지 않은 것은?

① 강제가입을 통해 역선택을 방지하고자 한다.
② 저소득자에게는 보험료를 지원하기도 한다.
③ 급여수준의 실질적 가치를 유지하고자 한다.
④ 민간에 위탁·운영하는 것이 일반적이다.
⑤ 전 국민을 대상으로 가입대상자를 확대하는 경향이 있다.

5. 우리나라 국민건강보험에 관한 설명으로 옳지 않은 것은?

① 진료비 지불방식으로 행위별 수가제와 포괄수가제가 사용되고 있다.
② 가입자는 직장가입자와 지역가입자로 구분된다.
③ 공무원 등 특수직역종사자는 가입대상이 아니다.
④ 건강보험의 요양급여와 노인장기요양보험의 요양급여는 급여 내용이 다르다.
⑤ 질병치료 시 상실된 소득을 보장하는 상병수당은 지급되고 있지 않다.

6. 우리나라 산업재해보상보험에 관한 설명으로 옳은 것은?

① 장해급여는 등급에 따라 연금이나 일시금으로 지급된다.
② 업무와 재해 사이의 인과관계와 상관없이 보상한다.
③ 산업재해보상보험 급여수급권은 퇴직하면 소멸한다.
④ 산업재해보상보험은 보건복지부장관이 관장한다.
⑤ 각종 민간사회단체는 산업재해보상보험의 임의적용사업장으로 분류된다.

7. 우리나라 노인장기요양보험제도에 관한 설명으로 옳은 것은?

① 단기보호는 시설급여에 해당한다.
② 가족에게 요양을 받을 때 지원되는 현금급여가 있다.
③ 보험료는 건강보험료와 분리하여 징수한다.
④ 장기요양인정의 유효기간은 3개월 이상으로 한다.
⑤ 보험료율은 보건복지부령으로 정한다.

정답 1. ② 2. ⑤ 3. ① 4. ④ 5. ③ 6. ① 7. ②

CHAPTER 13

사회서비스의 실천

개요

사회서비스는 국가, 지방자치단체 및 민간부문의 도움이 필요한 모든 국민에게 상담, 재활, 직업의 소개 및 지도, 사회복지시설의 이용 등을 제공하여 정상적인 사회생활이 가능하도록 하는 제도를 말한다. 여기에서는 사회서비스를 학습하고자 한다.

학습목표

1. 사회서비스의 개념 파악
2. 각 복지정책별 문제점 및 해결방안 토론
3. 분야별 복지정책 숙지

학습내용

1. 사회서비스의 개념
2. 장애인복지정책
3. 노인복지정책
4. 가족복지정책
5. 다문화복지정책

1. 사회서비스의 개념

사회서비스의 개념은 2012년 「사회보장기본법」의 전부개정이 이루어지면서 등장하였다. 동법 제3조에서 "사회서비스란 국가 · 지방자치단체 및 민간부문의 도움이 필요한 모든 국민에게 복지, 보건의료, 교육, 고용, 주거, 문화, 환경 등의 분야에서 인간다운 생활을 보장하고 상담, 재활, 돌봄, 정보의 제공, 관련 시설의 이용, 역량 개발, 사회참여 지원 등을 통하여 국민의 삶의 질이 향상되도록 지원하는 재도를 말한다."라고 규정하고 있다. 사회보험, 공공부조, 사회서비스로 구성되는 사회보장제도에서 가장 포괄적인 기능을 하는 제도이다(문병기 외, 2024: 278).

또한 「사회복지사업법」 제2조 제6항에 따르면, "사회복지서비스"란 국가 · 지방자치단체 및 민간부문의 도움을 필요로 하는 모든 국민에게 「사회보장기본법」 제3조 제4호에 따른 사회서비스 중 사회복지사업을 통한 서비스를 제공하여 삶의 질이 향상되도록 제도적으로 지원하는 것을 말한다.

사회서비스는 공공부문뿐 아니라, 민간부문에서도 함께 제공하며, 사회보험, 공공부조와는 달리, 비금전적 지원을 원칙으로 한다. 따라서, 금전적인 지원보다 자활의 능력을 심어 주는 데 주력하므로 생활의 불안을 실질적으로 해결해 줄 수 있다는 장점이 있다. 하지만 소득재분배 효과가 별로 크지 않고, 사회보험 또는 공공부조와 동시에 이루어질 때에만 효과를 볼 수 있어서 보조적 사회보장에 그친다는 지적을 받기도 한다(홍봉수 외, 2023: 318).

그러므로 사회서비스를 사회보장 차원에서 규정한 개념이며, 사회복지서비스는 사회서비스의 구체적 실천영역을 의미하는 것으로 해석할 수 있는데, 사회복지실천현장에서는 거의 동의어로 사용되고 있다.

국내 사회복지서비스와 사회서비스의 비교 및 변화는 〈표 13-1〉과 같다.

〈표 13-1〉 사회서비스와 사회복지서비스의 비교 및 변화

	사회복지서비스	사회서비스
이데올로기	선별주의	보편주의
대상	기본적 생활보장의 제한적 서비스	서민 · 중산층까지 확대
서비스전달체계	공공기관 중심	공공 · 민간 혼합
재정지원방식	서비스제공자(공급자 : 기관) 지원	서비스 수요자 지원방식 병행
비용부담	국가지원 중심	본인 일부 부담 도입
서비스제공방식	시설보호 중심	재가서비스까지 확대

자료: 노기남 외(2021: 378).

2. 장애인복지정책

우리나라 장애인복지정책은 1981년 UN이 정한 '세계장애인의 해'에 「심신장애자복지법」이 제정되면서 시작되었다. 그 후 1988년 서울장애인올림픽대회를 계기로 장애인등록사업을 전국적으로 실시하고, 1989년에는 「심신장애자복지법」을 「장애인복지법」으로 변경하였다. 1991년에는 「장애인고용촉진 등에 관한 법률」(2000년 「장애인고용촉진 및 직업재활법」으로 변경)이 시행되었고, 2007년 「장애인차별금지 및 권리구제 등에 관한 법률」이 제정되었으며, 이후에도 다양한 법이 제정되었다(문병기 외, 2024: 285).

장애인복지정책은 지체장애, 지적장애 등 심신의 손상으로 인해 사회적 생활이 곤란한 장애인에게 각종 복지서비스를 제공하여 물리적 장애와 사회적 편견 등을 제거하면서, 장애인이 비장애인과 동등한 삶의 기회를 누릴 수 있도

록 하는 공공부문과 민간부문의 총체적인 정책이다(정민기 외, 2023a: 258).

장애인복지는 재활의 개념으로 이루어지는 것으로, 장애인의 손상된 능력 회복뿐만 아니라, 잔존능력을 개발하는 것이다. 따라서, 장애인복지는 장애인의 사회복귀뿐만 아니라, 장애인이 계속적으로 직업을 가지고 경제적으로 자립하는 것을 목표로 하고 있다.

1) 분야별 정책

(1) 소득보장정책

장애인에 대한 소득보장정책은 장애인들이 일상생활을 영위함에 있어서 필요한 소득을 보충시켜 주는 것이다(고명석 외, 2024: 250-260).

① 직접적 소득보장정책

첫째, 사회보험 중 국민연금제도는 특수직역에 종사하지 않는 일반국민들이 가입기간 중에 산업재해가 아닌 다른 이유로 장애를 입은 경우, 지급되는 급여로, 장애일시보상금과 장애연금 두 종류가 있다.

둘째, 공공부조의 경우, 장애인을 위한 공공부조로는 생활보호제도와 장애수당 그리고 장애인 자립자금 대여 등이 있다.

② 간접적 소득보장정책

첫째, 세금감면으로 소득세, 상속세, 자동차 특별소비세, 자동차세 등에 대한 세금감면이나 면세가 있다.

둘째, 세금감면으로 전화요금, 철도 및 도시철도요금, 항공요금, 주차료, 이동통신요금, 고속도로통행료 할인이 있으며, 고궁, 박물관, 공원 등 공공시설 이용요금 면제 및 TV 수신료 면제 혜택이 있다.

(2) 의료복지정책

장애인 의료보장제도는 사회보험제도인 의료보험과 공공부조제도인 의료보호제도, 저소득장애인에 대한 의료비 지원과 보장구 무료교부사업 등이 있다.

첫째, 의료보험제도는 장애인 본인 또는 가구원이 일정률의 보험료를 납부하고, 의료서비스 이용 시 현물 또는 현금으로 급여를 받는 제도이다.

둘째, 의료보호제도는 국민기초생활수급자로 책정된 장애인에 한하여 의료보호 혜택을 받을 수 있다.

셋째, 장애인 의료비지원제도는 생활이 어려운 저소득장애인의 의료비를 지원함으로써 생계안정을 도모하고 의료보장의 실현을 위한 것이다.

넷째, 보장구 무료교부제도는 1982년부터 생활이 어려운 저소득장애인에게 보장구의 제조, 구매, 수리, 검진 및 적응훈련비를 지원함으로써 이들의 신체적 기능을 보완하고, 생활능력을 향상시켜, 장애인의 자활·자립을 도모하는 데 목적을 두고 있다.

(3) 고용정책

『장애인복지론』
(김영철 외, 2022b)

우리나라를 비롯하여 대부분의 나라에서 장애인의 고용률은 비장애인의 고용률에 비해 낮은 것으로 나타나고 있다. 장애인의 낮은 고용률은 장애인의 전반적인 복지 수준을 하락시키고, 국가 전체적으로 보았을 때에는 사회적 지출의 향상을 야기시키는 요인이 되어 왔다. 현대 사회에서 안정적인 물질적 토대를 구축하는 것이 인간의 생존과 생활에 있어서 매우 중요한 요소임을 감안할 때, 장애인 고용을 활성화시키는 것은 장애인복지에서 가장 중요한 고려사항 중의 하나가 되며, 장애인의 자립과 가족의 부담완화, 국가와 사회의 비용지출 경감에 있어서 여러 가지 긍정적 효과가 있을 수 있는 정책으로서 의의를 가지고 있다(김영철 외, 2022b: 162).

장애인복지의 궁극적 목표는 모든 장애인은 자기능력을 최대한으로 개발하여 적성에 맞는 직업을 가지고 사회적·경제적 활동에 참여하여 자립을 도모하는 것이다. 여기에는 고용보장과 직업재활(직업훈련)을 들 수 있다. 구체적인 내용은 다음과 같다(김용환 외, 2024: 210-212).

첫째, 고용보장의 경우, 일반사업장에서 비장애인과 같이 고용되는 일반고용정책과 그렇지 못한 장애인을 대상으로 하는 보호고용정책으로 나누어 볼 수 있다. 일반고용의 경우, 상시근로자 300인 이상을 고용하고 있는 사업장에서는 고용인원의 2% 이상을 장애인으로 고용할 것을 의무화하였으며, 불이행 시에는 의무고용인원에 미달하는 인원수만큼 고용부담금을 납부하도록 하였다. 보호고용의 경우, 일반기업체에 취업하기 어려운 중증장애인을 위한 보호고용제도는 1986년 장애인복지시설의 자립작업장 설치운영계획에 의해 본격화되었으며, 장애인근로시설과 장애인수용시설에 주로 부설되어 있는 보호작업장이 있다.

둘째, 직업훈련의 경우, 장애인 고용을 촉진하기 위해서 가장 필요한 정책으로는 장애인에 대한 교육, 훈련 및 자격제도가 있다. 장애인에 대한 직업훈련은 국가와 지방자치단체의 고용촉진훈련과정, 일반직업훈련원, 특수학교, 장애인복지시설, 장애인전문직업훈련원 등에서 실시하고 있다.

(4) 생활환경정책

장애인의 생활환경정책으로 장애인의 이동권과 건물접근권 및 정보통신권을 들 수 있다. 이동권 및 건물접근권의 경우, 정부는 1997년 「장애인, 노인, 임산부 등의 편의증진 보장에 관한 법률」을 제정·공포하여 장애인 등이 생활을 영위함에 있어서 다른 사람의 도움 없이 안전하고 편리하게 시설 및 설비를 이용하고 정보에 접근하도록 보장하고 있다.

장애인 정보통신권은 1995년 정부가 발표한 '정보화촉진기본계획'에서 장애인을 위한 정보시스템 개발 및 정보이용 혜택을 부여하는 것도 선언적 차원에서 밝히고 있다. 장애인과 관련된 정보복지를 보면, 컴퓨터 통신이용요금 50%

청각장애인을 위한 단말기 보급과 재활정보센터 운영을 들 수 있다.

(5) 재가복지서비스정책

정부에서는 장애인이 집에서 생활하면서 치료와 교육, 직업훈련서비스 등을 받을 수 있도록 통원 가능한 이용시설을 설치, 운영하는 것을 지원하고 있다. 현재 장애인종합복지관 및 복지관 부설로 설치된 재가복지봉사센터와 주간 및 단기보호시설 등이 있다. 그리고 가정에서 보호하기 어려운 장애인을 지역사회의 소규모 주거시설에서 생활지도교사의 도움을 받아 사회적 자립을 수행하는 그룹 홈이 운영되고 있다.

2) 실행내용

장애인복지정책의 실행내용은 다음과 같다.

(1) 장애수당

「국민기초생활보장법」에 의한 수급자 및 차상위 계층(기준중위소득 50% 이하)의 만 18세 이상 등록장애인 중 「장애인연금법」상 중증장애인에 해당하지 않는 자(종전 3-6급)의 장애인의 생계안정을 위하여 정부에서는 기초(생계, 의료, 주거, 교육) 및 차상위 : 1인당 월 4만 원, 또는 보장시설수급자(생계, 의료) : 1인당 월 2만 원씩 장애수당을 지급하고 있다.

(2) 장애아동수당

「국민기초생활 보장법」에 의한 수급자 및 차상위 계층(기준 중위소득 50% 이하)의 만 18세 미만 장애아동

- 중증장애인 : 「장애인연금법」상 중증장애인에 해당하는 자(종전 1급, 2급 및 3급 중복장애)

• 경증장애인 : 「장애인연금법」상 중증장애인에 해당하지 않는 자(종전 3-6급)

장애아동의 양육환경 개선 및 생활안정을 도모하기 위하여 저소득 가구의 중증장애아동 부양자에게 2002년부터 월 4만 5천 원을 지급하고 있다.

장애아동수당의 지원내용은 다음과 같다.

• 기초(생계, 의료) 중증 : 1인당 월 20만 원
• 기초(주거, 교육) 및 차상위 중증 : 1인당 월 15만 원
• 기초(생계, 의료, 주거, 교육) 및 차상위 경증 : 1인당 월 10만 원
• 보장시설(생계, 의료) 중증 : 1인당 월 7만 원
• 보장시설(생계, 의료) 경증 : 1인당 월 2만 원

(3) 장애인 자녀 교육비

일정 규모 이하의 재산, 저소득 장애인 가구의 자녀에 대한 교육비를 지원하여 빈곤의 세습방지와 균등한 교육기회를 보장하여 장애인 가구의 생활안정을 도모하고 있다.

(4) 장애연금

장애(인)연금은 근로능력의 상실 또는 현저한 감소로 인하여 줄어드는 소득과 장애로 인하여 추가로 드는 비용을 보전하기 위하여 중증장애인에게 매월 일정액의 연금을 지급하는 사회보장제도를 말한다. 장애인연금 급여는 기초급여와 부가급여가 있으며, 대상자는 만 18세 이상 등록한 중증장애인 중 본인과 배우자의 소득과 재산을 합산한 금액(소득인정액)이 선정기준 이하인 자만 해당된다.

(5) 의료보장

「의료급여법」에 의한 수급권자인 장애인에 대하여 본인부담금 일부를 지원하고, 2차 또는 3차 진료기관 및 국공립결핵병원 진료 시 본인부담금 전액을

2024 장애인문화예술축제 포스터
(경기 부천장애인종합복지관)

지원하고 있다.

(6) 기타

장애인 의료비 공제, 장애인 보장구 부가가치세 면세율 적용, 장애인용 수입물품 관세 감면, 자동차 관련 세금 면세, 기타 교통 요금할인, 통신이용요금 보조, 시청각 장애인 TV수신료 면제, 공공시설 이용요금 보조, 고궁 국공립박물관, 공원 등 요금 면제 등을 받을 수 있다.

① 사회경제적 재활 지원

a. 장애인의 날(매년 4월 20일), 장애인주간

b. 의료비 지원

c. 생업 · 취업 · 재활 자금의 대여

d. 수당지금, 장애수당, 장애아동수당, 보호수당

e. 자녀교육비 지급

f. 공공시설의 우선이용과 이용료 감면

② 생활의 편의증진을 위한 지원

a. 장애인사용자동차와 장애인보조견 등에 대한 지원

b. 재활보조기구의 보조

c. 산후조리도우미 지원

d. 활동보조인의 파견 등 활동보조서비스 지원

③ 세제상의 조치

a. 소득세 공제

b. 상속세 인적공제

c. 증여세 면제

d. 장애인보장구 부가가치세 영세율 적용과 면제

e. 특허출원료 또는 기술평가청구료 등의 감면

f. 자동차 구입 시 조세감면 조치

④ 직업재활 및 고용의 촉진

a. 복지 주체의 고용에 관한 의무

- 국가 또는 지방자치단체의 장애인 고용 의무
- 복지 주체의 시책 강구 의무와 고용 권유 의무

b. 장애인고용제도

- 지원고용, 보호고용, 장애인 표준사업장제도
- 사업주의 고용 의무와 장려

c. 취업을 위한 지원

- 취업의 알선
- 취업알선 시설자에 대한 지원
- 한국장애인고용촉진공단의 설립
- 장애인고용촉진 및 직업재활을 위한 실태조사

⑤ 장애인복지 비용의 부담

의료비의 지급, 자녀교육비의 지급, 자립훈련비의 지급, 장애수당, 장애아동수당 및 보호수당, 재활보조기구의 구입 또는 수리, 재활보조기구업체의 지원과 육성의 조치와 장애인복지시설의 설치 그리고 운영에 소요되는 비용은 국가와 지방자치단체가 이를 부담한다.

⑥ 수급자의 권리보호

- 압류금지
- 심사청구

3. 노인복지정책

노인복지정책은 그 형태와 수준, 실행방식 등 모든 것이 학자에 따라 다양하게 표현된다. 노인복지정책은 노인복지와 정책이 합성된 개념으로, 먼저 노인복지의 개념을 살펴보면, 노인복지는 노인이 복리적 상태를 유지하도록 하는 사회적 활동으로 사회복지실천의 한 분야이다. 즉, 노인이 인간다운 생활을 영위하면서 자기가 속한 가족과 사회에 적응하고 통합될 수 있도록 필요한 자원과 서비스를 제공하는 데 관련된 공적 및 사적 차원에서의 조직적 모든 활동이라고 정의할 수 있다. 또한 노인복지는 모든 노인이 최저수준 이상의 생활을 유지하고, 사회적 욕구충족과 생활상의 문제를 예방 해결하며, 노후생활에 대한 적응과 사회통합을 이루는 데 필요한 급여와 서비스를 제공하는 공공과 민간부문의 조직적이고 전문적인 모든 활동으로 정의할 수 있다(이은희 외, 2024: 79-80).

노인복지는 좁게는 그 대상이 퇴직, 실업, 질병 등 모든 여건으로 인하여 스스로 인간다운 생활을 영위하기 어려운 노인과 그 가족을 대상으로 공공부조, 생활지원 등 구체적 보호나 지원을 위한 서비스 제공이지만, 넓게는 노령화과정에 있는 또는 노후생활을 준비하는 모든 연령집단까지도 포함하는 노인의 생활상의 안정, 의료보장, 직업보장, 주택, 교육, 오락 등 욕구를 충족시키는 모든 사회적 서비스 제공과 실천활동을 포함하는 사회적 정책의 전체라고 할 수 있다. 따라서, 노인복지정책은 모든 노인이 최저수준 이상의 생활을 유지하고, 사회적 욕구충족과 생활상의 문제를 예방하고 해결하며, 노후생활에 대한 적응과 사회통합을 이루는 데 필요한 급여와 서비스를 제공하기 위한 정부나 공공기관의 원칙과 계획으로 정의한다(양정하 외, 2020: 185-186).

그러므로 노인복지정책이란 노인복지를 증진시키려는 사회적·국가적 노력 자체에 상조점을 둔 개념이다. 즉, 노인복지의 주체에 관심을 가진 개념으로서 사회문제이기 때문에 노인문제를 해결하고 예방하려는 노력의 일환으로 정책이란 개념을 사용하고 있는 것이고, 그 구체적인 내용이 노인복지라고 할 수 있다. 여기서 정책이란 일련의 행동지침을 의미하므로 노인복지의 구체적인 행동의 지속적인 측면을 강화하고 있다.

노인복지정책의 내용은 다음과 같다.

1) 소득보장정책

기본적인 생계의 유지뿐만 아니라, 적정 수준의 삶의 만족도를 유지하기 위해서는 충분한 소득의 확보가 필수적이다. 그러나 노년기에 이르게 되면 퇴직 등으로 인하여 근로소득은 급격히 줄어드는 데 비해, 개인의 노후소득 준비 미흡과 연금제도와 공적 부조제도의 미성숙으로 인하여 노년기의 소득 감소는 적절히 보완되지 못함으로써 노인은 경제적 어려움을 경험할 가능성이 높아지게 된다(권중돈, 2022: 85).

노년기의 경제적 문제는 누구에게나 오는 노화과정 속에서 노동력의 상실, 노동기회의 부족, 강제적인 퇴직제도 등으로 인한 소득상실로 발생하게 된다. 따라서, 각 국가는 노년기의 빈곤을 사회적 위험으로 보고 사회적으로 노후소득보장에 대한 대책을 마련하고 있다. 노후소득보장이란 노년기에 갖게 되는 노령, 퇴직 등으로 인한 소득 상실의 위험에 대비한 사회적 차원의 대책으로써, 노인이 빈곤에서 벗어나 인간다운 삶을 유지할 수 있도록 최소한의 소득을 확보해 주는 활동이다(김영철 외, 2024c: 171).

『노인복지론』
(김영철 외, 2024c)

노인의 적절한 경제적 수입은 최소한의 계속적 생존을 가능하게 할 뿐만 아니라, 여가의 문제, 사회적 · 심리적 고립과 소외의 문제 등에도 크게 기여할 수 있으며, 나아가 노인의 자존심을 유지시켜 줌으로써, 성공적 노화의 삶을 가능하게 한다. 노인 가운데는 생물학적 노화와 사회적 제약 등으로 수입이 절감되거나 단절되어 최소한의 경제적 수입을 확보하지 못하는 사람들이 많다. 이러한 노인에 대해 현대국가는 사회의 연대책임정신을 발휘하여 최저한의 수입을 보장해 주는 소득보장제도를 마련하고 있다.

일반적으로 소득보장정책은 일정 생활수준을 유지할 수 있도록 소득을 보장하는 정책을 말한다. 실업·질병·재해에 의해 수입이 중단될 때, 또는 노령에 의한 퇴직이나 부양자의 사망 등에 의해 수입이 상실될 때, 출생·사망 등에 수반하는 지출이 발생할 때, 일정 생활수준을 유지할 수 있도록 소득을 보장해 주는 정책이다(이근홍, 2023: 41). 그 실행방안은 다음과 같다(박종란 외, 2020: 100-101).

첫째, 저소득자에 대하여 보충성의 원리에 입각하여 최저생활수준을 보장하는 공공부조가 있다. 즉, 공공부조는 자산조사에 기준하여 보호·적용하는 선별주의를 취하는 데 대하여, 사회보험의 수급에는 자산조사가 아닌 보편주의 원칙에 입각하고 있다.

둘째, 정형적 급부를 행하는 사회수당(사회부조)이 있다. 사회부조인 아동수당과 자산조사가 없는 무갹출제도가 도입되어 보험의 부조화라고 하는 새로운 움직임이 나타나고 있다.

셋째, 갹출원칙을 기초로 생활안정을 위해 보험사고 발생 시 일정한 급부를 행하는 사회보험이 있다. 사회보험의 급부수준을 둘러싸고 최저보장의 생활유지가 논의되고 있다.

소득보장의 최저선은 무기여의 공공부조제도로 이루어지며, 보장수준은 최저생활비에 입각한 법적 규제형태로 이루어지는데, 이는 국가책임이다. 소득보장의 적정선은 사회보험형태, 무기여로 귀속적 욕구에 따른 수당형태, 법적 규제형태로 이루어지며, 보장수준은 사회경제 조건과 국가와 가족의 역할에 따른 사회적 합의에 의해 결징되고, 책임은 사회공동책임이다. 최저 소득보장수준의 설정은 「생활보호법」에 따라 산정된 최저생활비로 책정되며, 적정 소득보장수준의 설정은 각 대상자 소득수준에 따라 상대적으로 허용한다. 최근 정부는 노인과 근로능력이 떨어지는 취약계층에 대해서, 중증장애인에 대한 부양의무자 기준 적용 제외, 수급자·부양의무자 재산기준 완화 등 소득지원대책을 확대하고 있다.

노후소득보장제도는 현금급여의 지급방식인가 아닌가에 따라 직접적 소득보장제도와 간접적 소득보장제도로 구분할 수 있다. 우리나라에서 실시되고 있는 직접적인 소득보장제도로는 공적연금제도, 기초연금제도 등이 있으며, 공적연금제도는 전 국민을 대상으로 실시된 '국민연금'이 그 대표적인 제도라고 할 수 있다. 이외에 특수직연금으로 공무원연금, 군인연금, 사립학교교직원연금 등이 일찍부터 시행되고 있다. 간접적인 소득보장제도로는 경로우대, 고용증진, 생업 지원, 세제감면제도 등이 있다.

노후소득보장을 위한 프로그램은 〈표 13-2〉와 같다.

〈표 13-2〉 소득보장 프로그램

직접급여	사회보험	국민연금, 공무원연금, 사립학교교직원연금, 군인연금
	공공부조	국민기초생활보장, 기초노령연금, 긴급복지지원
	사적연금/퇴직금	퇴직연금제도
간접급여	세제감면	상속세·소득세 공제, 양도소득세 면제
	할인	경로우대제도
	고용증진	노인일자리사업, 지역사회 시니어클럽, 대한노인회 취업지원센터, 공동작업장, 고령자인재은행, 고령자고용정보센터, 중견 전문인력 고용지원센터, 고령자고용장려금, 고령자 적합직종 우선고용 등

자료: 김영철 외(2024c: 173).

2) 노인의료보장

노인들에게 건강은 삶의 질과 밀접하게 연결된 중요한 자원이다. 노화와 관련된 신체적 · 인지적 기능 저하와 만성질환으로 인해 노인들은 다른 연령집단에 비해 더 많은 의료비를 지출하게 된다. 그뿐만 아니라, 건강상의 문제로 독립적인 생활이 어려운 노인이 증가하는 것은 이들에 대한 가족의 부양부담을 증가시키게 된다. 노령기의 질병이나 장애로 인한 기능 제한은 노인뿐만 아니라, 가족 전체의 삶의 질에 변화를 초래하고 많은 영향을 미치게 된다. 특히, 노인성 질환인 치매나 뇌졸중 같은 질환을 겪고 있는 노인과 그 가족들은 대부분 장기간에 걸친 간병과 수발, 환자의 인지기능 손상으로 인한 가족관계의 어려움, 비용과 재정적 문제 등으로 인해 노인과 가족 전체에 여러 가지 복합적인 가족문제를 겪기 때문이다. 따라서, 노인의 의료서비스 이용에 대한 정책적 보장은 소득보장과 함께 고령사회의 중요한 정책 영역이다(김영철 외, 2024c: 228).

노인이 되면 신체적 · 정신적 기능이 쇠퇴하기 때문에 질병발생률이 높을 뿐 아니라, 이로 인하여 의료비도 증가하고 있으며, 고령화 속도 또한 빠르게 진행되기 때문에 노인의 의료보장이 필요하다. 사회계층 간 의료수혜의 불평등이 심화되고, 의료이용도의 소득계층별, 지역별, 성별, 직업별, 연령별 차이가 사회적 불만의 한 원인으로 대두되며, 보건의료서비스가 의 · 식 · 주 다음 제4의 기본적 수요로 인식됨에 따라 의료보장제도의 필요성이 나날이 높아지고 있다.

의료보장은 국민 개개인이 신체적 · 정신적으로 건강한 생활을 유지할 수 있도록 국가가 개입하여 보장해 주는 제도로서 사회적 권리로 인정된다. 의료보장은 국가사회의 경제적 발전 정도에 따라 보장 대상과 수준에 차이가 있지만, 대부분의 국가는 핵심적 사회보장의 프로그램으로 제도화되어 있다. 의료보장 프로그램은 임금노동자의 건강보호를 위하여 시작되었으나, 20세기 중반부터 노인인구의 증가와 퇴직 후의 건강관리문제가 노인문제의 일환으로 대두됨에 따라 선진산업사회에서부터 노인을 위한 의료보장 프로그램들이 제도화되었다(고명석 외, 2023: 120).

의료보장제도는 국민의 건강권을 보호하기 위하여 요구되는 필요한 보건의료서비스를 국가나 사회가 제도적으로 제공하는 것을 말하며, 건강보험, 의료급여, 산재보험을 포괄하고 있다. 따라서, 이 제도는 상대적으로 과다한 재정의 부담을 경감시킬 수 있으며, 국민의 주인의식과 참여의식을 조장할 수 있다(건강보험심사평가원 홈페이지, 2025).

그러므로 노인의료보장은 노화에 따른 신체적 기능쇠퇴와 질병으로 인한 건강상의 문제를 해결하기 위해 국가 차원에서 건강보호에 필요한 의료서비스를 제공함으로써 노인의 삶의 질을 향상시키고자 하는 사회적 노력을 의미한다.

노인의료보장의 필요성은 다음과 같다(이은희 외, 2024: 115-116).

첫째, 건강보호를 위한 의료서비스는 노인의 삶의 질과 수명에 가장 직접적으로 영향을 미치기 때문에 의료보장을 통한 건강보호가 필요하다. 건강은 삶의 질을 좌우하는 주요 요소이며, 가장 소중한 개인의 자원이다. 건강은 개인의 사생활에서는 자신을 유지하고 사회적 생활에는 기대되는 역할을 수행하도록 할 뿐 아니라, 사회심리적인 면에서 자기 자신에 대한 평가를 긍정적으로 향상시킨다. 이러한 의미에서 한 국가가 국민의 건강을 유지하기 위해 국민의 건강보호를 책임지는 것은 국민의 생존권 보장과 직결되는 가장 중요한 국가의 의무이며, 의료보장은 노인을 포함한 국민의 권리로 인정되어야 한다.

둘째, 노인의 예측 불가능한 장래의 건강위험에 대비하기 위해 의료보장이 필요하다. 노인은 다른 연령집단에 비하여 유병률이 2-3배나 높고, 질병 자체가 만성적이고 합병적인 경우가 많아 장기적인 치료와 요양을 요하기 때문에, 다른 연령집단에 비하여 2-3배나 많은 의료비가 드는 것이 일반적이다. 이처럼 노인의 경우, 의료서비스를 받아야 할 필요성이 크게 증가하고, 고액의 진료비가 요구되는 경우가 많다. 수입이 격감되었거나 전무한 상태에서 의료비를 개인적으로 해결하기란 대단히 어렵기 때문에 의료비와 서비스의 편의성 증진을 위한 의료보장은 반드시 필요하다.

셋째, 예측할 수 없는 건강위험에 개인적으로 대비하기란 어렵기 때문에 의료보장이 필요하다. 예측이 불가능할 뿐만 아니라, 의료비가 고액인 경우가 많아서 의료비 부담을 사적·상업적 보험으로 해결하는 것은 경제적 능력이 있는 일부 노인만 가능할 뿐이다. 의료서비스의 필요성이 다른 연령집단에 비해 절실하지만 사적 의료(건강)보험에만 의존하게 하면 일부 노인만 가입하게 되고, 의료비부담의 위험도 가입한 사람에게만 분산되므로 가입자의 보험료 부담이 더욱 커질 가능성이 높다. 이러한 문제점을 개선하기 위해 국가는 전체 인구를 대상으로 하거나, 적어도 노인인구 전체를 대상으로 하는 비용부담체계를 공적인 차원에서 개발할 필요가 있고, 노인의 건강 특성을 고려하여 의료서비스를 제공하는 체계를 마련하는 것이 필요하다.

넷째, 노인의 건강유지를 통해 노인의 사회통합을 증진시키기 위해서 의료보장이 필요하다. 건강유지는 노인 개개인의 생활만족감을 향상시키고 자기가 속해 있는 사회관계망(social network)으로의 통합, 즉 가족집단과 친족, 이웃, 지역사회, 나아가서는 국가사회 전체의 통합을 촉진시킨다. 즉, 건강을 유지하고 향상시키기 위한 의료보장은 노인을 가족과 사회에 사회심리적으로 통합시키는 주요 요인이 된다. 따라서, 사회통합적 의미에서 의료보장의 필요성은 충분히 강조될 수 있다.

3) 노인주거보장

노인복지시설에서 담소하는 노인들
(참편한장수요양원, 경기 고양)

노년기는 사회활동이 줄어들고 일상생활에 있어 대부분의 시간을 주택과 주거지역 내에서 보내기 때문에 주거의 형태와 질의 위치는 노인의 독립성, 안정성, 프라이버시, 사회적 관계 및 활동에의 참여, 노인복지서비스의 접근 등에 영향을 미치며, 나아가서는 노인생활의 전반적 만족도를 향상시킬 수 있는 중요한 요인으로 작용하고 있다.

주거보장이란 개인 자신의 독립성을 유지하면서 안전하고 안락한 일상생활을 유지할 수 있는 공간을 확보하고 유지할 수 있도록 주거의 건설과 공급, 그리고 이에 관련된 서비스를 통하여 지원하여 주는 모든 사회적 노력을 의미한다. 노인은 나이가 들어감에 따라 신체적 기능 저하와 질환의 관리 및 일상생활을 보조할 수 있는 주거환경의 조성이 필요하다. 따라서, 적절한 주거환경은 심리적 만족감과 건강을 유지해 주는 사회복지 측면에서도 매우 중요하다(고명석 외, 2023: 91).

인간의 삶에서 주거는 어떠한 의미를 가지는가? 사람이 살아가기 위해서 예로부터 의식주의 해결을 최우선에 두었듯이, 주거(housing)는 인간다운 문화적 생활 이전에 최소한의 생계를 유지하기 위해 반드시 필요한 인간의 가장 기본적 필요이자 욕구의 하나이다. 주거는 인간에게 가장 필수적인 생활환경이며, 삶의 질을 결정하는 중요한 요인으로 작용한다. 노년기는 사회활동이 줄어들고 일상생활에 있어 대부분의 시간을 주택과 주거지역 내에서 보내기 때문에, 주거의 형태와 질의 위치는 노인의 독립성, 안정성, 프라이버시, 사회적 관계 및 활동에의 참여, 노인복지 서비스의 접근 등에 영향을 미치며, 나아가서는 노인생활의 전반적 만족도를 향상시킬 수 있는 중요한 요인으로 작용하고 있다. 노인은 나이가 들어감에 따라 신체적 기능 저하와 질환의 관리 및 일상생활을 보조할 수 있는 주거환경의 조성이 필요하다. 즉, 적절한 주거환경은 심리적 만족감과 건강을 유지해 주는 사회복지 측면에서도 매우 중요하다(노길희, 2021: 89).

일반적으로 인간이 살고 있는 장소의 것을 '주거'라 하고, 주거를 다시 '주택'과 '주택 이외'로 분류하고 있다. 여기서 주택이란 한 채의 건물에서도 집합주택으로서도 상관이 없지만, 한 개의 세대가 독립하여 생활을 영위할 수 있는 건물을 말한다. '주택 이외'의 주거는 기숙사, 병원, 학교, 공장, 여관 등에서 '산다'는 것을 목적으로 만들어지는 것이 아니라, 건물에 인간이 살고 있는 경우를 말한다. 이렇게 정의할 경우, 결국 '주거'는 '주택'의 상위개념이라고 할 수 있다. 따라서, 주거와 주택은 인간의 생활을 영위하는 공간이다. 주거생활이라면 거주할 주택의 크기와 구조, 설비시설의 편의성은 물론, 주변환경의 쾌적성, 교통의 편리성도 살펴야 한다. 또한 가족과 친구, 이웃 또는 사회적 서비스 체계가 잘 갖추어져 있는가 등을 함께 고려해야 한다. 사회적으로 평균수명의 증가, 저출산으로 인한 인구고령화, 노인단독가구의 증가는 노인주거시설의 확충이라는 시급한 과제를 안겨준다.

미래형 노인복지주택 모델
(공공실버주택, 전남 장성)

고령화시대의 노인을 위한 주거정책은 노인이 적절한 주거공간에 거주하며 필요한 생활 관련 서비스를 제공받을 수 있도록 하는 것에 초점이 맞추어져야 한다. 따라서, 노인이 보다 독립적이고 자율적이며 심리적으로 안정된 주거생활을 영위할 수 있도록 경제적 특성에서 큰 편차를 보이는 노인층의 주거수요에 부응할 수 있는 소득에 따른 노인주거공급 프로그램 개발과 정부 지원체계를 재정비해야 한다(임정문 외, 2020: 127).

우리나라에서 노인을 위한 주거보장정책은 노인부양을 장려하기 위해 부모를 모시는 자녀에 대해 소득세 공제, 양도소득세 면제, 주택자금 할증 지원, 무주택 노부모 부양자에 대한 주택우선권 부여 등을 지원하고 있으며, 국민기초생활 수급권자를 대상으로 주거급여를 지급하고 있다. 그리고 국민기초생활 수급권자 위주의 양로원, 노인공동생활가정과 중산층을 위한 노인복지주택의 노인주거복지시설이 있다(정민기 외, 2023: 437).

결론적으로 주거보장이란 개인 자신의 독립성을 유지하면서 안전하고 안락한 일상생활을 유지할 수 있는 공간을 확보하고 유지할 수 있도록 주거의 건실과 공급, 그리고 이에 관련된 서비스를 통하여 지원하여 주는 모든 사회적 노력을 의미한다.

노인주거보장에 관한 필요성은 다음과 같다(이은희, 2023: 106-107).

첫째, 노인의 주거환경은 노화가 진행됨에 따르는 신체적 기능의 변화에 따르도록 변화해야 한다. 노화가 진행될수록 기능상의 장애를 보완할 수 있는 주거환경의 구조 및 환경적 조건을 제공하여 삶의 질이 향상되도록 하여야 한다.

둘째, 노인의 주거환경은 소득보장과 연계되어 변화되어야 한다. 노인의 은퇴와 직업기회의 제한으로 나타나는 경제적 빈곤은, 적절한 주택을 확보할 수 없어 주거환경의 악순환과 연결된다. 이에 노인의 주거환경에 사회적인 개입이 필요하며 낮은 비용과 적절한 노인복지 서비스를 제공받을 수 있도록 도와주어야 한다.

셋째, 노인의 주거환경은 사회적 네트워크를 제공해 주어야 한다. 노인의 삶은 이웃과 지역사회 내에서 단절된 사회적 관계로 나타난다. 따라서, 지역사회에서 존경받는 사회적 지위를 유지할 수 있는 주거환경을 제공받을 수 있도록 주거 서비스를 제공해 주어야 한다.

노인주거보장제도의 정책방향은 다음과 같다(이은희 외, 2024: 145-146).

첫째, 주택의 구입이나 임대에는 많은 비용이 일시에 필요하고 개인과 가구의 경제적 능력이 결정적으로 작용하므로, 국가에서 주택의 분양이나 임대에 있어서의 경제적 부담을 줄이거나, 장기적으로 부담을 확산하는 프로그램에는 반드시 저소득층, 특히 저소득층 노인이 우선대상이 되어야 한다.

둘째, 정부는 민간부문으로 하여금 노인을 위한 다양한 형태와 구조의 주택을 공급할 수 있도록 금융지원과 행정지원을 하여야 한다.

셋째, 자선단체, 종교단체 등 비영리단체로 하여금 노인주택을 제공하도록 하고, 이를 위한 금융, 세제지원을 한다.

4. 가족복지정책

『가족복지론』
(정민기 외, 2023b)

『가족정책』
(1978)

가족복지정책의 개념 정의를 시도한 국내외 문헌들을 살펴보면, 대다수의 연구들에서 가족복지정책의 개념정리가 모호하며 개념이 고정적이지 않다. 가족복지정책의 개념을 정의 내리는 시도가 까다로운 것은, 가족 자체가 매우 정의 내리기 어려운 개념이기 때문이다. 게다가 가족은 시기와 문화에 따라 그 의미가 다양하다.

가족복지정책을 이해하는 데 있어서 또 하나의 어려움은 가족복지정책의 포괄성에 있다. 아동, 청소년, 장애인, 노인, 여성 등 인구학적 분류에 해당하는 사람들은 다 가족의 범주에 속하게 되므로 가족복지정책을 광의의 개념으로 이해하면 이들에 대한 정책까지 포함시킬 수 있다. 이러한 점은 가족복지정책과 다른 정책과의 경계를 구분하기 어렵게 만든다. 이 경우, 가족복지정책은 가족복지정책과 동일하거나 대등한 개념을 가지고 있다. 그래서 기존의 논의들에서는 가족복지정책에 대한 합의된 정의가 없다(정민기 외, 2023b: 52).

가족복지정책의 정의 가운데 가장 널리 알려진 것은, 캐머만과 칸(Sheila B. Kamerman & Alfred J. Kahn)의 정의이다. 그들은 그들의 저서 『가족정책(*Family policy: Government and Families in Fourteen Countries*, 1978)』에서, 가족복지정책은 정부가 가족을 위해서 개입하는 모든 활동으로 정의하고 있다. 구체적으로 그들은 가족복지정책을 가족을 대상으로 하고 있음을 명시하는 정책, 가족을 암묵적인 대상으로 규정하는 정책, 가족에게 간접적으로 영향을 미치는 정책으로 구분하였다. 가족을 직접 대상으로 하는 정책으로는 보육아동복지정책이라고 설명했고 가족을 암묵적으로 대상으로 하는 정책은 조세정책, 연금정책, 주택정책을 들었고, 가족에게 간접적으로 영향을 미치는 정책으로는 이민정책을 꼽았다.

『가족정책이해』
(2020)

짐머만(Shirley L. Zimmerman)의 『가족정책이해: 이론과 정책(*Understanding family policy: Theories and applications*, 2012)』에 따르면, 가족복지정책은 가족 복지증진의 목적으로 여러 문제에 대처하기 위한 상호 연관된 정책이다.

고티에(Gauthier, 1999)는 가족복지정책을 광의의 개념과 협의의 개념 두 측면으로 설명한다. 광의의 가족복지정책은 사회서비스로 노인요양수당, 탄력근무제를 들었고, 낙태, 아동학대 관련법과 같은 가족법 그리고 이민법, 대중교통정책과 같은 공공서비스도 가족복지정책의 범주로 보았다. 협의의 정책은 소득유지 기능이 있는데, 이러한 정책은 가족수당, 주거수당, 자녀학비보조, 세제혜택, 모성/부성휴가가 있다고 설명한다.

그러므로 가족복지정책은 하나의 단위로서, 또는 가족구성원 개별의 욕구에 대응하기 위한 국가정책으로 이해할 수 있다.

가족복지정책은 다음과 같다.

1) 아이돌봄지원사업

(1) 목적

가정의 아이돌봄을 지원하여 아이의 복지증진 및 보호자의 일·가정양립을 통한 가족구성원의 삶의 질 향상과 양육친화적인 사회환경 조성(「아이돌봄지원법」 제1조)

(2) 지원대상

만 12세 이하 아동에 시간 단위 돌봄을 제공하는 시간제서비스와 만 36개월 이하 영아를 종일 돌보는 영아종일제서비스로 구분

☆ 정부지원 대상에 해당하지 않는 가정도 전액 본인부담으로 서비스 이용 가능

(3) 지원내용

| 시간제 돌봄서비스 |

① 기본형 서비스 내용 : 맞벌이가정, 다자녀가정 등 양육공백이 발생한 가정의 만 12세 이하 아동에게 아이돌보미가 집으로 찾아가 임시보육, 놀이활동, 준비된 식사 및 간식 챙겨주기, 등·하원 동행 등 돌봄 제공

* 종합형 : 기본형 돌봄에 아동과 관련한 가사를 추가하여 돌봄 제공

② 지원비용 : 기준 중위소득 150% 이하 가정의 소득수준에 따라 차등 지원

③ 지원시간 : 연 960시간 이하 / 1회 최소 2시간 이상 사용 원칙

| 영아종일제 돌봄서비스 |

① 서비스 내용 : 생후 3~36개월 영아 대상 이유식 먹이기, 젖병 소독, 기저귀 갈기, 목욕 등 종일 돌봄 제공 아이가 생후 3개월이 경과하지 않더라도, 이용가정과 협의한 경우 서비스 이용 가능

② 지원비용 : 기준 중위소득 150% 이하 가정의 소득수준에 따라 차등 지원

③ 지원시간 : 월 80-200시간 이내 / 1일 최소 3시간 이상 사용 원칙

a. 정부지원 시간을 초과하는 경우, 전액 본인부담으로 서비스 이용 가능

b. 서비스 이용시간 및 적용기간은 예산 상황에 따라 조정될 수 있음.

2) 한부모가족 자녀양육 지원

(1) 개요

저소득 한부모가족의 아동양육비, 아동교육지원비, 생활보조금 등의 지원을 통해 아동의 건강한 성장과 가정의 생활안정 도모

(2) 지원대상

사별, 이혼 등에 의한 한부모가족으로 다음 조건을 모두 충족하는 자

① 한부모가족증명서 발급대상

a. 세대주인 모 또는 부가 만 18세 미만(취학 시 만 22세 미만)의 자녀를 양육하는 경우

b. 부모로부터 부양을 받지 못하는 만 18세 미만(취학 시 만 22세 미만) 손자녀를 (외)조부 또는 (외)조모가 양육하는 조손가족 포함

c. 가구 소득인정액 기준 중위소득 60% 이하인 경우

② 한부모가족 복지급여 지급대상

a. 세대주인 모 또는 부가 만 18세 미만의 자녀를 양육하는 경우

* 부모로부터 부양을 받지 못하는 만 18세 미만 손자녀를 (외)조부 또는 (외)조모가 양육하는 조손가족 포함

b. 가구 소득인정액 기준 중위소득 60% 이하인 경우

(3) 지원내용

① 한부모가족증명서 발급(기준 중위소득 60% 이하)

② 복지급여 지급(기준 중위소득 60% 이하)

③ 지원대상에서 제외되는 가구

a. 아동양육비

* 「아동복지법」에 의한 가정위탁양육보조금을 받는 경우

b. 아동교육지원비(학용품비)

c. 생활보조금

3) 부모역할 지원

(1) 개요

가족갈등 예방 및 해소방법, 부모의 역할, 자녀이해 및 양육방법 등 부모교육 지원

(2) 지원대상

① 생애주기별 부모교육 : 예비부모, 임신・출산기・영유아기・학령기 자녀 부모 등

② 찾아가는 부모교육 : 부모교육 희망기관(군부대, 중소기업 등 부모교육 접근이 취약한 지역 및 대상을 우선 지원)

(3) 지원내용

① 생애주기별 부모교육 : 생애주기를 고려한 부모교육 실시

② 찾아가는 부모교육 : 부모교육 대상에 적합한 전문 강사를 선정하여 교육 희망기관을 방문하여 교육 실시

③ 신청 절차 및 방법

- 생애주기별 부모교육 : 가족센터 누리집(www.familynet.or.kr) 또는 지역별 가족센터 신청(대표번호 1577-9337)
- 찾아가는 부모교육 : 지역별 가족센터 신청(대표번호 1577-9337)

5. 다문화복지정책

「다문화가족지원법」 제3조의2는 “여성가족부장관은 다문화가족 지원을 위하여 5년마다 다문화가족정책에 관한 기본 계획을 수립하여야 한다.”라고 규정하고 있다. 이에 따라, 여성가족부는 5년마다 「다문화가족정책 기본 계획」을 수립하고 있다. 이 기본 계획은 다문화가족정책의 기본 방향과 발전시책을 말하며, 이는 법정계획이다. 최초 2008년부터 시작하였으며, 현재 「제4차 다문화가족정책 기본 계획(2023~2027)」 시행 중이다.

다문화복지정책은 다음과 같다.

1) 결혼이민자 정착주기별 지원

(1) 건전한 국제결혼 환경 조성

① 국제결혼중개 피해예방을 위한 제도적 기반 강화

(2) 다문화가족 가구상황별 맞춤형 지원

① 결혼이민자 초기 적응 지원 강화
② 장기 안착기 다문화가족 지원 확대
③ 취약 다문화가족의 생활 지원

다누리콜센터

① 주요 기능 : 다문화가족, 이주여성 등 대상 상담, 통번역, 정보제공, 폭력피해 긴급 지원 등
 - 긴급 구조와 위기 개입을 위한 보호시설 및 유관기관 연계, 3자통화 기능으로 경찰 · 응급 · 병원 · 관공서 등에서 현장 의사소통 지원 등

② 지원 언어(총 13개 언어) : 베트남어, 중국어, 타갈로그(필리핀)어, 몽골어, 러시아어, 태국어, 크메르(캄보디아)어, 일본어, 우즈베키스탄어, 라오스어, 네팔어, 영어, 한국어)

③ 이용방법 : 다누리콜센터 1577-1366, 다누리포털 www.liveinkorea.kr, 모바일 앱 '다누리' 등

(3) 결혼이민자 경제활동 참여 확대

① 결혼이민자 자립 · 취업 역량강화 지원

② 결혼이민자 취 · 창업 지원

(4) 가정폭력 예방 및 피해자 보호

① 입국 전-입국 초기의 폭력피해예방 프로그램 내실화

② 폭력피해 대응체계 내실화

③ 폭력피해자 보호 · 자립지원 강화

2) 다문화가족정책 추진기반 강화

(1) 다문화가족정책 환류시스템 구축 · 운영

① 정책환경과 수요에 기반한 지원체계 내실화

(2) 다문화가족 지원서비스 접근성 제고

① 대상자 발굴과 서비스 안내를 위한 기관 간 연계 강화

② 정책수혜자 중심의 서비스 접근성 제고

(3) 다문화가족정책 협력체계 강화

① 범부처 다문화가족정책 조정과 협력 강화

② 중앙-지방 간 다문화가족정책 협력체계 구축

③ 주요 결혼상대국과의 국제협력 강화

3) 다문화 아동·청소년 성장단계별 맞춤형 지원

(1) 영·유아 자녀양육 지원

① 부모의 영유아 자녀양육 역량강화(여성가족부)

② 영유아 자녀의 성장·발달 지원(여성가족부)

(2) 학령기 다문화 아동 학습역량 제고

① 학령기 다문화 아동 학교 적응 지원(교육부)

② 학령기 다문화 아동 기초학습 지원

③ 이주배경 청소년 지원

청소년방과후아카데미

① 목적 : 방과 후 돌봄이 필요한 청소년에게 종합서비스를 제공하여 건강한 성장 및 자립역량 배양

② 지원대상 : 방과 후 돌봄이 필요한 청소년(초4~중3)

③ 규모/유형 : 2022년 기준 전국 342개소 / 기본형, 농산어촌형, 장애형, 다문화형

④ 프로그램 : 지역여건, 학부모의 수요를 고려한 기초학습, 체험활동, 급식, 상담, 캠프 운영 등

(3) 다문화 청소년 진로개발 지원

① 다문화 청소년 진로 · 직업 프로그램 확대

② 다문화 아동 · 청소년의 이중언어 역량강화 및 인재 양성

③ 다문화 후기 청소년(만 19세 이상) 지원

연습문제

1. 사회서비스 대상에 대한 설명으로 옳지 않은 것은?

① 노인을 돌봄의 대상에서 돌봄의 주체로 보는 인식이 필요하다.
② 청소년은 현존하는 시민은 아니므로 소극적 사회서비스 제공이 필요하다.
③ 장애인복지는 장애인의 존엄과 권리를 위해 노력하는 것이다.
④ 아동 대상 사회서비스에 대한 관심과 비중이 높은 편이다.
⑤ 대상에 대한 올바른 접근은 사회복지정책의 지름길이다.

2. 사회서비스 전달체계에 대한 설명으로 옳지 않은 것은?

① 토인비 홀은 제도적 복지를 지향했던 사회서비스 전달체계의 모습이다.
② 사회복지기관은 사회서비스 전달체계의 하나이다.
③ 사회서비스는 바우처로만 이용할 수 있다.
④ 사회서비스가 최종적으로 시민들에게 이르는 구조와 과정을 의미한다.
⑤ 사회서비스는 사회복지정책의 실천적 체계이다.

3. 한국 사회서비스 특성에 대한 설명으로 적절하지 않은 것은?

① 대상 중심이다.
② 시설 중심, 기관 중심이다.
③ 예방적 서비스로 구성되어 있다.
④ 단기적 사업 중심이다.
⑤ 인적 친밀성이 뛰어나다.

4. 사회서비스에 관한 설명으로 옳은 것은?

① 사회복지기관의 운영을 지원하는 서비스이다.
② 이윤추구를 일차적 목적으로 한다.
③ 사회적 욕구 충족에 초점을 둔다.
④ 사회서비스 대상자의 노동시장 참여를 강조하지 않는다.
⑤ 사회서비스의 수요자보다 공급자 지원을 증가시켰다.

5. 노년기의 특징으로 옳지 않은 것은?

① 사회적 활동이 감소한다.
② 남녀 모두 갱년기를 경험한다.
③ 친근한 사이에 애착이 증가한다.
④ 조심성이 증가한다.
⑤ 경직성이 증가한다.

6. 노년기(65세 이상)에 관한 설명으로 옳지 않은 것은?

① 자아통합 대 절망의 심리사회적 위기를 경험한다.
② 치매는 인지기능과 고등정신기능의 감퇴로 일상적 사회활동이나 대인관계에 지장을 준다.
③ 조심성, 경직성, 능동성, 외향성이 증가한다.
④ 일반적으로 단기기억 능력이 감퇴한다.
⑤ 남성 노인은 생식기능이 저하되고 성교능력이 저하되긴 하지만, 여성보다는 기능 저하가 덜하다.

7. 드림스타트 대상이 아닌 아동은?

① 0세(임산부) 이상 만 12세 이하(초등학생 이하) 취약계층
② 지속사례관리 필요아동
③ 사례회의 및 지방자치단체장의 승인하에 최대 만 15세까지 연장 가능
④ 보호대상 아동은 원칙적으로 제외
⑤ 신청하면 누구나 가능

8. 청소년문제의 해결책이 아닌 것은?

① 가족구성원 간의 친밀한 정서적 유대관계가 형성되어야 한다.
② 인성교육을 강화해야 한다.
③ 촉법소년의 연령을 하향해야 한다.
④ 학교교육의 정상화가 이루어져야 한다.
⑤ 다차원적이고 통합적인 접근방식을 취할 필요가 있다.

정답 1. ② 2. ③ 3. ③ 4. ③ 5. ① 6. ③ 7. ⑤ 8. ③

참고문헌

1. 국내자료

강장미 외(2023). 『사회복지학개론』. 서울: 박영스토리.
강희갑 외(2019). 『사회복지정책론』. 경기: 양성원.
고광신 외(2017). 『사회복지정책론』. 서울: 동문사.
고명석 외(2023). 『노인복지론』. 서울: 동문사.
고명석 외(2024). 『장애인복지론』. 서울: 동문사.
고세훈(2000). 『복지국가의 이해』. 서울: 고려대학교출판부.
고세훈(2011). 『영국정치와 국가복지』. 고려대학교출판부.
고수현 외(2016). 『사회복지정책론』. 경기: 양성원.
고재욱 외(2018). 『노인복지론』. 경기: 양서원.
곽호경 외(2024a). 『지역사회복지론』. 서울: 박영스토리.
곽호경 외(2024b). 『노인복지론』. 서울: 중앙북스.
곽호경 외(2025a). 『사회복지실천론』. 서울: 중앙.
곽호경 외(2025b). 『인간행동과 사회환경』. 서울: 중앙.
곽호경 외(2025c). 『복지국가론』. 서울: 동문사.
곽호경 외(2025c). 『사회복지와 문화다양성』. 서울: 동문사.
구소연 외(2021). 『사회복지조사론』. 서울: 조은.
구인회 외(2019). 『사회복지정책론』. 경기: 나남.
구제영 외(2023). 『사회복지와 문화다양성』. 서울: 박영스토리.
구혜영(2020). 『청소년복지론』. 서울: 신정.
국민호(2012). 『발전국가, 복지국가 그리고 신자유주의』. 광주: 전남대학교출판부.
권붕 외(2017). 『상담이론과 실제』. 경기: 양서원.
권붕 외(2018a). 『사회복지개론』. 경기: 양성원.
권붕 외(2018b). 『상담심리학』. 경기: 양성원.
권붕 외(2018c). 『사회복지행정론』. 경기: 양성원.
김경호 외(2023). 『사회복지정책론』. 서울: 북앤정.
김구(2024). 『사회복지정책론』. 경기: 어가.

김근홍 외(2013). 『사회문제론』. 서울: 신정.
김기원(2020). 『사회복지정책론』. 서울: 학지사.
김도영 외(2020). 『청소년복지론』. 서울: 학지사.
김명숙 외(2021). 『정신건강론』. 서울: 조은.
김명숙 외(2024). 『노인복지론』. 서울: 중앙북스.
김명숙 외(2025). 『한국사회의 다문화현상 이해』. 서울: 중앙.
김민선 외(2022). 『장애인복지론』. 서울: 박영스토리.
김민정 외(2024). 『사회복지실천론』. 서울: 박영스토리.
김민하 외(1982). 『현대사회와 이데올로기』. 서울: 대왕사.
김병년 외(2022). 『복지국가론』. 서울: 동문사.
김보기 외(2014). 『사회복지정책과 이데올로기』. 경기: 한국선교연합회.
김보기 외(2014). 『유아리더십론』. 경기: 한국선교연합회.
김보기 외(2016). 『최신 사회문제론』. 경기: 양서원.
김보기 외(2017). 『인간행동과 사회환경』. 경기: 양서원.
김보기 외(2019). 『사회복지실천론』. 경기: 양성원.
김보기 외(2019b). 『인간행동과 사회환경』. 경기: 양성원.
김보기 외(2020). 『상담이론과 실제』. 서울: 하나의학사.
김보기 외(2021a). 『가족상담 및 가족치료』. 서울: 조은.
김보기 외(2021b). 『사회복지실천기술론』. 서울: 정원.
김보기 외(2022a). 『사회복지정책론』. 서울: 박영스토리.
김보기 외(2022b). 『복지국가론』. 서울: 동문사.
김보기 외(2023). 『심리학(개정판)』. 서울: 박영스토리.
김보기 외(2025a). 『사회복지와 문화다양성(개정판)』. 서울: 동문사.
김보기 외(2025b). 『복지국가론(개정판)』. 서울: 동문사.
김상균(2004). 『현대사회와 사회정책』. 서울: 서울대학교출판부.
김성이(2006). 『사회복지의 발달과 사상』. 서울: 이화여자대학교출판부.
김성철 외(2024). 『노인복지론』. 경기: 수양재.
김세원 외(2023). 『사회복지정책론』. 경기: 양성원.
김수목 외(2021a). 『사회복지행정론』. 서울: 조은.
김수목 외(2021b). 『사회복지조사론』. 서울: 조은.
김수목 외(2022). 『인간행농과 사회환경』. 서울: 박영스토리.
김수목 외(2024). 『지역사회복지론』. 서울: 박영스토리.
김수행(1986). 『정치경제학원론』. 서울: 한길사.

김승훈 외(2024). 『사회복지정책론』. 경기: 양서원.
김영철 외(2021). 『정신건강론』. 서울: 조은.
김영철 외(2022a). 『인간행동과 사회환경』. 서울: 박영스토리.
김영철 외(2022b). 『장애인복지론』. 서울: 박영스토리.
김영철 외(2023a). 『사회복지학개론』. 서울: 박영스토리.
김영철 외(2023b). 『사회복지행정론』. 서울: 박영스토리.
김영철 외(2024a). 『가족복지론』. 서울: 박영스토리.
김영철 외(2024b). 『사회복지실천론』. 서울: 박영스토리.
김영철 외(2024c). 『노인복지론』. 서울: 중앙북스.
김영화 외(2023). 『사회복지정책론』. 경기: 공동체.
김용환 외(2024). 『장애인복지론』 서울: 동문사.
김윤재 외(2020). 『사회복지정책론』. 경기: 정민사.
김윤태 외(2016). 『복지와 사상』. 경기: 정민사.
김진구(2022). 『사회보장론: 제도와 역사』. 서울: 학지사.
김태성 외(2004). 『사회복지정책론』. 경기: 나남.
김태성 외(2010, 2019). 『복지국가론』. 경기: 나남.
김태진(2012). 『사회복지의 역사와 사상』. 대구: 대구대학교출판부.
김태현(2025a). 『복지국가론』. 서울: 동문사.
김태현(2025a). 『한국사회의 다문화현상 이해』. 서울: 중앙.
김태화 외(2024). 『지역사회복지론』. 서울: 박영스토리.
김한식 외(2019). 『노인복지론』. 경기: 정민사.
김혜숙 외(2022). 『장애인복지론』. 서울: 박영스토리.
노기남 외(2021). 『사회복지정책론』. 서울: 동문사.
노병일(2018). 『사회문제론』. 경기: 양서원.
노병일(2019). 『사회복지정책론』. 경기: 공동체.
노병일(2020). 『사회보장론』. 경기: 공동체.
노병일(2022). 『빈곤론』. 경기: 공동체.
노영애 외(2021). 『사회복지실천기술론』. 서울: 정원.
노영애 외(2022). 『인간행동과 사회환경』. 서울: 박영스토리.
노영애 외(2025). 『사회복지정책론』. 서울: 동문사.
류연규(2021). 『사회복지정책론』. 서울: 신정.
모선희 외(2018). 『현대노인복지론』. 서울: 학지사.
문병기 외(2024). 『사회복지정책론』. 서울: 한국방송통신대학교출판문화원.

박경근 외(2023). 『심리학』. 서울: 박영스토리.
박경일(2023). 『사회복지정책론』. 경기: 공동체.
박계자 외(2022). 『프로이트 정신분석상담』. 서울: 조은.
박광준(2013). 『사회복지의 사상과 역사』. 경기: 양서원.
박근양 외(2021). 『사회복지행정론』. 서울: 조은.
박미정 외(2021). 『정신건강론』. 서울: 조은.
박미정 외(2023). 『사회복지와 문화다양성』. 서울: 박영스토리.
박미정 외(2024). 『노인복지론』. 서울: 중앙북스.
박미정 외(2025). 『노인생활건강』. 서울: 중앙북스.
박병현(2015). 『사회복지정책론』. 경기: 정민사.
박병현(2021). 『사회복지정책의 논쟁적 이슈』. 경기: 양서원.
박서진 외(2023). 『심리학』. 서울: 박영스토리.
박원진 외(2018a). 『지역사회복지론』. 경기: 양성원.
박원진 외(2018b). 『사회복지행정론』. 경기: 양성원.
박유미 외(2021). 『가족상담 및 가족치료』. 서울: 조은.
박종란 외(2020). 『노인복지론』. 서울: 교학도서.
박종란 외(2021). 『사회복지현장실습』. 서울: 정원.
박주현(2021). 『사회복지정책론』. 서울: 어가.
박진화(2020). 『사회복지역사』. 경기: 정민사.
박진화(2020a). 『사회보장론』. 경기: 공동체.
박차상 외(2016). 『사회복지정책론』. 경기: 양성원.
박창선(2025). 『인간행동과 사회환경』. 서울: 중앙.
박철현 외(2021). 『사회문제론』. 서울: 박영사.
박한준·김보기(2014). 『사회복지정책과 이데올로기』. 경기: 한국선교연합회.
박현승 외(2022). 『사회복지개론』. 서울: 조은.
박현승 외(2023). 『사회복지와 문화다양성』. 서울: 박영스토리.
박현승 외(2024a). 『사회복지실천론』. 서울: 박영스토리.
박현승 외(2025a). 『지역사회복지론』. 서울: 중앙.
박현승 외(2025b). 『한국사회의 다문화현상 이해』. 서울: 중앙.
박현승 외(2025c). 『사회복지현장실습』. 서울: 중앙.
박화상 외(2023). 『사회복지와 문화다양성』. 서울: 박영스토리.
배은영 외(2022). 『아동복지론』. 서울: 동문사.
서보준 외(2023). 『사회복지정책론』. 경기: 지식공동체.

서보준 외(2023). 『아동복지론』. 경기: 공동체.
서정자 외(2021). 『사회복지행정론』. 서울: 조은.
서정자 외(2022). 『복지국가론』. 서울: 동문사.
서정자 외(2023a). 『심리학』. 서울: 박영스토리.
서정자 외(2023b). 『사회복지와 문화다양성』. 서울: 박영스토리.
서현자 외(2017a). 『상담이론과 실제』. 서울: 하나의학사.
서현자 외(2017b). 『인간행동과 사회환경』. 서울: 박영스토리.
서현자 외(2024). 『노인복지론』. 서울: 중앙북스.
석지현 외(2025). 『사회복지와 문화다양성』. 서울: 동문사.
손병덕(2012). 『교회사회복지실천』. 서울: 대한예수교장로회총회.
손병덕(2020). 『사회복지정책론』. 서울: 학지사.
송진영 외(2023). 『사회복지행정론』. 서울: 동문사.
송형철 외(2018). 『발달심리학』. 경기: 양성원.
신기원 외(2020). 『사회복지정책론』. 서울: 창지사.
신복기 외(2020). 『사회복지행정론』. 서울: 공동체.
심상오(2021). 『사회복지정책론』. 서울: 연암사.
심상용 외(2021). 『사회복지역사』. 서울: 학지사
양승일(2019). 『사회복지정책론』. 경기: 양서원.
양영수 외(2021a). 『사회복지조사론』. 서울: 조은.
양영수 외(2021b). 『사회복지행정론』. 서울: 조은.
양정하 외(2020). 『사회복지정책론』. 경기: 양서원.
양준의 외(2022). 『복지국가론』. 서울: 동문사.
양준의 외(2023). 『심리학』. 서울: 박영스토리.
양준의 외(2025a). 『사회복지와 문화다양성』. 서울: 동문사.
양준의 외(2025b). 『한국사회의 다문화현상 이해』. 서울: 중앙.
양준의 외(2025c). 『사회복지정책론』. 서울: 동문사.
양철수 외(2018). 『노인복지론』. 경기: 수양재.
양철수 외(2018). 『인간발달』. 경기: 양성원.
양철수 외(2019). 『노인복지론』. 경기: 수양재.
양철수 외(2020). 『사회복지와 문화다양성』. 서울: 교학도서.
염연숙 외(2024). 『사회복지실천론』. 서울: 박영스토리.
염일열 외(2020). 『사회복지정책론』. 경기: 정민사.
오봉욱 외(2024). 『청소년복지론』. 경기: 공동체.

오봉욱 외(2024). 『청소년복지론』. 서울: 동문사.
오세영(2023). 『사회복지정책론』. 서울: 신정.
옥필훈 외(2023). 『사회복지정책론』. 서울: 청목출판사.
원석조(2023a). 『사회복지역사』. 경기: 지식터.
원석조(2023b). 『사회복지정책론』. 경기: 공동체.
윤경아 외(2014). 『현대노인복지론』. 서울: 학지사.
윤진순 외(2022). 『사회복지정책론』. 서울: 박영스토리.
윤진순 외(2022). 『장애인복지론』. 서울: 박영스토리.
이계원 외(2023). 『사회복지행정론』. 서울: 박영스토리.
이근식(2006a). 『애덤 스미스의 고전적 자유주의』. 서울: 기파랑.
이근식(2006b). 『존 스튜어트 밀의 진보적 자유주의』. 서울: 기파랑.
이근식(2009). 『신자유주의: 하이에크, 프리드먼, 뷰캐넌』. 서울: 기파랑.
이기원 외(2024). 『사회복지정책론』. 서울: 동문사.
이명옥 외(2021). 『가족상담 및 가족치료』. 서울: 조은.
이성구 외(2012). 『21세기와 이데올로기』. 대전: 대경.
이성기(2020). 『사회보장론』. 경기: 공동체.
이세형(2020). 『청소년복지론』. 경기: 양성원.
이수진 외(2024). 『사회복지실천론』. 서울: 박영스토리.
이수진(2023). 『사회복지행정론』. 서울: 박영스토리.
이순주 외(2022a). 『인간행동과 사회환경』. 서울: 박영스토리.
이순주 외(2022b). 『사회복지정책론』. 서울: 박영스토리.
이은희 외(2004). 『신노인복지론』. 서울: 학지사.
이인순 외(2023). 『사회복지정책론』. 서울: 창지사.
이정서(2018). 『사회복지정책론』. 경기: 양서원.
이정자(2022). 『사회복지개론』. 서울: 조은.
이주현 외(2021). 『사회복지조사론』. 서울: 조은.
이진숙 (2021). 『사회복지정책론』. 경기: 양성원.
이진숙 외(2024). 『사회복지정책론』. 경기: 양성원.
이척희 외(2022). 『사회복지정책론』. 서울: 박영스토리.
이평화 외(2023). 『사회복지와 문화다양성』. 서울: 박영스토리.
이평화 외(2024). 『지역사회복지론』. 서울: 박영스토리.
이평화 외(2025). 『사회복지정책론』. 서울: 동문사.
이해영(2019). 『노인복지론』. 서울: 창지사.

임은택 외(2021). 『사회복지행정론』. 서울: 조은.
임정문 외(2020). 『사회복지정책론』. 서울: 동문사.
임정문 외(2020a). 『노인복지론』. 서울: 동문사.
임현수 외(2025a). 『사회복지정책론』. 서울: 동문사.
임현수 외(2025b). 『인간행동과 사회환경』. 서울: 중앙.
임현수(2025). 『인간행동과 사회환경』. 서울: 중앙.
장갑수 외(2019). 『사회복지역사』. 경기: 양성원.
장미리 외(2022). 『인간행동과 사회환경』. 서울: 박영스토리.
장미리 외(2023). 『사회복지학개론』. 서울: 박영스토리.
장미리 외(2024). 『사회복지기술론』. 서울: 중앙북스.
장미아(2024). 『초고령사회 노인복지론』. 경기: 양서원.
장선아 외(2022). 『사회복지개론』. 서울: 조은.
장선아 외(2023). 『심리학』. 서울: 박영스토리.
장선아 외(2023a). 『사회복지와 문화다양성』. 서울: 박영스토리.
장선아 외(2023b). 『심리학』. 서울: 박영스토리.
장운계 외(2021). 『사회복지조사론』. 서울: 조은.
장혜령 외(2021a). 『사회복지조사론』. 서울: 조은.
장혜령 외(2021b). 『사회복지행정론』. 서울: 조은.
전승혜 외(2021). 『가족상담 및 가족치료』. 서울: 조은.
전은경 외(2023). 『사회복지학개론』. 서울: 박영스토리.
전해황 외(2021). 『사회복지행정론』. 경기: 양서원.
정경숙(1996). 『버나드 쇼』. 서울: 건국대학교출판부.
정민기 외(2023a). 『사회복지학개론』. 서울: 박영스토리.
정민기 외(2023b). 『가족복지론』. 서울: 박영스토리.
정민기(2025). 『인간행동과 사회환경』. 서울: 중앙.
정상수 외(2018). 『노인복지론』. 경기: 정민사.
정서영 외(2017a). 『인간행동과 사회환경』. 경기: 양서원.
정서영 외(2017b). 『상담이론과 실제』. 경기: 양서원.
정서영 외(2018). 『상담심리학』. 경기: 양성원.
정서영 외(2020). 『상담이론과 실제』. 서울: 하나의학사.
정연모 외(2024). 『사회복지정책론』. 경기: 지식공동체.
정영숙 외(2024). 『사회복지정책론』. 경기: 공동체.
정정자 외(2022). 『사회복지정책론』. 서울: 박영스토리.

정진화(2020). 『복지국가: 이론, 사례, 정책』. 서울: 명인문화사.
정태석 외(2023). 『사회학』. 서울: 한울아카데미.
정행복 외(2022). 『장애인복지론』. 서울: 박영스토리.
정현경 외(2021). 『정신건강론』. 서울: 조은.
조금주(2025a). 『인간행동과 사회환경』. 서울: 중앙.
조금주(2025b). 『지역사회복지론』. 서울: 중앙.
조상경(2025). 『인간행동과 사회환경』. 서울: 중앙.
조성은 외(2019). 『한국 사회보장제도의 역사적 변화 과정과 미래 발전 방향』. 세종: 한국보건사회연구원.
조성철 · 김보기(2014). 『복지국가 위기론』. 경기: 한국선교연합회.
조영구 외(2016). 『사회복지정책론』. 경기: 정민사.
조영순 외(2023). 『사회복지행정론』. 서울: 박영스토리.
조은순 외(2024). 『사회복지실천론』. 서울: 박영스토리.
조추용 외(2021). 『사회복지정책론』. 서울: 신정.
조추용 외(2024). 『노인복지론』. 경기: 공동체.
주성수(2017). 『복지국가와 복지정책』. 서울: 명인문화사.
최세영 외(2020). 『청소년복지론』. 서울: 어가.
최일섭 · 최성재(2000). 『사회문제와 사회복지』. 서울: 나남.
최일섭 · 최성재(2014). 『고령화사회의 노인복지학』. 서울: 서울대학교출판부.
최혜지 외(2008). 『사회복지사상』. 서울: 학지사.
표갑수(2014). 『사회문제와 사회복지』. 서울: 나남.
한신애 외(2018). 『사회복지행정론』. 경기: 수양재.
현외성(2009). 『사회복지정책론』. 경기: 양서원.
현외성(2018). 『현대사회보장론』. 서울: 동문사.
현외성(2019). 『사회복지정책강론』. 경기: 양서원.
홍봉수(2023). 『사회복지정책론』. 경기: 공동체.

2. 외국자료

Abel-Smith, B.(1994). The Beveridge Report: Its origins and outcomes. In *Beveridge and Social Security: An International Retrospective*. edited by J. Hills, J. Ditch, and H. Glennerster. Oxford, UK: Oxford University Press.

Abel-Smith, B.(2015). *Social security: Government program*. http://global.britannica.com/topic/social-security-government-program.

Alcock, P.(1997). *Understanding Poverty* (2nd ed). London: Macmillan.

Baker, J.(1979). Social Conscience and Social Policy. *Journal of Social Policy. VoL 8, No. 2* : 177-206.

Balswick, J. O., & Morland, J. K.(1990). *Social problems*. Grand Rapids. MI: Baker Pub Group.

Baradat, L. P., & Phillips, J. A.(2019). *Political Ideologies: Their Origins and Impact* (13th Edition). Routledge.

Barry, N.(1989). *Does Society Exist?: Case for Socialism After Thatcher. Fabian pamphlets*. Fabian Society.

Barry, N.(1999). *Welfare*. Maidenhead: Open University Press. Fabian Society.

Berlin, I.(1969). Two Concepts of Liberty. in I. Berlin(ed.) *Four Essays on Liberty*. NY: Oxford University Press, 118-172.

Berlin, I.(2002). *Liberty: Incorporating Four Essays on Liberty* (2nd Edition). Oxford University Press.

Beveridge, W.(1942, 2021). *Social Insurance and Allied Service*. Hassell Street Press.

Briggs, Asa(1961). The Welfare State in Historical Perspective. *European Journal of Sociology, 2* : 221-258.

Callinicos, A.(2001). *Against the Third Way: An Anti-Capitalist Critique* (1st edition). Polity.

Callinicos, A.(2007). *Social Theory: A Historical Introduction* (2nd edition). Polity.

Callinicos, A.(2007). *The Revolutionary Ideas of Karl Marx* (Kindle Edition). Haymarket Books.

Chu, K.(1998). *Social Safety Net*. IMF(INTERNATIONAL MONETARY FUND).

Collier, D., & Messick, R. E.(1975). Prerequisites versus diffusion; Testing alternative explanations of social security adoption. *American Political Science Review, 69(1)* : 299-315.

Crosland, Anthony(2006). *The Future of Socialism*. Constable & Robinson Ltd.

De Beauvoir, S.(1949, 2011). *The Second Sex*. Vintage.

DiNitto, D. M., & Johnson, D. H.(2015). *Social Welfare: Politics and Policy* (8th ed.). Pearson.

Ditch, J.(1998, 1999). Income protection and social security. In *The Student's Companion to Social Policy*. edited by P. Alcock, A. Erskine, and M. May. Oxford. UK: Blackwell.

Dye, T. R.(1984). *Understanding public policy*. Englewood Cliff, NJ: Prentice-Hall Inc.

Esping-Andersen, G. et al.(2002). *Why We Need a New Welfare State*. Oxford University Press.

Esping-Andersen, G., & W. Korpi(1984). Social policy as class politics in Post-War capitalism: Scandinavia, Austria, and Germany. In J. H. Goldthorpe (ed.). *Order and Conflict in Contemporary Capitalism*. Oxford University Press.

Esping-Andersen, G., & W. Korpi(1987). From Poor Relief to Institutional Welfare States: The Development of Scandinavian Social Policy. *International Journal of Sociology, 16.*

Esping-Andersen, G. et al.(1976). Modes of class structure and the capitalist state. *Kapitalistate*, 186-220.

Esping-Andersen, G.(1985, 2017). *Politics against Markets: The Social Democratic Road to Power* (Reprint edition). Princeton University Press.

Esping-Andersen, G.(1990). *The Three Worlds of Welfare Capitalism* (1st edition Kindle Edition). Polity Press.

Esping-Andersen, G.(1996). *After the golden age: Welfare state dilemmas in a global economy*. In G. Esping-Andersen (ed.). *Welfare States in Transition*. Sage, 1-30.

Esping-Andersen, G.(1999). *Social Foundations of Postindustrial Economies* (1st Edition). Oxford University Press.

Esping-Andersen, G., & Regini, M.(ed.)(2001). *Why Deregulate Labour Markets?* (1st Edition, Kindle Edition). Oxford University Press.

Evans, M. and Piachaud, D.(1996). Social security in Britain: The challenge of needs versus costs. In *Challenges to Social Security: An International Exploration*. edited by J. Midgley and M. B. Tracy. Westport, CT: Auburn.

Evans, P. B. et al.(ed.)(1985). *Bring the State Back In*. Cambridge University Press.

Eyles, J. and Donovan, J.(1990). *The Social Effects of Health Policy*. Hant, UK: Avebury.

Fahs, B.(2011). Ti-Grace Atkinson and the legacy of radical feminism. *Feminist Studies, 37(3)* : 561-590.

Featherstone, B.(2006). Rethinking family support in the current policy context. *British*

Journal of Social Work, 36(5) : 5-19.

Fitzpatrick, Tony(2001, 2011). *Welfare Theory*. Palgrave Macmillian.

Freeden, M.(2003). *Ideology: A Very Short Introduction*. New York: OUP Oxford.

Friedman, M., & Friedman, R.(1980, 1990). *Free to Choose: A Personal Statement* (1st edition). Harcourt.

Friedman, M.(2002, 2020) *Capitalism and Freedom* (First Edition, Kindle Edition). University of Chicago Press.

Friedman, M.(2017). *Price Theory* (1st edition, Kindle Edition). Routledge.

Furniss, N. and T. Tilton.(1977, 1979). *The Case for the Welfare State: From social security to social equality*. Bloomington: India Univ. Press.

Garland, D.(2016). *The Welfare State: A Very Short Introduction* (1st edition). Oxford University Press.

Gates, B. L.(1980). *Social Program Administration: The Implementation of Social Policy*. Englewood Cliff. NJ: Prentice-Hall.

George V. and Wilding, P.(1984). *Impact of Social Policy*. London: Routledge and Kegan Paul.

George, V and Wilding, P.(1985, 2013). *Ideology and Social Welfare*. Routledge.

George, V. and Wilding, P.(1993, 1994). *Welfare and Ideology* (Revised edition). Hertfordshire. UK: Harvester Wheatsheaf.

George, V. and Wilding, P.(1994, 2002). *Globalisation and Human Welfare* (2002nd Edition, Kindle Edition). Red Globe Press.

George, V.(2018). *Social Security: Beveridge and After* (1st Edition, Kindle Edition). Routledge.

Giddens, A.(1988, 2008). *The Third Way: The Renewal of Social Democracy* (1st Edition Polity Press). Cambridge: Polity Press.

Giddens, A.(1991). *The Consequences of Modernity* (1st Edition Polity Press). Stanford University Press.

Giddens, A.(2000, 2013). *The Third Way and its Critics* (1st Edition, Kindle Edition). Polity Press.

Giddens, A.(2001). *The Global Third Way Debate*. Cambridge: Polity Press.

Giddens, A.(2013a). *Social Theory and Modern Sociology* (1st Edition, Kindle Edition). Polity Press.

Giddens, A.(2021a). *Essential Concepts in Sociology* (3rd Edition, Kindle Edition). Polity

Press.

Giddens, A.(2021). *Sociology* (9th edition). Cambridge: Polity Press.

Gil, D.(1973, 1992). *Unravelling Social Policy: Theory, Analysis, and Political Action towards Social Equality* (Subsequent edition). Cambridge. Mass.: Schenkman Publishing Company.

Gilbert, N. and Specht, H.(1974, 1998). *Dimensions of Social Welfare Policy*. Englewood.

Gilbert, N. and Terrell, P.(1974, 2014). *Dimensions of Social Welfare Policy* (8th edition). Pearson.

Gilbert, N.(1983). *Capitalism and the Welfare State: Dilemmas of Social Benevolence*. New Haven: Yale University Press.

Gilbert, N.(2004). *Transformation of the Welfare State: The Silent Surrender of Public Responsibility*. Oxford: Oxford University Press.

Goldthorpe, J. H.(1980). *The Political Economy of Inflation*. Harvard University Press.

Gough, Ian(1979). *Political Economy of the Welfare State*. Palgrave Macmillan.

Hall, M. P.(1952, 2013). *The Social Services of Modern England* (1st Edition, Kindle). Routledge.

Hay, C.(1999). *The Political Economy of New Labor*. Manchester University Press.

Hayek, F. A.(2013). *The Road to Serfdom*. Create Space Independent Publishing Platform.

Hayek, F. A.(1978). *Law, Legislation and Liberty, Volume 2: The Mirage of Social Justice*. University of Chicago Press.

Hewitt, M.(1992). *Welfare, Ideology, and Need: Developing Perspectives on the Welfare State*. Harvester Wheatsheaf.

Heywood, A.(1992, 2021). *Political Ideologies: An Introduction* (7th ed.). Bloomsbury Academic.

Higgins, J.(1981). *States of Welfare: Comparative analysis in social policy*. Oxford: Basil Blackwell & Martin Robertson.

International Labor Organization(1952, 2020). *Social Security* (Minimum Standards) Convention. http://ilolex.ilo.ch: 1567.

International Labor Organization(1984). *Into the Twenty-First Century: The Development of Social Security*. Geneva: ILO.

International Labor Organization(2000). Social Protection, Societies under Strain. *World of Work No. 36*.

International Labor Organization(2008). *Setting Social Security Standards in a Global*

Society. Geneva, Switzerland: International Labor Office.

International Labor Organization(2014). *World Social Protection Report 2014/15: Building Economic Recovery, Inclusive Development and Social Justice.* Geneva, Switzerland: ILO.

International Labor Organization(2017). *World Social Protection Report 2017-19: Universal social protection to achieve the Sustainable Development Goals*. Geneva, Switzerland: ILO.

International Labor Organization(2020). *Social protection.* https://www.ilo.org/global/topics/social-v.issa.int/aiss/Topics/security /lang-en/index.htm.

International Social Security Association(2008). *Social security financing*. Social-security-financing#.

International Social Security Association(2015). *Annual Review*. Geneva, Switzerland: ISSA.

International Social Security Association(2016). *'Stepping it up' for gender equality: Social security's vital role*. https://vussa.int/resources.

International Social Security Association(2020a). *Social security: A fundamental human right*. https://ww1.issa.im/Understanding%20social%20security.

International Social Security Association(2020b). *Coronavirus-Social security responses*. https://wwl.issa.int/coronavirus.

Issac, J.(2001). The Road (Not?) Taken: Anthony Giddens, the Third Way, and the Future of Social Democracy. *Dissent, 48(2)* : 61-70.

Janowitz, M.(2017). *Social Change and Politics: 1920-1976* (1st Edition). Routledge.

Janowitz, M.(1976). *Social Control of the Welfare State*. New York: Elsevier.

Jansson, B.(1984, 1994). *Social Policy: From Theory to Practice* (2nd Edition). Brooks Cole.

Johnson, D.(2015). *Social Welfare: Politics and Public Policy* (8th Edition). Pearson.

Jones, C.(1985). *Patterns of Social Policy*. London: Tavistock Publications.

Kahn, A.(1979). *Social Policy and Social Services*. New York: Random House.

Kavanagh, D.(1987). *Thatcherism and British Politics: The End of Consensus?* (1st ed.). Oxford: Oxford Univ. Press.

Keynes, J. M.(1936, 2018). *The General Theory of Employment, Interest, and Money* (Kindle Edition).

Klein, K.(1980). *The Welfare State: a Self-Inflicated Crisis*. *Political Quarterly*. vol. 51.

Kolberg, J. E.(2019). *The Study of Welfare State Regimes* (1st Edition, Kindle Edition).

Routledge.

Leon, P. Baradat, L. P. & Phillips, J. A.(2019). *Political Ideologies: Their Origins and Impact* (13th Edition). Routledge.

Levy, C.(1973). The Value Base of Social Work. *Journal of Education for Social Work, Jan.*: 34-42.

Levy, C.(1976). *Social Work and Ethics*. Human Science Press.

Lowe, R.(1993). *The Welfare State in Britain since 1945*. London: Palgrave Macmillan.

Mackintosh, J. P.(1978). *Has Social Democracy Failed in Britain? Political Quarterly. vol. 49.*

Marx, K.(1867, 2017, 2024). *Capital (Volume 1: A Critique of Political Economy)* (Kindle Edition). Princeton University Press.

Marx, K.(1859, 2019). *The Critique Of The Political Economy*.

Marshall, T. H.(1963). *Sociology at The Crossroads and other Essays*. London: Heinemann.

Marshall, T. H.(1950, 2021). *Citizenship and Social Class, and Other Essays*. PHassell Street Press.

Midgley, J., & Tracy, M. B.(1996). *Challenges facing social security In Challenges to Social Security: An International Exploration*. Praeger.

Mill, J. S.(1863, 2017). *Utilitarianism*. Coventry House Publishing.

Millar, J.(ed.)(2004, 2018). *Social security: Means and ends. In Understanding Social Security: Issues for Policy and Practice*. (3rd edition). Bristol, UK: Policy Press.

Mishra, M.(1977, 1984). *Society and Social Policy: Theories and Practice of Welfare* (2nd ed.). London: Macmillan. Policy Press.

Mishra, M.(2003). Globalization and Social Security Expansion in East Asia. in Weiss, L. (ed.). *States in the Global Economy: Bring the Domestic Institutions Back In*. Cambridge: Cambridge University Press.

Mishra, M. and Asher, M. G.(2000). *Welfare Capitalism in Southeast Asia: Social Security, Health and Education Policies*. Basingstoke: Macmillan.

Mishra, M.(2004). *Social Policy in East and Southeast Asia: Education, Health, Housing, and Income Maintenance*. London: Routledge.

Mishra. R.(1984). *The Welfare State in Crisis: Social Thought and Social Change*. Sussex: Wheatsheaf Books.

Muraskin, W.(1975). *Regulating the Poor: review article. Contemporary Sociology: A Journal of Review, Vol. 4, No. 6.*

O'Connor, J.(1973, 2001, 2017). *The Fiscal Crisis of the State* (1st Edition, Kindle Edition).

Routledge.

Okun, A. M.(1975, 2015). *Equity and Efficiency: The Big Tradeoff*. Washington, D. C.: Brookings Institute.

Pampel, F. C. and Williamson, J. B.(1989, 1992). *Age, Class, Politics, and the Welfare State*. Cambridge: Cambridge Univ. Press.

Parker. J.(1975). *Social Policy and Citizenship*. Palgrave Macmillan.

Parker. J.(1989). *Women and Welfare: Ten Victorian Women in Public Social Service*. Palgrave Macmillan.

Parker. J.(1998). *Citizenship, Work and Welfare: Searching for the Good Society*. Palgrave Macmillan.

Parsons, T.(1962). *Toward a General Theory of Action*. New York: Harper and Row.

Pavard, F.(1979). Social Security Financing through the Contribution Method. *International Social Security Review, Year XXXII. No. 4*.

Pease, E. R.(2008). *The History of the Fabian Society: The Origins of English Socialism*. Red and Black Publishers.

Perlman, H. H.(1957, 1965). *Social Casework: A Problem-Solving Process-A Fresh, Unifying Approach to Casework Practice*. University Of Chicago Press.

Pierson, C.(2007). *Beyond the Welfare State: The New Political Economy of Welfare* (3rd ed). University Park, PA: Pennsylvania State University Press.

Pieters, D.(1994). *Introduction into the Basic Principles of Social Security* (1st edition) Springer.

Pieters, D.(2006). *Social Security: An Introduction to the Basic Principles* (2nd ed). Hague. The Netherlands: Kluwer Law International.

Pinker, R.(1986). Social welfare in Japan and Britain: A comparative view, formal and informal aspects of welfare. In *Comparing Welfare States and Their Futures*. edited by E. Oyen. Hants, UK: Grower.

Pinker, R.(1974). Social Policy and Social Justice. *Journal of Social Policy, 3(1)*.

Piven, F. F., & Cloward, R. A.(1971, 1993). *Regulating the Poor: The Functions of Public Welfare* (Updated ed. edition). Vintage.

Plamenatz, J. P.(1970). *Ideology* (First Edition). Praeger.

Popper, K.(1962, 2021). *Conjectures and Refutations: The Growth of Scientific Knowledge* (2nd Edition). Hassell Street Press.

Prigmore, C. F.(1979). *Social Welfare Policy: Analysis and formulation*. D.C: Heath and

Company.

Rawls, J. B.(1971, 1999, 2017). *A Theory of Justice*. Macat Library.

Saville, J.(1957-1958). *The Welfare State: an historical approach. New Reasoner, 3(25)*.

Shaw, G. B. et al.(1911, 2018). *Fabian Essays in Socialism*. Boston: The Ball Publishing co.

Skocpol, T.(1980). Political response to capitalist crisis: Neo-marxist theories of the state and the case of the New Deal. *Politics and Society, 10* : 155-201.

Skocpol, T., & E. Amenta(1986). States and social policies. *Annual Review of Sociology, 12* : 131-157.

Smith, A.(1776, 2021). *The Wealth of Nations*. Independently published.

Stelzer, I.(1998). Third way, Old Way. *The Spectator, 19* : 16-18.

Taylor, G.(2007). *Ideology and Social Welfare* (Kindle Edition). Palgrave Macmillian.

Temple, W.(1941). *Citizen and Churchman* (2nd Edition). London: Eyre And Spottiswoode.

Temple, W.(1950). *christianity and social order* (Third edition). Harmondsworth etc.: Penguin.

Titmuss. R. M.(1960). *The Irresponsible Society*. Fabian Society.

Titmuss. R. M.(1967). *Choice and "The Welfare State"*. Fabian Society.

Titmuss. R. M.(1968). *Commitment to Welfare*. Pantheon Books.

Titmuss. R. M.(1974). *Social Policy: An introduction*. London: George Allen & Unwin.

Titmuss. R. M.(1950, 1976). *Problems of Social Policy*. Greenwood Pub Group.

Titmuss. R. M.(2018). *Birth Poverty and Wealth-a Study of Infant Mortality*. Palala Press.

Titmuss. R. M.(2019). *The Gift Relationship: From Human Blood to Social Policy* (First edition). Policy Press.

Townsend, P.(1979). *Poverty in the United Kingdom: A survey of household resources and standards of living*. Harmonds Worth, Penguin.

Wagner, A.(1891). *Über soziale Finanz und Steuerpolitik, Archiv Für Soziale Gesetzgebung und Statistik Bd. IV*.

Walker, R.(2004). *Social Security And Welfare: Concepts And Comparisons* (Kindle Edition). Open University Press.

Walker, R.(20014). *The Shame of Poverty* (Kindle Edition). OUP Oxford.

Watkins, F. M.(1964). *The Age of Ideology: Political Thought, 1750 to the Present*. Prentice Hall.

Webb, A. L. and Sieve, J. E. B.(1971). *Income Redistribution and the Welfare State*.

London: Bell and Sons.

Wempe, B.(2017) *T. H. Green's Theory of Positive Freedom* (3rd edition). Imprint Academic.

Wilensky, H. L. and Lebeaux, C. N.(1959, 1965). *Industrial Society and Social Welfare*. New York: Free Press.

Wilensky, H. L. et al.(1985). *Comparative Social Policy: Theories, Methods, Findings*. Berkeley: Institute of International Studies. Univ. of California.

Wilensky, H. L.(1958). *Industrial society and social welfare: The impact of industrialization on the supply and organization of social welfare services in the United States*. Russell Sage Foundation.

Wilensky, H. L.(1975). *The Welfare State and Equality: Structural and Ideological Roots of Public Expenditure*. Berkeley: Univ. of California Press.

Wilensky, H. L.(1983). "Political Legitimacy and Consensus: Missing Variables in the Assessment of Social Policy" in Spiro, S. E. and Yuchtman-Yaar, E. eds. *Evaluating the Welfare State: Social and Political Perspectives*. New York: Academic Press.

Wilensky, H. L.(2002). *Rich Democracies: Political Economy, Public Policy, and Performance* (First edition). University of California Press.

Wilensky, H. L.(2012). *American Political Economy in Global Perspective*. Cambridge University Press.

Wills, E.(1992). Radical feminism and feminist radicalism. *Duke University Press. Social Text, 9/10* : 91-118.

Wolfenden, J.(1978). *The Future of Voluntary Organization*. London: Croom Helm.

Wong, B.(2008). Historical Lessons about Contemporary Social Welfare: Chinese Puzzles and Global Challenges. *BWPI Working Paper 58*. The Univ. of Manchester. Brooks Word Poverty Institute.

Wong, J.(2005). *Healthy Democracies: Welfare Politics in Korea and Taiwan* (1st edition). Ithaca. New York: Cornell University Press.

Wong, L.(1998). *Marginalization and Social Welfare in China* (1st Edition, Kindle Edition). London: Routledge.

Wong, L.(2008). Hong Kong's Welfare Model Reconsidered: What Model? What Traits? And What Functions? *EASP 5th Conference, Welfare Reform in East Asia: Meeting the Needs of Social Change, Economic Competitiveness and Social Justice*. National Taiwan University, Taipei, Taiwan.

http://www.welfareasia.org/5thconference/papers/Wong
Young, P.(2000). *Mastering social welfare* (4th Edition). Red Globe Press.
Zald, M.(1965). *Social Welfare Institution: A Sociological Reader* (1st edition). New York: John Wiley & Sons.
Zastrow, C.(2000). *Introduction to social work and social welfare: Empowering People* (10th Edition). Brooks Cole.

3. 기타

건강보험심사평가원(홈페이지, 2025)
고용보험(홈페이지, 2025).
국민건강보험공단 장기요양보험(홈페이지, 2025).
국민건강보험공단(홈페이지, 2025).
국민연금공단(홈페이지, 2025).
국민연금연구원(홈페이지, 2025).
국세청(홈페이지, 2025).
근로복지공단(홈페이지, 2025).
금융감독원(홈페이지, 2025).
기초생활보장법 바로세우기 공동행동(2024). 「복지권리 안내수첩」.
보건복지부 기초연금(홈페이지, 2025).
보건복지부(2023a). 「2023년 호스피스·완화의료 사업안내」.
보건복지부(2023b). 「2023년 권역별 호스피스센터 사업안내」.
보건복지부(2024a). 「2024년 노인보건복지 사업안내(Ⅰ)」.
보건복지부(2024b). 「2024년 노인보건복지 사업안내(Ⅱ)」.
보건복지부(2024c). 「2024 의료급여 사업안내」.
보건복지부(홈페이지, 2025).
서울특별시(홈페이지, 2025).
저출산고령사회위원회(2024). 「저출생 추세 반전을 위한 대책」.
통계청(2024a). 「2022년 기준 장래인구추계를 반영한 내·외국인 인구추계: 2022~2042년」.
통계청(2024b). 「2024 고령자 통계」.
행정안전부(홈페이지, 2025).

찾아보기

본문색인

인명색인

AUTHORS

저자소개

이평화

서울사회복지대학원대학교 사회복지학과 석사
서울기독대학교 일반대학원 사회복지학과 박사(Ph.D.)
참편한장수요양원 대표
사) 더나눔 이사
즐거운 사회적 협동조합 이사
세한대학교 사회복지상담학과 겸임교수
경기대학교 사회복지학과 강사
서울기독대학교 사회복지학과 평생교육원 교수
서정대학교 호텔경영과 겸임교수
서울사회복지대학원대학교 푸드아트심리상담과 주임교수
〈저서〉 사회복지정책론, 지역사회복지론, 사회복지와 문화다양성
논문 쉽게 풀어쓰는 꿀팁, 요양보호사시험에 나오는 것만 요약집

노영애

세한대학교 사회복지상담학과 학사
성산효대학원대학교 효학 석사
서울성경대학원대학교 사회복지학 석사
서정대학교 사회복지상담과 겸임교수
한국사회복지실천정책학회 교수 · 책임연구위원
모두다재가노인복지센터 대표
〈저서〉 사회복지정책론, 사회복지실천기술론, 인간행동과 사회환경

양준의

단국대학교 행정법무대학원 사회복지학과 석사
서울기독대학교 일반대학원 사회복지학과 박사(Ph.D.)
서울시 간호조무사회 송파구회장 / 하나케어센터 방문간호실장 / 연세가정의원 재택진료센터 간호팀장
대한힐링교육센터 경인본부장 / 휴넷평생교육원 교수
부천시 정신건강복지센터 교육강사 / 부천시 장애인종합복지관 교육강사
한국상담복지학회 교수 · 선임연구위원
〈저서〉 사회복지정책론, 사회복지와 문화다양성, 심리학, 사회복지개론, 사회복지행정론, 사회복지조사론, 미래유망자격증, 공공기관 합격노하우, 신중년 도전과 열정, 신중년 N잡러가 경쟁력이다, 평생 현역을 위한 도전과 열정

임현수

인천대학교 정책대학원 사회복지학 석사
서울한영대학교 일반대학원 사회복지학 박사
여성가족부 중앙보육정책위원
한국열린사이버대학교 사회복지학과 객원 교수
재가노인복지시설 동그라미복지센터 대표
사회서비스기관 금줄산모도우미 인천 대표
한국복지경영학회 이사
〈저서〉 사회복지정책론, 인간행동과 사회환경

노수희

신라대학교 일반대학원 사회복지학 박사
부산과학기술대학교 사회복지상담과 학과장
고용부 NCS 강사
성평등 전문인권 강사
한국사회복지상담학회 부산과학기술대학교 지부장
〈저서〉 사회복지정책론, 인간행동과 사회환경, 사회복지조사론

김홍록

성산효대학원대학교 평생교육학 석사
대한신학대학원대학교 사회복지학전공 철학박사(Ph.D.)
협성대학교 대학원 교육학 박사(심리상담학과전공)
부천중부요양보호사교육원 대표
한국지식인재신문 대표 · 발행인
청운대학교 공통교양학부 겸임교수
세한대학교 사회복지상담 특임교수
〈저서〉 사회복지정책론, 인간행동과 사회환경, 사회복지현장실습

사회복지정책론

초판 1쇄 인쇄 / 2025년 2월 5일
초판 1쇄 발행 / 2025년 2월 10일

•

공저자 / 이평화 · 노영애 · 양준의
임현수 · 노수희 · 김홍록
발행인 / 이 중 수
발행처 / **동 문 사**

•

서울특별시 서대문구 홍제원 1길 12
(홍제동 137-8)
Tel: 02)736-3718(대), 736-3710, 3720
Fax: 02)736-3719
등록번호: 1974.04.27. 제9-17호
가격: 26,000원

•

ISBN: 979-11-6328-628-8 (93330)
E-mail: dong736@naver.com
www.dongmunsa.com